刑法司法解释立法化问题研究

齐文远　周　详　著

中国人民公安大学出版社
·北　京·

图书在版编目（CIP）数据

刑法司法解释立法化问题研究/齐文远，周详著．—北京：中国人民公安大学出版社，2010. 4

ISBN 978-7-5653-0014-1

Ⅰ. ①刑…　Ⅱ. ①齐…②周…　Ⅲ. ①刑法—法律解释—立法—研究—中国　Ⅳ. ①D924. 05

中国版本图书馆 CIP 数据核字（2010）第 053698 号

刑法司法解释立法化问题研究

XINGFA SIFAJIESHI LIFAHUA WENTI YANJIU

齐文远　周　详　著

出版发行：中国人民公安大学出版社
地　　址：北京市西城区木樨地南里
邮政编码：100038
经　　销：新华书店
印　　刷：北京市泰锐印刷厂

版　　次：2010 年 4 月第 1 版
印　　次：2010 年 4 月第 1 次
印　　张：14. 5
开　　本：880 毫米×1230 毫米　1/32
字　　数：389 千字
印　　数：1～2000 册

书　　号：ISBN 978-7-5653-0014-1/D·0009
定　　价：45. 00 元

网　　址：www. cppsup. com. cn　www. porclub. com. cn
电子邮箱：cpep@ public. bta. net. cn　zbs@ cppsu. edu. cn

营销中心电话（批销）：（010）83903254
警官读者俱乐部电话（邮购）：（010）83903253
读者服务部电话（书店）：（010）83903257
教材分社电话：（010）83903259
公安图书分社电话：（010）83905672
法律图书分社电话：（010）83905637
公安文艺分社电话：（010）83903973
杂志分社电话：（010）83903239
电子音像分社电话：（010）83905727

感谢司法部法治建设与法学理论
研究部级科研项目资助

如果说法律不是嘲笑的对象，那么司法解释同样也不是轻易嘲笑的对象。

——题记

自序：司法解释同样不是轻易嘲笑的对象

有法律就有法律解释，法律的适用需要解释，故刑法规范的解释问题是刑法实施乃至整个刑法学的核心问题。但怎样解释刑法却并非简单之事，而是具有深刻的哲理性。刑法学者一度习惯于寻找、设定刑法的漏洞，然后给出一个将来需要进行立法修改以弥补该漏洞之类的立法建议，而不是对刑法进行合理的解释。我国以前的刑法学在某种意义上演变为刑事立法学，而不是刑法解释学，刑法成为被广泛嘲笑的对象。或许正是因为很多人不勤于合理地解释法律而只是专注于批评法律，从而不仅背弃了自己的使命，而且降低了法律的权威，因此，张明楷教授提出“法律不是嘲笑的对象”① 的观念，主张刑法解释者应该心中充满正义，目光不断往返于规范与事实之间，对刑法进行符合正义目的的实质解释：“相信立法者不会制定非正义的法律。当解释者对法条做出的不符合正义理念时，不要抨击刑法规范违背正义理念，而应当承认自己的解释结论本身不符合正义理念，当解释者对法条难以得出某种解释结论时，不必攻击刑法规范不明确，而应反省自己是否缺乏明确、具体的正义理念。所以解释者与其在得出非正义的解释结论后批判刑法，不如合理运用解释方法得出正义的解释结论；与其怀疑刑法规范本身，不如怀疑自己的解释能力与解释结论”。②

① 张明楷：《刑法格言的展开》，法律出版社 1999 年版，序言第 3 页。

② 张明楷：《刑法分则的解释原理》，中国人民大学出版社 2004 年版，序言第 2～3 页。

张明楷教授甚至认为，我们的刑法学之所以比较落后，很多人之所以不在解释上下工夫，一个很重要的原因就是动不动就说这个问题有争议，希望立法机关或司法机关来解释。本来是争论得十分激烈的问题，一旦出现立法解释、司法解释，大家都一声不吭了，把立法解释、司法解释当做比法律都重要。大家可能也发现了，很多人只知道批判刑法，但很少去批判立法解释或司法解释。[①] 他提出的问题发人深省，但是说没有人批判司法解释，这恐怕不完全是事实。实际上，几乎最高司法机关每出一个刑法司法解释，必遭学者潮水般的批评，尤其是以“司法解释侵犯立法权”、“司法解释成为二级立法”的批判理由为盛。司法机关进行规范性的司法解释的合法性从来就没有得到法学界的普遍认可。司法解释成为被学者嘲笑的对象，就像刑法经常成为学者嘲笑的对象一样。张明楷教授在批判立法解释时也曾经说：“最高人民法院与最高人民检察院，经常担心自己的司法解释侵入了立法权或者被学界称为类推解释，而要求立法机关做解释。此外，各级司法机关以及学者，在面临刑法适用与解释的难题时，也往往要求全国人大常委会作出立法解释。”[②] 可见，司法机关若不是顾忌到学界对“司法解释立法化”的批评，是不会强烈要求立法机关作出解释的。

在我国的司法实践中，最高司法机关，乃至于地方司法机关对刑法进行规范性的司法解释是一个普遍的法律现象。从新刑法颁布以来的10年间，最高司法机关就颁布了近200个司法解释。在某种意义上，我国的刑事司法过程中的刑法适用离不开刑法司法解释。按照司法解释批判者的说法：“在司法实践中，司法解释的效

---

① 参见张明楷：《刑法解释理念》，载《国家检察官学院学报》2008年第6期。

② 张明楷：《立法解释的疑问——以刑法立法解释为中心》，载《清华法学》2007年第1期。

力已经远远高于《刑法》本身。”① 但是，如果说“对外国刑事司法的真正了解，不只是了解外国的刑事法律规范本身，还必须弄清其法律规范的适用状态……我们必须尽可能全面地掌握有关刑事司法的理论的、制度的、规范的、现实的材料，以及历史的、文化的、生活的背景”，② 那么对中国刑事司法又何尝不该如此？对外国刑事司法的理解要考虑其法律规范、法律制度背后的基础、条件、历史根源、文化背景、国情、民心和理念的诸多方面，对中国刑事司法的理解就不用考虑这些因素？答案是不言而喻的。因此，笔者在数年前以“刑事司法解释立法化问题研究”作为选题申报了司法部《法治建设与法学理论研究部级科研项目》课题。

当然，在我国法学界普遍以西方法学的概念、模式、体系、制度为标准对我国的司法解释进行批判的大潮流下，如果我们也人云亦云，不加思考地按照这一思路去完成课题，或许是容易的、简便的，但本项目做下来的学术价值能有几何，对中国现行的刑事司法实践又有多大参考意义，就很值得怀疑了。因此，笔者反其道而行之，试图在中国传统文化的背景下去理解我国的刑法司法解释并寻找其正当性根据。这并非强词夺理，因为，如果说怀疑精神是科学的生命力所在的话，那么怀疑的对象也包括批判本身。我们应当在学术批判精神的指引下，针对刑法学界普遍存在的对司法解释立法化的批判进行反批判。尽管我们并不抽象地认为一切现有的司法解释都是合理合法的，也并不抽象地反对学者批判司法解释，但是有很多对刑法司法解释的学术批判也需要反思：这些学术批判背后的实质根据是什么？能否和我国的社会现实、文化传统、司法体制、宪法等因素相契合？

---

① 张明楷：《刑法解释理念》，载《国家检察官学院学报》2008 年第 6 期。

② ［意］奈尔肯：《比较刑事司法论》，张明楷等译，清华大学出版社 2004 年版，译者前言，第 8 ~ 11 页。

笔者就是在这一思路下对我国刑事司法解释立法化的合法性进行理论论证分析与实践效果评价的研究成果。如果说“法律不是嘲笑的对象”的格言引起了学者对刑法的规范解释学的重视，那么我们借用上一句话，主张“司法解释同样也不是轻易嘲笑的对象”。然而，要充分论证该命题，其理论上的难度可想而知。因此，尽管课题研究从2004年就开始着手，而且，在此之前我们已经就此问题发表过相关研究成果，但由于对自己观点体系的反复酝酿和文字上的再三修改，故直到2008年年末我和我的同事周详博士才最终完成书稿的撰写。

本书的内容分三篇。第一篇用现象学、知识考古学等哲学分析方法，将学术界未经验证的对“司法解释立法化”的价值判断悬置起来，恢复司法解释立法化现象的本来面貌，探讨了司法解释立法化一词是如何产生、发展的概念运动过程。第二篇从政治学、文化学、法理学、刑法规范解释学等角度，对司法解释立法化的合法性进行了论证：司法解释立法化有中国文化传统的根基；英美法系、欧陆法系也有不同表现形式的司法解释立法化的存在，在某种意义上讲，司法解释的立法化同样也是西方国家司法解释的性质；建立在罪刑法定主义基础上的严格解释原则并不能完全否定刑法司法解释立法化的合法性；司法解释立法化也是刑法理论上主张的创造性的实质解释论的必然要求。第三篇选择几个内含刑法司法解释的热点案件，以及几个争议性较大的刑事司法解释，以问题为中心，探讨司法解释立法化的合法性。第一种情况是现有的司法解释在规则的创造性上尚不够，因此需要进一步用创造性的刑法学理解释，或者建议司法机关对刑法进行合理的司法解释，确立合理的司法规则。另一类则是被其他学者批判为侵犯立法权的司法解释，我们从新的角度对这些司法解释给予了理论上的论证，认为这些司法解释并没有侵犯立法权，是合理且合法的。当然，由于篇幅所限，第三篇的实证部分我们只能选择有代表性的几个司法解释为例进行论证，这并非意味着只有这几个司法解释是合理合法的，而其他没有被提及的司法解释就是不合理的、违法的解释。可以说哪些司法解释是合理合法的，哪些司法解释是不合理的、违法的，这是一个未尽的课题，我们尚需要按照“司法解释同样也不是轻易嘲笑的对象”的总体思路，对这些问题留待日后进行更进一步的具体研究。

从中国文化的角度出发思考我国的司法解释立法化的普遍性存在，甚至揭示司法解释立法化乃是世界各国实践中的刑事司法的共性存在，这可能会遭到当前法学界的普遍性批判。但笔者的这一思路或许如德国哲学家海德格尔所言：

作为一种回应，存在之思是一种高级的漫游，还是一种非常困窘之事。也许，这种思终究是一条无法回避的幽僻小径，它拒绝成为一条拯救之道，也不会带来什么簇新的智慧。这条小径至多不过是一条田间小路，它穿过田野，它绝不轻言放弃，但它总已放弃，即放弃自诩是一种约束性的学说，一种有效的文化成就或精神行为。①

在将要结束拙序之前还必须提到本书的共同作者周详博士。周详是湖北鄂西土家族人士，1999 年开始在我的指导下攻读刑法学硕士学位，以后又留校作我的研究助手和博士生。他醉心学术，涉猎广泛，精于思辨，视角独特，十年来协助我做了不少的工作，许多情况下，我的一些并非深思熟虑的片段想法，经他整理后，变成了大段的论理性文字，本书也是如此。无论是在资料收集、观念的展开、体系的构建以及逻辑演绎方面，他都贡献良多。若以执笔字数来计算的话，这本书三分之二以上的篇幅应当归功于他。当然，其中的谬误应当由我负责，因为本书的主旨是我确定的，而且在一些具体问题上，周详博士的最初想法虽然与我的见解并不完全一致，但最后还是按照我的意见予以了修改。

---

① ［德］海德格尔：《人，诗意的安居》，郜元宝译，广西师范大学出版社 2000 年版，第 30 页。

最后，我还要感谢司法部为本项目的完成提供的资助以及其他鼓励，感谢苏彩霞教授对书稿内容方面提出的宝贵的修改意见，感谢我的博士生魏汉涛对书稿文字的认真校对，感谢中国人民公安大学出版社以及孙静编辑对本书出版的关心支持。你们的热心帮助不仅促成了本书的问世，而且也是我以及其他同人今后继续深入研究这一课题的动力。

齐文远
2009 年夏于武汉

目　录

概念篇：司法解释立法化的词与物

规范篇：刑事司法解释立法化的合法性论证

实证篇：典型的刑法司法解释立法化问题研究

概念篇：司法解释立法化的词与物

回到事物本身

——胡塞尔

尽管“现在，以定义开始法律著作这种做法已经非常不时兴了”，然而任何一本著作，都毫无例外地必须关注所研究对象的概念，刑法学则“必须以关注罪行的法律含义为己任”。① 因此，我们在研究刑事司法解释立法化问题时不能也无法绕开司法解释立法化的概念，毕竟，从形式逻辑的角度来看，一切判断与推理要从概念开始。但是为了避免落入俗套，我们尝试以某种超越形式逻辑的方式或者超越概念法学的方式来探讨司法解释立法化的概念。从辩证逻辑的角度来看，“概念就是存在与本质的真理，因为返回到自己本身的映现，同时即是独立的直接性，而不同的现实性的这种存在，直接地就只是一种在自己本身内的映现”，② 换言之，辩证逻辑的“概念”虽然仍然以词对物的反映为基础，但超越了形式逻辑中概念对事物的那种镜子式的映像关系，概念不仅仅是一种他物的机械映现，也是一种对他物的发展，如果说事物有着自己的发展

---

① ［英］史密斯、霍根：《英国刑法》，李贵方等译，法律出版社 2000 年版，第 20 页。

② ［德］黑格尔：《小逻辑》，贺麟译，商务印书馆 1980 年版，第 324 页。

过程，那么概念也有着自己的发展过程。概念具有独立存在着的实体力量，词与物之间具有相互塑造的作用力。本篇的基本思路首先是尽量先将价值判断暂时悬置起来，探讨“司法解释立法化”[①] 到底指代什么事物，以及探讨司法解释立法化一词是如何产生、发展的概念运动过程。

① 刑法司法解释立法化只是司法解释立法化在刑法领域的具体化，是一般与个别的关系，只要弄清司法解释立法化的概念，刑法司法解释立法化的概念也就没有多大的问题。很多刑法学者提到的刑法司法解释立法化一词，也是直接从法理学界的司法解释立法化一词承接而来。

第一章　司法解释立法化的概念

第一节　司法解释立法化概念化的必要性

按照马克思主义辩证法原理，认识过程是一个辩证发展的过程，感性认识上升到理性认识，再回到实践中去接受检验和指导实践是认识过程中的两次飞跃。所谓感性认识是通过感觉器官对客观事物的片面的、现象的和外部联系的认识。我们的全部认识都是建立在我们的感官对外部世界的感觉基础上的，离开了人类感官所获得的活生生的感觉，就不可能有任何认识。感觉、知觉、表象是感性认识的形式，也是认识过程的起点，感性认识是客观世界作用于感觉器官而产生的，它是感官对客观事物生动直接的反映，又是对事物的现象、外部联系的反映。感性认识是人类认识客观世界的第一步，是认识过程的初级阶段，又是认识过程的必经阶段，我们研究人类的认识过程必须先从感性认识开始。但是要认识事物的全体、本质和内部联系，必须把感性认识上升到理性认识。理性认识是人类认识世界的高级阶段，感性认识都是片面的，不完整的，所以仅仅靠感性认识所得的结论往往是错误的，根据错误的认识去改造世界，其结果当然是失败。然而离开了感性认识，理性认识又是不可能得到的。理性认识是对事物本质的认识，但是本质存在于现象之中，只有透过现象才能达到本质，没有对现象的感性认识，所谓透过现象进到本质只能是一句空话。透过现象进到本质，就是通过感性认识进到理性认识。

感性认识是感官对客观事物现象的反映，理性认识则是大脑思维对客观事物的本质反映。从哲学上看，本质和现象是统一的，没有离开本质的现象，也没有离开现象的本质，任何现象（包括假象）都是本质的反映。但是，人的感官不能直接反映本质，只有人的思维才可以通过感性认识概括出事物的本质。正如毛泽东同志在《实践论》中所言："要完全地反映整个的事物，反映事物的本质，反映事物的内部规律性，就必须经过思考作用，将丰富的感觉材料加以去粗取精、去伪存真、由此及彼、由表及里的改造制作工夫，造成概念和理论的系统，就必须从感性认识跃进到理性认识。"① 而概念是理性认识最基本的形式也是人的理性思维的开端，换言之，它是反映事物本质的、内在联系的思维形式的产物。司法解释立法化也正是这样的一个产物。

下一节中我们将具体揭示，虽然在法学界，学者们频频提及"司法解释立法化"一词，但很遗憾的是，很少有学者给这个词下一个明确的定义，似乎"司法解释立法化"是一个不言自明、人尽皆知的东西，但实际上并非如此。正如后面所显示的那样，我们也只是通过相关著述所论及的现象来模糊地把握"司法解释立法化"的所指。笔者认为，之所以造成这样的格局，是因为在这些学者潜意识中，"司法解释立法化"还不够格成为一个法学概念，相反，在这些提及"司法解释立法化"一词的学者眼中，"司法解释立法化"只是一个在司法解释中的"违法的解释"、"违宪的解释"、"越权的解释"现象，只是类似于一个病原体或者正常生物体身上生长出的肿瘤，所以，在许多学者看来，"司法解释立法化"只是一个短暂的不正常现象。既然是一个不正常的现象，那么就不存在对其进行概念化的问题，关键问题是如何切除它。

我们对此却不以为然，认为有必要研究"司法解释立法化"的概念。

首先，即使"司法解释立法化"是一个不正常的现象，是一

① 《毛泽东选集》（第1卷），人民出版社1991年版，第291页。

个病原体或者肿瘤，那么，在我们切除它之前，恐怕也要严格认真地研究它是何种病原体或者什么性质的肿瘤。可见，是否属于正常现象，并不妨碍该现象成为科学研究的对象和范畴，自然也不妨碍它成为特定学科中的概念。在医学中是这样，在其他学科中同样如此。比如，结果责任在现代法治中是一个不正常的现象，但刑法学中却要研究什么是结果责任这个概念。

其次，虽然诸多学者在频频使用“司法解释立法化”一词时只是为了批判这种现象树立一个靶子，而并不给它下定义，但是，这并不意味着这些学者没有使用“司法解释立法化”的概念。事实上尽管他们没有明确下定义，但却潜在地使用“司法解释立法化”这个概念进行着判断和推理。

再次，既然他们事实上也在使用“司法解释立法化”的某种定义来进行判断和推理，那么就有一个对该定义本身的研究问题，即该定义是否准确地反映了“司法解释立法化”的本质属性，换言之，该定义是否科学合理。

最后，“司法解释立法化”概念的界定是否科学合理，直接关系到下一步的判断和推理是否科学合理。因为概念是理性认识最基本的形式，也是人的理性思维的开端。从概念到判断再到推理的逻辑运动，表现了理性认识运动的深化。概念是反映事物本质属性的范畴；判断是断定对象的情况，是对对象有所肯定或有所否定的思维形式，它表现为概念之间的关系；推理是从一种判断推出新的判断的思维形式，它表现为判断之间的关系。[①] 如果概念没有正确反映事物的本质属性，只是以事物的表面特点代替本质属性，或者只是以个别属性代替本质属性的总和，那么建立在该概念上的判断和推理就可能存在问题。

所以说，概念实际上就是一个词与物的指代关系。然而问题是我国法学界频频所提及的“司法解释立法化”一“词”到底指的

① 参见张思慈：《认识论原理》，湖北人民出版社 1986 年版，第 270 页。

是什么“物”，指代的究竟是什么现象，并非那么清晰，需要在概念层面加以明确。

第二节　学术界对司法解释立法化现象的理论批判

近些年，我国法学界频频提及“司法解释立法化”一词，这表明司法解释立法化现象已经开始受到学术界高度关注。

在界定刑法司法解释立法化概念之前，我们不妨先了解一下学术界对“司法解释立法化”一词在各种场合下的使用。学术界对于“司法解释立法化”一词的使用，可谓五花八门。在此，我们暂且不对这些“司法解释立法化”的使用作价值评判，而是试图归纳一下学者们使用该词汇时所指称的司法解释立法化现象的某些侧面或者片段。当然我们尽量根据不同学者对该词的使用语境来进行这种归纳。

有学者认为，司法解释有其存在的合法性和合理性，但其与立法之间的界限不容置疑。实践中部分司法解释侵蚀了立法领域，实际上充任着立法职能，这种被称为“司法解释立法化”的现象严重背离了法律设立司法解释制度的初衷，破坏了法律体系内部理性的秩序。①

从上述学者对司法解释立法化概念使用的语境可以看出，这里的司法解释立法化现象要从立法与司法的区别、立法领域与司法领域的界限、立法职能与司法职能的区别来把握。司法解释立法化大概是指司法解释非法侵入立法领域，越权行使立法职能的现象。

有学者认为，随着司法解释数量的骤增，司法解释中的问题也不断显现出来，其中最主要的问题是司法解释立法化和随意化。司

① 参见柳砚涛、王秀慧：《关于司法解释界限的理性思考》，载《中共长春市委党校学报》2006 年第 2 期。

法解释必须针对司法工作中具体应用法律的问题进行，可见，解释是对某一法律规定进行说明，而绝不能脱离法律文本创制法律。同时，这种说明也不能侵入立法解释的领域。①

从该论述中可以看出，司法解释立法化是和两个问题联系在一起的，第一，司法解释是否是对法律文本的说明；第二，对法律文本的说明是否针对司法工作中具体引用的问题，换言之，司法解释是否侵入了立法解释的领域。因此，从该学者使用“司法解释立法化”一词的语境中可见，司法解释立法化大概是指司法解释脱离了法律文本创制法律，或者司法解释在对法律文本的说明中超出了司法工作的具体应用法律问题的领域，不当地侵入立法解释领域的现象。

有学者认为，有的立法解释与司法解释的倒置性还表现在司法解释的立法化。从司法解释的内容上看，相当一部分司法解释文件并不是针对某个法律条文，而是就执行某个法律所做的一揽子规定，许多内容并非解释法律，而是创制规则。有些司法解释甚至规范了法律未涉及的领域；在形式上看，许多司法解释也明显采用了单行法规的形式。这些司法解释的方法对于法律解释的系统性是有好处的，特别是在法制建设初期对补充法律资源之不足功不可没。但是，从长远的法制建设和法治的要求来看，却有不妥之处。司法解释的立法化首先不可避免地侵犯了人大的立法权，最高人民法院和最高人民检察院实际成为重要的立法机关。由于最高人民法院和最高人民检察院为非民意机构，它的立法必然降低立法民意的含量。而且由于立法有特殊的程序规定，以保证立法的质量，而司法解释不受立法程序制约，以司法解释的形式立法必然降低法律规范的质量。②

---

① 参见百战：《谁来监督司法解释》，载《人大研究》2005 年第 1 期。

② 参见张洁：《法律解释体系的重新构建——论我国的法律解释体系及其完善途径》，载《复旦学报》（社会科学版）2001 年第 6 期。

从该学者对“司法解释立法化”概念的使用来看，司法解释立法化大概可以从形式与实质两个层面来理解。从实质内容来看，司法解释立法化又涉及几个问题：第一，司法解释是针对具体的法律条文还是针对整个法律。如果司法解释针对的不是具体的法律条文而是针对某个法律，那么就是司法解释立法化。第二，司法解释文件是在解释法律还是在创制规则。如果不是解释法律而是在创制规则，那就是司法解释立法化。第三，司法解释是否限定在法律本身的领域。如果司法解释规定了法律领域之外的事情，那么就显然侵犯了人大的立法权，这就是司法解释立法化。从形式上来看，司法解释立法化是指司法解释采用了单行法规的形式。至于没有采取单行法规形式的司法解释是不是就不存在司法解释立法化问题，从该学者的论述中无法得出结论。因此，如果要从该学者对“司法解释立法化”一词的使用语境来归纳司法解释立法化的概念，也只能从形式与实质两个层面来定义，无法将二者统一起来。从实质上来讲，司法解释立法化是指司法解释针对整个法律文本进行的系统规定，或者创制规则，或者超越了法律领域，越权规定法律没有规定的事情。从形式上来讲，司法解释立法化是司法解释不当的采用单行法规这种立法的形式。

有学者尖锐地指出，我们必须对近年来这种日趋泛化的司法权侵蚀立法权，司法解释立法化（学界戏称之为“二级立法”）的危险且违宪的倾向予以高度的警惕。成为本书探讨焦点的最高人民法院批复可以说正是司法解释立法化的危险且违宪的倾向的最新发展。在没有充分的理论准备和清晰的逻辑思维的情况下，基于对严格责任浅尝辄止的简单化认识，以一个准立法者的姿态脱离具体个案的审理而随意发号施令，既试图对立法的既有规定进行相对合理化的解释，又试图在实质上突破刑法既有规定的羁绊而进行制度创新，其结果必然是弄巧成拙。[①]

从该学者对“司法解释立法化”一词的使用语境来看，司法解释立法化大概是指司法解释突破现有法律的规定，司法权侵犯立法权的违宪趋向。

此外，有学者认为，司法解释权在我国多元的法律解释权力体制中赢得了绝对的空间。与之相反，立法解释和行政解释在实践中则长期缺席，然而问题在于大量司法解释并不是以法律文本为对象，围绕具体个案和运用法律方法进行的解释法律活动，而是在立法。最高人民法院作出大量司法解释是其权力扩张的重要表现，这种扩张的一个结果是大量的司法解释其实就是在立法，所以，司法解释本身的合法性存在问题。法律解释本来是一种法律适用中发现法律意义的活动，这一特征决定了它同司法实践有着无法割裂的关系。而在我国法律解释被人为设计成一种立法机关、司法机关和行政机关之间解释权力的分配。然而，解释的本质必然决定它的形式。因此，尽管司法解释在制度上被严格地局限于“具体应用法律、法令问题”这一狭小的空间中，实践中法律解释活动不可避免地流向最能体现解释特征的司法解释中，恰恰是这种看似分工明确的法律解释体制导致了当前我国司法解释膨胀和司法解释立法化，因为不合理的权力划分，不仅不会带来权力明确的行使，而且只会使权力的行使更为混乱。[②]

从上述两位学者对“司法解释立法化”的一词使用来看。司法解释立法化大概是指的司法解释不是在解释法律而是在立法的现象。

还有学者认为，当我们使用立法化、泛立法化或类似的语词描

---

① 参见梁根林：《刑法适用解释的难题——以最高人民法院对奸淫幼女的“批复”为视角》，载《吉林大学社会科学学报》2004 年第 1 期。

② 参见李龙、刘诚：《论法律渊源——以法学方法和法律方法为视角》，载《法律科学》2005 年第 2 期。

述司法解释运作的实际状况时，这就意味着司法机关在行使这种由审判权派生的适用、解释法律的权力，进而对法律文本进行阐释、说明甚至上升到创立法律未曾明确的事实范畴和行为规则时，已经超越了司法权本身，具备了立法活动的实质内容和立法活动的外观结构，而演变为一种实实在在的立法行为或准立法行为，其权力基础也不再是司法权，而是立法权。从逻辑上说，司法解释赖以存在的现实合理性与必要性并不能成为证明其立法化的正当性与合法性的论据。如果司法机关可以随意地改变国家立法或者是取代国家立法，那么法律的权威也就无从树立，法治也就只能徒具其形而失其实，司法机关也就异化为另一个立法部门。①

从该学者对“司法解释立法化”一词的使用，可以看出他所言的司法解释立法化大概是指司法机关在行使解释适用法律的司法权时，超越了司法权而进行的立法行为或者准立法行为。

也有少数学者曾对“司法解释立法化”作出比较明确的定义，而不仅仅只是停留在描述层面。

如有学者认为，所谓司法解释立法化是指司法解释具有立法的功能和外观，并且在实践生活中也具有立法的效能。司法解释立法化会破坏我国现行的立法体制和法律效力位阶；司法解释立法化是对现代社会民主体制的践踏；司法解释立法化体现了一种法制专制主义的倾向。②

另有学者指出，司法解释立法化，实际上是司法机关违法越位，司法解释超越权限，司法权侵入立法权。根据法律授权，司法解释只能就司法实践中如何具体应用法律进行解释，如果涉及法律、法令条文本身需要进一步明确界限的问题时，该司法解释就属

---

① 参见袁明圣：《司法解释立法化现象探微》，载《法商研究》2003年第2期。

② 参见鲁篱：《证券民事赔偿若干问题探讨——兼评最高人民法院关于审理证券民事赔偿案件的规定》，载《财经科学》2004年第3期。

于越权解释（因为这是立法解释的任务），越权解释本应为无效解释。然而，司法解释立法化问题日益严重，司法权侵越立法权的情况在实践中却不乏其例，并往往造成司法活动的混乱。①

此外还有学者认为，司法解释立法化是指国家最高司法机关（主要是人民法院）就法律规范的含义及其适用作出阐释和说明，以及对某些没有纳入法律调整领域但其认为应当予以法律保护与调整的社会关系制定规范性法律文件的准立法性质的活动，它对司法机关具有普遍约束力，是司法机关审理有关案件的依据和准则。②

第三节　研究司法解释立法化的逻辑起点

从上述学者对“司法解释立法化”一词的使用来看，各种说法尽管表述不一，却有一个共同的批判或者判断——“司法解释立法化是法治社会中的病态”。可见，他们对司法解释立法化的研究是以批判“司法解释立法化是法治社会的病态”为逻辑起点的。这些批判并不关注司法解释立法化这个概念的准确内涵和外延，而是首先在价值判断上提出“司法解释立法化”的反法治性。

在我们看来，这种研究的逻辑起点是有问题的。那么如何合理确立司法解释立法化研究范畴的逻辑起点呢？我们认为应当以能够正确反映司法解释立法化的本质特性的概念为起点。为了抓住司法解释立法化这一现象的本质，在这里不妨借鉴以“回到事物本身”为宗旨，强调本质还原的现象学方法。③

---

① 参见贾济东：《论刑法立法解释与司法解释的协调》，载《国家检察官学院学报》2004 年第 4 期。

② 参见陈明：《对司法解释立法化问题的思考》，载《淮阴工学院学报》2005 年第 6 期。

③ 胡塞尔从本质现象学走向先验现象学，他更看重的是后者，因为它是其哲学的最终目标。然而，无论是哲学界的还是其他诸多学科领域里的，看重和运用的却是现象学方法中的本质还原方法。

现象学产生于20世纪初，是西方最有影响的哲学流派之一。它由胡塞尔创立，其显著特征有两个：一是强调本质性。现象学认为只有本质才是一切科学的基础，对现象进行本质分析，从特殊的、个别的情况中获取一般的、必然的、不变的共同特性是现象学的主要任务。但是，现象学反对通过对繁杂的个别对象进行分析，进而概括出事物本质来的经验主义观点，认为本质只有通过直观的洞察才能得到。二是强调方法论的独特性。现象学提出了"回到事物本身"的口号，反对个体经验主义，主张放弃一切传统观念和成见，通过回到原始的意识现象，按照事物直接向我们显现的样子去描述和分析本质、概念、范畴的构成过程，以此获得有关概念和意义规定性的实在证明。按照马克思的话来说："如果现象形态和事物的本质会直接合而为一，一切科学就成为多余的了。"① 从某种意义上来讲，马克思主义提倡的"透过现象看本质"就是现象学方法的具体化或者通俗的表达。② 当然关键问题是"本质还原"，是如何"透过现象看本质"的。③ 现象学给我们提供了"本

---

① 《资本论》（第3卷），人民出版社1953年版，第959页。

② 关于马克思主义与现象学的关系，有学者研究指出：《1857－1858年经济学手稿》是马克思在狭义历史唯物主义和历史认识论基础上建立的历史现象学，而后来的《资本论》则是他系统理论表述的"逻辑学"。马克思在《资本论》中全面说明和表述政治经济学理论的同时，他在哲学意义上建构的历史现象学批判也有了进一步更加成熟的表述。参见张一兵：《〈资本论〉：一种历史现象学的成熟表述》，载《社会科学战线》1999年第3期。

③ 注意，马克思主义所说的本质和传统的形而上学所说的本质不是同一个概念。传统形而上学将本质归结为某种纯粹的单一的东西，但马克思主义所说的本质却是一种关系。例如，关于人的本质问题，和传统的形而上学将人要么归结为性善，要么归结为性恶，或者归结为某种主观的东西（比如"理性"、"理性思维"）不同，马克思主义认为，人的本质"在其现实性上，是一切社会关系的总和"。

质还原”一些具体的操作方法或者概念。①

第一步，通过“悬置”、“加括号”或者“中止判断”等方法使现象从偏见、熟知中还原其本来面貌。这些概念或者方法的共性在于：对某个事物已有的设定、理论、经验常识置而不用，中止对它的判断，使得这些常识、设定、经验常识、理论和判断暂时的存而不论，断然不依靠它们的有效性。“对于任何设定我们都可以完全自由地实行这一特殊的悬置，即一种判断的中止”，“使设定‘失去作用’，置入括号将其转变成作为‘被加括号的设定’的变样，判断本身转变成‘被加括号的判断’。”② 所谓现象学的方法，它的根本点首先就在于：“非常执拗地努力查看现象，并且在思考现象之前始终忠实于现象”。③ 正是这种特殊的查看问题的方式才赋予了现象学一种启蒙哲学的特征，它探讨那些不为人注意的偏见，貌似的生活自明性；也正是通过现象学的观察方式，许多不言而喻的东西成为可疑的。按照黑格尔的话说就是“熟知非真知”：“一般说来，熟知的东西所以不是真正知道了的东西，正因为它是熟知的。有一种最习以为常的自欺欺人的事情，就是在认识的时候先假定某种东西是已经熟知了的，因而就这样地不去管它了。这样的知识，既不知道它是怎么来的，因而无论怎样说来说去，都不能离开原地而前进一步。”④

---

① 以下阐述，除了直接引用给出了有关现象学哲学著作的注释以外，其他的一些有关现象学的论述，主要是基于笔者对这些现象学著作观点的阅读基础上所作出的个人理解与解释。当然，对于其中曲解原著哲学观点的错误，应由我们自己负责。

② ［德］胡塞尔：《纯粹现象学通论》，李幼蒸译，商务印书馆 1996 年版，第 96 页。

③ ［美］施皮格伯格：《现象学运动》，张金言等译，商务印书馆 1995 年版，第 964 页。

④ ［德］黑格尔：《精神现象学》，贺麟、王玖兴译，商务印书馆 1979 年版，序言第 20 页。

第二步，显现现象还原之后的“自由变更”、“创造性想象和体验”、“意向性直观”。本质还原第一步中的“悬置”、“存而不论”的目的不是取消一切，它去掉的只是有关这些事物原来的知识、概念等预设的规定性，这种预先的规定性就是一种对事物本质认识的障碍。一切还原的主要目的，就使我们为批判地估量在我们解释性的信念涌现之前不容置疑地给予的东西做好准备。“悬置”、“存而不论”就是要去掉在认识本质过程中的限制，如果说“悬置”、“存而不论”等还原方法是一种“不看”，那么这种“不看”的目的是为了“更自由的看”或者“看到更多”。所以“自由变更”在现象学中是本质直观的基础。所谓“自由变更”，通俗地讲就是不受限制的自由的、随意的想象，从思维的角度来讲类似于发散性思维或者人们熟知的“头脑风暴法”。通过第一步的还原，在人们的意识活动中，有关该事物的一切意识就可以充分涌现出来。涌现是直观式的，人们会获得有关该事物的原初景象；涌现也是增添式的，包括在一开始就被悬置在一旁的知识也可能重新出现。“还原并不是把一切东西都去掉，它去掉的只是这些东西的事先设定的存在性，但是这种存在设定被去掉了也没关系，只要它能显现出来，我们就讨论它。所以，还原后的世界并没有缩小，反而更丰富了，还原后的研究领域反而更扩大了。因为经过还原，事物死而复生，重新出现，甚至连原先没看到的都出现了。”① 如果用哲学解释学的观点表达，就是“视域融合”。从表面上看现象学还原方法和哲学解释学相矛盾，现象学还原方法要求在研究中排除预设和先见，而哲学解释学则承认偏见、先见是认识的前提。实际上二者是统一的。哲学解释学是深受现象学还原方法的影响的，从某种意

① 张祥龙：《朝向事物本身》，团结出版社2003年版，第54页。

义上讲，哲学解释学是从现象学转换过来的。①哲学解释学虽然承认偏见、先见是认识的前提，但不承认偏见、先见的有效性，相反也是采用类似于现象学的悬置方法，才有可能产生“视域融合”。

第三步，在随意性、多样性、丰富性的变更想象的基础上进行本质的“同一性证明”。通过仔细观看而发现其中不变的普遍本质，也就是反复出现的东西。“我们让自己受事实的引导，这个事实在此作为前图像，这前图像是对这个事实在纯粹想象中的重构而言。这样，我们自由地、任意地创造变项，这些变项中的每一个以及整个变化过程本身都是以‘随意’的主观体验的方式出现。然后会表明，在这种后构造的多样性中贯穿着一个统一，即在对一个原初图像，例如，一个事物的这种自由变更中，必然有一个常项作为必然的一般形式保留下来，没有这个形式，一个图像，如这个事物，作为它这一个类的例子是不可想象的。这种形式在随意地变更活动，呈现出自身是一个绝对同一的内涵，一个不变的，使所有变项得以一致的某物，一个一般本质；而同时变项的差异对我们却无关紧要。”②在这个同一性的证明中，差异的观念只有在它与作为共相的共同之物的观念的交织中得以理解。差异是在多样性的递推中无法达到在此出现的全等的统一的东西，即无法指明一个共相的东西。它无法达到全等的统一，这意味着：它作为有差异之物在递推中相互争执。相反，不具有共同之物的东西是不会争执的。③

现象学本质还原的方法不依据单纯个体经验上的概括，而依据对于现象、事物的本质的直观把握；当然这种直观不是对于某种具

---

① 参见［匈］M. 费赫：《现象学、解释学、生命哲学——海德格尔与胡塞尔、狄尔泰及雅斯贝尔斯遭遇》，朱松峰译，载《世界哲学》2005 年第 3 期。

② ［德］胡塞尔：《现象学的方法》，倪梁康译，上海译文出版社 1994 年版，第 217 页。

③ 参见［德］胡塞尔：《现象学的方法》，倪梁康译，上海译文出版社 1994 年版，第 222 ~ 223 页。

有灵感的启示的消极等待，而是必须为这种直观准备好一种主动的、奋发的探索，即具有一种探索的精神又不受个别经验的局限，这种方法始终呈现出一种开放的态势。所以现象学的本质直观方法和一般的从个体经验对本质的概况的方法主要差别在于是否有预先的偏见约束。“相对于变更中的特殊的自由来看，在每个对个体之物的经验中都存在着一种完全确定的约束。就是说，如果我们在被动的已有之物的基地上感受性地经验一个个体之物，把握性地朝向这个个体之物，把它设定为存在着的，那么我们可以说已立足在这个统觉的基地上。”①

第四节　司法解释立法化概念的界定

界定司法解释立法化的概念，就是要解决“什么是司法解释立法化”的问题。这个问题直接转化为什么是司法解释立法化的本质属性？如何把握司法解释立法化的本质？如何透过现象看本质？在此，我们沿用现象学提供的思路和方法来解决这个问题。

第一步，对司法解释立法化进行“悬置”、“加括号”或者“中止判断”。当前，学界已经存在对司法解释立法化的各种说法和判断，但这些判断和说法是否把握了司法解释立法化的本质，我们在此存而不论。换言之，我们在把握住司法解释立法化概念之前，先要将当前的各种观点、判断的有效性悬置起来。哪怕这些看法、判断符合我们的部分经验，貌似合理。但这些看法、观点是别人强加给我们的先入之见，在没有进行自我的直观之前，在没有自我给予之前，这些貌似合理的观点可能是我们把握事物的本质的最大障碍。因此，我们首先要将我们研究的对象从已有的先见中解放出来。这才能使得将该对象恢复本来面貌成为可能。换言之，让我

① ［德］胡塞尔：《现象学的方法》，倪梁康译，上海译文出版社 1994 年版，第 220 页。

们直接面对司法解释立法化现象，而不是通过已有的先见这层面纱或者中介建立其主体和客体的关系。总之，凡是没有经过现象学还原的假定的东西都是不可靠的，没有什么意见可以当做司法解释立法化的本质知识来接受，没有什么意见可以当做司法解释立法化研究的毋庸置疑的逻辑起点，除非它业已表明是根据所观察的东西并当作“亲自”给予的观察而被恰当地建立起来的。

第二步，当我们进行现象还原方法中的“悬置”之后，我们就是直接面对事物本身。此时就开始进行“自由变更”、“创造性想象和体验”、“意向性直观”。直接面对司法解释立法化这个研究对象，让其自由地、随意地向我们的思维、思想开放。关于司法解释立法化的各种意识不断的涌现出来，我们不放过每一个涌现出来的观念，无论这些直观所体验到的观念是被我们先前悬置起来的东西，还是新的东西；无论是统一性的东西，还是相互矛盾、彼此抵制的东西；无论是个别现象或者假象，还是本质的、一般的东西。我们都不拒绝它们，但也不要被其蒙蔽我们的眼睛，既要对其体贴入微地细致观察，也要进行远距离眺望，这就类似于在人际关系中常常出现的“近之则不逊，远则怨”的问题，我们既要防止“只见树木，不见森林”的片面，像诗人那样去做“不识庐山真面目，只缘身在此山中”般的观察；也要防止所谓的“距离才能产生美”的观念可能所隐含的“庸俗的全面”误区。换言之，我们不要拘泥于某一个观点，不能拘泥于某一种观察方式，而要进行自由随意的想象，要不停地转换视角和视域，既看到我们愿意看见的东西，也看到我们不愿意看到的东西。[①] 总之，自由变更，自由想象，意向性直观的、方法的目的就在于使和司法解释立法化这个对象联系在一起的所有可能性得以充分的展现出来。我们不妨以问题的方式

① 记住肯定自己的东西忘记否定自己的东西是普遍存在的人性的弱点。参见［德］加达默尔：《真理与方法》，洪汉鼎译，上海译文出版社 1999 年版，第 848 页。

来进行这种自由想象或者观念的自由变更。

从司法解释立法化存在的时空边界来看，将会涌现一些问题。从空间上来看，司法解释立法化是我国特有的现象吗？如果这是我国司法中特有的现象，那么这种特有现象是有害无益、有益无害还是利弊兼有？我们要不要保持这个特有现象？西方法治国家有没有司法解释立法化的问题？如果有，表现在哪里？和我国的司法解释立法化有什么异同？结合时间因素来考虑，司法解释立法化在中国什么时候存在，是现代中国的特有现象，还是一种历史继承？司法解释立法化在西方法治历史上是否存在过，现在有什么变化？

从司法解释和立法、立法领域、立法职能、立法权、立法解释的关系看，司法解释立法化是不是就是“司法解释侵犯立法领域”？立法领域指的什么？哪些属于立法领域？司法解释立法化是不是指“司法解释充任立法职能”？什么是立法职能？司法解释立法化是不是指“司法解释（权）侵犯了人大的立法权”？司法解释权和立法权是什么样的关系？司法解释立法化是不是指司法解释“侵犯了立法解释的领域”？立法解释权和立法权是什么样的关系？立法解释是属于立法领域还是属于司法领域，还是二者兼备？司法解释和立法解释是什么样的关系？学者们所提到的立法领域、立法职能、立法权、立法解释权之间是什么关系？司法解释权和三权分立是什么关系？三权分立是普世性的吗？三权分立在西方是一种事实还是一个理论建构的神话？三权分立有没有统一不变的形式？有没有模式的差别？这种差别和什么有关系，会给司法解释带来什么差别性的影响？除了三权分立，是否就不能有其他的制度设计？文化和法律的关系是什么？司法解释立法化是不是就是对“三权分立的破坏”，对“民主体制的践踏”？

此外，法律解释与法律创造、法律补充是什么关系？扩大解释是不是一种法律规范的创造？人们说的司法是“戴着脚镣跳舞”，或者“法治是法律加法官之治”指的究竟是在“法律形式之下的创造”，还是在“法律名义下的创造”？司法解释会不会越权解释，侵犯立法？应当如何认定、谁来认定这种“侵权”、“侵犯”？认定主体对侵权的性质有没有影响？认定主体的行为形式会不会限定、决定“侵权”、“侵犯”的性质或者内容？司法的创造和对立法的侵权有没有实质的边界，边界在哪里？在不同的法制制度安排下，这种边界有没有量的区别？换句话说，是否存在这样的问题，在法治国家，是不是会因为法律解释制度或者其他相关法律制度安排的细微差别，使得在同样的问题上一个国家认为是侵权，另一个国家不认为是侵权？司法解释能否进行制度创新？以什么样的方式进行？创造性的司法解释和罪刑法定是什么样的关系？司法解释和法律文本是什么样的关系？我国有关法律规定的司法解释的适用范围（如何具体应用法律进行解释）与立法解释的适用范围（法律、法令条文本身需要进一步明确界限）的关系是什么？另外，“错误”（创造性、侵权性）的“司法解释要不要坚持适用”？司法解释的效力如何？如果认定为“错误”、“侵权”，那么先前的判决有效吗？刑法司法解释和其他法律的司法解释在创造性上有没有区别？是量的区别还是本质的区别？

实际上，上述问题是紧密联系在一起的。各种变换和自由联想始终在“什么是司法解释立法化”的本质意向的统一下涌现。在这种自由联想或者变换中，司法解释立法化这个概念外延也在不断经历或者切除或者增补的变换，但在各种具体形态的变换中，已经开始有一个关于什么是司法解释立法化的本质属性的大体图像、一个司法解释立法化的共相，而这些个别事物的共相就是事物本质所特有的，是必然的。因为个别事物可能变换为另一种情况，而本质则不能是另外的样子，它必须保持自身的稳定性和一致性。因此，下一步就是要对这个在直观中显现出来的本质进行证明和概念化。

第三步，本质的“同一性证明”。“本质研究是对意识行为的分析，直观便意味着直接地意识到。它伸展得有多远，相应的‘观念化’，或‘本质直观’之可能性便伸展得有多远。只要直观是纯粹的，完全停留在自身之中，被直观的本质便是绝对明见，并且在概念中得到确定。这些概念为单义的、客观的和绝对有效的陈述提供了可能。”① 于是，在本身只不过是在纯直观中产生的本质理论的现象学中，我们在先验纯粹意识的例示性所与物上实行直接的本质看行为，并用概念或术语将其固定。当然，仅应用忠实符合被直观把握的本质的字词，即使就这种直观的把握而言该完成的均已完成，也不等于做完一切。科学只在这样一种条件下才成立，即当思维的结果可以知识的形式存储起来，并可以一个陈述句系统的形式为后来的思想利用时，这些陈述句都具有清楚的逻辑意义，但是，它们能够在无表象根基的明晰性从而欠缺洞见的情况下被理解和在判断中被实显。②

因此，本质的同一性证明就涉及如何用概念、术语进行固定，为将来的判断推理等思维提供前提。那么，如何把握司法解释立法化的本质从而形成司法解释立法化的概念呢？

这里不能不提及概念的来源和形成的问题。按照黑格尔的辩证逻辑的观点，概念没有来源，而是先在的。“当我们提出关于知性逻辑历常讨论的概念的来源和形成问题，尚须略说几句，就是我们并不形成概念，并且一般说来，概念决不可认作有什么来源的东西。……概念就是它自己通过自己并且自己和自己的中介。我们以为构成我们表象内容的那些对象首先存在，然后我们主观的活动方随之而起，通过前面所提及的抽象手续，并概括各种对象的共同之点而形成概念——这种想法是颠倒了的。反之，宁可说概念才是真正的在先的。事物之所以是事物，全凭内在于事物并显示它自身于

---

① ［德］胡塞尔：《哲学作为严格的科学》，倪梁康译，商务印书馆1999年版，第86页。

② 参见［德］胡塞尔：《纯粹现象学通论》，李幼蒸译，商务印书馆1992年版，第166～167页。

事物内的概念活动。”[①] 所以从辩证逻辑的角度看，概念是先在的，概念是通过自己为中介来显示和实现自己。所以，现象学还原的并不是一个裸的对象，相反是一个事物的存在的边界，而事物的边界就是该事物本质的存在场域，用形式逻辑学的术语来说，就是概念外延，而概念的外延就是事物本质属性的存在场域。比如，悬置的方法，在笔者看来实际上就是还原某一对象存在的边界，而不是被已有的观念、先见、概念等不当地缩小了事物本来应该有的边界。当然，此时只是对事物边界的一种直观的、模糊的把握。事实上，还原一个事物的边界“这种方法是以我们知道这一类东西的边界为前提的，在边界这一边的东西属于这一类东西，在边界那一边的东西不属于这一类东西。边界定在什么地方，对于确定某一类东西的本质起决定性的作用，因为本质就是边界之内的这一类东西所共同具有的规定性”。[②] 现象学方法就是通过这种途径来把握事物本质。从某种意义上讲，概念的形成实际上就是一个边界（外延）的形成和确立过程。自由变换方法中的变形或者变项的自由随意转换实际上就是一个该事物外延的考证过程。变项无论怎么随意、自由转换，无论这些变项有多大的差异，哪怕看似势不两立，如果我们在这种差异或者矛盾的表面现象之后能够直观到一个共同的东西——一般常项，那么这个常项就是事物的本质，有共同的常项的变项就是事物的外延。

在司法解释立法化的自由变换中，我们是以问题的方式来显示变项的。之所以用“问题”的方式来显示变项，那是因为在本质还原或者以还原方法为根基的哲学解释学中，“问题具有优先性”：在所有经验里都预先设定了问题的结构。如果没有问题被提出，我们是不能有经验的。承认事情是不同的，不是像我们最初所想的那

① ［德］黑格尔：《小逻辑》，贺麟译，商务印书馆 1980 年版，第 333～334 页。

② 刘放桐：《现代西方哲学》（下册），人民出版社 1981 年版，第 552 页。

样，这显然预先假设了这样一个问题在进行，即该事情是这样还是那样。经验本质所包含的开放性从逻辑上看就是这种非此即彼的开放性，而开放性具有问题的结构。① 所以，如何提出问题要比怎样解决问题重要。正确提出开放性问题，只要问题不是伪问题，那么答案就隐含在问题之中。

这些问题中包含着很多变项，在国域上的问题就是“中国”与“西方”，在时间上就是“当下”与“过去”。从三权分立的角度，那么司法解释立法化的变项就有“立法权”与“司法权”、“立法领域”与“司法领域”、“立法职能”与“司法职能”，以及由此产生的第三变项或者中间变项：二者的矛盾统一体。对三权分立本身还有一个变项问题，首先是三权分立在内部的模式上的变项。在外部就有“三权分立”和“议行合一”、“君主立宪”等变项。从司法解释活动上看，就有“规范创造”、“合法性”、“侵权解释”的变项。

当然现象学还原和哲学解释学实际上都包含了一个悖论：概念的循环问题或者解释的循环问题。首先，在研究一个事物之前，我们要确立一个逻辑研究的起点——该事物的概念。如前所述，黑格尔认为“概念是先在的”，而法学家拉德布鲁赫也提出了解释学的这个问题，他说，“结论先得，法律应当事后提出结论的根据和界限”。② 其次，一个事物的概念，又依赖于关于变项之间的关系的研究成果。比如，在研究中某一些变项之间关系的变化，就会直接影响到概念的外延和内涵。概念属于抽象的“一般”，而变项属于具体的“个别”。对个别的理解依赖于一般，而对一般的界定，又依赖于个别的边界界定或者说外延确定。这种整体与个别的循环是

① 参见［德］加达默尔：《真理与方法》，洪汉鼎译，上海译文出版1999年版，第465页。

② ［德］拉德布鲁赫：《助产与刑法》，转引自郑永流：《出释入造——法律诠释学及其与法律解释学的关系》，载《法学研究》2002年第3期。

一种认识论上的必然矛盾。

比如，当我们把“西方”也作为司法解释立法化的一个变项的时候，那么实际上这里就已经意味着司法解释立法化概念的外延与我国学者通常所说的司法解释立法化的外延不同，而西方是否存在司法解释立法化问题又是一个尚待证明的问题。所以，可以说是先有的司法解释概念决定了我们要展开的内容，而我们展开的内容不仅仅是对某个概念的展开或者显示，而是反过来又决定概念的外延和内涵。所以，究竟是先做结论再做证明，还是先做证明再做结论，这是一个两难问题。因为从本质直观的角度来看，二者本身是一个同时性的问题，但要通过语言将概念或者论证表述出，总有一个逻辑展开的先后顺序。所以，结论和论据孰先孰后从文本角度就是一个作者的随心选择，笔者就姑且先给司法解释立法化下一个定义。

通过对司法解释立法化的现象还原，通过各个变项的自由转换进行的本质直观的把握，我们认为，司法解释立法化是指：司法解释主体在适用或者解释法律时运用某种技术手段所进行的规范确立和规范创造的活动趋向。

相应的，“刑法司法解释立法化”是指刑法司法解释主体在适用或者解释刑法时运用特定的技术手段所进行的刑法规范的确立和创造的活动趋向。

第五节　司法解释立法化概念的内涵、外延

一、司法解释立法化的内涵

上文对司法解释立法化下了一个定义，定义是用简洁语句揭示概念内涵的逻辑方法，揭示概念的内涵实质上就是揭示该概念所反映的思考对象的本质属性，把该对象和其他对象区别开来。但是定义本身具有简洁性，因此为了明确某一事物的丰富的内涵，还需要

对定义进行进一步的分析，揭示作为某一事物所具有的共同特征。

如前所述，司法解释立法化是指司法解释主体在适用或者解释法律时运用特定的技术手段所进行的法律规范的确立或者创造的活动趋向。在这个定义中包含了如下几个特征：

第一，司法解释立法化是某种活动的最新动态或者趋势的描述。当我们用“化”来描述某个事物时，往往指的是某种动态，如我们往往用法律的本土化、国际化、全球化来描述法律发展变化的趋势。但是，值得注意的是，虽然司法解释立法化是司法解释的动态的描述，这并不意味着司法解释立法化是一个新事物，而只是意味着它最近才引起人们的注意。所以最新动态之“新”不是指的事物本身之“新”，而是人们是否将其视为研究对象的意义上的“新”。之所以在以前没有引起人们的注意，也许恰恰在于这种现象是一种习惯，所以不成其为问题，人们熟视无睹，视而不见。

第二，司法解释立法化是司法解释主体在适用或者解释法律中的一种活动倾向。人人都可以解释法律，但并不是每个人对法律的解释都会产生我们这里所讲的司法解释立法化。我们这里的司法解释立法化必须是有权的司法解释中出现的一个现象。当然，至于谁可以作为有权的司法解释的主体，在不同的法制文化背景下的国家，其法律规定或者惯例认可的不一样。比如，在我们国家，法律有明确规定的有权的刑法司法解释主体是最高人民法院和最高人民检察院，至于其他级别的司法机关或者法官是否有权进行司法解释，法律没有明确规定。在英美法系国家，司法解释主体就是法官，法官的适用解释就是司法解释。在欧陆法系中，做法不完全一样，有的国家司法解释是类似于英美国家的法官适用解释，有的国家是由相对独立的法院进行解释，有的国家这二者兼而有之。正是因为在不同的国家对哪些机关或者个人能够进行司法解释，以及进行规范的抽象解释还是进行适用解释的问题上并不一致，所以我们在司法解释立法化的定义中将“解释”与“适用”并列。

第三，司法解释立法化必须通过特定的技术手段体现出来。所谓特定的手段在此有三层含义：首先，指这种手段不是严格意义上的立法。其次，司法解释立法化是通过特定的解释手段来进行的，比如，通过扩大解释、缩小解释、目的解释、类推解释、类推适用等解释方法或者适用方法来进行，至于这些解释、适用的方法或者手段所得出的解释结论是否合理合法，这是另外一个问题。最后，每个国家在进行司法解释立法化的时候，所选用的手段是有差别的。

第四，司法解释立法化的核心内容是法律规范的确立或者创造。这是司法解释立法化之所以被称为“立法化”的原因所在。如果在司法解释过程中根本没有涉及法律规范的确立或者创造，那么就谈不上立法化的问题。这里所谓的规范的确立实际上就是指对意义不确定的法律文字中选择其中一个含义，即被认为是最恰当的含义，如司法解释对盗窃罪中数额较大的规定，就属于此类规范的确定，其实质乃是在法条限制之下的“空隙立法”。而规范的创造是指脱离了法条可能含义的最大限制而进行的新规范的设立。当然从某种意义上讲，空隙立法也属于规范的创造。不过空隙立法在司法解释中表现得最典型，因此从规范的创造中单列出来。这就好像我国刑法中关于预备犯的规定：为了犯罪，准备工具、制造条件的，是犯罪预备。其中的“准备工具”实际上也是属于“为了犯罪制造条件”的行为，但因为其典型所以独立出来与“制造条件”相并列。所以说，规范的确立与规范的创造的区别只是相对的。

二、司法解释立法化的外延

内涵反映的是事物的本质属性，然而本质与现象是一对不可分割的范畴，没有不表现本质的现象，也没有离开现象的本质，因此，要深刻了解某一事物的本质，还需要对属于该本质的具体对象的各种问题进行研究。这就需要对某个概念的外延进行研究，研究司法解释立法化的外延，也就是研究适合于司法解释立法化范畴或概念的各种现象。主要涉及以下几个问题：属于该本质属性的事物的范围问题；在这个范围内对象的分类问题；对象多样化的原因分析等。其中最重要的是分类问题。

在逻辑学上，外延是指那些现象属于事物的分支范围。符合司法解释立法化属性的对象大致有以下现象：我们国家的规范司法解释中涉及法律规范的确立和创造的情况；我国的法官适用法律中涉及法律规范的确立和创造的情况；大陆法系国家在解释法律或者适用法律中涉及法律规范的确立和创造的情况；英美法系国家的法官在解释法律或者适用法律中涉及法律规范的确立和创造的情况（当然他们对这种情况不称作司法解释立法化而表述为法官造法）。另外，我们还应当关注中外历史上法官进行法律规范的确立或者创造的现象，比如，我国历史上的"春秋决狱"[①] 中就包含有刑法司法解释立法化的现象。此外，从解释方法的角度看，对司法解释立法化外延的把握则涉及扩大解释、缩小解释中的法律规范的确立，类推解释或者类推适用中的法律规范的创造等。

司法解释立法化的现象是多样性的，我们可以根据不同的标准对其进行分类。从主体上来看，可以分为法官个人进行的司法解释立法化和司法机关进行的司法解释立法化。司法机关进行的司法解释立法化在我们国家可进一步分为人民检察院进行的司法解释立法化和人民法院进行的司法解释立法化。

从效力范围上来看，可以将司法解释立法化区分为具有普遍效力的司法解释立法化和具有局部效力的司法解释立法化。

从法律解释和个案的关系可以分为抽象的司法解释立法化和个别的司法解释立法化。

从"立法化"的表现形式来看，可以分为实质的司法解释立法化、形式与实质相统一的司法解释立法化。通常，国外所谓的"法官造法"就是一种实质的司法解释立法化。而我们国家许多学者所说的司法解释立法化就是一种实质与形式相统一的司法解释立

① 本书第五章有对我国历史上的司法解释立法化现象的考究。

法化，即不仅在内容上具有类似于立法的功能——确认或者创造法律规范，而且在形式上也是以类似于立法的方式表现出来，即用规范性的法律文本予以公布。

从性质上来看，可以分为“越权”的司法解释立法化和被许可的司法解释立法化。至于司法解释立法化在哪些情况下属于“越权”而在哪些情况下属于被许可的，在不同的国家也有不同的标准。

在前面的讨论中，我们借用了西方现象还原的哲学方法，其用意在于对司法解释立法化的概念进行尽量中立的界定，建立一个研究司法解释立法化的这一对象的准确的切入点。在对司法解释立法化这一对象进行彻底的反思与充分论证之前，我们拒绝“司法解释立法化是法治社会中的病态”这种当前法学界的普遍的流行的观念。当然，仅仅拒绝将一种熟知的观念作为前提是不够的，还需要对“对于思维着的对象的存在及其规定，必须加以证明，才足以满足思维着的考察的要求。于是我们原来对于事物的那种熟知便显得不够充分，而我们原来所提出的或认为有效用的假定和论断便显得不可接受了”。① 从形式逻辑上讲，“司法解释立法化是法治社会的病态”的反面解释是“司法解释立法化是法治社会的常态”，不接受前者的预设似乎就会必然陷入到反面的预设。但实际上本书力图证明，虽然核心问题就是司法解释立法化的合法性问题，但答案却并非是非此即彼的。抽象的论断司法解释立法化是合法的还是非法的，都是不合适的。只有在特定的条件下，这些论断才可能有真与假的判定。因此（刑事）司法解释立法化的合法性问题的研究也就转化为特定的条件与特定的结论之间的关联问题的研究。

司法解释立法化之所以具有多样化的表现，是由两大因素决定的：第一个因素是司法解释立法化属于历史的范畴，这意味着司法

---

① ［德］黑格尔：《小逻辑》，贺麟译，商务印书馆 1980 年版，导言第 37 页。

解释立法化有一个产生、发展、变化的历史过程。因此，在历史长河中，司法解释立法化虽然具有其核心不变的本质属性，但其表现形式却是丰富多样的。不同的历史阶段有其不同的表现形式。比如，在我们国家历史上，哪些机关、个人能够进行司法解释，能够进行适用法律活动，如何适用或者解释法律，必然会对司法解释立法化特点和表现形式起决定性作用。这就需要我们对我国历史长河中的司法解释的情况进行考察。第二个因素是司法解释立法化受文化、政治、经济等因素组成的国情的影响，不仅在不同的历史阶段，司法解释立法化的表现和特点不一样，而且即使在同一历史阶段，不同的国家其司法解释立法化也各具特色。因此，我们不仅要从历史的角度来研究司法解释立法化的发展变化规律，也要研究不同的国家其司法解释立法化的特点、原因，从中找到异同点，找到可以借鉴的因素。从历史和国情这两个纵横交叉的向度来看司法解释立法化的外延，就是要防止以偏概全，避免把某个历史时期的某个国家的司法解释立法化表现出来的特点和现象当做司法解释立法化的一般属性来看待，从而克服人为地将一些原本属于司法解释立法化的现象排斥在研究和思考的视野之外，从而不利于历史的承继和同时代法律的比较研究与相互借鉴的片面做法。

尽管本书中的司法解释立法化是一个广义的一般概念，但为了达到深入探讨我国法治社会发展路径这一目标，我们下面还是要将研究重点放在我国，即主要讨论我国司法解释立法化概念的特殊问题。

第二章　司法解释立法化之词的考古学分析

本章将主要讨论以下两个问题：一是“司法解释立法化”一词是如何诞生的；二是学者使用“司法解释立法化”一词到底想要表达什么意义。

需要指出的是，当前几乎在所有的学术著作或者文章中往往都免不了对研究对象的“历史”或者“思想史”进行考察，虽然这种词源意义上的历史沿革的考察也不乏一些具体的分析，但是大多数这样的“历史考察”总给人一种过于程式化的感觉，似乎任何“对象”的历史都是出自同样程序：从原始社会到奴隶社会到封建社会到资本主义社会逐步线性发展，因此这样的历史沿革除了将历史材料按照大的时代对号入座，提供一个有关研究对象的历史文献资料在时间上的先后顺序排列之外，对研究对象所涉及的问题没有实质意义的影响，这种传统的编年史类型的历史考察就变得可有可无，准确地说不要也罢。所以，看了一部著作中的“历史沿革”，就可以不看第二部著作中的同样章节。在这类学术著作中的有关对象的“历史”考察可以说是最没有必要的部分。我们在此提出这两个问题，并不想作这种历史考察，我们力图关注的重心在于从学者怎样创造该词以及如何使用该词的过程中发现一般的潜在的认识范式，换言之，做类似于福柯的知识考古学的考察。

第一节　知识考古学的分析思路

知识考古学是法国思想家福柯所使用的一个独特的用语。传统的考古学是历史学的一个分支，虽然福柯将知识考古学命名为“考古学”，虽然知识考古学也要分析历史，分析思想史，也要使用历史分析的方法，但福柯所使用的“考古学”或者“知识考古学”① 概念并不属于历史学或者思想史的范畴，他的“知识考古学”甚至于是反历史学的。“我们知道，福柯并不关注科学史，但是他为了阐明和组织自己所使用的材料，他又必须依赖于科学史的研究。”但是这个“知识型的发展史不能混同于科学史或者一般的思想史。”② 它“旨在重新发现在何种基础上，知识和理论才是可能的；知识在哪个秩序空间内被构建起来；在何种历史先天性基础上，在何种确实性要素中，观念得以呈现，科学得以确立，经验得以在哲学史上被反思，合理性得以塑成，以便也许以后不久会消失，因此我并不关心向客观性迈进的被描述知识，今日的科学最终在其中得到确认，我设法阐明的是认识论领域，是认识型……照此叙述，应该显现的是知识空间内的哪些构型，它们产生了各种各样的经验知识。这样一种事业，与其说是一种传统意义上的历史，还不如说是一种‘考古学’。”③ 可见知识考古学是福柯在人文科学研究中所使用的一种独特的方法论。知识考古学方法不是用于分析观念史或科学史，它并不寻求历史的普遍规律，而是在于发现知识和理论或知识性文化的可能性基础，寻求以何种方式使文化知识得到这般那般的谈论，寻求文化背后的基本代码。

在此我们不想对福柯的这种知识考古学做“一方面有什么优点与另一方面有什么缺点”的这种貌似辩证全面的抽象一般的评

---

① 在福柯著作中，“考古学”就是“知识考古学”的简称，与历史学范畴内的考古学不是同一概念。

② ［美］雷诺：《福柯十讲》，韩泰伦译，大众文艺出版社 2004 年版，第 83 页；本段落中引文除另注出处外均引自本书。

③ ［法］米歇尔·福柯：《词与物——人文科学考古学》，莫伟民译，上海三联书店 2001 年版，前言第 10 页。

价，而是直接借鉴他的一些独特的分析问题的方法来分析问题。换言之，我们关注的是知识考古学到底对我们的问题分析有何用处，是否有借鉴意义，提供了什么样的新的视角，它给我们带来什么样的新的前景。借用福柯自己的话说："我们来看一看这个我命名为'考古学'（这也许过于严肃）的分析有什么用途。"[①] 按照福柯自己的描述，知识考古学至少在以下四个方面提供与传统思想史的差异点：关于新事物的确定；关于矛盾的分析；关于比较的描述；最后是关于转换的测定。[②]

第一，关于新事物的确定，实际上涉及的是词与物（对象）的关系。传统的编年史或者思想史认为有一个固定不变的话语对象存在，这个话语对象是先于话语而存在的，词与物如此紧密的结合在一起，他们的研究就是要揭示词背后物的客观规律或者意义。因此，传统编年史或者思想史关于新事物的确定，就是它建立在一套总体化的价值等级的预设基础上，以时间先后顺序以及是否具有创造性，作出即所谓新旧事物区分，后出现的事物为新，先出现的事物为旧；具有独创性的话语为新，平庸模仿的话语为旧，并且抑制后者张扬前者。

但是，知识考古学通过对传统编年史或者思想史的这些话语进行考究，发现实际上话语不仅是使用符号以确指事物，更为重要的是创造对象本身，它们又构成了各自的对象，并且对它进行了改造，甚至将它彻底改观。如果我们采用编年史方法对对象做起源考察，"当我们要更久远地追踪这种时间的线索时，却一下子失去了

---

① ［法］米歇尔·福柯：《知识考古学》，谢强、马月译，三联书店1998年版，第172页。

② 参见［法］米歇尔·福柯：《知识考古学》，谢强、马月译，三联书店1998年版，第177页。

足迹”。[1] 可见，对象本身是在多样性、异质性不断转换的空间中形成的。话语对象不是先于话语而存在的，而是通过“在出现、界限和规格审定之间建立起的关系整体使这个形成得到保证”。因此，“知识考古学所要确定的不是思维、描述、形象、主题，萦绕在话语中的暗藏或明露的东西，而是作为建树的话语本身，即服从与某些规律的实践”。[2] 福柯认为，人文科学上的对象不具有独立自存的性质，对象是文化话语建构起来的，有什么样的话语方式，有什么样的认识型，就会有相应的新对象的出现。一定的文化对象由相应的认识型所构建，随着新的认识型取代旧的认识型，旧的认识型所构建的文化话语对象也就烟消云散。“有时候，在几年之内，一种文化不再像它以前所想的那样思考了，而开始思考其他事物，并以不同的方式思考。”[3] 福柯总结出西方文化上的三种认识型：文艺复兴时代的认识型，它塑造了以上帝为主题的文化；古典时代的认识型，它所塑造的文化主题是自然；现代性时代的认识型所塑造的文化主角是人。[4] “想到人只是一个近来的发明，一个尚未有200年的人物，一个人类知识中的简单褶痕，想到一旦人类知识发现一种新的形式，人就会消失，这是令人鼓舞的，并且是深切安慰的。”[5]

显然，知识考古学对新事物或者对象的确定不同于传统的历史

① ［法］米歇尔·福柯：《知识考古学》，谢强、马月译，三联书店1998年版，第50页。

② ［法］米歇尔·福柯：《知识考古学》，谢强、马月译，三联书店1998年版，第177页；本段落中引文除另注出处外均引自本书。

③ ［法］米歇尔·福柯：《词与物——人文科学考古学》，莫伟民译，上海三联书店2001年版，译者引言第14页。

④ 参见陶秀：《主体论文化话语的终结——关于福柯现代认识型概念的考察》，载《哲学研究》2007年第8期。

⑤ ［法］米歇尔·福柯：《词与物——人文科学考古学》，莫伟民译，上海三联书店2001年版，前言第13页。

学或者思想史，例如，在“人”这个事物或者对象的确认上，作为历史学范畴的“人”的考古中，从埃塞俄比亚挖掘出的一个头盖骨，是目前最古老的智人化石样品，它可以追溯到大约 13 万年前。因此，作为传统思想史的“人”，一般认为，最古老的关于人的研究，最早可以追溯到苏格拉底对“人”的定义。

但是，知识考古学拒绝传统编年史或者思想史的这种总体化的主题，认为编年史的先后不能作为确定新旧事物的标准。“谁先谁后不是必要的和首要的根据，它不可能发挥可以测定每一个话语，并把独特性与重复性相互区分的绝对的衡量作用。仅仅靠对前后关联的测定不足以确定话语的顺序。”① 同时，知识考古学也不接受创造性陈述（它们呈现某些新的东西，传播新颖的信息，可以说它们是主动的）和模仿性陈述（它们接收和重复信息，可以说是被动的）之间存在性质上的差异的说法。知识考古学所说的新事物不是建立在新、旧价值等级基础上，而是指对陈述规律性的描述。从某种意义上，不同的话语都有各自的不同的陈述规律，因此“不同就是新”。毕竟，话语秩序不是编年史的时间先后，而是从属于人们分析的话语选择的层次、确定的范围，从属于陈述规律内在等级。这种规律性不是一成不变的，考古学所面对的是陈述规律性的同质范围（它标志着某种话语的形成），而这些范围本身又是相互有区别的。

第二，关于矛盾的分析，实际上涉及对话语主体陈述方式的性质的理解。传统编年史或者思想史假定话语主体的陈述形式是连贯的，认为陈述形式的连贯性可以确保话语单位的有效性，或者假定有统一的、连续的主体来保证陈述类型个体化、专业化。福柯认为，正是连续性保证了主体的中心地位，这种主体有朝一日将恢复对差异的支配，将历史分析变成关于连续的论述，把人的意识当做

---

① ［法］米歇尔·福柯：《知识考古学》，谢强、马月译，三联书店 1998 年版，第 182 页。

一切历史发展和一切行为的主体根源，这是同一思想体系的两个方面，时间在这一体系里被设想为整体化的形式。传统历史学家或者思想家拒绝接受“矛盾”、“差异”和“他者”。或者说思想史研究的另一个利器是将矛盾、差异排斥掉。矛盾是传统思想史一个竭力排斥、消除的因素。一致性、连续性则既是它理论预设所分析的结果，也是它追求的目标。在传统的思想史或者编年史看来，“总之，分析应该尽一切可能消除矛盾”。①

与此相反，知识考古学通过实证的考究发现，实际上并不存在这种保障话语单位有效性的所谓陈述形式的绝对连贯性，知识考古学针对传统思想史的“连续性”概念而提出“非连续性”概念，②认为话语的陈述形式是非连续性的，或者说是矛盾的；认为当我们试图以传统思想史或者编年史的方式“追溯那个起源时，我们所遇到的是一张地形图一样的网络，根本不可能理清一条没有分岔的线路来。与其归结于某个起源，不如看做是不同支岔并合而成的”。“矛盾构成话语存在的法则本身：话语产生于矛盾，话语正是为了表现和克服矛盾才开始讲话的；话语正是当矛盾不断地通过它再生出来，为了逃避矛盾才继续下去并无限地重新开始；这是因为矛盾永远处于话语之内，因为话语由此而永远不能绕开矛盾，因

① ［法］米歇尔·福柯：《知识考古学》，谢强、马月译，三联书店1998年版，第194页。

② 当然，知识考古学反对的是“连续性的优先形式”，反对的是那种不假思索而将连续性视为自然而然的态度，而不是对“连续性”彻底地否定与抛弃。“知识考古学所要做的工作，就是指出连续性不是自然而就的，而始终是建构的结果，而我们要了解的正是这种建构的规则，并对它进行验证；为了确证在哪些条件下和作什么样的分析，它们中的哪些是合理的，指出哪些无论如何是不能予以接受的。”［法］米歇尔·福柯：《知识考古学》，谢强、马月译，三联书店1998年版，第30页。

为话语在变化，在变形、在自动地逃避他的连续性。”[①] 总之，和传统思想史不同，知识考古学致力于话语的特殊性、差异性和矛盾性，沿着话语的外部边缘追踪话语，以便更为清楚地确定它们。换言之，就是对话语方式作差异分析。

第三，关于比较的描述，实际上涉及的是对各种话语形成的规律性进行比较的描述。和传统思想的分析不同，传统的思想也使用比较的分析，但传统的思想的比较分析是为了将差异和矛盾消除掉，形成“大一统”的分析模式，而考古学只是力图认真对待被排斥掉的这些差别；力图理清这些差别，确定它们怎样分配，怎样相互包容，相互依附和相互隶属，它们属于怎样的不同的种类。简言之，就是要描述这些差别，并在它们之间建立有差别的系统。如果说考古学有什么异常的话，不应指它增加差别这一点，而是指它拒绝减少差异这一点——即以此否定了习惯价值这一点。对于思想史来说，差别，正像它所呈现的那样，是谬误或者是圈套。考古学把人们习惯当做障碍的东西作为自己描述的对象：因为它不以克服差别为目的，而是要分析差别，准确地说出它们是什么，并对它们加以区分。因此，“考古学所涉及的范围不构成一门科学，一种合理性，一种精神状况，一种文化；而是实证性际的交错，这种实证性际的界限和交叉点不可能被一下子确定。考古学是一项比较分析，它不是用来缩减话语的多样性和勾画那个将话语总体化的一致性，它的目的是将它们的多样性分配在不同的形态中。考古学的比较不具有一致性的效果，而具有增多的效果”。[②]

知识考古学通过对话语进行个体化，然后在众多的个体化的话语形成出现的同时性中进行比较，区别出不同时期的话语，话语特

---

① ［法］米歇尔·福柯：《知识考古学》，谢强、马月译，三联书店1998年版，第194页；本段落中未注明出处引文均引自本书。

② ［法］米歇尔·福柯：《知识考古学》，谢强、马月译，三联书店1998年版，第206页。

殊性以及揭示它们与非话语实践的关系。这种比较由三个方面组成。首先，知识考古学认为任何话语形式都是个体化的，或者说是有局限的，有区域性的。而这些个体化、区域化的话语之间会存在着可以描述的关系。比较方法是要揭示话语规律性分配在不同形式话语中，从而描述话语际网络的外形。其次，知识考古学的比较是要揭示在各种话语形成中的相似性和差异性的作用。它包含以下几个任务：指出截然不同的话语成分如何能够在相似的规律上形成，换言之，就是揭示不同话语形成之间的考古学同构性；指出在什么样的范围内，这些规律是否可以以同样的方式、同样的秩序、同样的模式被安排在话语的不同模式中，换言之，确定每一种话语形成的考古学模式；指出完全不同的概念怎样在它们的实证体系中占据相似的位置，即不同的概念具有考古学同位性；指出同一的概念如何可能包含两个完全不同的考古学成分，即指明考古学间距；指出各种话语的隶属关系或者补充关系是如何建立起来的，即建立考古学的对应关系。最后，考古学还揭示出话语与非话语实践之间的关系，这种关系不能简单地归结于因果联系，考古学要力图发现在话语实践以及机构的、政治的、经济过程等非话语实践之间相互连接的社会关系的整体性。①

第四，关于转换的测定。所谓转换的分析就是描述话语形成系统不同成分是如何相互转换的；话语形成体系的具有特征的关系如何相互转换的；各种不同话语形成规则之间是如何转换的；各种实证性之间的关系是如何转换的。实际上，知识考古学对话语形成体系中成分、规则、关系、实证性的转换的测定是为了证明不同

---

① 参见［法］米歇尔·福柯：《知识考古学》，谢强、马月译，三联书店 1998 年版，第 202～213 页。

“知识型”① 之间的转换与变化的特征，即强调思想史的断裂性、不可通约性从而消解历史进化论观念。知识型之间不是连续，而是断续的，一种知识型到另一种知识型的转变是突然发生的，是断裂；后一种知识型并不比前一种知识型更进步，不能用一种知识型的标准去判断另一种知识型的真假是非；生活在一个知识型中的人只会忽视和忘记另一个知识型，只有从考古学角度，才能看到各个知识型的特征和它们的变化。

第二节　“司法解释立法化”在当前学术界话语中的位置

在本书的第一章中，我们实际上已经列举出诸多学者对“司法解释立法化”一词的使用。从我们所掌握的有限资料来看，“司法解释的立法化”这种说法最早出现在2001年的《法律解释体系的重新构建——论我国的法律解释体系及其完善途径》一文中，作者为复旦大学硕士研究生张洁。但是，作为知识考古学所说的诞生，并非这种由谁、在什么地点、什么时间首次创造该词用来指称某事物之思想史式的追根求源。这正如上文提到的“人”一样，从历史学或者思想史的角度来看，人作为一个实物，该实物的历史

① 关于考古学，福柯在《词与物——人文科学考古学》一书中更多的是使用“知识型”概念，在《知识考古学》一书中更多的是使用“话语形成”概念。“知识型”是从词与物的关系角度入手，对词与物被组织起来的话语空间的统称。而“话语形成”则是为了进一步分析知识型的内部特征而使用的更为具体的概念，如为了分析文艺复兴时期、古典时期、现代时期的三类知识型之间的转换，福柯选择了生物的、语言的、财富的这三种话语来分析。这三种话语形成在某个时期会拥有共同的结构，这一结构会不同于其他时期的结构，从而出现不同知识型的划分与断层。在每一个断层中，各种话语都从属于同一种知识型。特定的知识型决定了在某一时期所有的话语形成。

要远于“人”这一个词的历史。先有实物的客观存在，然后才会有词对该实物的指称。而在西方思想史上，谁最先使用“人”这个词来指称人这个物，在知识考古学看来也仍然还不是“人”的诞生。“人”的诞生与作为客观物的人，以及作为词的“人”的历史无关，知识考古学所说的“人”的诞生是无视这种编年史的时间性的一个事件。“在18世纪以前人并不存在”,① 人的诞生是一个从古典认识型到现代性认识型发生转换的一个突变的事件。现代性认识型放弃了古典认识型假定的这种词与物的对应关系，拆散传统编年史或者思想史坚持的词与物的紧密结合关系，“人”才开始诞生。人的诞生主要是认知方式发生突变的结果，是认知秩序的存在方式发生深刻变化的一个结果。“物的存在方式，以及那个在对物作分类时把物交给知识的秩序的存在方式发生了深刻的变化……知识成功地产生了自身，观念成功地改变了自身并积极地相互修正（但是，是怎样进行的呢？历史学家尚未向我们阐明这一点）……随着物愈来愈变得反省的，并只是在它们自己的生成变化中探寻它们的可理解性原则，还放弃了表象的空间，人（I’ homme）随之并且第一次进入了西方知识领域，奇怪的是，有关人的知识在幼稚者的眼里是从苏格拉底以来最古老的研究了，人可能只是物之序中的某种裂痕，或者无论如何，也只是一个构型，其轮廓是由他近来在知识中所占据的新位置所确定下来的。”② “人”既然可以突然在历史诞生，也可以突然死亡，如福柯认为，如果另外一种认识型取代了现代性认识型，作为知识的主体和知识的对象的“人将被抹去，

① ［法］米歇尔·福柯：《知识考古学》，谢强、马月译，三联书店1998年版，第402页。

② ［法］米歇尔·福柯：《知识考古学》，谢强、马月译，三联书店1998年版，第11～12页。

如同大海边沙地上的一张脸”。[①] 可见西方学术界中的主题始终是和特定的认识型联系在一起的，所以近现代西方的一些思想家宣称的诸如“上帝死了”、“人诞生了”、“人死了”之类的命题，从传统历史学或者传统思想史的角度是无法理喻的，[②] 只有从知识考古学的角度才是可以理解的。

以知识考古学的角度来看，虽然学者们开始谈论司法解释立法化，却不见得就标志着司法解释立法化作为新主题或者新事物的诞生。但是，如果我们仔细考察这些学者谈论的司法解释立法化的话语方式，我们甚至可以说他们提及“司法解释立法化”一词，不是助产“司法解释立法化”，恰恰是为了用某种话语方式将“司法解释立法化”扼杀在胎腹中。从某种意义上来看，“司法解释立法化”作为一种知识型，还没有诞生就已经死亡。那么，我们看看在传统的法学研究中，是通过什么样的话语方式将司法解释立法化扼杀在摇篮中的。

首先，按照传统的学术研究的思路，“话语单位形成是由于陈述群参照的是同一话语对象，或者说由于存在着同一的话语对象（这个物）才可能形成话语单位（这个词）”。[③] 在当前的学术研究中，“立法”、“立法权”、“立法解释”、“司法”、“司法权”、“司法解释”等都是客观存在的对象，并且这些对象之间有着固定的界限，对于这些假定为同一对象的东西的指称有着一一对应的词，

---

① ［法］米歇尔·福柯：《词与物——人文科学考古学》，莫伟民译，上海三联书店2001年版，第506页。

② 强调客观性的历史学或者强调真理就是对客观事物的正确反映的传统思想史是不可能写出上帝的历史，不可能将“上帝”作为研究主题的，因为神，以及宗教本身是人对客观世界的歪曲反映，不是上帝造人，是人虚构出的上帝，从客观的角度来看，上帝并不存在。传统的历史学将人等作为主题，研究人的历史也是以其客观性为基础的。

③ 余章宝：《传统历史话语的颠覆——福柯〈知识考古学〉的后现代历史观》，载《厦门大学学报》（哲学社会科学版）2001年第2期。

可以形成各自的话语单位。并且围绕这些对象的研究可以形成“立法学”、“法律解释学”等话语单位。

以“立法”为例来做统计,① 根据超星数字图书馆数据库的不完整的统计,② 以及我们通过其他方式作出的少量的补充,直接包含“立法”一词的专著、教材大概有150多种,主要有以下这些书籍:

通论方面:周旺生:《立法学》(从1988年到2007年多次再版)、《立法学教程》(1995年版,2000年版)、《立法论》(1994年版)、《立法:原则、制度、技术》(1994年版)、《当代中国立法》(1998年版)。孙琬钟:《立法学教程》(1990年版)。张根大等:《立法学总论》(1991年版)。李步云主编:《立法法研究》(1998年版)。李步云、汪水清:《中国立法的基本理论和制度》(1998年版)。郭道晖等编:《立法:原则、制度、技术》(1994年版)、《当代中国立法》(1998年版)。刘和海、李玉福:《立法学》(2001年版)。张善恭:《立法学原理》(1991年版)。刘明利:

① 统计是一个吃力不讨好的体力活,我们选择“立法”而不是“司法”作为统计的对象,是因为在统计过程中,我们最初是先以“司法”为对象的,当我们输入“司法”一词来搜索,每页只能显示十种书(也没有显示总的数量和提供最后一页的连接),只好一页一页的打开,因为网络技术与网络速度的问题,花了半个小时翻到50页,大约500种书,也还看不到尽头。只好放弃统计“司法”,转而统计“立法”,幸好含有“立法”一词的书在超星数字图书馆的数据库中只有240种。

② 不完整统计包含两层含义,第一,超星数字图书馆数据库的不完整性,虽然该库的藏书数量非常大,但并没有收录所有已经出版的书籍。一般最新出版的书籍往往未能收入,而其他已经出版的书籍因为版权问题或者缺失而未能收入该库。第二,已经收录进该库的书籍,即使符合了搜索的条件,我们也是有所选择地列举。比如,不同年出版的不同卷的文集、文丛我们只算一种。再比如各学科涉及立法的专著,数量也是不少,我们就列举有代表性的专著。另外,超星数字图书馆数据库中有些书重复多次被收录,我们也要将重复的数目缩减。

《立法学》（2002年版）。黄文艺、杨亚非：《立法学》（2002年版）。朱力宇、张曙光：《立法学》（2001年版）。孙敢、侯淑雯：《立法学教程》（1999年版）。谷安良：《立法学》（1993年版）。黎建飞：《立法学》（1992年版）。朱力宇、张曙光：《立法学》（2001年版）。朱志宏：《立法论》（1995年版）。吴大英：《比较立法学》（1985年版）。曹海晶：《中外立法制度比较》（2004年版）。吴光辉：《立法论》（1992年版）、吴光辉：《立法学》（1997年版）。侯淑雯：《立法制度与技术原理》（2003年版）。戚渊：《论立法权》（2002年版）。孙承谷：《立法权与立法程序》（1983年版）。孙潮：《立法技术学》（1993年版）。吴大英、任允正、李林：《比较立法制度》（1992年版）。马新福、朱振、汤善鹏：《立法论——一种法社会学视角》（2005年版）。徐向华：《中国立法关系论》（1999年版）。王盛林主编：《地方立法论》（1993年版）。乔晓阳主编《立法法讲话》（2000年版）。顾昂然：《新中国立法概述》（1995年版）。陈炯：《立法语言学导论》（2005年版）。张善恭：《中国立法史论》（1994年版）。

部门法立法专论方面：房绍坤：《中国民事立法专论》（1995年版）。柳经纬：《当代中国民事立法问题》（2005年版）、《我国民事立法的回顾与展望》（2004年版）。高富平：《物权法原论：中国物权立法基本问题研究》（上、中、下卷）（2001年版）。赵国强：《刑事立法导论》（1993年版）。孙同鹏：《经济立法问题研究》（2004年版）。祝二军：《证券犯罪刑事立法原理》（2000年版）。李建华：《经济刑法立法研究》（2001年版）。李希慧：《中国刑事立法研究》（2005年版）。黄太云：《立法解读：刑法修正案及刑事立法解释》（2006年版）。周健：《军事立法学》（2002年版）。夏积智：《劳动立法学概论》（1991年版）。康树华：《青少年立法论》（1994年版）。

文丛类方面：周旺生主编：《立法学论丛〈立法研究〉》（法律出版社从2000年起每年出版一本文集，并成立了北京大学立法学研究中心)。尹中卿主编:《人大研究文萃　人大立法制度研究》(多卷)。梁慧星:《民法学说判例与立法研究》(多卷)。

译著方面:杰罗米·边沁:《道德与立法原理导论》。萨维尼:《论立法与法学的当代使命》。克劳斯·弗里德里希·阿恩特:《德国的法制(立法—行政—司法)》。哈耶克:《法律、立法与自由》。

其他有关立法的资料、刊物方面:吴高盛:《〈立法法〉条文释义》(2000 年版)。阚珂主编:《2003 年中国立法研究报告》(2003 年版)、《2004 年中国立法研究报告》(2004 年版)。宋汝棼:《参加立法工作琐记》(1994 年版)。立法院秘书处:《立法专刊(第 1 辑)》(1929 年版),《立法专刊(第 2 辑)》(1930 年版)。《立法法实施问答》编写组编:《立法法实施问答》(2000 年版)。全国人大常委会图书馆编:《全国人大常委会图书馆馆藏资料目录索引:立法研究 1996—2002》。全国人大常委会法制工作委员会国家法行政法室:《中国残疾人法律指南(第一卷　中华人民共和国残疾人保障法立法报告书)》(1991 年版)。北京政法学院刑法教研室编印:《我国刑法立法资料汇编》(1980 年版)。

另外要指出的是,涉及"立法"的实质问题但不以"立法"命名的专著、教材等材料其数目无法统计,但可以肯定要比以上我们列举的材料的数目多。以立法、立法权、立法解释、立法学、立法制度、立法原理、立法技术等为关键词的公开发表的文章更是不计其数。我们根据中国期刊全文数据库的统计,从 1981 年到 2008 年 2 月,以"篇名"为检索项,文章篇名中精确的含有"立法"一词的文章数量为 2.3 万多篇。以"关键词"为检索项,关键词包含"立法"的文章有 5 万篇。以"摘要"为检索项,包含"立法"一词的有 7.8 万多篇。以"主题"为检索项,以立法为"主题"的精确的匹配的大约有 10.3 万多篇。以"全文"为检索项,包含有"立法"一词的文章 76 万篇。

其次,以上的关于"立法"的传统话语的统计材料虽然显得杂乱,似乎有堆砌的感觉,也没有按照某个统一的标准给予这些材料理性的分类，但是，这也许是由知识考古学本身的特性所决定的：他不给某些材料或者某些材料形式或者“材料背后的作者的权威性”[①] 予以先在特权，按照福柯的原话是：“谱系学[②]枯燥、琐细，是项极需耐性的文献工作。它处理各种凌乱、残缺、几经转写的古旧文稿。”“谱系学是灰色的，注意细节的……谱系学要求大量堆砌的材料，要求耐心。”[③] 上述材料杂乱的堆砌方式，从外在的数量上就达到了我们期望的某种目的。该材料的数字至少从数量上就足以说明在学术界已经形成了关于“立法”的强大话语体系。这种强大的话语体系似乎都是指向了一个固定的对象——“立法”。专著、教材、文章都似乎在告诉我们立法是什么，科学的立法原理、原则、模式、技术、程序是什么。而且对立法的历史沿革的考察也总是一个从原始社会的习惯法的产生到奴隶社会的立法，到封建社会立法，到资本主义社会的立法，最后到社会主义立法的逐步发展、进步、完善的过程，立法制度与立法思想的这种逐步的更替也就是一个新事物代替旧事物的新陈代谢的过程。在有关“立法”的学术研究中，该研究的价值的大小也就在于对“立法”的定义以及论述是否正确地反映了立法这个客观事物的性质以及客观规律的程度的判定。总之，“立法”的历史是一个逐步完善自身

---

① 例如，虽然材料的罗列必然会有先后，但我们将会把一个在校研究生发表的有关“立法”的文章与一个“立法学之父”样的学术权威作者的专著同等重视。本书在这些材料的处理中基本上是按照我们所使用的数据库或者网络提供我们的顺序来排列，即使对材料做出某些微调或者分类或者处理，也不是按照公认的影响力、重要性、权威性的大小程度来安排的。

② 谱系学是福柯在知识考古学基础上发展起来的第二种方法，和知识考古学注重对知识本身的生成规律的分析相比，谱系学更加注重对知识（真理）、法律与权力三者之间的复杂关系的分析。但谱系学并非对知识考古学的基本方法的背弃，二者只是分析的侧重点不同而已。

③ ［法］米歇尔·福柯：《尼采、谱系学、历史学》，王简译，载杜小真编：《福柯集》，上海远东出版社 2003 年版，第 146 ~ 165 页。

的过程，学者对立法的研究更是一个揭露假象、消除错误、去伪存真以至于最后逐步接近乃至于达到那个或明或暗隐藏起来的绝对真理的过程。

再次，从材料的内部进行分析，如果对每一部专著、教材、文章、其他材料的价值与意义同等看待，对这些有关“立法”的材料及其观点进行细节的、琐碎的考察，我们将会发现有关“立法”的话语的某些生成规律性。例如，在什么是“立法”这个最基本的问题的处理上：第一，每一部专著、教材，每一篇文章对该问题的回答，都是采取对某些知识进行压抑、贬低，类似于园林设计师对自然生长的树木花草进行剪裁，以使得“立法”呈现出作者预想的整齐的、对称的、统一的，条理清晰的园林图景。第二，虽然每一部专著、教材，每一篇文章对什么是立法的处理方式是相同的，但是每一部专著、教材、文章之所以有价值、有意义，或多或少都对该剪裁什么、保留什么、增添什么的细节上有差异，哪怕是同一个作者对涉及同一主题的不同时期的著作、教材、文章，也遵循该规律。因此，我们在同一部著作、教材，每一篇文章中看到的是同一主体的对主题的除去矛盾、除去边沿的中心化处理。但是，如果将不同作者的著作、乃至同一作者的不同著作进行同时性的考察和比较，对话语进行共存的考察，我们发现的是这样一个基本的事实：并不存在唯一的、不变的对象，对象是在话语中被建构起来的，而且作品背后的主体，哪怕是在生理上的同一个人，也并不能总是保持其中心位置，而是表现为一种主体的扩散性或者中心位置的偏移。从这个更为广泛的视角来看，无论是对象的形成、概念的形成还是话语方式的形成，并不能归结为单一陈述主体的心理预设或者理想性观念，也不能归结为客观不变的物的性质，而是依赖于主体的不同身份、不同位置，主体所能占据或者接受的立场，以及主体所言及的领域的不连续性等多重关系所结成的话语网络空间。正如福柯所言，“陈述的主体并不是一个句子写下的或说出的表达现象的原因、根源和起点，也不是沉默地居于语词之先并把它们作为其直觉的可视物体加以排列的有意义的意向，这种主体的位置，并不是通过文本、书籍或作品就可以一劳永逸地确定下来并自我保存的。这种位置是变化着的，或者说它具有相当的可变性，是以经由不同的句子而仍旧保持不变或者随着每一句子的改变而改变”①。总之，正是陈述的不连续性，陈述的差异与分叉生成有关“立法”强大的话语体系，而且这些陈述的位置也是在这个广泛的话语体系的空间中展开的。

最后，根据以上对知识的生成规律性的大体的考察所得出的结论，我们再考虑“司法解释立法化”的问题，那么就可以推导出这样的结论：在强大的传统话语体系下，虽然这些学者也使用“司法解释立法化”一词来指代某种现象，但是在该传统话语体系下，作为一种知识型的司法解释立法化的话语体系并没有诞生。“司法解释立法化”作为被传统知识体系所贬低的知识，如果我们对其作知识考古学的研究，也许会促使司法解释立法化话语方式的诞生，从而为司法解释立法化谋求在整个话语体系中的一席之地。换言之，虽然传统的法学研究中，占主流的话语企图通过一些话语方式将司法解释立法化扼杀在摇篮中，但是，如果从知识考古学的角度来看，恰恰是这些整体化、理性化的处理方式孕育了另外一种知识的产生的可能性。当我们将某些被剪裁掉的边角边料重新捡起来予以实证研究，使得这些被传统知识体系的整体化、系统化功能所排斥、所贬低的局部的，不连贯的、无资格的、不合法的知识重新运转起来，也许同样会形成一个别样的知识体系，从而与传统的知识体系共存。

因此，从传统的学术角度来看，当前法学界在司法、司法解释、立法等强大的话语体系中，显然“司法解释立法化”并不具有新事物的适格条件，“司法解释立法化”偶尔也被提及，但这种

① 转引自文兵：《主体的非中心化与历史的非连续性——福柯〈知识考古学〉的主旨》，载《哲学研究》2002 年第 1 期。

提及目的在于将其作为反面教材，作为应该要防止或者避免的现象来看待的。但是我们认为，如果认真考察这些强大的话语体系，就会发现这些看起来是统一的、连续的知识体系内部，实际上也并不是我们想象中那么“大一统”。只要我们对这些话语的矛盾处、断裂处、非统一处进行合理的梳理、组织、转换，也许在这些话语体系中就会发现话语体系内部隐含了“司法解释立法化”得以诞生的某些条件。

第三节　司法解释立法化概念家族的梳理

那么，如何让司法解释立法化成为一种合法的知识体系而有说话的权利呢？换言之，我们怎样才能让“司法解释立法化”一词站出来讲话？

“为了使词能说出它所说的，词就必须让它从属于一个语法全体，与词相对照，这个语法全体是第一性的、基础性的和决定性的。”① 所谓的“语法全体”大致可以用“概念家族”、“概念体系”来代替。第一步，我们需要寻找到司法解释立法化的相近的概念家族。实际上，“司法解释立法化”这个词语本身首先就给了我们关于该词的相近概念家族的明确提示：司法解释、立法这是两个大的概念。然后，我们可以根据“司法解释”与“立法”这两个概念衍生出与这两个词相近、相似、相关的其他概念家族成员：司法解释在概念上从属于“解释”与“司法”。于是司法解释的概念所属的概念家族是：行政解释、立法解释、司法解释的立场、原则、方法、程序等；以及司法权、司法领域、司法者（主体）、司法职能等。而行政解释又必然会涉及行政权、行政领域、行政主体等概念。立法的概念家族是立法权、立法领域、立法者（主体）、

① ［法］米歇尔·福柯：《词与物——人文科学考古学》，莫伟民译，上海三联书店2001年版，第366页。

立法职能、立法原则等。

但是，概念家族的“相近关系”并不等同于概念家族的“从属关系”。如果没有合理的理由或者某种客观的桥梁或者媒介，从这些相近的概念中就无法直接衍生出“司法解释立法化”的概念。这就好像一个陌生人或者远房亲戚不会自动的变成某人的近亲属，除非原本就是近亲属，只是以前没有发现该血缘关系或者有新的婚姻作为媒介，否则改变不了“血浓于水”的客观事实，也得不到法律的认可，正如法律禁止近亲通婚，但不禁止没有血缘关系的干兄干妹之间结婚。我们认为，对于司法解释立法化这样一个客观存在的对象，如果我们暂时抛开合法与非法的价值判断，那么从语法的角度来看，司法解释立法化在逻辑上的确存在着从属于司法（解释）的概念家族或者从属于立法的概念家族的可能性。

我们可以在科学史上找到同类的例证，比如“鲸鱼”到底属于“鱼类”还是属于“哺乳动物类”？一般人认为鲸鱼是鱼，而科学家给的答案相反，科学家一致性的认定鲸鱼属于哺乳动物。当然，由于对同一词语的定义不同，对事物的分类标准不同，答案也可能并不是绝对的，科学家对某种事物的分类也会有分歧，比如许多年来，“九大行星”的说法作为天文学的基本常识已被载入我们的教科书，但最近因美国天文学家布朗发现一个编号为“2003UB313”的天体——一个直径和质量都超过冥王星的昵称“齐娜”的行星而引发争议：如果冥王星是“大行星”，那么为什么“齐娜”不是？这一新发现，使得到底什么是行星的定义问题到了非解决不可的程度。国际天文学联合会专门成立的行星定义委员会提出了新的行星概念，意在解决近年来新的天文发现和传统概念之间的矛盾。他们提出的新的行星定义包括两点：一是行星必须是围绕恒星运转的天体；二是行星的质量必须足够大，它自身的重力必须和构成行星物质的表面力平衡使其形状呈圆球。按照该定义，九大行星变为十大行星。然而该定义引发更多的问题，遭到许多天文学家的尖锐批评而草草收场，以至于不得不重新定义，2006

年第26届国际天文学联合会会议经过2400多名天文学家的激烈争辩后，最终确定了新的行星定义，即围绕太阳运转、自身引力足以克服其刚体力而呈圆球状、并且能够清除其轨道附近其他物体的天体。经过12天的激烈讨论，冥王星最终在400多名天文学家的公投中被排除在太阳系九大行星之外，降级为“矮行星”。对于这一结果，就连负责起草行星标准的行星定义委员会主席欧文·金格里奇都表示，投票的结果仍不是最终定论，因为“科学是一项能够不断带来惊喜的动态事业”。虽然“齐娜”也没有获得大行星的资格，但“齐娜”的发现者布朗的评价颇有意味：“他的团队所发现的是一颗文化意义上的大行星，是一颗历史意义上的大行星，但不是一颗科学意义上的大行星。”① 可见，在自然科学上，词与物之间的关系尚且根据时代的变化以及更加新的发现而不断变化，那么在价值判断占主导地位的人文社会科学领域，规范与事实之间的这种不确定性和变化性，更应被视为普遍的现象。

因此，如何在概念家族之间、在语法上找回某种客观存在的亲缘关系，或者如何通过新的媒介创造这种亲缘关系，使得司法解释立法化也成为立法或者司法或者其他概念家族中的合法一员，就变得尤为重要。

尽管严格的“三权分立”思想排斥立法权、司法权与行政权的混同，但自从近代“三权分立”学说诞生以后，又产生了现代意义的行政立法或者行政立法权，实际上行政立法的概念②与实践同“三权分立”学说几乎同生并存，从实践上来看甚至其存在的历史要更早。尽管行政机关进行立法在实践中尚存在这样那样的问题，但在法学界，已经承认“行政立法”、“行政立法权”、“委任

① 以上关于“行星”的讨论，参见黄永明：《第十大“行星”引发的争论》，载《青年科学》2005年第12期。

② 行政立法一般是指国家行政机关依照授权或法定的权限和程序制定行政法规、规章的活动以及体现这种活动结果的行政法规和规章。

立法”、“授权立法”之类的概念。[①] 行政立法不仅仅是一个现代法治国家的基本事实，而且有扩大的倾向，学者也开始使用“行政立法化”一词来描述这一现象。[②] 同时还出现了“行政司法化”、“立法司法化”、[③] “司法行政化”[④] 的概念。因此，如果能够证明“司法解释立法化”、或者“司法立法”的合法性，那么“司法解释立法化”就属于“行政立法化”、“行政司法化”、“立法司法化”、“司法行政化”所组成的概念家族中的一员。这些概念如果从更广的范围来看，又分别属于立法、司法、行政概念家族。

可见，如果说在大的概念家族中立法、司法、行政的概念是父母辈的概念，那么“行政立法化”、“行政司法化”、“立法司法化”、“司法行政化”以及“司法解释立法化”等则属于子女辈的概念。需要再次提请注意的是，在此我们暂且不论“司法解释立法化”是否具有合法性，而只是纯粹从语言学的角度来看“司法解释立法化”一词何以可以产生。为此，我们不得不对“司法解释”与“立法”这两个概念进行语言学的考察，以便从这两个概念中找到衍生出“司法解释立法化”一词的某种路径。

---

① 参见李步云、汪永清主编：《中国立法基本理论和制度》，中国法制出版社 1998 年版；陈伯礼：《授权立法研究》，法律出版社 2000 年版。

② 参见刘丽：《福利模式下的中西税权控制》，载《西南政法大学学报》2007 年第 4 期。

③ 行政司法化、立法司法化就是以司法的形式进行行政、立法，比如行政和立法中的听证制度。参见：尹伟琴、王正斌：《论司法国家是充分展开的国家概念》，载《中州大学学报》2005 年第 1 期；王永杰：《从独语到对话——以行政司法化为视角》，载《国家行政学院学报》2007 年第 3 期。

④ 参见田百龙：《司法独立与司法行政化的界限》，载《法制与社会》2008 年第 1 期。

第四节　刑法司法解释、立法概念的差异分析

一、法律解释的概念差异分析

（一）我国关于法律解释概念的研究现状

在本章前面，我们介绍了知识考古学与传统编年史在对矛盾、比较、转换的分析方法上的不同态度。其实，这种差别并不仅仅体现在知识考古学与传统的编年史方法之间，也体现在各种人文社会科学中。我国的法学学术传统基本上也是沿袭传统编年史对待矛盾、比较、转换的分析方法的态度。例如，一般教科书或者文章在给法律解释下定义时，或多或少也会从其他学者对法律解释下的定义出发，认为其他学者的定义有什么不妥当的地方，然后提出自己认为正确的定义或者概念。这种态度和传统编年史学的学术态度一样，与其说是比较，不如说是拒绝接受“矛盾”、“差异”和“他者”。一致性、连续性则既是它们理论预设分析的结果，也是它们追求的目标。而知识考古学则不同，知识考古学所使用的比较分析不是为了将差异和矛盾消除掉，形成“大一统”的分析模式，而是要力图认真对待被排斥掉的这些差别，力图理清这些差别，确定它们怎样分配，怎样相互包容，相互依附和相互隶属，它们属于怎样的不同的种类，简言之，就是要描述这些差别，并在它们之间建立差别的系统。知识考古学致力于话语的特殊性、差异性和矛盾性，沿着话语的外部边缘追踪话语，以便更为清楚地确定它们。考古学并不增加差别或者矛盾，而是拒绝减少差异或者排除差异与矛盾。从而在传统的学术话语体系中本身存在的差异与矛盾的前提下发现知识得以产生的规律。从语言学的角度来看，任何对词语的解释都不是绝对意义上的同语反复，而只能是不精确的相似性，但是“相似性从不保持自身的稳定性，只有当相似性反观另一种相似性

时，它才得到确定，而后者反过来又指新的相似性。”① 所以，在学术界对同一主题才会有源源不断的学术著作、文章等话语体系的膨胀。但是，单独的看每一本著作或者文章，却都是建立在消除差异与矛盾的预设前提中进行的。

不过，笔者发现在对法律解释的研究中，张志铭教授倒是一个例外，他采用的方法类似于知识考古学的方法。在很早的一篇文章中，他就梳理了学术界对司法解释下的七种不同定义，进行比较分析，将这些表面上差异不大的定义中的差异与矛盾呈现出来，最后他也没有像其他学者那样给出一个他认为“最好的”、“最终的”、“最科学的”定义。

他按法学界有关司法解释的定义的出版物的时间先后，列举出七种以资分析概括。定义一：“阐明法律或国家政权的其他文件的意义与内容，即称为解释。在将法律或其他文件适用到具体的、实际的、需要根据法权进行判决的案件上时，就应该对这一法律或其他文件进行解释。”定义二：“法律的解释是科学地阐明法律规范的内容与含义，确切地理解法律规范中所体现的统治阶级的意志，从而保证法律规范的准确适用。”定义三：“法律解释同法律的实施、执行和适用有着密切的联系。”“按照通常的理解，所谓法律解释，就是根据统治阶级的政策、立法意图和法律意识对法律规定的具体内容和含义作必要的说明。”定义四：“对法律规范的含义以及所使用的概念、术语、定义等所作的说明。”定义五：法律解释实际上包含三方面内容：一指确定法律规范内容，探求立法意图（包括立法者立法时的主观意图和法律本身反映出的客观的立法目的与意图），说明法律规范的一种行为和过程；二指规定法律解释的主体、权限、程序、方式和效力等问题的法律解释制度；三指法律解释过程中作为技术所运用的一系列规则和方式。“法律解释是

① ［法］米歇尔·福柯：《知识考古学》，谢强、马月译，三联书店1998年版，第42页。

动态（行为与过程）、静态（法律解释制度）和技术三者构成的统一整体”。定义六：“法律解释是指对特定法律规定意义的说明。”从广义讲，法律解释包括对宪法、法律和法规的解释，从狭义讲则不包括对宪法的解释。“法律解释既是实施法律的一个前提，也是发展法律的一个方式。”定义七：“法律解释乃是法适用之不可欠缺的前提”，“为了解决具体的案件，必须获得作为大前提的法律规范。这种获得作为判决大前提的法律规范的作业，亦即广义的法律解释。”具体说来，广义的法律解释包括三项内容：其一是在有可适用的法律规范情况下确定法律规范意义内容的作业，即狭义的法律解释；其二是在没有可适用的法律规范情况下的漏洞补充；其三是在法律规定因过于抽象一般而不确定情况下的价值补充。[①]

在张志铭教授看来，虽然以上七种定义中都把法律解释理解为对法律规定或法律规范意义内容的说明，但是细分析起来，除了在定义的表达方式和具体措辞上表现出不同外，他们还存在以下一些实质性分歧，他从以下几个角度对这些差异或者矛盾予以梳理。

1. 就发生的场合而言，有的认为法律解释发生在法律实施（包括执法、司法和守法）的场合，是法律实施的一个前提；有的认为法律解释发生在法律适用（包括执法和司法）的场合，是法律适用的一个前提；还有的认为它发生在司法裁判的场合，是作出司法裁判的“大前提”。

2. 就解释主体而言，一般都会认为包括有法定解释权的组织或个人和无法定解释权的组织或个人，其中有法定解释权的组织又包括国家的立法机关、行政机关和司法机关。但是，也有学者基于法律解释发生于司法场合的理解，认为法律解释的主体是法官、学者和当事人。

3. 就根据主体对法律解释所做的不同分类而言，一般认为法

① 参见张志铭：《当代中国的法律解释问题研究》，载《中国社会科学》1996年第5期。

律解释可分为法定解释或有权解释和学理解释或无法律效力的解释，其中前者由于做解释的国家机关的不同，又可分为立法解释、司法解释和行政解释；也有学者认为可区分为裁判解释、学说解释和当事人解释三种，其中第一种有法律效力。

4. 在解释的对象和目标方面，只有少数学者作出了明确的区分。例如，有学者认为，法律解释的对象是法律规范之条文、立法文献，如立法理由书、草案、审议记录等，以及当时社会、经济、政治、技术等附随情况；法律解释的目标是解释者通过对对象的解释所欲探明的法律规范之法律意旨。

5. 尽管法律解释与法律实施被认为是密不可分的，但是对于它是否包括事前解释，学者们的认识并不一致。许多学者认为，法律中的解释条款以及那些解释已有法律的法律（如实施细则）也属于法律解释；另有一些学者认为，法律解释仅指事后解释，即法律适用过程中的解释，事前解释属于法律制定范畴。

6. 在普遍意义上就法律解释尤其是司法解释是否具有或应该具有创造性的问题，多数学者没有论及或给予明确解说。有的学者认为，法律解释或司法解释并不只是对法律的理解活动，它还具有造法作用，在性质上属于立法的延长；法律漏洞的补充和不明确法律规定及一般条款的价值补充，就是典型的例子。①

如果说张志铭教授的《当代中国的法律解释问题研究》一文还是带有学术综述的意味的话，那么，在他后来的专著《法律解释的操作分析》一书中则更为明确地表现了这一点，他除了补充两种定义以外，对这些列举的定义，也没有按照常规分析每一种定义的优点、缺点，然后“综合各种定义的优点，抛弃缺点”下一个自认为最好、最终的定义。相反，即使提出了自己的关于司法解

① 参见张志铭：《当代中国的法律解释问题研究》，载《中国社会科学》1996 年第 5 期。

释的定义,[①] 也不否定其他定义的有效性，保留各种定义中的差别与矛盾。他说：“还需要说明的是，尽管这是一种按照时序的列举，但并不意味着它们不可能同时存在，也不意味着在某一时期只有一种理解或者定义居于主导或者‘霸权’地位。”[②]

的确，张志铭教授给我们提供的不仅仅是一种关于法律解释的定义的资料汇编，同时也是一种方法论上的革新与提示。对我们的“司法解释立法化”在语法上何以得以产生提供了一个好的思路，即从这些话语的矛盾、差异处找到司法解释立法化的衍生路径。

（二）“司法解释立法化”一词得以产生的路径

在本书的第一章中，我们列举了我国法学界对司法解释立法化的普遍性的批判。可以说，司法解释立法化无法在我国法学界获得合法性的地位，其根本原因在于我国法学界流行的一个共识性的观念，即“学者们都把法律解释理解为对法律规定或法律规范意义内容的说明”，简单地说“法律解释就是对法律含义的说明”，而在潜意识中认为基于三权分立学说，必须严格区分立法权与司法权，因此，法律解释对“法律含义的说明”不能超越立法者制定法律规范时的主观意思。如果超越了立法者的主观意思，那就是在“立法”，那就是司法权侵犯了立法权。

但是，也有极少数学者在开始尝试反思法学界的共识性观念，比如上述的第七种定义，并不反对狭义的法律解释的概念：“法律解释就是对法律含义的说明”，但也提出了广义的法律解释包括狭义法律解释、漏洞补充和价值补充。[③] 这种狭义的或者广义的法律

① 张志铭教授提出的一个包容性很强的关于司法解释的操作性定义：法律解释是对法律文本的意思的理解和说明。参见张志铭：《法律解释操作分析》，中国政法大学出版社 1999 年版，第 16 页。

② 张志铭：《法律解释操作分析》，中国政法大学出版社 1999 年版，第 12 页。

③ 参见梁慧星：《民法总论》，法律出版社 1996 年版，第 278 页。

解释的概念，随着西方的哲学解释学的引入，逐步得到一些学者的认同。例如，有的学者提出，司法中所说的法律解释并不限于对法律文本的解释，甚至主要不是对法律文本的解释。尽管哲学解释学意义上的解释存在于任何人类活动之中，因此必然存在于任何案件审理之中，但是司法上所说的法律解释往往仅出现在疑难案件中，这时法官或学者往往将这整个适用法律的过程或法律推理过程概括为“法律解释”，其中包括类比推理、空隙立法、剪裁事实、重新界定概念术语乃至“造法”。该学者甚至引用波斯纳的观点来表达自己的见解：“‘解释’是一条变色龙。”“法律文本的解释是狭义上的法律解释。”[①] 也有学者通过考察西方一些法学家、思想家关于法律解释的理论，得出法律解释有两种最基本的模式：一种可以称为“法律开示”模式（discovery of law），即把法律视为既存的、不容违背的“客观”规则，解释者只能尽力去发现其真实含义，并将之揭示出来，适用于具体个案；另一种是“法律阐释”模式（interpretation of law），即法律条文只提供了一种供解释者在其中进行解释活动的结构，法律的含义最终取决于解释行动者与结构之间的互动以及解释者之间的交流与共识。前一种模式使得法官摆脱创造法律的嫌疑，而后一种模式是实际操作的模式，并且它并不是将法律导向不确定性，恰恰相反，通过强调法律的“共识性”而使得法律和法治原则达到真正的契合。[②] 如果说这一开始还只是极少数学者的观点，那么随着对法律解释的研究的深入，对这种观点的认同也呈现逐步扩大趋势，甚至发展到将其写入法学教科书中。例如，“十五”国家级规划教材《法理学》中就认为，法律解释从性质上看是一种创造性的活动，是立法活动的继续，不仅仅与被解

---

① 苏力：《解释的难题：对几种法律文本解释方法的追问》，载《中国社会科学》1997 年第 4 期。

② 参见郑戈：《法律解释的社会构造》，载梁治平主编：《法律解释问题》，法律出版社 1998 年版，第 85～86 页。

释的法律文本一样具有普遍的约束力，而且它是针对的法律规定不清楚、不明确和模糊之处而做的说明，因此具有填补法律空白和漏洞的作用。虽然一般认为，法律解释是对立法意图的进一步说明，必须符合立法愿意，不得改变原法律的规定和突破法律原则的界限，但在实践中，情况比较复杂。由于法律解释必然要补充、丰富法律的规定，所以，法律解释必定具有一定的创造性，是对立法的进一步完善。①

由此，我们看到司法解释立法化在对司法解释的概念的认识差异中，有了得以产生的可能性。如果说法律解释必然会有创造性，法律解释必然是对立法的进一步完善，是立法的继续，是一种空隙立法甚至是造法，那么，在经常性的法律解释中的规范的确认或者规范的创造又何尝不能被称为“司法解释立法化”呢？

二、立法概念的差异分析

实际上，在现代西方各国，立法概念也并非人们想象中的那么明确。虽然立法、司法、行政三权分立原则被绝大多数资本主义国家所遵循，“立法”一词成了西方现代各国最常见的法学术语之一，但即便如此，在西方也没有一个统一的概念。梅因认为，立法就是由一个立法机关制定法规。② 美国大百科全书中把立法定义为“国家机关为了规范社会行为，而制定法律规范的活动。”日本末川博所编的《全订法学辞典》中则把立法当作“与行政、司法相对应的概念”，并认为立法在形式意义上是指“立法机关制定附有法律名称的立法工作”，实质意义则是指“制定一般抽象的法规的工作”。而在法学界影响较大的《牛津法律辞典》中，则认为立法“是指通过具有特殊法律制度所赋予的能有效地颁布法律的权力及

---

① 参见张文显：《法理学》，高等教育出版社 2003 年版，第 312 页。

② 参见［英］梅因：《古代法》，沈景一译，商务印书馆 1984 年版，第 121 页。

权威的人或组织机构的意志而制定或修改法律的过程”。[1] 用更简洁的表述讲，“立法（罗马法的 legis latio）就是法律（leges）的创造”。[2]

在我国，关于什么是立法，也有着各种分歧。以下是不同学者给出的各种不同的立法定义：

立法也称法律的创制，是指有权的国家机关或个人制定、修改、补充、解释、废止法律规范的行为。[3]

法的制定，是指国家机关依照其职权范围通过一定程序制定（包括修改或废止）法律规范的活动。既包括拥有立法权的国家机关的立法活动，也包括被授权的其他国家机关制定从属于法律的规范性法律文件的活动。[4]

法的制定，泛指有关国家机关依照法定权限和程序制定、修改和废止法律规范的活动。也就是将统治阶级的意志上升为国家意志的活动，通常又称立法。[5]

立法通常指国家立法机关按照立法程序制定、修改或废止法律的活动。[6]

立法是享有立法权的国家机关或个人根据统治阶级的意志而进

---

① 以上有关立法的定义，转引自刘和海、李玉福：《立法学》，中国检察出版社 2001 年版，第 12 ~ 13 页。

② ［奥］汉斯·凯尔森：《法与国家的一般理论》，沈宗灵译，中国大百科全书出版社 1996 年版，第 284 页。

③ 参见吴大英、任允正、李林：《比较立法制度》，群众出版社 1992 年版，第 48 页。

④ 参见《中国大百科全书》（法学卷），中国大百科全书出版社 1984 年 9 月版，第 88 页。

⑤ 参见章若龙、李积桓：《新编法理学》，华中师范大学出版社 1990 年版，第 344 页。

⑥ 参见《法学词典》，上海辞书出版社 1989 年版，第 237 页。

行的制定、认可、修改或废止具有法律效力的行为规范的活动。[1]

立法是以政权的名义，由有权立法者为体现最终决定于社会物质生活条件的执政阶级的整体意志，而依照一定的程序，运用一定的技术制定具有普遍性、明确性的规范性法律条文的活动。[2]

立法是指一定国家机构或个人创制、修改、补充和废止法律的活动。[3]

法的制定，通常是指一定的国家机关依照法定职权和法定程序制定、修改和废止法律及其他规范性文件的一种专门性活动。在现实生活中，通常人们又将法的制定，简称为“立法”。[4]

立法有时指成文的法律，有时指国家创制法律规范的活动，即立法活动，而通常对立法活动又有广义和狭义两种理解。[5]

立法是由特定的主体，依据一定职权和程序，运用一定技术，制定、认可、修改、补充和废止法的活动，其直接目的是要产生和变更法这种特定的社会规范。[6]

在我国，立法是指由特定的国家机关，依据一定的职权和程序，制定、认可、修改、补充、废止、解释和监督法的活动。[7]

立法又称之为法律创制，是指有关国家机关依据宪法和法律规

---

① 参见张根大等:《立法学总论》，法律出版社 1991 年版，第 48 页。

② 参见张善恭:《立法学原理》，上海社会科学院出版社 1991 年版，第 64 页。

③ 参见卢云主编:《法学基础理论》，中国政法大学出版社 1994 年版，第 264 页。

④ 参见沈宗灵主编:《法理学》，北京大学出版社 1994 年版，第 273 页。

⑤ 参见孙国华主编:《法理学教程》，中国人民大学出版社 1994 年版，第 330 页。

⑥ 参见周旺生:《立法论》，北京大学出版社 1994 年版，第 62 页。

⑦ 参见李步云、汪水清主编:《中国立法的基本理论和制度》，中国法制出版社 1998 年版，第 20 页。

定的职权制定、修改、废除和解释法律的专门活动。法律创制不仅包括法律的制定，还包括法律的修改、废除和解释。因为法律制定后，随着社会政治、经济、文化的变迁，它可能会变得越来越不适应社会的发展需要，如果不对它进行修改、废除和解释，势必成为社会进步的障碍。所以，修改、废除和解释法律的活动应成为法律创制中不可缺少的组成部分。①

立法是国家机关依法创制、修改、废止法律的一种专门活动。②

法的创制，又称法的创立，法的制定，最通常的称之为立法。法的创制是指有法的创制权的国家机关或经授权的国家机关在法律规定的职权范围内，依照法定程序，制定、补充、修改和废止法律和其他规范性法律文件以及认可法律的一项专门性活动。③

立法，是指一定国家机关创制、修改和废止法律以及认可法律的活动。④

也有学者综合一些常见的立法概念，认为立法可以分为狭义的立法和广义的立法之分：对立法概念作最狭义理解的观点认为立法是指最高国家权力机关及其常设机关，依照法定权限和程序制定、修改或废止宪法和法律的活动。根据现行宪法规定，全国人民代表大会有权修改宪法，制定和修改国家机关组织法、选举法、民法、经济法、刑法、诉讼法等基本法律。全国人大常务委员会有权制定和修改基本法以外的其他法律，另外，还有权对基本法律进行部分修改和补充。狭义立法以《宪法》第 58 条为依据，该条规定："全国人民代表大会和全国人民代表大会常务委员会行使国家立法

① 参见孙笑侠：《法理学》，中国政法大学出版社 1996 年版，第 69～70 页。

② 参见李龙主编：《法理学》，武汉大学出版社 1996 年版，第 292 页。

③ 参见张文显主编：《法理学》，法律出版社 1997 年版，第 339～340 页。

④ 参见卓泽渊主编：《法理学》，法律出版社 1998 年版，第 311 页。

权。”总之，狭义的观点认为只有全国人民代表大会及其常委会所行使的国家立法权，即制定、修改和废除宪法和法律的活动才属于立法范畴。对立法概念作广义理解的观点认为一切有权的国家机关制定、修改、废止规范性法律文件的活动，都属于立法范畴，当代中国立法包括最高国家权力机关和常设机关制定、修改或废止宪法和法律的活动，包括最高国家行政机关和法律规定的一定地方国家权力机关制定、修改、废止行政法规、地方性法规及民族区域自治地方的自治条例、单行条例，另外还包括特别行政区的立法，它是当代中国地方立法的特殊部分。广义立法的观点强调行政法规、地方性法规和民族自治地方的自治条例、单行条例等都属于法的范畴，对它们的制定、修改或废除的活动，也都属于法的范畴。虽然对立法有狭义和广义的理解，但通行的还是对立法概念作广义的理解。①

还有学者认为由于对广、狭的范围的理解不一样，因此，对立法范畴最普遍的解释至少有四种：第一，立法是指一切国家机关，即从中央到地方各级国家权力机关和行政机关，依据法定权限和程序，制定、修改和废除各种不同的规范性文件的活动。这是对立法最广义的解释。第二，立法是指最高国家权力机关及其常设机关，依据法定权限和程序，制定、修改和废止法律这种特定的规范性文件的活动。这是对立法最狭义的解释。第三，立法是指一切有权主体，依据法定权限和程序，制定、修改和废止规范性法律文件的活动。第四，立法是指从中央到地方享有立法权的国家机关，依据法定权限和程序，制定、修改和废止法的规范的活动。②

实际上，在笔者看来上述对立法概念的差异的总结只是以立法主体的范围大小来分类的，并没有穷尽学界对立法概念的分歧。我

① 参见孙敢：《立法学教程》，中国政法大学出版社2000年版，第20～21页。

② 参见周旺生：《立法学教程》，法律出版社2000年版，第72～73页。

们认为，关于什么是立法，从大的方面来看，可以归结为五大要素的分歧：主体要素、立法行为要素、立法对象要素、立法规则或者程序要素、立法意志要素。而且每个大的要素还可以分出更多的分歧点。

在主体要素的分歧中，地方人大是否是立法主体，国家行政机关是否是立法主体是主要的两个点，上述的立法的广义和狭义的分类就是这两个分歧点的组合。实际上，主体要素的分歧还有司法机关能不能成为立法的主体。我国学者的见解中无论狭义的，还是广义的，似乎都没有提及这个问题。在最广义的立法概念中的“一切国家机关”也是限定于从中央到地方的各级国家权力机关和行政机关，而明确的将司法机关排除在外。那么中间意义的立法概念中的“一切有权主体”显然也是排除司法机关的。然而这是否是一个不言自明的问题？恐怕还值得商榷，比如国外尤其是英美法系国家，存在所谓的“司法立法”或者“司法法”的现象，那么司法立法或者司法法中的司法机关究竟是立法主体还是司法机关在履行立法职能？这二者有什么差别？我们是否可以说履行立法职能的主体就是一种立法主体？可见，这一问题并不那么简单。至于说我国的司法机关究竟能不能成为立法主体，在我们看来恐怕也是一个需要研究的问题。另外主体要素的分歧还涉及“个人”能不能成为立法主体的问题，比如古代的帝王天子，现在的国家元首等。

立法行为要素上的分歧主要涉及哪些行为属于立法行为。有的学者认为立法行为指制定、修改和废止的行为；有的学者增加了一个“认可”行为；还有学者增加了“补充”行为，也有学者认为立法行为还应当包括法律的解释（特指立法解释）。还有学者认为“监督法律的行为”也是立法行为。所以，立法行为的要素分歧就涉及法的制定、认可、修改、补充、废止、解释和监督这些要素的分歧。

立法对象要素的分歧主要是涉及立的是什么？换言之“法”这个对象究竟是什么？实际上这也并不是一个不言自明的东西，在法理学界有着广泛的争议。对“法”的理解不同，对立法的理解也就不同。比如在政教合一的国家，制定的某些宗教规则就是法。在现代西方的英美法系，法官创造的判例具有法的效力，因此，判例中包含的规则也就是法。至于我们国家的抽象的、规范的司法解释，有学者也认为具有法的效力，类似于英美法系的“司法法”。总之，这是一个值得讨论的问题。在我国，对立法对象有各种具体的表述：法、法律、法律规范、法律的规范性文件、具有法律效力的行为规范、法律和其他规范性法律文件。这些表述是否有差异，差异在哪里，似乎我国法学界对此还没有给出准确的回答。

立法规则或者程序上的要素主要是涉及立法是不是要遵循特定的规则和法律程序。

立法意志的要素主要涉及立法中的目的是什么的问题，在我国通常表示为“为了体现统治阶级的意志”，也有学者表述为“为了规范社会行为”或者“为了产生或者变更法这种社会规范”。

实际上，五花八门的立法概念，就是上述各种分歧因素的取舍组合。

或许有人会问，你们列举了这么多立法的概念，意欲何为？是不是为了列举而列举？这些概念和司法解释立法化有何联系？笔者的回答是上面列举的这些概念与司法解释立法化存在着显而易见的联系。下面我们就以立法主体的要素分歧为例来分析立法概念的差异与司法解释立法化之间的关系。

立法主体，简而言之，就是立法活动的参与者。由于立法活动的参与者参与立法活动的方式、方法的不同，学术界对立法主体的范围存在着不同的界定。关于立法主体的差异，法学界大体上有三种观点：一种观点认为，立法是由社会各个组成部分共同努力的结果。社会的各个方面都拥有一定的影响立法的手段，也可以说具有一定的参与立法的权力或权利。这些拥有影响立法活动手段的社会主体即立法主体。此种观点被称为立法主体的功能说。依此观点，衡量一个社会主体是否属立法主体，不但要看它是否享有立法权，更重要的是要看它是否拥有影响立法活动的手段，即是否实际参与到立法活动中来。如果一个社会主体没有法定的立法权，但拥有影响立法活动手段或者功能，这个社会主体也应被看做立法主体。因此，立法主体包括：享有立法权的国家机关；享有立法权的国家机关中专门从事立法工作的工作机构；参与立法活动的公民、社会团体和政党。我们可以将这种观点称之为功能说或者影响说。

第二种观点认为，立法主体是依法有权进行或者参与立法活动的国家机关的总称。依此观点，衡量一个社会主体是否是立法主体，就要看它是否具有法定的立法权或者具有法定的参与立法活动的主体资格。如果一个社会主体不具有法定的立法权或者法定的参与资格，这个社会主体就不能称为立法主体。这种观点被称为立法主体的法治说。依此观点立法主体包括：享有立法权的国家机关和享有立法权的国家机关中的专门从事立法工作的机构。

第三种观点认为，在立法主体的界定上，不能简单地采用法治说或者是功能说。因为，法治意义上的立法主体的范围具有确定性，较为清楚，特别是强调作为立法主体应当有法的依据，这对我国立法体制的完善无疑有直接的意义。但功能说注重实际，有利于发挥社会各方面的主体在立法中的作用，也有利于对实际影响立法活动的社会主体予以制约。此种观点可称为折中说。依此观点，作为确定立法主体范围的标准有两个：一看是否具有立法权；二看是否对立法活动起实质性的作用。因此，立法主体包括：享有立法权的国家机关；解释法律、创制判例法、监督享有立法权的国家机关立法的司法机关；对立法起实际作用和产生实际影响的政党及其他社会团体；作为主权享有者因而也享有立法权与复决权的整体意义上的人民或公民；作为立法者的个人。①

那么，在上述这三种观点中，如果持有第二种观点，则在我们

---

① 参见刘和海、李玉福：《立法学》，中国检察出版社 2001 年版，第 90～91 页。

国家现有的法律来看，能否找到司法机关有法定的立法权，值得质疑。因此，如果司法机关在法律解释中创造了法律规范，就有司法权侵犯了立法权“违法”、“违宪”之嫌疑，因此“司法解释立法化”一词的合法性就会被打上大大的问号。如果持第一种或者第三种观点，那么就可能从这两种观点中推导出我国的司法机关也可以是法定的立法主体之外的立法主体。如果司法机关在解释法律或者适用法律的过程中，对立法制定的法律规范有一定程度的发展、创造，不管将其命名为什么，比如“司法立法”、“司法法”、“二级立法”、“空隙立法”、“价值补充”、“漏洞补充”，那么在实质意义上，司法机关就是在立法，就实际上起着立法的作用。因此，哪怕我们还得研究司法解释立法化中可能出现的这样那样的问题或者缺陷，需要研究司法解释立法化如何避免违宪、侵犯人权、破坏法治原则等问题，但“司法解释立法化”一词在总体上也就具有了合法性。

三、刑法解释概念的差异分析

上文对我国法学界、尤其是法理学界关于法律解释的概念以及立法的概念进行了差异分析，提出在词语界定的差异中，有了司法解释立法化得以诞生的某种可能性，但是，这种可能性是否可以照搬到刑法（司法）解释中来，也是值得讨论的问题。

刑法解释与其他法律解释最大的不同在于刑法上规定了罪刑法定原则，一般认为罪刑法定原则要求排斥类推解释、排斥习惯法、排斥判例法，但民法以及其他部门法则往往鼓励在解释中采用习惯法，或者类推适用，或者法官造法，或者漏洞补充，或者价值补充。因此，基于罪刑法定原则，刑法学者普遍认为刑法应该遵循严格解释的原则。比如有学者认为，即使刑法具有不周延性，存在法律漏洞，在这种情况下，罪刑法定司法化就意味着对那些刑法没有明文规定但具有严重的社会危害性的行为不能按照犯罪加以惩处。在我国民法中类推解释是被允许的，类推解释具有填补法律漏洞的功效，但在罪刑法定司法化过程中，对于类推解释应当绝对的排斥。[①] 在罪刑法定原则下，“入罪举轻以明重”的类推应当是被绝对禁止的，两者是存在逻辑上的矛盾的。罪刑法定原则具有一种限制机能，使得刑法典成为一个相对封闭的规范性体系，它严格限制了法官的自由裁量权。因此，我们会看到罪刑法定原则作为刑法的基本原则在刑法中的功能与诚实信用原则作为民法中的基本原则在民法中的功能是完全相反的。[②] 民法的诚实信用原则不仅使民法文本成为一种开放性的规则体系，而且具有授予法官自由裁量权，承认司法活动的能动性和创造性，特别是使法官造法合法化的扩张机能。而现代刑法文本的“帝王条款”则是罪刑法定原则。它不仅具有排斥法官造法的限制机能，同时也使得受其制约的现代刑法文本成为一个体现刑罚权制约与自我制约双重机制的封闭的规则体系。罪刑法定原则的限制机能在根本上决定了刑法解释论与刑法解释规则区别于其他法律文本解释的特殊性。[③] 有学者明确提出在罪刑法定原则的框架下刑法解释不允许漏洞补充。“在我国，当前最为迫切的是人权保障的问题。立法与司法应当具有明确的边界，刑事立法的漏洞只能通过立法进行补充，不允许将模糊的罪与非罪边界交由司法自由裁量权来界定。”[④]

或许正是基于以上的认识，所以几乎所有的刑法教科书对刑法

---

① 参见陈兴良、周光权：《刑法学的现代展开》，中国人民大学出版社 2006 年版，第 68 ~ 76 页。

② 参见陈兴良：《面向 21 世纪的刑事司法理念》，载《当代法学》2005 年第 3 期。

③ 参见梁根林：《罪刑法定视域中的刑法适用解释》，载《中国法学》2004 年第 3 期。

④ 参见蒋熙辉：《刑法解释限度论》，载《法学研究》2005 年第 4 期。

解释的定义都是“对刑法规范含义的阐明（阐述）”。[①] 这一定义是对法理学界占主导地位的“法律解释是对法律规范的含义的说明”的套用。其背后的解释学立场是立法者原意说（主观说），反对客观说把对法律的解释演变成在法律解释的名义下对法律的创造，即法官造法。这种主观解释论的立场认为，“解释”一词字面含义是指分析说明，其分析说明的对象是立法者的意图，主张严格解释，不得超越刑事立法权进行创造法律的活动。[②]

当然，在刑法学界，也有部分学者持相反的意见，如张明楷教授认为刑法解释是对刑法规定意义的说明。虽然这一定义表面上似乎和刑法通说没有什么差别，但实际上该定义中强调的“刑法规定意义”并不是指立法者的主观意图，而是刑法规定的客观意义，明确主张刑法解释是一种创造性的活动而不是消极地、被动地去发现立法者的原意。[③] 陈忠林教授则更进一步，直接将刑法解释中的创造性反映在刑法解释的定义中，他认为刑法的解释“是指人们为了保证规范的正确适用而理解、选择、决定刑法规范含义的过程”。他认为在刑法“解释”中核心是“解”而不是“释”，人们对刑法规范的理解是一个不断有新的发现，增添新的内容，不断完善、补充、丰富刑法规范的内容的互动过程。刑法规范的解释者不是刑法规范内容被动的认识者，而是一个能动的刑法规范含义的选择者或决定者，不仅仅包含着认识刑法规范内容的过程，也是解释

---

① 赵秉志：《新刑法教程》，法律出版社 1997 年版；高铭暄、马克昌：《刑法学》，北京大学出版社、高等教育出版社联合出版 2005 年版；陈兴良：《规范刑法学》，中国政法大学出版社 2003 年版。

② 参见陈兴良：《规范刑法学》，中国政法大学出版社 2003 年版，第 21 页。

③ 参见张明楷：《刑法学》（第 3 版），法律出版社 2007 年版，第 32 ~ 34 页。

者选择、决定、改变刑法规范的过程。[①]

由于刑法解释是刑法司法解释的上位概念，因此，在我们看来，在刑法学界极少数学者对刑法解释所持的客观解释论立场或者认为刑法解释必然包含一种规范创造性的理解的观点，给司法解释立法化一词的合法化提供了路径。当然这只是从语言学的角度而言的，当然，司法解释立法化到底是否具有合法性，不仅仅是一个语言学的问题，更是一个实践的问题。对此，我们留待在下一篇中来研究。

① 参见陈忠林：《刑法的解释及其界限》，载赵秉志、张军主编：《中国刑法学年会论文集》（2003 年卷），中国人民公安大学出版社 2003 年版，第 41 ~ 42 页。

第三章　我国刑事司法解释立法化之物的描写

上文从抽象的概念、语义的角度对“司法解释立法化是什么”进行了回答，本章则具体的描述刑法司法解释立法化的存在。从根本上来说，对刑法司法解释立法化的描写，也仍然是一个现象学的方法。“现象的科学这个词等于说以这样的方式来把握它的对象——关于这个对象所要讨论的一切都必须以直接展示和直接指使的方式加以描述。”①

第一节　涉及刑事司法解释立法化的具体司法解释之描写

或许是受传统文化中“重道轻器”② 思想的熏陶太深，在我国学术界有一种偏重理论推演而忽略现象分析的倾向，似乎越是抽象的东西，也就越有价值，而现象描述是没有多少意义的。故虽然一些学者在论述司法解释立法化问题时，也会提及某具体的司法解释的规定，但只要能起到例证作用，也就足矣。到底学者们所批判的

① ［德］马丁·海德格尔：《存在与时间》，陈嘉映等译，三联书店1999 年版，第41 页。

② 《易经》云：“形而上者谓之道，形而下者谓之器”。这里的“道”即哲学，“器”则是指科学或者说是自然科学。近代以来，西方十分重视科学，就连哲学中都大量引入科学的因素，而在中国却仍延续古典文明传统，乃至于诸如天文学、医药学等科学也严重地哲学化了。

司法解释立法化现象有哪些具体的表现，没有人做详细的统计，批判者往往只是用“司法解释立法化现象越来越严重”之类的话来简单加以概括。但是，如果不了解事物的全貌，是难以对该事物进行正确评价的。因此，本节就来尝试做这一不为学者所重视的数字统计工作。统计的范围主要是学者们对刑法司法解释的批判的条款，无论是“司法解释立法化”还是“越权解释”、“违宪解释”、“违法解释”还是违背罪刑法定原则。总之，凡是被认为是“有问题”的刑事司法解释，[①] 都尽量予以统计。

需要强调的是，这里所提及的诸多学者是将司法解释立法化作为司法解释中存在的诸多“毛病”、“缺陷”意义上的“问题”来批判的，而我们对这些说法不置可否，相反将这些学者的批判本身当做现象来描述，其实意在展示司法解释立法化作为现象的普遍性存在。因为，在现象学中，“描述具有一种禁忌性的意义：远避一切不加展示的规定活动”。[②]

一、刑法总则条文中的司法解释立法化问题的统计

（一）有关时间效力的司法解释

1. 适用刑法时间效力的司法解释

1997 年最高人民法院《关于适用刑法时间效力规定的若干问题的解释》第 2 条规定，犯罪分子 1997 年 9 月 30 日以前犯罪，不具有法定减轻处罚情节，但是根据案件的具体情节需要在法定刑以

---

① 最高人民法院、最高人民检察院内设机构的答复及有关座谈会纪要等，从形式上讲不属于正式的司法解释，但其在实际中起到同样的效果。具有准司法解释的性质。另外公安部、中央纪律检查委员会、中央政法委员会也可能颁布一些文件涉及定罪量刑问题。因此，在下文统计中，即包含正式的司法解释，也包含那些凡是对定罪量刑起实质规范作用的准司法解释或者其他文件。

② ［德］马丁 · 海德格尔：《存在与时间》，陈嘉映等译，三联书店 1999 年版，第41 页。

下判处刑罚的，适用修订前的刑法第59条第2款的规定。

有学者认为，该解释在适用新刑法分则条文对某种犯罪行为定罪的时候，却又适用原刑法的总则条文对该犯罪行为量刑，这样处理刑事案件，既不是“从旧”适用原刑法，也不是“从轻”适用新刑法，与新刑法第12条关于溯及力问题所规定的“从旧兼从轻原则”相去甚远。这表明最高人民法院的上述司法解释存在着很大的任意性，超越了新刑法第3条罪刑法定原则所规定的法定的审判权限。它规避了审判机关在行使特别减轻处罚权力时必须遵循的法定核准程序规则，因而实质上是一种程序越权解释。①

该解释第3条规定，前罪判处的刑罚已经执行完毕或者赦免，在1997年9月30日以前又犯应当判处有期徒刑以上刑罚之罪，是否构成累犯，适用修订前的刑法第61条的规定；1997年10月1日以后又犯应当判处有期徒刑以上刑罚之罪的，是否构成累犯，适用刑法第65条的规定。

有学者认为，此种规定的制订和实施，是中国司法机关对犯罪人合法权益忽略不计的一个体现。因为，根据该条规定，如果犯罪人在1997年9月30日之前再犯新罪的，则构成累犯的时间为3年，而如果在一天之后即1997年10月1日犯罪，则累犯中前罪则可追溯到5年之前，这对犯罪人而言是极不公平的，也是与刑法确立的从旧兼从轻的溯及力原则相背离的表现。②

2．关于类推案件时间效力的司法解释

1997年最高人民法院《关于依法不再核准类推案件的通知》第2条规定，对于按照修订前的刑法需要类推定罪，修订后的刑法没有规定为犯罪的行为，一律不得定罪判刑；对于按照修订前的刑

① 参见阮方民：《从旧兼从轻：刑法适用的“准据法原则”——兼论罪刑法定原则蕴含的程序法意义》，载《法学研究》1999年第6期。

② 参见王瑞君：《刑法司法解释合理性评析——以罪刑法定原则为基点》，载《山东社会科学》2003年第5期。

法需要类推定罪的，修订后的刑法也规定为犯罪的行为，如需追究刑事责任的，应适用修订后刑法第 12 条的规定处罚。其第 3 条规定，1997 年 10 月 1 日以后，各级人民法院审理发生在 1997 年 9 月 30 日以前，按照修订前的刑法需要类推定罪的案件，应当按照本通知第 2 条的规定办理。

有学者认为，1997 年 10 月 1 日之后一律不应适用类推。但上述解释意味着 1979 年《刑法》需要类推定罪同时现行《刑法》也明文规定为犯罪的行为，仍然按照从旧兼从轻原则处理，不应将现行《刑法》第 3 条的罪刑法定原则适用于此类情形，因而并非一律不适用类推。故该解释违背罪刑法定原则。①

3．关于刑事司法解释时间效力的司法解释

2001 年 12 月 7 日，最高人民法院、最高人民检察院颁发了《关于适用刑事司法解释时间效力问题的规定》，其中第 2 条规定：对于司法解释实施前发生的行为，行为时没有相关司法解释，司法解释施行后尚未处理或者正在处理的案件，依照司法解释的规定办理。

有学者认为，如此规定无异于明确了刑法司法解释有溯及力。该学者主张对刑事司法解释，不能一律认为可以溯及既往，对那些明显作了扩大解释的，原则上应当只对其施行后的行为有评价功能；强调若法律解释的溯及力问题得不到妥善解决，则废止类推的成果不会得到很好巩固。② 另有学者认为，对刑事司法解释，也应适用我国《刑法》第 12 条法定的“从旧兼从轻”的溯及力原则，

---

① 参见林维、王明达：《论从旧兼从轻原则的适用——以晚近司法解释为中心》，载《法商研究》2001 年第 1 期。

② 参见刘仁文：《刑法解释的时间效力》，载《检察日报》2002 年 4 月 23 日。

但该司法解释却违反了该法定原则。①

也有学者认为，该司法解释明确规定了刑事司法解释有溯及既往的效力。承认司法解释适用溯及既往的原则，违背立法权与司法权相分离的原则。②

（二）关于相对刑事责任年龄的司法解释

2003 年 4 月 18 日，最高人民检察院研究室《关于相对刑事责任年龄的人承担刑事责任范围有关问题的答复》第 1 条规定，相对刑事责任年龄的人实施了《刑法》第 17 条第 2 款规定的行为，应当追究刑事责任的，其罪名应当根据所触犯的刑法分则具体条文认定。对于绑架后杀害被绑架人的，其罪名应认定为绑架罪。

有学者认为，该解释中将已满 14 周岁不满 16 周岁的人绑架杀人的行为认定为绑架罪，违背罪刑法定原则，在定罪时评价了刑法不允许评价的部分。③

2006 年 1 月 11 日公布同月 23 日施行的《最高人民法院关于审理未成年人刑事案件具体应用法律若干问题的解释》（以下简称《2006 年审理未成年人刑事案件解释》）第 5 条规定，已满 14 周岁不满 16 周岁的人实施刑法第 17 条第 2 款规定以外的行为，如果同时触犯了刑法第 17 条第 2 款规定的，应当依照刑法第 17 条第 2 款的规定确定罪名，定罪处罚。

有学者认为，这种“行为说”范式认定违背政策的基本精神，不当拓展刑事责任范围，突破罪刑法定原则，并主张应从立法上补正这一疏漏之处，使适用于未成年人的刑事法网既不严苛、也不宽

---

① 参见刘宪权：《我国刑事司法解释时间效力的再思考》，载《法学》2002 年第 2 期。

② 参见张明楷：《刑法学》（第 3 版），法律出版社 2007 年版，第 73 页。

③ 参见张明楷：《刑法学》（第 3 版），法律出版社 2007 年版，第264 页。

纵。① 也有学者认为，这里的“应当依照《刑法》第十七条第二款的规定确定罪名，定罪处罚”并不是指直接根据《刑法》第 17 条第 2 款规定的犯罪行为确定罪名，而是根据上述 2003 年最高人民检察院研究室《关于相对刑事责任年龄的人承担刑事责任范围有关问题的答复》办理，即“其罪名应当根据所触犯的刑法分则具体条文认定”。②

《2006 年审理未成年人刑事案件解释》第 10 条第 1 款规定：“已满十四周岁不满十六周岁的人盗窃、诈骗、抢夺他人财物，为窝藏赃物、抗拒抓捕或者毁灭罪证，当场使用暴力，故意伤害致人重伤或者死亡，或者故意杀人的，应当分别以故意伤害罪或者故意杀人罪定罪处罚。”

有学者认为，这一解释否定相对刑事责任年龄人可以成为转化型抢劫罪的主体，只承认年满 16 周岁的人可以成为转化型抢劫罪的主体。第 10 条第 1 款的颁布似乎表明最高人民法院抛弃了其一贯坚持的“罪行说”理论。同一规范性文件中，第 5 条与第 10 条所持的学说相冲突，这种现象的长期存在必将增加司法机关在适用司法解释时的困惑，以致影响司法解释的权威性。这样做的后果也非常严重：通过违反《刑法》第 269 条的规定而发挥刑法的谦抑作用，无异于超越罪刑法定原则而随意出入人罪，这是对成文法典的修改，而不是对成文法典的解释；是司法权侵犯立法权的表现，是违反刑事立法的无效解释。第 10 条第 1 款虽然也只追究行为人致人死亡或重伤结果的刑事责任，但其以“故意伤害罪或故意杀人罪定罪处罚”的规定，导致实施《刑法》第 269 条规定的行为本该以抢劫罪定罪却以故意伤害罪或故意杀人罪追究刑事责任，从

① 参见崔楠：《完善未成年人刑事政策的法律思考》，载《山西省政法管理干部学院学报》2006 年第 3 期。

② 参见刘艳红：《转化型抢劫罪主体条件的实质解释——以相对刑事责任年龄人的刑事责任为视角》，载《法商研究》2008 年第 1 期。

而使罪刑规范的罪名与罪状相分离，严重损害了构成要件的定型性。①

《2006年审理未成年人刑事案件解释》第6条规定："已满十四周岁不满十六周岁的人偶尔与幼女发生性行为，情节轻微、未造成严重后果的，不认为是犯罪。"

有学者认为，据此，法院在审理案件时，可以直接认定已满14周岁不满16周岁的人无罪。最高人民法院已经涉嫌越权。②

《2006年审理未成年人刑事案件解释》第17条规定，未成年罪犯根据其所犯罪行，可能被判处拘役、3年以下有期徒刑，如果悔罪表现好，并具有下列情形之一的，应当依照刑法第37条的规定免予刑事处罚：（1）系又聋又哑的人或者盲人；（2）防卫过当或者避险过当；（3）犯罪预备、中止或者未遂；（4）共同犯罪中从犯、胁从犯；（5）犯罪后自首或者有立功表现；（6）其他犯罪情节轻微不需要判处刑罚的。

有学者认为，该司法解释缺乏刑法的根据。《刑法》第37条规定的"对于犯罪情节轻微不需要判处刑罚的，可以免予刑事处罚，但是可以根据案件的不同情况，予以训诫或者责令具结悔过、赔礼道歉、赔偿损失，或者由主管部门予以行政处罚或者行政处分。"并不是独立的免除刑罚的事由，而只是刑法明文规定的其他具体免除处罚情节的概括性规定。③

（三）有关单位犯罪的司法解释问题

1999年6月25日最高人民法院《关于审理单位犯罪案件具体应用法律有关问题的解释》第1条规定："刑法第三十条规定的公

① 参见刘艳红：《转化型抢劫罪主体条件的实质解释——以相对刑事责任年龄人的刑事责任为视角》，载《法商研究》2008年第1期。

② 参见姜雯：《质疑未成年人奸淫幼女的非犯罪化》，载《青少年犯罪问题》2006年第4期。

③ 参见张明楷：《刑法学》（第3版），法律出版社2007年版，第475页。

司、企业、事业单位，既包括国有、集体所有的公司、企业、事业单位，也包括依法设立的合资经营、合作经营企业和具有法人资格的独资、私营等公司、企业、事业单位。”

有学者认为，该解释对单位的范围确立如下的标准：单位犯罪主体的种类排除不具备法人资格的私营、独资企业、单位内部的职能部门、分支机构和合伙（个人合伙和合伙企业）。司法解释所确立的排除规则在某种程度上，加剧不同单位在立法（在我国，司法解释在一定程度上行使着立法权限）过程中的不平等地位，仅仅因为不具“法人身份”而区别对待、区别处理，这必然会影响执法者在司法过程中的裁判；必然导致不同“身份”单位在司法上的不平等。从根本上背离社会主义国家刑法的基本原则——刑法面前人人平等原则。这违反了司法解释的合理性原则。①

2000 年 9 月 30 日最高人民法院《关于审理单位犯罪案件对其直接负责的主管人员和其他直接责任人员是否区分主犯、从犯问题的批复》规定，在审理单位故意犯罪案件时，对其直接负责的主管人员和其他直接责任人员，可不区分主犯、从犯，按照其在单位犯罪中所起的作用判处刑罚。

有学者认为，这一解释存在一定问题：首先，这一司法解释是含混不清的，它试图回避单位内自然人能否构成共犯的问题，只提出了一个实用的量刑原则，即可不区分主、从犯，按照其在单位犯罪中所起的作用判处刑罚。但是，这一量刑原则即按行为人在犯罪中所起的地位和作用判处刑罚，恰恰又是共同犯罪区分主、从犯的一般原则。其次，司法实践中，相当一部分单位犯罪，是由单位中直接负责的主管人员和其他直接责任人员共同实施的，对这种以共同的犯罪故意分工实施的犯罪不区分主、从犯，势必对刑法共同犯罪理论产生冲击。并且，对于这种由单位中直接负责的主管人员和

① 参见马志忠：《单位犯罪司法解释的评析》，载《当代法学》2003 年第 2 期。

其他直接责任人员共同实施的犯罪，在具体量刑时，就必须全面考察各个犯罪人在整个共同犯罪中的作用，而这种对各个犯罪人在整个共同犯罪中的作用考察的直接结果是区分主犯与从犯，目的是分别适用不同的刑罚，并做到罚当其罪。①

2001年1月21日最高人民法院《全国法院审理金融犯罪案件工作座谈会纪要》认为，以单位的分支机构或者内设机构、部门的名义实施犯罪，违法所得亦归分支机构或者内设机构、部门所有的，应认定为单位犯罪。不能因为单位分支机构或者内设机构、部门没有可供执行罚金的财产，就不将其认定为单位犯罪，而按照个人犯罪处理。

对这一准司法解释的解释，有学者认为，不加区别地一概将单位的内设机构、部门认定为单位犯罪的主体，一方面完全可能将普通共同犯罪认定为单位犯罪，另一方面，不考虑有无可供执行罚金的财产也会导致单位犯罪的认定丧失意义。②

（四）关于刑罚的司法解释

1998年8月7日最高人民法院《关于对怀孕妇女在羁押期间自然流产审判时是否可以适用死刑问题的批复》规定："怀孕妇女因涉嫌犯罪在羁押期间自然流产后，又因同一事实被起诉、交付审判的，应当视为'审判的时候怀孕的妇女'，依法不适用死刑。"

有学者认为，该解释违背立法精神。最高人民法院司法解释规定：如果依此理解不是因"同一事实"被起诉、交付审判的，那么就不应被视为"审判的时候怀孕的妇女"，仍可适用死刑。这样，前后事实的一致性与否便成了判断是否视为"审判的时候怀孕的妇女"的前提条件。很明显，设置这样的前提条件是不合理

① 参见龚培华：《单位犯罪司法解释研究》，载《犯罪研究》2003年第4期。

② 参见张明楷：《刑法学》（第3版），法律出版社2007年版，第134页。

的，也违背了立法精神。[①]

2000 年 11 月 15 日最高人民法院《关于适用财产刑若干问题的规定》第 2 条规定：“……刑法没有明确规定罚金数额标准的，罚金的最低数额不能少于一千元。对未成年人犯罪应当从轻或者减轻判处罚金，但罚金的最低数额不能少于五百元。”

有学者认为，该司法解释规定了酌定罚金的情节和数额，进行新的“立法”或逾法解释。[②] 也有学者认为，其内容实质上是对刑法的补充，而在意义上均是在刑法原有规定基础上的修改或增加，具有明显的立法性质，即刑法司法解释的“立法化”或“泛立法化”。[③]

最高人民法院 1997 年 12 月 31 日所作的《关于对故意伤害、盗窃等严重破坏社会秩序的犯罪分子能否附加剥夺政治权利问题的批复》规定，对故意伤害、盗窃等其他严重破坏社会秩序的犯罪，犯罪分子主观恶性较深、犯罪情节恶劣、罪行严重的，也可以依法附加剥夺政治权利。

有学者认为，该解释违反了罪刑法定原则。刑之法定，自然也包括附加刑之法定，对法无明文规定之刑，同样不得科处。但是我国《刑法》第 56 条第 1 款规定：“……对于故意杀人、强奸、放火、爆炸、投毒、抢劫等严重破坏社会秩序的犯罪分子，可以附加剥夺政治权利。”那么，何为“严重破坏社会秩序的犯罪分子”，它的外延究竟有多大，“等”字后面的范围到底有多宽，应该是一个需要明确界限的问题。根据《关于加强法律解释工作的决议》

① 参见曾龙：《论“审判的时候怀孕的妇女不适用死刑”》，载《求索》2006 年第 6 期。

② 参见竹怀军：《论我国刑法司法解释的不足与完善》，载《学术交流》2004 年第 7 期。

③ 参见姜涛：《我国刑法司法解释体制的审视与重构》，载《内蒙古社会科学》（汉文版）2005 年第 6 期。

第1条之规定的，凡关于法律、法令条文本身需要进一步明确界限或作补充规定的，由全国人大常委会进行解释或用法令加以规定。因此，对于我国《刑法》第56条第1款的界限问题，应当像全国人大常委会2000年4月29日对该法第93条第2款所作的明确解释一样，由最高立法机关立法解释，而不应由最高司法机关为作扩张解释甚至类推解释。①

1997年11月8日最高人民法院《关于办理减刑、假释案件具体应用法律若干问题的规定》第5条规定："对判处拘役或者三年以下有期徒刑，宣告缓刑的犯罪分子，一般不适用减刑，如果在缓刑考验期间有重大立功表现的，可以参照刑法第七十八条的规定，予以减刑，同时相应地缩减其缓刑考验期限。减刑后实际执行的刑期不能少于原判刑期的二分之一，相应缩减的缓刑考验期限不能低于减刑后实际执行的刑期。判处拘役的缓刑考验期限不能少于两个月，判处有期徒刑的缓刑考验期限不能少于一年。"

有学者认为，该司法解释肯定我国刑法对缓刑可以减刑及考验期相应缩短。但根据我国刑法第78条规定，减刑是对正在执行刑罚的犯罪人减轻其刑罚，而被缓刑人的原判刑罚并没有被实际执行，缺乏减轻原判刑罚的前提条件。这是一个越权的司法解释，因为我国法律没有对缓刑予以减刑的制度，最高人民法院超越了解释权限，是一种越权创制法律的行为。②

该《规定》第15条提出："对死刑缓期执行罪犯减为无期徒刑或者有期徒刑后，符合刑法第八十一条第一款和本规定第九条第二款规定的，可以假释"。

有学者认为，依据该司法解释，对于被判处死刑缓期2年执行的罪犯，在他们被减为无期徒刑或15年以上20年以下有期徒刑

① 参见蒲伟：《论罪刑法定与刑法司法解释之应然》，载《重庆工业高等专科学校学报》2002年第4期。

② 参见张军等：《刑法纵横谈》，法律出版社2003年版，第416页。

后，只要具备相关条件，即可以假释，而我国《刑法》第81条第2款规定："对累犯以及因杀人、爆炸、抢劫、强奸、绑架等暴力性犯罪被判处十年以上有期徒刑、无期徒刑的犯罪分子，不得假释。"被判处死缓的罪犯与累犯以及杀人、爆炸、抢劫、强奸、绑架等暴力性犯罪被判处10年以上有期徒刑、无期徒刑的罪犯相比较，前者的人身危险性、社会危害性均比后者大，而对于前者可以假释，对于后者则"不得假释"，这无疑导致了与刑法规范的矛盾和冲突，其中的理论冲突和逻辑矛盾十分明显。①

根据1998年4月17日最高人民法院《关于处理自首和立功具体应用法律若干问题的解释》的规定，只有向司法机关如实供述的罪行必须是司法机关尚未掌握的本人其他罪行，并且其所供述的罪行在犯罪性质或罪名上与司法机关已经掌握的罪行不同的，才能认定为自首。如果其供述的罪行与已被掌握的罪行属同种罪行的，虽可以酌情从轻处罚，但不属于自首。

有学者指出，该司法解释亦与罪刑法定原则有相违之处。他们认为，《刑法》第67条第2款明确规定了"被采取强制措施的犯罪嫌疑人、被告人和正在服刑的罪犯，如实供述司法机关还未掌握的本人其他罪行的，以自首论。"而根据上述解释，被采取强制措施的犯罪嫌疑人、被告人和正在服刑的罪犯如实供述司法机关还未掌握的本人其他罪行，如果与司法机关已经掌握的罪行具有相同性质和罪名的，就不能成立自首，可见这种解释显然没有考虑自首制度的实质根据，同时，也与罪刑法定原则之人权保障价值取向所决定的刑法解释规则相背离。② 现行刑法与1979年刑法相比，不仅放宽了自首的时间和对象条件，而且处罚也较之为轻，这表明了立

① 参见竹怀军：《论我国刑法司法解释的不足与完善》，载《学术交流》2004年第7期。

② 参见尹彦品、张光顺：《试论我国刑法的罪刑法定原则与司法解释》，载《黑龙江省政法管理干部学院学报》2005年第6期。

法者的意图是要通过放宽自首的条件，以进一步发挥“惩办与宽大相结合”的刑事政策的作用，这样既有利于案犯交代余罪，以便及时有效地惩治犯罪，又能切实保障犯罪嫌疑人、被告人和服刑罪犯的权益，从而达到预防犯罪的目的。准此以论，对“其他罪行”也应该作广义的理解。但是，该《解释》对此却作出了狭义的解释，将“其他罪行”解释为“不同种罪”，实际上是人为地缩小了自首的范围，不仅违背了刑法保障人权的思想，而且，在实践中也极不利于案犯交代余罪，这显然是不合适的。①

二、刑法分则有关罪名的司法解释立法化问题的统计

（一）确定罪名的司法解释的问题

1997年12月16日和1997年12月25日最高人民法院与最高人民检察院分别发布了《关于执行〈中华人民共和国刑法〉确定罪名的规定》、《关于适用刑法分则规定的犯罪的罪名的意见》。

有学者认为，罪名和罪名确定是立法问题，因此罪名确定权自然只能属于立法机关，而不能由其他主体行使（包括司法机关）。该司法解释违反了罪刑法定原则，因为，最高人民法院与最高人民检察院（以下简称“两高”）关于罪名的司法解释虽然属于规范性法律文件，但并不能算作“罪刑（名）法定”中的“法”，所以，我国目前刑事领域内还没有实现真正的罪刑（名）法定化。罪名是个立法问题，罪名的确定是一种立法活动，那么，罪名的确定权应由立法机关依相应法定程序行使——在我国即为全国人民代表大会及其常务委员会，而不能由司法机关以发布司法解释的方式行使，即“立法机关应当也能够解决的问题，不能推给司法机关解决”。而“如果由司法部门规定刑法的罪名，那就等于司法部门侵夺了本属于立法机关的权力”，即出现所谓的“司法权侵犯立法

① 参见贾济东：《论刑法立法解释与司法解释的协调》，载《国家检察官学院学报》2004年第4期。

权”，不仅如此，司法部门本身也超越了其应有的权力范围，从而造成立法和司法双重的失范状态。①

（二）危害公共安全罪有关罪名的司法解释

2000年11月10日最高人民法院《关于审理交通肇事刑事案件具体应用法律若干问题的解释》第2条第1款第（3）项规定：交通肇事“造成公共财产或他人财产直接损失，负事故全部或者主要责任，无能力赔偿数额在三十万元以上的”，构成犯罪。

有学者认为，这一《解释》的上述规定将交通肇事罪所造成的“公私财产的客观损失”理解为“行为人无能力赔偿的损失”，由此导致认定罪与非罪的一贯标准——“造成公私财产损失的大小”实质上已被新的定罪标准——“行为人的赔偿能力的大小”所取代，与犯罪构成毫无联系的行为人的金钱赔偿能力，俨然成了犯罪构成要件的内容。② 这无疑意味着，有能力赔偿的，或无能力赔偿数额不足30万元的，就不构成犯罪。因此，在批评者看来，这一解释已经比较明显地改变了刑法原有的规定，造成了罪与非罪的转换。③

该《解释》第2条特别强调了事故责任分配与是否构成犯罪的关系规定，交通肇事具有下列情形之一的，以本罪论处：（1）死亡1人或者重伤3人以上，负事故全部或者主要责任的；（2）死亡3人以上，负事故同等责任的；（3）造成公共财产或者他人财产直接损失，负事故全部或者主要责任，无能力赔偿数额在30万元以上的。交通肇事致1人以上重伤，负事故全部或者主要责任，并具有下列

① 参见艾小乐、王耀忠：《论真正的罪名法定化——罪刑法定主义之本义》，载《当代法学》2003年第6期。

② 参见刘湘廉、黄广进：《对交通肇事罪有关司法解释的探讨》，载《西南政法大学学报》2003年第5期。

③ 参见王瑞君：《刑法司法解释合理性评析——以罪刑法定原则为基点》，载《山东社会科学》2003年第5期。

情形之一的，以交通肇事罪定罪处罚……

有学者认为，该责任分配不合理，在造成特别严重交通事故的情况下，对违反交通运输法规但负次要责任的行为人，也应当追究刑事责任。①

该《解释》第5条第2款规定：“交通肇事后，单位主管人员、机动车辆所有人、承包人或者乘车人指使肇事人逃逸，致使被害人因得不到救助而死亡的，以交通肇事罪的共犯论处。”

有学者认为，交通肇事罪是过失犯罪，而过失犯罪人与其他人员不可能构成共同犯罪，因此，该刑法司法解释违背刑法基本理论，也违反了刑法的总则规定。②

该《解释》第7条规定：“单位主管人员、机动车辆所有人或者机动车辆承包人指使、强令他人违章驾驶造成重大交通事故，具备本解释第二条规定情形之一的，以交通肇事罪定罪处罚。”

有学者认为，该解释规定的是交通肇事罪的过失教唆犯，从而突破了我国刑法关于共同犯罪的立法规定，根据我国刑法规定和共同犯罪理论，共同犯罪只限于共同故意犯罪，而这一司法解释是对共同犯罪理论的突破，是刑事立法关于共同犯罪的例外，明显地与刑法的规定不符，违反整体法秩序。③

2003年5月14日最高人民法院、最高人民检察院《关于办理妨害预防、控制突发传染病疫情等灾害的刑事案件具体应用法律若干问题的解释》第1条规定：“故意传播突发传染病病原体，危害公共安全的，依照刑法第一百一十四条、第一百一十五条第一款的规定，按照以危险方法危害公共安全罪定罪处罚。患有突发传染病或者疑似突发传染病而拒绝接受检疫、强制隔离或者治疗，过失造

① 参见张明楷：《刑法学》（第3版），法律出版社2007年版，第541页。

② 参见竹怀军：《论我国刑法司法解释的不足与完善》，载《学术交流》2004年第7期。

③ 参见蒋熙辉：《刑法解释限度论》，载《法学研究》2005年第4期。

成传染病传播，情节严重，危害公共安全的，依照刑法第一百一十五条第二款的规定，按照过失以危险方法危害公共安全罪定罪处罚。”

有学者认为，刑法并未明确将故意传播突发传染病病原体的行为规定为危害公共安全罪，因此，如果没有该司法解释，可能会有执法不同的情况，按罪刑法定原则精神，此行为系法无明文规定而不为罪。故该《解释》有代替立法之嫌疑，有司法解释侵犯立法权之嫌。①

2001 年 5 月 15 日最高人民法院《关于审理非法制造、买卖、运输枪支、弹药、爆炸物等刑事案件具体应用法律若干问题的解释》第 8 条规定，非法储存，是指明知是他人非法制造、买卖、运输、邮寄的枪支、弹药、爆炸物而为其存放的行为。“非法持有”，是指不符合配备、配置枪支、弹药条件的人员，违反枪支管理法律、法规的规定，擅自持有枪支、弹药的行为。“私藏”，是指依法配备、配置枪支、弹药的人员，在配备、配置枪支、弹药的条件消除后，违反枪支管理法律、法规的规定，私自藏匿所配备、配置的枪支、弹药且拒不交出的行为。

有学者认为，这一司法解释虽然对区分储存行为与持有行为具有意义，但使储存行为的范围过于窄小，主张除司法解释所规定的情形之外，对于非法保存、控制大量枪支、弹药、爆炸物的行为，即使与非法制造、买卖、运输、邮寄没有关联，也应认定为储存。该学者还认为司法解释中对“非法持有”与“私藏”的区分没有实际意义。②

---

① 参见张晓静：《从防治“非典”看妨害传染病防治犯罪之立法缺陷——兼评“两高”司法解释第 1 条》，载《山西高等学校社会科学学报》2005 年第 12 期。

② 参见张明楷：《刑法学》（第 3 版），法律出版社 2007 年版，第 535 页。

（三）破坏市场经济秩序罪有关罪名的司法解释

2001年4月最高人民法院、最高人民检察院《关于办理生产、销售伪劣商品刑事案件具体应用法律若干问题的解释》第2条第2款规定，伪劣产品尚未销售，货值金额达到刑法第140条规定的销售金额3倍以上的，以生产、销售伪劣产品罪（未遂）定罪处罚。

有学者认为，该解释不合理，根据刑法第140条的规定，实际上只有销售金额达到5万元，才可能构成本罪；否则，不可能构成犯罪，故伪劣产品尚未销售，或者销售金额没有达到5万元的，不能认定为本罪的未遂犯。①

该《解释》第6条第4款规定："医疗机构或者个人，知道或者应当知道是不符合保障人体健康的国家标准、行业标准的医疗器械、医用卫生材料而购买、使用，对人体健康造成严重危害的，以销售不符合标准的医用器材罪定罪处罚。"

有学者认为，这一规定有问题：本罪的主观方面只能是故意，共同犯罪的成立也要求有共同故意，但"应当知道"并不意味着"明知"，易言之，"应当知道"不成立故意；在对向犯的场合，如果刑法只规定处罚销售行为，而没有规定处罚购买、使用等行为时，属于购买、使用范围内的行为，不宜认定为销售的共犯行为。②

该《解释》第12条规定，国家机关工作人员参与生产、销售伪劣商品犯罪的，从重处罚。2002年9月17日最高人民法院《关于审理骗取出口退税刑事案件具体应用法律若干问题的解释》第8条规定，国家工作人员参与实施骗取出口退税犯罪活动的，依照刑法第204条第1款的规定从重处罚。2003年5月14日"两高"《关于办理妨害预防、控制突发传染病疫情等灾害的刑事案件具体应用法律若干问题的解释》第3条第2款规定，医疗机构或者个

① 参见张明楷：《刑法学》（第3版），法律出版社2007年版，第551页。

② 参见张明楷：《刑法学》（第3版），法律出版社2007年版，第558页。

人，知道或者应当知道系前款规定的不符合保障人体健康的国家标准、行业标准的医疗器械、医用卫生材料而购买并有偿使用的，以销售不符合标准的医用器材罪定罪，依法从重处罚。

有学者认为，“两高”以解释的形式作出诸多的“从重处罚”规定，违反刑之法定的要求，逾越司法权，有违罪刑法定原则。[①]也有学者认为，以司法解释的方式作出“从重处罚”的规定，实际上已超出了司法解释的范围，属于越权解释。[②]

2000 年 12 月 5 日最高人民法院《关于对变造、倒卖变造邮票行为如何适用法律问题的解释》规定：“对变造或者倒卖变造的邮票数额较大的，应当依照刑法第二百二十七条第一款的规定定罪处罚。”

有学者认为，从刑法分则的条文来看，“伪造”之中并不包含“变造”，《刑法》第 227 条也没有规定“变造或者倒卖变造的邮票的行为”的刑事可罚性。[③] 有人认为，该司法解释实属类推解释。[④]也有人认为，该解释将变造行为按照伪造处理的规定，创造了细则化的罪刑规范，甚至是超越刑法立法的罪刑规范。[⑤] 另有学者指出，该司法解释将《刑法》第 227 条第 1 款犯罪构成的危害行为和犯罪对象做了超越《刑法》的变更，进行了新的“立法”或逾

---

① 参见王瑞君：《刑法司法解释合理性评析——以罪刑法定原则为基点》，载《山东社会科学》2003 年第 5 期。

② 参见彭辅顺：《有权刑法解释与人权保障》，载《山东警察学院学报》2007 年第 6 期。

③ 参见刘艳红：《观念误区与适用障碍：新刑法施行以来司法解释总置评》，载《中外法学》2002 年第 5 期。

④ 参见王瑞君：《刑法司法解释合理性评析——以罪刑法定原则为基点》，载《山东社会科学》2003 年第 5 期。

⑤ 参见牛克乾：《刑法渊源、规范性刑法解释与刑事判例》，载《法律适用》2004 年第 5 期。

法解释。[①]

2000年9月8日最高人民法院《关于审理伪造货币等案件具体应用法律若干问题的解释》第2条第1款，行为人购买假币后使用，构成犯罪的，依照刑法第171条的规定以购买假币罪定罪，从重处罚。

有学者认为，该解释不合理，会导致量刑的不均衡。[②]

1998年8月28日最高人民法院颁布的《关于审理骗购外汇、非法买卖外汇刑事案件具体应用法律若干问题的解释》第3条规定，在外汇指定银行和中国外汇交易中心及其分中心以外，非法买卖外汇20万美元以上或者违法所得5万元人民币以上的，按照刑法第225条非法经营罪定罪处罚。

有学者认为，该解释不仅是一种越权解释，而且是有悖罪刑法定原则的类推解释。[③] 也有人认为，新刑法在取消投机倒把罪时，没有设专条规定非法买卖外汇罪，因此对非法买卖外汇的行为如何定性属“法无明文规定”，不能以犯罪论处，最高人民法院的解释属越权扩张解释。[④] 另有学者认为，这一规定违背了罪刑法定原则，因为这一规定解决的事项已不仅仅是“法院审判工作中具体应用法律、法令的问题”，实际上是对现行刑法第225条内容的补充，其对司法权的逾越比较明显；好在全国人大常委会于1998年12月29日另外颁布了《关于惩治骗购外汇、逃汇和非法买卖外汇犯罪的决定》，以单行刑法的方式弥补了《刑法》的漏洞，阻却了

---

① 参见竹怀军：《论我国刑法司法解释的不足与完善》，载《学术交流》2004年第7期。

② 参见张明楷：《刑法学》（第3版），法律出版社2007年版，第580页。

③ 参见曲新久：《刑法的精神与范畴》，中国政法大学出版社2000年版，第419～420页。

④ 参见《中国法学会刑法学研究1998年年会综述》，载《法学研究动态》1998年第12期。

该司法解释的适用。[①]

1999年9月6日最高人民法院在《关于审理倒卖车票刑事案件有关问题的解释》第2条规定，曾因倒卖车票受过治安处罚两次以上或者被劳动教养一次以上，两年内又倒卖车票，构成盗卖车票罪的，依法从重处罚。

有学者认为，该司法解释作出了超越刑法之外的关于法定情节的规定，为刑法补充了一个法定情节，也为倒卖车票罪增加了一个从重处罚的情形；这里的“依法从重处罚”，实际上无法可依，在刑法中没有对这种倒卖车票的犯罪从重处罚的规定；因此，该解释中“依法从重处罚”的“依法”，实际是依据该解释本身，而不是在此之前制定公布的刑法。[②]

1998年12月11日最高人民法院《关于审理非法出版物刑事案件具体应用法律若干问题的解释》第11条规定，违反国家规定，出版、印刷、复制、发行本解释第1条至第10条规定以外的其他严重危害社会秩序和扰乱市场秩序的非法出版物，情节严重的，依照刑法第225条第（3）项的规定，以非法经营罪定罪处罚。2000年4月28日最高人民法院《关于审理扰乱电信市场管理秩序案件具体应用法律若干问题的解释》第1条规定，违反国家规定，采用租用国际专线、私设转接设备或者其他方法，擅自经营国际电信业务或者涉港澳台电信业务进行营利活动，扰乱电信市场管理秩序，情节严重的，依照刑法第225条第（4）项的规定，以非法经营罪定罪处罚。2002年9月4日公布的最高人民检察院《关于办理非法经营食盐刑事案件具体应用法律若干问题的解释》第1条规定，违反国家有关盐业管理规定，非法生产、储运、销售

---

① 参见王瑞君：《刑法司法解释合理性评析——以罪刑法定原则为基点》，载《山东社会科学》2003年第5期。

② 参见郑厚勇：《我国刑法解释存在的若干问题》，载《黄冈师范学院学报》2003年第4期。

食盐扰乱市场秩序，情节严重的，依照刑法第225条的规定，以非法经营罪追究刑事责任。2002年8月16日公布的最高人民法院、最高人民检察院《关于办理非法生产、销售、使用禁止在饲料和动物饮用水中使用的药品等刑事案件具体应用法律若干问题的解释》第2条规定，在生产、销售的饲料中添加盐酸克仑特罗等禁止在饲料和动物饮用水中使用的药品，或者销售明知是添加有该类药品的饲料，情节严重的，依照刑法第225条第（4）项的规定，以非法经营罪追究刑事责任。

有学者认为，将上述行为都解释为非法经营行为，使得非法经营罪有成为新的口袋罪的倾向。①

2003年5月14日最高人民法院、最高人民检察院《关于办理妨害预防、控制突发传染病疫情等灾害的刑事案件具体应用法律若干问题的解释》第6条规定，违反国家在预防、控制突发传染病疫情等灾害期间有关市场经营、价格管理等规定，哄抬物价、牟取暴利，严重扰乱市场秩序，违法所得数额较大或者有其他严重情节的，依照刑法第225条第（4）项的规定，以非法经营罪定罪，依法从重处罚。

有学者对该条解释提出批评，认为有违法律的明确性原则，即在具体实施时对以非法经营罪定罪的行为范围很难确定。②

2001年1月21日最高人民法院《全国法院审理金融犯罪案件工作座谈会纪要》规定，在出售假币时被抓获的，除现场查获的假币应认定为出售假币的犯罪数额外，现场之外在行为人住所或者其他藏匿地查获的假币，亦应认定为出售假币的犯罪数额。

有学者认为，该解释违反法律规定的意思，主张对没有出售的

---

① 参见赵秉志、陈志军：《社会危害性与刑事违法性的矛盾及其解决》，载《法学研究》2003年第6期。

② 参见曲新久：《“非典”时期的典型反应》，载《政法论坛》2003年第3期。

假币，不能计算为出售假币的犯罪数额，只能计算为购买假币既遂的数额。①

《全国法院审理金融犯罪案件工作座谈会纪要》还规定，对于单位实施的贷款诈骗行为，不能以贷款诈骗罪定罪处罚，也不能以贷款诈骗罪追究其直接负责的主管人员与直接责任人员……符合刑法第224条规定的合同诈骗罪构成要件的，应当以合同诈骗罪定罪处罚。

有学者认为，这种解释不恰当亦不合法，单位实施的贷款诈骗，其中直接负责的自然人完全符合贷款诈骗罪的犯罪构成；如果对单位贷款诈骗的案件不处罚其中负有责任的自然人，就必然在类似案件中导致不良后果；刑法当然预见到了单位可能贷款诈骗，之所以不处罚单位有其合理根据；如果将这种行为以合同诈骗罪论处，对单位判处罚金，则有违反立法精神之嫌。②

前面曾提到过，《全国法院审理金融犯罪案件工作座谈会纪要》中有这样一项规定："……以单位的分支机关或者内设机构、部门的名义实施犯罪，违法所得亦归分支机关或者内设机构、部门所有的，应认定为单位犯罪。不能因为单位的分支机关或者内设机构、部门没有可供执行罚金的财产，就不将其认定为单位犯罪，而按照个人犯罪处理。"此外，2006年9月12日最高人民检察院在《关于国有单位的内设机构能否构成单位受贿罪主体问题的答复》亦规定："国有单位的内设机构利用其行使职权的便利，索取、非法收受他人财物并归该内设机构所有或者支配，为他人谋取利益，情节严重的，依照刑法第三百八十七条的规定以单位受贿罪追究刑事责任。上述内设机构在经济往来中，在账外暗中收受各种名义的回扣、手续费的，以受贿论。"

有学者认为，上述规定不仅于法无据，而且于理不通。首先，

① 参见张明楷：《刑法学》（第3版），法律出版社2007年版，第579页。

② 参见张明楷：《刑法学》（第3版），法律出版社2007年版，第598页。

把单位的内设机构作为单位对待不符合刑法用语的逻辑含义；其次，既然认定为单位犯罪，却不判处刑法规定的罚金，本身就是一种违反法律的做法；最后，既然法律对相关的单位犯罪规定了“双罚制”，而在认定单位犯罪的同时只追究有关个人的刑事责任，就明显违背了刑法明文规定的罪责刑相适应的原则。①

2001 年 4 月 18 日最高人民检察院和公安部《关于经济犯罪案件追诉标准的规定》第 1 条规定，走私伪造的货币，总面额在 2000 元以上或者币量 200 张（枚）以上的，应予追诉。

有学者认为，该解释为走私伪造货币罪补充了一构成条件，即走私伪造货币的总面值额或者总张数要达到规定（面值额 2000 元以上或者 200 张以上），只有达到了这个补充规定，才会立案予以追究。这等于是为执行刑法的这一规定补充了一个额外条件，即补充刑法。②

《关于经济犯罪案件追诉标准的规定》第 53 条规定：“虚开增值税专用发票或者虚开用于骗取出口退税、抵扣税款的其他发票，虚开的税款数额在一万元以上或者致使国家税款被骗数额在五千元以上的，应予追诉。”

有学者认为，该司法解释实质上对原来的刑法规定作了修改。很明显这一规定将刑法第 205 条规定的行为犯修改为了结果犯，使虚开增值税专用发票，用于骗取出口退税、抵扣税款发票罪的违法性质发生了变化，司法权严重侵犯了立法权。③

《关于经济犯罪案件追诉标准的规定》第 61 条规定：“未经注

---

① 参见张智辉：《单位贿赂犯罪之检讨》，载《政法论坛》2007 年第 6 期。

② 参见郑厚勇：《我国刑法解释存在的若干问题》，载《黄冈师范学院学报》2003 年第 4 期。

③ 参见王祖书：《涉税犯罪刑法司法解释浅析》，载《辽宁税务高等专科学校学报》2006 年第 4 期。

册商标所有人许可，在同一种商品上使用与其注册商标相同的商标，涉嫌下列情形之一的，应予追诉：1. 个人假冒他人注册商标，非法经营数额在十万元以上的；2. 单位假冒他人注册商标，非法经营数额在五十万元以上的；3. 假冒他人驰名商标或者人用药品商标的……”

有学者认为，该解释将驰名商标标识作为本罪的情节严重加以规定，在刑法理论上是欠妥当的，因为驰名商标与注册商标是两个互不完全包含的概念，如果将非法制造、销售非法制造的驰名商标标识的行为规定为本罪“情节严重”的一种情形，不仅突破了罪刑法定原则，而且造成了罪名与定罪情节“表里不一”的逻辑紊乱。他们建议，应当尽快以刑法立法的方式规定单独的假冒驰名商标罪和销售假冒驰名商标的商品罪以及非法制造、销售非法制造的驰名商标标识罪。①

2002 年 2 月 25 日《最高人民检察院关于依法严肃处理黑哨腐败问题的通知》要求，依法严肃处理足球“黑哨”腐败问题。通知指出，根据目前我国足球行业管理体制现状和体育法等有关规定，对于足球裁判的受贿行为，可以依照刑法第 163 条的规定，以公司、企业人员受贿罪依法批捕、提起公诉。

有学者认为，对显然不属于公司、企业人员的裁判的受贿行为规定以公司、企业人员受贿罪论处是极不恰当的，这种司法权侵入立法权的做法，不符合法治原则，应当予以改变。②

2001 年 4 月 18 日最高人民检察院、公安部《关于经济犯罪案件追诉标准的规定》第 49 条规定：“纳税人进行偷税活动，涉嫌下述情形之一的，应予追诉：1. 偷税数额在一万元以上，并且偷

---

① 参见肖乾利、季理华：《论非法制造、销售非法制造的注册商标标识罪的几个问题》，载《法学杂志》2007 年第 6 期。

② 参见赵秉志、陈志军：《社会危害性与刑事违法性的矛盾及其解决》，载《法学研究》2003 年第 6 期。

税数额占各税种应纳税额的百分之十以上的……”2002年11月4日，最高人民法院颁布的《关于审理偷税抗税刑事案件具体应用法律若干问题的解释》第1条也规定：“纳税人实施下列行为之一，不缴或少缴应纳税款，偷税数额占应纳税额的百分之十以上且偷税数额在一万元以上的，依照刑法第二百零一条第一款的规定定罪处罚……（五）缴纳税款后，以假报出口或者其他欺骗手段，骗取所缴纳的税款。”

有学者认为，这两件司法解释同时修改了现行刑法第201条偷税罪的法律规定；根据最高人民法院这一司法解释的规定，实际上偷税行为在刑法第201条规定的4种行为基础上，又增加了第5项行为，即“缴纳税款后，以假报出口或者其他欺骗手段，骗取所缴纳的税款”，而这已经不是在解释刑法，而是通过“解释”现有刑法规范的过程，创设了新的更明确更具体的刑法规范；在此，最高人民法院和最高人民检察院已经代表全国人大及其常委会对刑法第201条作了实质性的修改，规定了新的偷税罪构成条件，司法权因此已经形成了对立法权的僭越。该学者因此认为，“两高”相当部分司法解释是在制定新的刑法规范，而不是在解释刑法，成为实质上的刑事立法。①

2002年9月17日公布的最高人民法院《关于审理骗取出口退税刑事案件具体应用法律若干问题的解释》第6条规定：“有进出口经营权的公司、企业，明知他人意欲骗取国家出口退税款。仍违反国家有关出口经营的规定，允许他人自带客户、自带货源、自带汇票并自行报关，骗取国家出口退税款的，依照刑法第二百零四条第一款、第二百一十一条的规定定罪处罚。”2002年11月5日公布的最高人民法院《关于审理偷税抗税刑事案件具体应用法律若干问题的解释》第6条规定：“实施抗税行为致人重伤、死亡，构

① 参见王祖书：《涉税犯罪刑法司法解释浅析》，载《辽宁税务高等专科学校学报》2006年第4期。

成故意伤害罪、故意杀人罪的，分别依照刑法第二百三十四条第二款、第二百三十二条的规定定罪处罚。”

有学者认为，这两个司法解释的解释方式从形式上看与刑法的规定没有区别，在内容上无疑是在司法解释中规定了新的罪刑规范。①

上述最高人民法院《关于审理骗取出口退税刑事案件具体应用法律若干问题的解释》第1条第4项、第2条第4项、第4条第3项、第5条第3项在分别对刑法第204条中规定的“假报出口”、“其他欺骗手段”、“其他严重情节”、“其他特别严重情节”进行列举式的解释说明后，都概括性地或者规定“其他虚构已税货物出口事实的行为”，或者规定“以其他手段骗取出口退税款的”，或者规定“情节严重的其他情形”、“情节特别严重的其他情形”等内容。

有学者认为，列举性规定与概括性规定并用在司法解释中不妥当，司法解释本来是对刑法中抽象模糊的刑法条文作出补充和说明的，理应对刑法条文作出准确完整的规定，而不能套用刑法条文中“列举式+概括式”的模式，否则司法解释便是在立法。②

2004年12月8日公布的最高人民法院、最高人民检察院《关于办理侵犯知识产权刑事案件具体应用法律若干问题的解释》第7条第1款规定，实施刑法第219条规定的行为之一，给商业秘密的权利人造成损失数额在50万元以上的，属于“给商业秘密的权利人造成重大损失”，应当以侵犯商业秘密罪判处3年以下有期徒刑或者拘役，并处或者单处罚金。

有学者认为，《司法解释》将“重大损失”仅限于“给商业秘

① 参见王祖书：《涉税犯罪刑法司法解释浅析》，载《辽宁税务高等专科学校学报》2006年第4期。

② 参见王祖书：《涉税犯罪刑法司法解释浅析》，载《辽宁税务高等专科学校学报》2006年第4期。

密的权利人造成损失数额在五十万元以上”一种情形，而事实上“重大损失”也并不等于“重大经济损失”，故“两高”这一司法解释实际上对刑事立法上的“重大损失”做了不当的限制，侵犯了立法权。①

《关于办理侵犯知识产权刑事案件具体应用法律若干问题的解释》第11条第3款规定，通过信息网络向公众传播他人文字作品、音乐、电影、电视、录像作品、计算机软件及其他作品的行为，应当视为刑法第217条规定的“复制发行”。

有学者认为，该司法解释对“发行”的解释超出了该用语可能的含义，有类推解释的嫌疑。②

2007年4月5日公布的最高人民法院、最高人民检察院《关于办理侵犯知识产权刑事案件具体应用法律若干问题的解释(二)》第2条第2款规定，侵权产品的持有人通过广告、征订等方式推销侵权产品的，属于刑法第217条规定的“发行”。

有学者亦认为，这一司法解释对“发行”的解释超出了该用语可能的含义，同样有类推解释的嫌疑。③

（四）侵犯公民人身权利、民主权利罪有关罪名的司法解释

2000年7月13日最高人民法院《关于对为索取法律不予保护的债务非法拘禁他人行为如何定罪问题的解释》规定，行为人为索取高利贷、赌债等法律不予保护的债务，非法扣押、拘禁他人的，依照刑法第238条非法拘禁罪定罪处罚。

有学者认为，这一规定与债务的保护立法及精神相去甚远，依这一解释，似乎非法债务同样受法律保护，既然行为人采取法律禁

---

① 参见杜国强：《侵犯商业秘密罪“重大损失”的理解与认定——兼析“两高”〈关于办理侵犯知识产权刑事案件具体应用法律若干问题的解释〉》，载《中国检察官》2007年第12期。

② 参见张明楷：《刑法学》（第3版），法律出版社2007年版，第621页。

③ 参见张明楷：《刑法学》（第3版），法律出版社2007年版，第621页。

止的手段去索取在法律上不成立、不受法律保护的债务，那么此行为与向他人索财并无实质区别，应直接适用刑法第 239 条定绑架罪。①

2000 年 2 月 24 日起施行的最高人民法院《关于审理强奸案有关问题的解释》规定，对于已满 14 周岁不满 16 周岁的人，与幼女发生性关系，情节轻微、尚未造成严重后果的，不认为是犯罪。

有学者认为，这条司法解释显然超越了我国现行刑法第 13 条“情节显著轻微危害不大的，不认为是犯罪”的规定，有违罪刑法定这一刑法基本原则；罪刑法定原则要求法无明文规定不为罪，但同时也要求法律明文规定为犯罪行为的，依照法律定罪处刑，司法解释不能随意出入人罪。②

2002 年 3 月 26 日最高人民法院、最高人民检察院《关于执行〈中华人民共和国刑法〉确定罪名的补充规定》取消了奸淫幼女罪。

有学者认为，最高人民检察院和最高人民法院将奸淫幼女罪名以司法解释的方式取消极不合理，强奸罪与奸淫幼女罪的犯罪构成存在相当大的差异。③

2003 年 1 月 17 日最高人民法院《关于行为人不明知是不满十四周岁的幼女，双方自愿发生性关系是否构成强奸罪问题的批复》规定，行为人明知是不满 14 周岁的幼女而与其发生性关系，不论幼女是否自愿，均应依照刑法第 236 条第 2 款的规定，以强奸罪定罪处罚；行为人确实不知对方是不满 14 周岁的幼女，双方自愿发生性关系，未造成严重后果，情节显著轻微的，不认为是犯罪。

---

① 参见王瑞君：《刑法司法解释合理性评析——以罪刑法定原则为基点》，载《山东社会科学》2003 年第 5 期。

② 参见蒲伟：《论罪刑法定与刑法司法解释之应然》，载《重庆工业高等专科学校学报》2002 年第 4 期。

③ 参见蒋熙辉：《刑法解释限度论》，载《法学研究》2005 年第 4 期。

有学者认为，最高人民法院的这一解释，至少改变了这一刑法条款的三点：一是把至少是隐含的严格责任的法定强奸擅自改变为某种程度的过错责任；二是把“自愿”和“不自愿”这一同法定年龄相联系的立法推定擅自改变为一个司法上的事实判断；三是把立法对同幼女发生性关系会对幼女造成伤害这一立法的事实判断置换成为一种可以由法官在司法过程中针对具体案件斟酌决定的司法事实判断。这三者都表明这一批复毫无疑问地僭越了立法权。[①] 也有学者认为，“批复”不仅没有排斥严格责任对奸淫幼女犯罪的适用，恰恰相反，“批复”实际上首次实质性地确认了排斥年龄认识错误辩护的严格责任：即使被告人确实不知对方不满 14 周岁而与之自愿进行性交，如果性交已经造成严重后果、情节不属于显著轻微的，仍然应当以强奸罪论处，这就是严格责任。[②] 也有学者认为，该司法解释有重大缺陷：表现为它在奸淫幼女问题上采用了多种责任标准，如对于“明知”是不满 14 周岁的幼女而与其发生性关系的一律以强奸罪定罪处罚，这实行的是一种过错责任；在“确实不知”对方为不满 14 周岁的幼女、双方自愿发生性关系，并且未造成严重后果、情节显著轻微的情况下，不以犯罪论处，实行的是一种程序性严格责任（由被告人自己证明“确实不知”）；如果造成严重后果且情节不属显著轻微，仍以强奸罪定罪处罚，则实行的是一种实体性严格责任（排斥年龄认识错误辩护）。该批评者认为，对于同一个罪实行多种责任标准，在逻辑结构上显得混乱，在理论上也不能自圆其说；此外，把奸淫幼女行为区分为“造成严重后果”和“未造成严重后果”等不同的情况是否科学也是值得研究的，所谓的“严重后果”是一种立法性的事实，是一

---

① 参见苏力：《司法解释、公共政策和最高法院》，载《法学》2003 年第 8 期。

② 参见梁根林：《刑法适用解释的难题——以最高人民法院对奸淫幼女的“批复”为视角》，载《吉林大学社会科学学报》2004 年第 1 期。

种实体法上的推定，但是司法解释却将这种“后果”的外延大大地加以限缩，因此，在这一点上，司法解释不能说是妥当的。[①] 也有人认为，这一批复不但与我国《刑法》关于强奸罪的立法本意不符，而且违犯了《宪法》第 48 条、第 49 条关于保护妇女和儿童的规定。[②]

（五）侵犯财产罪有关罪名的司法解释

1997 年 11 月 4 日最高人民法院《关于审理盗窃案件具体应用法律若干问题的解释》第 1 条第（4）项规定：“偷拿自己家的财物或者近亲属的财物，一般可不按犯罪处理；确有追究刑事责任必要的，处罚时也应与在社会上作案的有所区别。”

有学者认为，既然我国的刑法条文所规定的盗窃罪并没有将家庭成员之间的盗窃排除在该罪的主体范围之外，那么按照罪刑法定原则的要求，在立法机关对此问题作出修改（或是由立法机关进行立法解释，或是对刑法条文进行修改）之前，司法机关对此案件的判断就应当严格按照法律条文进行，而不是做出一个越权的司法解释。因为罪刑法定原则的理论精髓要求对司法权进行限制，司法机关进行司法解释自然不能违背立法原意而对刑法条文进行解释，司法解释结论必须是刑法规定可能涵盖的，司法机关不能任意扩权或越权解释，司法权如果侵入立法权，则是对人权的极大威胁，有关亲属相盗的司法解释显然属于这样一种越权解释。[③]

《关于审理盗窃案件具体应用法律若干问题的解释》第 3 条规定，盗窃公私财物“数额较大”、“数额巨大”、“数额特别巨大”

---

① 参见沈海平：《严格责任抑或过错责任的追问——以奸淫幼女的司法解释为视角》，载《吉林大学社会科学学报》2004 年第 1 期。

② 参见侯菊英：《我国司法解释中存在的主要问题及完善建议》，载《中州学刊》2006 年第 5 期。

③ 参见崔东梅：《从罪刑法定原则看亲属相盗问题》，载《法制与社会》2007 年第 9 期。

的标准如下：（1）个人盗窃公私财物价值人民币500元至2000元以上的，为“数额较大”。（2）个人盗窃公私财物价值人民币5000元至2万元以上的，为“数额巨大”。（3）个人盗窃公私财物价值人民币3万元至10万元以上的，为“数额特别巨大”。

有学者认为，该司法解释明确规定构成盗窃罪的数额标准，超出了法律规定的职权范围，因为特定的盗窃数额标准是区分罪与非罪界限的重大原则性问题，是确定某种行为本质属性的一个标准，应由全国人大常委会来规定。①

《关于审理盗窃案件具体应用法律若干问题的解释》第4条规定：“对于一年内入户盗窃或者在公共场所扒窃三次以上的，应当认定为‘多次盗窃’，以盗窃罪定罪处罚。”

有学者认为，这一解释虽然较为明确，但有形式化、绝对化之嫌。是否构成“多次盗窃”，应当要综合考虑行为是否可能盗窃数额较大的财物，行为人是否具有犯盗窃罪的故意，行为的时间、对象、方式，以及已经窃取的财物数额等。②

《关于审理盗窃案件具体应用法律若干问题的解释》第6条第3款第4项规定，盗窃数额达到“数额较大”或者“数额巨大”的起点，并具有下列情形之一的，可以分别认定为“其他严重情节”或者“其他特别严重情节”：……累犯……

有学者认为，根据我国现行刑法典第65条的规定，累犯制度的刑事责任原则是“应当从重处罚”，而1997年11月4日最高人民法院通过的《关于审理盗窃案件具体应用法律若干问题的解释》却将累犯的处罚原则由“应当从重处罚”异化为“在加重的基础

① 参见吕素平、王建国：《对司法解释中几个问题的思考》，载《政法论丛》2000年第6期。

② 参见张明楷：《刑法学》（第3版），法律出版社2007年版，第728页。

上从重处罚”，实属一种司法上创制特别累犯的立法活动。[①]

《关于审理盗窃案件具体应用法律若干问题的解释》第12条第5项规定，……盗窃后，为掩盖盗窃罪行或者报复等，故意破坏公私财物构成犯罪的，应当以盗窃罪和构成的其他罪实行数罪并罚。

有学者认为，后一行为依法属于事后不可罚的行为，不应当成立故意毁坏财物罪，只定盗窃罪即可。[②]

最高人民法院在1999年6月25日发布的《关于审理单位犯罪案件具体应用法律有关问题的解释》第3条规定：“盗用单位名义实施犯罪，违法所得由实施犯罪的个人私分的，依照刑法有关自然人犯罪的规定定罪处罚。”

有学者认为，以单位名义实施的犯罪行为是个人犯罪还是单位犯罪，其判断标准是“违法所得”的归属、去向，但是，这种以“犯罪所得的归属”来判断是单位犯罪还是个人犯罪的方法，存在严重的缺陷：首先，犯罪所得的归属去向并不能完全反映出行为人的主观意图到底是为公还是为私；其次，有过分夸大为单位谋取利益的主观意图的作用之嫌，而从现行《刑法》的规定来看并没有将是否具有“为单位谋取利益”的主观意图作为区分单位犯罪和个人犯罪的基准。[③]

1998年5月8日最高人民法院、最高人民检察院、公安部、国家工商行政管理局《关于依法查处盗窃、抢劫机动车案件的规定》第17条规定，本规定所称的“明知”，是指知道或者应当知道。

---

① 参见尹彦品、张光顺：《试论我国刑法的罪刑法定原则与司法解释》，载《黑龙江省政法管理干部学院学报》2005年第6期。

② 参见张明楷：《刑法学》（第3版），法律出版社2007年版，第731页。

③ 参见黎宏：《单位犯罪的若干问题新探》，载《法商研究》2003年第4期。

有学者认为，这一解释包括了过失的情形，不合理：“应当知道”是赃物，无论如何不属于“明知”是赃物，否则便否认了过失与故意的区别；如果将“应当知道”是赃物的情形也认定为赃物犯罪，则意味着处罚过失赃物犯罪，但刑法并没有规定过失赃物犯罪，相反，刑法明文要求行为人“明知”是赃物。因此需要正确理解和认定“明知”：明知是赃物，包括明知肯定是赃物与明知可能是赃物。①

2002年7月16日最高人民法院《关于审理抢夺刑事案件具体应用法律若干问题的解释》第3条规定，抢夺公私财物虽然达到本解第1条第1项规定的“数额较大”的标准，但具有下列情形之一的，可以视为刑法第37条规定的“犯罪情节轻微不需要判处刑罚”，免予刑事处罚：（1）已满16周岁不满18周岁的未成年人作案，属于初犯或者被教唆犯罪的；（2）主动投案、全部退赃或者退赔的；（3）被胁迫参加抢夺，没有分赃或者获赃较少的；（4）其他情节轻微，危害不大的。

有学者认为，该解释的恰当性值得研究：刑法第37条所规定的“犯罪情节轻微不需要判处刑罚”的情形，仅限于刑法明文规定的可以或者应当免予刑罚处罚的情形，否则便与刑法第63条减轻处罚相冲突。②

2005年6月8日最高人民法院《关于审理抢劫、抢夺刑事案件适用法律若干问题的意见》第6条第1款规定，抢劫信用卡后使用、消费的，其实际使用、消费的数额为抢劫数额……

有学者认为，对事后使用所抢劫的信用卡取得财物的行为，很难评价为抢劫罪中的强取财物的行为，宜评价为盗窃罪（对机器使用）或者信用卡诈骗罪（对人使用）。③

---

① 参见张明楷：《刑法学》（第3版），法律出版社2007年版，第794页。

② 参见张明楷：《刑法学》（第3版），法律出版社2007年版，第721页。

③ 参见张明楷：《刑法学》（第3版），法律出版社2007年版，第621页。

2002 年 8 月 9 日最高人民检察院颁布的《关于单位有关人员组织实施盗窃行为如何适用法律问题的批复》规定："单位有关人员为谋取单位利益组织实施盗窃行为，情节严重的，应当依照刑法第二百六十四条的规定以盗窃罪追究直接责任人员的刑事责任。"

有学者认为，我国刑法没有规定单位盗窃罪，在刑法没有规定单位可以成为盗窃罪主体的情况下，对于单位中直接负责的主管人员和其他直接责任人员以盗窃罪追究刑事责任，违反罪刑法定原则。[①] 最高人民法院的《关于审理单位犯罪案件具体应用法律有关问题的解释》没有采纳这种意见，缘于坚持罪刑法定原则，不对法律作扩大解释。对于一些单位实施的刑法中没有明文规定为单位犯罪的行为，不论是立法疏漏还是立法者有意为之，在法律修改调整以前应当坚持罪刑法定原则。另有人认为最高人民检察院的解释是一个越权解释，越出了司法权的边界。[②]

2000 年 2 月 13 日通过的最高人民法院《关于对受委托管理、经营国有财产挪用国有资金行为如何定罪问题的批复》中规定，对于受国家机关、国有公司、企业、事业单位、人民团体委托，管理、经营国有财产的非国家工作人员，利用职务上的便利，挪用国有资金归个人使用构成犯罪的，应当依照刑法第 272 条第 1 款挪用资金罪定罪处罚。

有学者认为，根据我国现行刑法第 382 条第 2 款规定："受国家机关、国有公司、企业、事业单位、人民团体委托管理、经营国有财产的人员……" 无论是国家工作人员还是非国家工作人员均作为特殊主体的，而司法解释却把同类人员视为一般主体，从而导

---

① 参见张明楷：《法益初论》，中国政法大学出版社 2000 年版，第 377 页。

② 参见蒋熙辉：《刑法解释限度论》，载《法学研究》2005 年第 4 期。

致了同一类罪下采用了两个主体标准，违反罪刑法定原则。[①] 有学者认为，这个司法解释直接偏离了我国《刑法》第 272 条第 2 款和第 93 条第 2 款的规定，从而导致定罪处刑的天壤之别。[②]

（六）妨害社会管理秩序罪有关罪名的司法解释

2000 年 4 月 24 日起施行最高人民检察院《关于以暴力、威胁方法阻碍事业编制人员依法执行行政执法职务是否可对侵害人以妨害公务罪论处的批复》规定，对于以暴力、威胁方法阻碍国有事业单位人员依照法律、行政法规的规定执行行政执法职务的，或者以暴力、威胁方法阻碍国家机关中受委托从事行政执法活动的事业编制人员执行行政执法职务的，可以对侵害人以妨害公务罪追究刑事责任。

有学者批评该解释扩大刑法第 277 条的犯罪对象，认为这种司法解释创造了细则化的罪刑规范，甚至是超越刑法立法的罪刑规范。[③] 另有学者针对这一解释认为，对于社会变易性的立法缺陷的弥补，应通过法律的废、立、改来实现，上述司法解释实际上是司法权侵入立法领域。[④]

2001 年 7 月 5 日起施行的最高人民法院、最高人民检察院《关于办理伪造贩卖伪造的高等院校学历学位证明刑事案件如何适用法律问题的解释》规定，对明知是伪造高等院校印章制作的学历、学位证明而贩卖的行为，以伪造事业单位印章罪的共犯论处。

有学者认为，贩卖显然不同于伪造，且如果事前没有通谋，即

---

① 参见尹彦品、张光顺：《试论我国刑法的罪刑法定原则与司法解释》，载《黑龙江省政法管理干部学院学报》2005 年第 6 期。

② 参见蒲伟：《论罪刑法定与刑法司法解释之应然》，载《重庆工业高等专科学校学报》2002 年第 4 期。

③ 参见牛克乾：《刑法渊源、规范性刑法解释与刑事判例》，载《法律适用》2004 年第 5 期。

④ 参见柴春元、沈海平：《对犯罪本质特征的再认识——2002 年中国刑法学年会专题研究综述》，载《人民检察》2003 年第 2 期。

使行为人明知也不符合共同犯罪的主观要件，故这里产生了一个越权的司法解释问题，即将一些刑法没有规定为犯罪的行为，通过司法解释将其挂靠现行刑法中某一犯罪论处，司法解释侵入立法领域。[①] 另有学者指出，明知是伪造高等院校印章制作的学历、学位证明而贩卖，并不能说明伪造人与贩卖行为人之间必然存在意思联系；同时，贩卖行为也不可能成为伪造行为共同的犯罪行为。因此，该解释也违背了共犯成立的基本理论。[②]

2000 年 12 月 4 日最高人民法院发布的《关于审理黑社会性质组织犯罪的案件具体应用法律若干问题的解释》第 4 条规定，国家机关工作人员组织、领导、参加黑社会性质组织的，从重处罚。

有学者认为，《刑法》第 294 条对组织、领导、参加黑社会性质组织罪的规定，并未针对不同身份的主体规定不同的法定刑，以上这种对刑法的修改和补充是具有立法性质的行为，是对法律文本未予规定的事项作出补充规定；该刑法司法解释突破刑事立法，最高司法机关不仅越了位，而且直接违背了罪刑法定原则。[③] 另有学者认为，《刑法》第 294 条第 4 款已经明确规定，国家机关工作人员包庇黑社会性质组织，或者纵容黑社会性质的组织进行违法犯罪活动的，处 3 年以下有期徒刑、拘役或者剥夺政治权利；情节严重的，处 3 年以上 10 年以下有期徒刑，而最高人民法院的这一司法解释实际是在《刑法》第 294 条规定条文之外重新规定了一条新的刑法规定。[④]

---

① 参见刘红梅：《罪刑法定原则司法化存在的问题及对策》，载《太原城市职业技术学院学报》2005 年第 2 期。

② 参见竹怀军：《论我国刑法司法解释的不足与完善》，载《学术交流》2004 年第 7 期。

③ 参见于晶蕊：《从罪刑法定原则看我国的刑法司法解释》，载《法制与社会》2007 年第 8 期。

④ 参见刘艳红：《观念误区与适用障碍：新刑法施行以来司法解释总置评》，载《中外法学》2002 年第 5 期。

2002年10月24日最高人民检察院法律政策研究室《关于通过伪造证据骗取法院民事裁判占有他人财物的行为如何适用法律问题的答复》指出："以非法占有为目的，通过伪造证据骗取法院民事裁判占有他人财物的行为所侵害的主要是人民法院正常的审判活动，可以由人民法院依照民事诉讼法的有关规定作出处理，不宜以诈骗罪追究行为人的刑事责任。如果行为人伪造证据时，实施了伪造公司、企业、事业单位、人民团体印章的行为，构成犯罪的，应当依照刑法第二百八十条第二款的规定，以伪造公司、企业、事业单位、人民团体印章罪追究刑事责任；如果行为人有指使他人作伪证行为，构成犯罪的，应当依照刑法第三百零七条第一款的规定，以妨害作证罪追究刑事责任。"

有学者认为，这一答复完全忽视了诉讼诈骗行为对被害人财产的侵害，也误解了诈骗罪在法律上的构造，应当予以废止。①

2000年11月27日公布的最高人民法院《关于审理破坏野生动物资源刑事案件具体应用法律若干问题的解释》第2条规定，"出售"，包括出卖和以营利为目的的加工利用行为。

有学者认为，将加工解释为出售行为，有类推解释之嫌。②

2000年4月4日最高人民法院《全国法院审理毒品犯罪案件工作座谈会纪要》（该纪要内容已因2008年12月1日最高人民法院《全国部分法院审理毒品犯罪案件工作座谈会纪要》的发布而失效）规定，关于同时构成再犯和累犯的被告人适用法律和量刑的问题。对依法同时构成再犯和累犯的被告人，今后一律适用刑法第三百五十六条规定的再犯条款从重处罚，不再援引刑法关于累犯的条款。

有学者认为，这一解释存在疑问：本来，刑法第356条是鉴于毒品犯罪的严重性才作出再犯规定的，如果对符合累犯条件的也仅

① 参见张明楷：《刑法学》（第3版），法律出版社2007年版，第738页。

② 参见张明楷：《刑法学》（第3版），法律出版社2007年版，第820页。

适用该再犯规定，则意味着对符合累犯条件的毒品犯罪人可以适用缓刑、假释，而其他犯罪的累犯则不得适用缓刑与假释，这显然有失公允。因此，应当认为，对于符合累犯条件的，必须适用总则关于累犯的条款，而不再适用刑法第356条。易言之，刑法第356条应仅适用于不符合累犯条件的再犯。①

（七）贪污贿赂、渎职犯罪有关罪名的司法解释

1998年4月6日通过的最高人民法院《关于审理挪用公款案件具体应用法律若干问题的解释》第1条规定："……'挪用公款归个人使用'，包括挪用者本人使用或者给他人使用；挪用公款给私有公司、私有企业使用的，属于挪用公款归个人使用。"2000年3月14日最高人民检察院《关于挪用公款给私有公司、私有企业使用行为的法律适用问题的批复》指出：经研究认为，挪用公款给私有公司、私有企业使用的行为，无论发生在刑法修订前后，均可构成挪用公款罪。至于具体行为的法律适用问题，应根据行为发生的时间，依照刑法及1989年11月6日最高人民法院、最高人民检察院《关于执行〈关于惩治贪污罪贿赂罪的补充规定〉若干问题的解答》和1998年5月9日最高人民法院《关于审理挪用公款案件具体应用法律若干问题的解释》的有关规定办理。2001年10月17日最高人民法院《关于如何认定挪用公款归个人使用有关问题的解释》第1条规定："国家工作人员利用职务上的便利，以个人名义将公款借给其他自然人或者不具有法人资格的私营独资企业、私营合伙企业等使用的，属于挪用公款归个人使用。"第2条规定："国家工作人员利用职务上的便利为谋取个人利益，以个人名义将公款借给其他单位使用的，属于挪用公款归个人使用。"

对上述司法解释，学术界一直存在诟病，一些学者认为，究竟什么是挪用公款归个人使用的问题本系立法问题，"两高"作出的

① 参见张明楷：《刑法学》（第3版），法律出版社2007年版，第832页。

司法解释，纯属越权解释。[①]

上述最高人民法院《关于审理挪用公款案件具体应用法律若干问题的解释》第2条第1项规定，挪用正在生息或者需要支付利息的公款归个人使用，数额较大，超过3个月但在案发前全部归还本金的，可以从轻处罚或者免除处罚。

有学者认为，这里“免除处罚”的规定值得商榷。[②] 另有人认为，这一解释是明显的越权行为。[③]

《关于审理挪用公款案件具体应用法律若干问题的解释》第3条第2款规定：“‘挪用公款归个人使用，进行非法活动的’，以挪用公款五千元至一万元为追究刑事责任的数额起点……”

有学者认为，该司法解释对挪用公款罪的犯罪构成进行了修改和补充，对第一种挪用行为中的非法活动分为赌博、走私等非法活动和“其他非法活动”，规定挪用公款进行赌博、走私等非法活动的，不管数额多少和时间长短，即构成挪用公款罪；挪用公款进行“其他非法活动”的，要达到数额较大（5000元至1万元）才能构成挪用公款罪，故该刑法司法解释实际上是对法律文本的修改，已超过了解释刑法的范畴，是在以解释之名行立法之实。[④]

2000年6月30日公布的最高人民法院《关于审理贪污、职务侵占案件如何认定共同犯罪几个问题的解释》第3条指出：“公司、企业或者其他单位中，不具有国家工作人员身份的人与国家工作人员勾结，分别利用各自的职务便利，共同将本单位财物非法占

---

① 参见游伟等：《私有企业刑法地位之研究》，载陈兴良主编：《刑事法判》（第1卷），法律出版社1999年版，第172页；周振想：《关于挪用公款罪中“归个人使用”的几个问题》，载《人民检察》2002年第2期。

② 参见张明楷：《刑法学》（第3版），法律出版社2007年版，第865页。

③ 参见侯菊英：《我国司法解释中存在的主要问题及完善建议》，载《中州学刊》2006年第5期。

④ 参见于晶蕊：《从罪刑法定原则看我国的刑法司法解释》，载《法制与社会》2007年第8期。

为己有的，按照主犯的犯罪性质定罪。”

有学者认为，该解释有问题，实际上公司、企业或者其他单位的人员与国家工作人员相勾结，共同将本单位财物非法占为己有时，只要所占有的财物为公共财物，就完全符合共同贪污的特征，应以贪污罪的共犯论处：第一，行为人在共同犯罪中所起的作用大小，是确定共犯人种类的依据，而不是定罪的依据；主、从犯是在确定了共同犯罪性质的前提下认定的，而不宜相反；否则便是先确定量刑情节后认定犯罪性质。第二，如果投保人与保险公司的工作人员在共同犯罪中都起相同的主要作用，按该解释则无法确定罪名。第三，这一解释为共犯人避重（刑）就轻（刑）指明了方向。①

2003 年 11 月 13 日最高人民法院关于《全国法院审理经济犯罪案件工作座谈会纪要》第 6 条第 4 项规定，徇私舞弊型渎职犯罪的“徇私”应理解为徇个人私情、私利。国家机关工作人员为了本单位的利益，实施滥用职权、玩忽职守行为，构成犯罪的，依照刑法第 397 条第 1 款的规定定罪处罚。

有学者认为，该司法解释不当地缩小了徇私的含义，实际上此处的徇私应该包括徇单位、集体之私。②

2000 年 9 月 19 日颁布的最高人民法院《关于未被公安机关正式录用的人员、狱医是否构成失职致使在押人员脱逃罪主体问题的批复》规定：“对于未被公安机关正式录用，受委托履行监管职责的人员，由于严重不负责任，致使在押人员脱逃，造成严重后果的，应当依照刑法第四百条第二款的规定定罪处罚……”2000 年 4 月 24 日最高人民检察院《关于以暴力、威胁方法阻碍事业编制人员依法执行行政执法职务是否可对侵害人以妨害公务罪论处的批复》规定：“……以暴力、威胁方法阻碍国家机关中受委托从事行

---

① 参见张明楷：《刑法学》（第 3 版），法律出版社 2007 年版，第 862 页。

② 参见张明楷：《刑法学》（第 3 版），法律出版社 2007 年版，第 895 页。

政执法活动的事业编制人员执行行政执法职务的，可以对侵害人以妨害公务罪追究刑事责任。”2000 年 10 月 9 日最高人民检察院《关于合同制民警能否成为玩忽职守罪主体问题的批复》亦规定：“根据刑法第九十三条第二款的规定，合同制民警在依法执行公务期间，属其他依照法律从事公务的人员，应以国家机关工作人员论。对合同制民警在依法执行公务活动中的玩忽职守行为，符合刑法第三百九十七条规定的玩忽职守罪构成条件的，依法以玩忽职守罪追究刑事责任。”2001 年 3 月 2 日最高人民检察院《关于工人等非监管机关在编监管人员私放在押人员和失职致使在押人员脱逃行为适用法律问题的解释》规定：“……工人等非监管机关在编监管人员在被监管机关聘用受委托履行监管职责的过程中私放在押人员的，应当依照刑法第四百条第一款的规定，以私放在押人员罪追究刑事责任；由于严重不负责任，致使在押人员脱逃，造成严重后果的，应当依照刑法第四百条第二款的规定，以失职致使在押人员脱逃罪追究刑事责任。”

有学者认为，“两高”关于渎职罪主体的这一系列扩大解释难逃僭越之嫌。[①] 另有学者认为，这几个司法解释均直接肯定了受托人员属于国家机关工作人员范围，将其直接纳入渎职罪主体不具有合法性；修订刑法并没有把受托人员纳入国家机关工作人员范围，这属于立法中的疏漏，而对于立法上的漏洞只能通过修改刑法的方法予以解决；司法解释必须恪守解释权限。[②]

（八）犯罪数额、情节犯、结果犯的司法解释立法化问题

鉴于我国刑法立法上关于犯罪的规定中存在数量因素的要求，“数额犯”、“情节犯”、“结果犯”成为我国刑法立法的一个普遍

① 参见贾济东：《论刑法立法解释与司法解释的协调》，载《国家检察官学院学报》2004 年第 4 期。

② 参见张兆松：《论受委托从事公务人员的刑法地位》，载《宁波大学学报》（人文科学版）2006 年第 4 期。

现象，因而犯罪成立条件除犯罪性质与责任以外，还应当包括量的要件。有学者还因此提出了“罪体—罪责—罪量”三位一体的新犯罪构成体系。① 故刑法分则中涉及“数额犯”、“情节犯”、“结果犯”的司法解释立法化问题也就非常普遍，因此，有必要将涉及该问题的司法解释单独列出来予以统计。

刑法分则中存在大量需要解释的涉及犯罪界限的词语和刑罚（法定刑）界限的词语，如数额较大、数额巨大、数额特别巨大、情节严重、情节特别严重、情节恶劣、情节特别恶劣、后果严重、后果特别严重、重大损失、严重危害、特别严重危害、罪行重大、情节较轻等，解释说明这些模糊性用语，就是全国人民代表大会常务委员会《关于加强法律解释工作的决议》所说的明确界限的问题；而且该《决议》规定“明确界限”的工作只能由全国人大常委会进行解释或用法令加以规定。但是，刑法中这些需要“明确界限”的解释，实际上却几乎全是被刑法最高适用机关作出的司法解释替代了。② 以数额犯为例，数额有的决定着犯罪的成立，有的影响着量刑的轻重。它们极少数由《刑法》条文直接规定，绝大多数都是由司法解释确定。从一定意义上讲，适用《刑法》在很大程度上就是适用刑法中的数额规定，这足见犯罪数额在刑法中的地位和作用。许多学者认为数额实际上是判定罪与非罪、罪重罪轻的重要标准，这完全应该属于立法的内容。因此，只有全国人民代表大会和闭会期间的常务委员会才能对此作出立法解释。除非有授权，司法解释无权就数额问题作出解释。③ 根据粗略统计，我国

① 参见陈兴良：《作为犯罪构成要件的罪量要素——立足于中国刑法的探讨》，载《环球法律评论》2003 年秋季号。

② 参见郑厚勇：《我国刑法解释存在的若干问题》，载《黄冈师范学院学报》2003 年第 4 期。

③ 参见储槐植、梁根林：《论刑法典分则修订的价值取向》，载《中国法学》1997 年第 3 期。

《刑法》（包括刑法修正案）规定的422种罪中，约有311种要求犯罪数额，约占刑法罪名总数的73.7%。这还是直接从刑法条文规定中可以看到的数量，实际上有些司法解释将一些刑法没有规定“数额较大”、“数额巨大”、“数额特别巨大”要件，但有情节方面规定的也解释为数额要求。比如，2000年9月26日最高人民法院《关于审理走私刑事案件具体应用法律若干问题的解释》第2条、第5条对走私假币罪、走私淫秽物品罪的解释。甚至一些在刑法规定中既没有数额要件的要求，也没有情节要件要求的规范，也被解释为必须有数额的限定。比如，1998年12月17日最高人民法院《关于审理非法出版物刑事案件具体应用法律若干问题的解释》第8条对制作、复制、出售、贩卖、传播淫秽物品牟利罪的解释，2001年4月18日最高人民检察院、公安部《关于经济犯罪案件追诉标准的规定》第16条中对伪造货币案、第18条中对金融工作人员购买假币、以假币换取货币案规定的追诉起点数量规定。再如，2000年9月8日最高人民法院通过的《关于审理伪造货币等案件具体应用法律若干问题的解释》第1条第1款规定：“伪造货币的总面额在二千元以上不满三万元或者币量在二百张（枚）以上不足三千张（枚）的，依照刑法第一百七十条的规定，处三年以上十年以下有期徒刑，并处五万元以上五十万元以下罚金。”有学者认为，我国新旧刑法关于伪造货币罪的规定，都没有规定以数额作为定罪起点；该罪应为行为犯，只要实施了伪造货币的行为，就构成犯罪。但司法解释却对伪造货币罪规定了数额标准，不考虑数额以外的情节，这是一种立法性的解释。因此有学者提出，借鉴司法解释的规定，立法中应明确规定“数额较大”的伪造货币行为，构成犯罪。①

总之，据我们初步统计，凡是涉及对罪名的定罪量刑的数额、

① 参见孙启亮：《货币犯罪司法适用若干疑难问题及立法建议》，载《重庆城市管理职业学院学报》2007年第4期。

情节、结果等予以量化的司法解释占司法解释总数的80%以上。由于涉及的司法解释太多，在此就不一一列举这些司法解释的名称与涉及该问题的具体司法解释的条款了。

数额犯中还涉及单位与个人规定不同的数额标准的问题。例如，最高人民检察院、公安部《关于经济犯罪案件追诉标准的规定》第24条规定以下情节应予追诉：“……个人非法吸收或者变相吸收公众存款，数额在二十万元以上的，单位非法吸收或者变相吸收公众存款，数额在一百万元以上的；个人非法吸收或者变相吸收公众存款三十户以上的，单位非法吸收或者变相吸收公众存款一百五十户以上的；个人非法吸收或者变相吸收公众存款，给存款人造成直接经济损失数额在十万元以上的，单位非法吸收或者变相吸收公众存款，给存款人造成直接经济损失数额五十万元以上的。”

一些学者指出，许多对自然人与单位规定不同的数额标准的司法解释并不妥当，标准过于绝对，也不可取。[①] 这些司法解释无视刑法的规定，就同一犯罪针对单位与自然人规定了不同的追诉标准或定罪量刑标准，相当于对不同的犯罪主体确立了不同的犯罪构成标准，这有违适用刑法平等原则。[②]

根据刑法规定的罪状统计：最高人民法院《关于审理非法出版物刑事案件具体应用法律若干问题的解释》涉及的上述类似问题大概有3个罪名：第2条侵犯著作权罪、第4条销售侵权复制品罪和第12条非法经营罪。最高人民检察院、公安部《关于经济犯罪案件追诉标准的规定》涉及类似问题的大概有15个罪名：其第23条中的高利转贷案，第24条中的非法吸收公众存款案，第33条中的违法向关系人发放贷款案，第34条中的违法发放贷款案，第35条中的用账外客户资金非法拆借、发放贷款案，第36条中的

① 参见张明楷：《刑法学》（第3版），法律出版社2007年版，第585页。

② 参见叶良芳：《单位犯罪责任构造的反思与检讨》，载《现代法学》2008年第1期。

非法出具金融票证案，第37条中的对违法票据承兑、付款、保证案，第41条中的集资诈骗案，第43条中的票据诈骗案，第44条中的金融凭证诈骗案，第48条中的保险诈骗案，第61条中的假冒注册商标案，第62条中的销售假冒注册商标的商品案，第69条中的合同诈骗案，第70条中的非法经营案。由此看来，学者们所指出的这种现象具有一定程度的普遍性。

另外，也有学者对司法解释制定犯罪数额的法律依据提出合法性的质疑。有人认为，最高人民法院、最高人民检察院在制定某些犯罪数额认定标准时，常规定一个幅度，然后授权省或自治区或直辖市高级人民法院、人民检察院依据本地区经济发展状况，并考虑社会治安状况，在其制定的数额幅度内确定本地区的具体数额标准，而根据1981年全国人大常委会《关于加强法律解释工作的决议》，凡属于法院审判工作中具体应用法律、法令的问题，由最高人民法院进行解释；凡属于检察院检察工作中具体应用法律、法令的问题，由最高人民检察院进行解释。因此，最高人民法院、最高人民检察院这种授权的依据是什么、效力何在都值得考虑。① 有人认为，这是最高人民法院和最高人民检察院越权授权。② 再如2000年9月20日最高人民法院《关于审理走私刑事案件具体应用法律若干问题的解释》第1条、第2条、第3条、第5条和第10条第2款的规定也招致批评。有学者认为，在走私犯罪的相关法条中，“情节较轻”、“情节严重”、“情节特别严重”、“数量大的”、“数额较大”的表述几乎充斥在所有条文中，这些用语不仅在量罚中起到决定罪行轻重的作用，并且在许多时候还决定了罪与非罪的界

---

① 参见孙春雨：《关于犯罪数额的几个问题》，载《法学杂志》2006年第3期。

② 参见郑厚勇：《我国刑法解释存在的若干问题》，载《黄冈师范学院学报》2003年第4期。

限，而这些法律界限的明确却完全不适当地依赖于司法解释。[1] 有学者认为，这些司法解释实际上是一种细则化的刑事立法，因为从司法解释的内容和解释技术的运用上讲，实际上它们已经都超越了一般的法律解释的意义。[2]

实际上，上述被学者们批评为越权授权的司法解释同样是随处可见，比如最高人民法院《关于审理非法出版物刑事案件具体应用法律若干问题的解释》第18条规定，各省、自治区、直辖市高级人民法院可以根据本地的情况和社会治安状况，在本解释第8条、第10条、第12条、第13条规定的有关数额、数量标准的幅度内，确定本地执行的具体标准，并报最高人民法院备案。1998年4月29日最高人民法院《关于审理挪用公款案件具体应用法律若干问题的解释》第3条第3款规定，各高级人民法院可以根据本地实际情况，按照本解释规定的数额幅度，确定本地区执行的具体数额标准，并报最高人民法院备案。2003年5月29日最高人民法院《关于审理非法采矿、破坏性采矿刑事案件具体应用法律若干问题的解释》第9条规定，各省、自治区、直辖市高级人民法院，可以根据本地区的实际情况，在5万元至10万元、30万元至50万元的幅度内，确定执行本解释第3条、第5条的起点数额标准，并报最高人民法院备案。1997年11月4日最高人民法院《关于审理盗窃案件具体应用法律若干问题的解释》第3条第2款规定，各省、自治区、直辖市高级人民法院可根据本地区经济发展状况，并考虑社会治安状况，在前款规定的数额幅度内，分别确定本地区执行的“数额较大”、“数额巨大”、“数额特别巨大”的标准。2002年7月16日最高人民法院《关于审理抢夺刑事案件具体应用法律

① 参见胡平：《试论走私犯罪的立法疏漏及其完善》，载《黑龙江政法管理干部学院学报》2007年第3期。

② 参见刘艳红：《观念误区与适用障碍：新刑法施行以来司法解释总置评》，载《中外法学》2002年第5期。

若干问题的解释》第6条规定，各省、自治区、直辖市高级人民法院可以根据本地区经济发展状况，并考虑社会治安状况，在本解释第1条规定的数额幅度（抢夺公私财物数额较大以500元至2000元为起点，抢夺公私财物数额巨大以5000元至2万元为起点，抢夺公私财物数额特别巨大以3万元至10万元为起点）内，分别确定本地区执行的具体标准，并报最高人民法院备案。2000年5月12日最高人民法院《关于敲诈勒索罪数额认定标准问题的规定》指出，各省、自治区、直辖市高级人民法院可以根据本地区实际情况，在上述数额幅度（敲诈勒索公私财物数额较大以1000元至3000元为起点，敲诈勒索公私财物数额巨大以1万元至3万元为起点）内，研究确定本地区执行的敲诈勒索罪“数额较大”、“数额巨大”的具体数额标准，并报最高人民法院备案。

综上，据我们粗略的不完全统计，以上学者提出的一些具体的刑法司法解释立法化问题，涉及司法解释70多个，涉及司法解释中的条款近200条。从1997年7月份到2007年10月之间颁布的有关刑法司法解释，大概90%的司法解释在学者眼中都存在着司法解释立法化的各种问题。余下的没有司法解释立法化“问题”的司法解释，也就是类似于最高人民法院《关于对采用破坏性手段盗窃正在使用的油田输油管道中油品的行为如何适用法律问题的批复》中那样的解释：“正在使用的油田输油管道，属于刑法规定的‘易燃易爆设备’”。不要说专业人士可以鉴定，就是普通人也知道“正在使用的油田输油管道”是一种既容易燃烧也容易爆炸的设备；又如最高人民法院、最高人民检察院《关于对军人非战时逃离部队的行为能否定罪处罚问题的批复》中那样的解释：“军人违反兵役法规，在非战时逃离部队，情节严重的，应当依照刑法第四百三十五条第一款的规定定罪处罚。”《刑法》第435条规定：“违反兵役法规，逃离部队，情节严重的，处三年以下有期徒刑或者拘役。战时犯前款罪的，处三年以上七年以下有期徒刑。”所以这样司法解释虽然没有司法权侵犯立法权、违宪解释、违反罪刑法定、司法立法之类的司法解释立法化问题，但也可以说是一种“没有问题的问题”。正如有学者质疑的从该条第 2 款的“战时犯前款罪的”表述，难道还不能清楚地确认该条第 1 款恰恰就是指“非战时逃离部队”的情况吗？还需要为这样简单的问题请示吗？这是一个不满 14 岁的幼童也会有的逻辑理解。①

需要再次重申的是，因时间的限制、资料的限制以及统计方法的限制，我们未能把所有学者们对司法解释立法化的问题一览无余地统计出来。但是从以上的统计中，我们足以看到“司法解释立法化问题”的普遍性了。

第二节　刑事司法解释立法化背后的解释体制之描写

首先要强调的是，对刑事司法解释体制的描述与对其进行分析虽然是密切联系的，但也有区别。一般而言，制度分析是一种必然涉及价值判断的分析，但是，本节并非对刑法司法解释立法化现象存在的制度分析，而仅仅是对我国刑法司法解释立法化得以存在的实然的刑法解释制度的描述，而将该刑法解释制度（体制）的合法与非法的问题，以及是否合理的问题留待下一篇来论述。换言之，要对刑法司法解释立法化背后的司法解释体制进行价值判断，先得弄清楚现行的刑法司法解释体制是一个什么样的客观存在。

一、立法规定的刑法解释体制描述

刑法司法解释体制是法定法律解释体制的下位概念，是法定法律解释体制在刑法领域的具体化。因此，根据矛盾的普遍性和特殊性辩证关系原理，要想正确认识刑法司法解释体制，必须首先从一

---

① 参见夏勇：《改善我国刑法司法解释的新路径》，载《法学》2006 年第 9 期；陈兴良：《司法解释功过之议》，载《法学》2003 年第 8 期。

般的法定法律解释体制入手。刑法司法解释体制也是在立法规定的法律解释体制下运行的，从立法的角度来看，刑法司法解释是法律解释的一种，在我国的立法历程中，并没有哪一个立法对刑法司法解释做出单独的规定。在我国从总的法定法律解释体制角度来看，除了国家根本大法——宪法的解释具有特殊性以外，包括刑法在内的法律法规的法定解释之间并无多大差异，从这个角度来看，宏观的法定法律解释体制就是刑法司法解释的体制。但是也要注意，在这个总的法律解释体制下，刑法司法解释在解释主体上也还是具有一定的独特性的，表现为：由于刑法是公法，尤其是刑法中规定的绝大多数罪名是非亲告罪，只要发现有犯罪，人民检察院一般都应该主动提起公诉，故从某种意义上来讲我国法律规定的检察解释权主要是针对刑事法律的。因此，从这个角度来看，刑法的司法解释体制与民法、经济法、行政法等法定法律解释体制相比也具有特殊性。

在我国，法定法律解释作为一种法定权力在不同的国家机关之间进行分配，法律由哪个机关来解释，解释者之间的地位、比重和相互关系及各自的内容如何，则构成法定的法律解释体制。自1949年以来，我国宪法和法律多次就法定法律解释体制问题作出规定。在立法层面，刑法解释体制大体上可以分为以下几个阶段。

（一）新中国成立至1954年宪法以前：中央人民政府解释刑法

1949年9月27日中国人民政治协商会议第一届全体会议通过的《中央人民政府组织法》第7条规定："中央人民政府委员会，依据中国人民政治协商会议全体会议制定的共同纲领，行使下列职权：一、制定并解释国家的法律，颁布法令，并监督其执行……"根据《中央人民政府组织法》的这一规定，中央人民政府委员会享有法律解释权（包括刑法解释权），虽然该组织法决定在中央人民政府委员会之下设立最高人民法院、最高人民检察署作为国家最高审判机关及检察机关，这一时期通过的《人民法院暂行组织条例》、《最高人民检察署暂行组织条例》和《各级地方人民检察署组织通则》，都没有对刑法解释问题作出规定。起临时宪法作用的《中国人民政治协商会议共同纲领》也只是对我国的司法制度做出原则性的规定，没有提到法律解释的问题。《中国人民政治协商会议共同纲领》第17条规定："废除国民党反动政府一切压迫人民的法律、法令和司法制度，制定保护人民的法律、法令，建立人民司法制度。"

在这一时期新中国司法体制的建立和刑事立法工作也开始起步，颁布了一些单行刑法，如1951年2月21日发布的《中华人民共和国惩治反革命条例》；1951年4月19日发布的《妨害国家货币治罪暂行条例》；1952年4月21日发布的《中华人民共和国惩治贪污条例》。此外，刑法的起草活动也开始启动，写出了《中华人民共和国刑法大纲草案》和《中华人民共和国刑法指导原则草案（初稿）》两个稿子。虽然，司法机关在适用这些刑法规范处理刑事案件的过程中必然会遇到一些疑难问题，刑法解释问题也成为新生政权的刑事司法活动中不可回避的课题。但是，不管这个时期司法实践中司法机关是否在解释刑法，在立法层面，找不到司法机关解释刑法权的法律规定。

（二）1954年《宪法》至1955年《关于解释法律问题的决议》之前：全国人大常委会解释刑法

1954年9月15日至9月28日，第一届全国人大第一次会议召开，会议通过了《宪法》和包括《人民法院组织法》在内的5个组织法，对包括司法体制在内的国家机构制度作出了新的规定。这次会议颁布的1954年《宪法》以根本法的形式设定了中国立法及立法解释体制，但是就司法解释体制而言，无论是《宪法》还是《人民法院组织法》，《人民检察院组织法》都没有作出规定。在法律解释体制上这一时期的主要变化是：法律解释权由原来的中央人民政府委员会转移到全国人大常委会。

（三）1955年《决议》至1981年《决议》之前：确认最高法院的刑法解释权

这一时期的两部宪法：1975年宪法和1978年宪法在解释刑法方面没有变化，都规定全国人大常委会有权“解释法律”。不过1978年宪法第25条第3项除继续规定全国人大常委会“解释法律”之外，还增加了全国人大常委会“解释宪法”的权力。

1955年6月，全国人大常委会通过了《关于解释法律问题的决议》（以下简称“旧决议”），规定由全国人民代表大会常务委员会行使立法解释权，最高人民法院审判委员会行使司法解释权。这是新中国成立后第一次明确规定司法解释主体的法律文件。“旧决议”中规定，凡关于法律、法令条文本身需要进一步明确界限或作补充规定的，由全国人民代表大会常务委员会分别进行解释或用法令加以规定；凡关于审判过程中如何具体应用法律、法令的问题，由最高人民法院审判委员会进行解释。根据这一规定，我国形成了立法解释和司法解释并存的法律解释体制，全国人大常委会是立法解释的主体，最高人民法院是司法解释的主体。规定全国人大常委会是立法解释的主体只是对《宪法》第31条第3项规定的重申而已，而规定最高人民法院的司法解释权具有十分重要的意义，学者们认为这是我国第一次以法律的形式赋予最高司法机关以法律解释权，结束了此前最高司法机关实际解释法律却无法律依据的历史，建立了最高人民法院“一元一级”司法解释体制。1979年通过的《人民法院组织法》第33条规定：“最高人民法院对于在审判过程中如何具体应用法律、法令的问题，进行解释。”

（四）1981年《关于加强法律解释工作的决议》至今：建立“二元一级”的刑法司法解释体制

1981年6月10日第五届全国人大常委会第19次会议通过的《关于加强法律解释工作的决议》（以下简称“新决议”）包括下列4项规定：（1）凡关于法律、法令条文本身需要进一步明确界限或作补充规定的，由全国人大常委会进行解释或用法令加以规定。(2）凡属于法院审判工作或检察院检察工作中具体应用法律、法令的问题，分别由最高人民法院和最高人民检察院进行解释，“两高”解释如有原则分歧，报请全国人大常委会解释或决定。(3）不属于审判和检察工作中的其他法律、法令如何具体应用的问题，由国务院及主管部门进行解释。(4）凡属于地方性法规条文本身需要进一步明确界限或作补充规定的，由制定法规的省、自治区、直辖市人大常委会进行解释或作出规定。凡属于地方性法规如何具体应用的问题，由省、自治区、直辖市人民政府主管部门进行解释。学者普遍认为，从刑法司法解释体制角度而言“二元一级”的刑法解释体制至此得以建立，即由最高人民法院、最高人民检察院进行司法解释的法律解释体制基本形成。①

在此期间，1978 年《宪法》和 1982 年《宪法》在法律解释上的规定内容没有变，1983 年和 2006 年两次修订的《人民法院组织法》关于司法解释的规定内容也没有变。2000 年 3 月 15 日通过的《中华人民共和国立法法》在第二章中专门用一节 7 条的篇幅全面规定了法律解释制度，再次重申了法律解释权属于全国人大常委会，并对法律解释的内容、程序、效力等也作出了规定。但《立法法》并没有涉及最高人民法院、最高人民检察院在审判、检察工作中解释法律的问题，也没有明确废除最高人民法院、最高人民检察院的司法解释权，可以说《立法法》对司法解释采取了暂时回避的态度。

通过上述立法历程可以看出，法律解释体制的最终形成，经历了中央人民政府委员会解释、全国人大常委会立法解释、全国人大常委会立法解释与最高人民法院审判委员会司法解释并存，再到今天全国人大常委会立法解释与“两高”司法解释并存的发展过程。具体到刑法领域，现行刑法解释体制为：由全国人大常委会行使刑

① 参见陈志军：《中国刑法司法解释体制演进过程之检视与反思》，载《云南大学学报》（法学版）2006 年第 1 期。

法立法解释权，即全国人大常委会在以下三种情况下发布刑法立法解释：(1) 刑法的规定需要进一步明确具体含义的。(2) 刑法制定后出现新的情况，需要明确适用刑法依据的。(3)“两高”对于具体应用刑法问题的解释有原则分歧，报请全国人大常委会解释或决定的。由最高人民法院和最高人民检察院行使刑法司法解释权，即最高人民法院和最高人民检察院分别在审判工作和检察工作中，对如何具体应用刑法的问题，发布刑法司法解释。简言之，从规范的层面，可以将我国法定的刑法解释体制概括为二元刑法解释体制，具体包括一元一级刑法立法解释体制和二元一级刑法司法解释体制。

二、刑法解释实际运行制度的描述

法律解释的运作制度，比之法律解释的权力归属制度，更富实践性。[①] 上节对我国的刑法解释体制从立法层面进行了描述，本节则对实践中刑法解释的实际运作制度进行描述。

(一) 刑法立法解释的实际运行描述

1. 正式的立法解释概况

1954 年《宪法》之前，中央人民政府是刑法立法解释的主体，但是，我们从有限的资料来看，尚没有找到中央人民政府对刑法进行的立法解释。

1954 年《宪法》之后，全国人大常委会是我国法定唯一的刑法立法解释主体，然而从 1954 年其刑法立法解释权确立到现在的 50 多年间，全国人大常委会已发布的刑法立法解释却屈指可数。1954 年至 1979 年刑法颁布之前，全国人大常委会的刑法立法解释只有一件，即 1956 年 5 月 8 日通过的《关于被剥夺政治权利的人可否充当辩护人的决定》。1979 年刑法颁布后至 1997 年修订前，

① 参见周旺生：《中国现行法律解释制度研究》，载《现代法学》2003 年第 2 期。

没有一件通过法定程序就刑法问题作出的立法解释。[①] 1997年刑法修订以后，刑法立法解释问题逐渐受到关注，迄今为止，全国人大常委会共通过了9件刑法立法解释，它们是：（1）2000年4月29日《关于〈中华人民共和国刑法〉第九十三条第二款的解释》，该解释明确了村民委员会等村基层组织人员在从事哪些工作时属于“其他依照法律从事公务的人员”。（2）2001年8月31日《关于〈中华人民共和国刑法〉第二百二十八条、第三百四十二条、第四百一十条的解释》，该解释对土地管理法规进行了扩大解释，并明确了“非法批准征用、占用土地”中“土地”的含义。（3）2002年4月28日《关于〈中华人民共和国刑法〉第二百九十四条第一款的解释》，该解释对“黑社会性质的组织”进行界定。（4）2002年4月28日《关于〈中华人民共和国刑法〉第三百八十四条第一款的解释》，所解释的是有关挪用公款“归个人使用”的含义问题。（5）2002年8月29日《关于〈中华人民共和国刑法〉第三百一十三条的解释》，所涉及的是“人民法院的判决、裁定”和“有能力执行而拒不执行，情节严重”的含义问题。（6）2002年12月28日《关于〈中华人民共和国刑法〉第九章渎职罪主体适用问题的解释》，该解释明确了渎职罪的主体采用“职务论”。（7）2004年12月29日《关于〈中华人民共和国刑法〉有关信用卡规定的解释》，该解释明确了“信用卡”的含义。（8）2005年12月29日《关于〈中华人民共和国刑法〉有关文物的规定适用于具有科学价值的古脊椎动物化石、古人类化石的解释》，该解释对刑法规定中“文物”的概念作了扩大解释。（9）2005年12月29日《关于〈中华人民共和国刑法〉有关出口退税、抵扣税款的其他发票规定的解释》，该解释明确了“出口退税、抵扣税款的其他发票”的含义。

---

① 参见封杰、征国忠：《试析我国刑法立法解释理论与实施》，载《黑龙江省政法管理干部学院学报》2002年第4期。

当然，虽然立法解释在近些年得到了重视，但和大量的司法解释相比，还是不可同日而语的。

2. 全国人大常委会法制工作委员会对刑法作出的解释

1982 年 12 月 10 日《中华人民共和国全国人民代表大会组织法》第 28 条第 1 款规定："常务委员会可以根据需要设立工作委员会。"《立法法》第 55 条规定："全国人民代表大会常务委员会工作机构可以对有关具体问题的法律询问进行研究予以答复，并报常务委员会备案。""为了保证全国人大及其常委会工作的运转，根据全国人大组织法和有关法律规定以及实际需要，常委会设立了若干工作机构，为全国人民代表大会会议、全国人大常委会会议、委员长会议服务，为全国人大代表和常委会组成人员依法行使职权服务。"[①] 这些工作机构有：全国人大常委会办公厅、法制工作委员会、预算工作委员会、香港基本法委员会、澳门基本法委员会。其中法制工作委员会（以下简称"法工委"）是全国人大常委会的法制工作机构。"全国人大法律委员会没有单独设立办事机构，法工委的办事机构，同时也是法律委员会的办事机构。法工委的主要职责是：（1）受委员长会议委托，拟订有关刑事、民事、国家机构以及其他方面的基本法律草案。（2）为全国人大和全国人大常委会、法律委员会审议法律草案服务，对提请全国人大和全国人大常委会审议的有关法律草案进行调查研究，征求意见，提供有关资料，提出修改建议。（3）对省级人大常委会及中央有关国家机关提出的有关法律问题的询问，进行研究答复。（4）研究处理并答复全国人大代表提出的有关法制工作的建议、批评和意见以及全国政协委员的有关提案。（5）进行法学理论、法制史和比较法学的

① 张春生：《关于全国人大常委会的组织制度和议事制度——十届全国人大常委会法制讲座第三讲》，http://www.npc.gov.cn/zgrdw/common/zw.isp?label=WXZLK&id=318399&pdmc=1143。

研究，开展法制宣传工作。(6) 负责汇编、译审法律文献等。”①

司法实践中，全国人大常委会法工委根据《立法法》的规定，应相关国家机关法律咨询的要求，经常性地发布答复意见。具体到刑法领域，全国人大常委会法工委颁布的答复意见主要有：2002年1月14日《全国人民代表大会常务委员会法制工作委员会关于对“隐匿、销毁会计凭证、会计账簿、财务会计报告构成犯罪的主体范围”问题的答复意见》；2002年7月24日《关于已满十四周岁不满十六周岁的人承担刑事责任范围问题的答复意见》；2004年2月20日《关于请予明确全民所有制企业承担民事责任和刑事责任有关问题的函》等。从内容上看，这些答复意见无疑是对刑法规定进行的解释。法工委虽然不是法定的立法机关，但作为立法机关的内部工作机构，其作出的答复意见在一定程度上还是代表了立法机关的立场和意志，因此，这类答复意见在形式上虽不是立法解释，但在实质上却具有刑法立法解释的性质。

另外，在实践中，还存在过全国人大常委会法工委联合其他国家机关对刑法进行的解释，不仅有法工委和国家最高司法机关联合颁布的关于如何适用刑法的答复意见，还存在着法工委和其他国家机关联合制发刑法解释的情况。例如，1984年3月24日全国人大常委会法工委、最高人民法院、最高人民检察院、公安部、司法部、民政部《关于正在服刑的罪犯和被羁押的人选举权问题的联合通知》；1986年7月10日全国人大常委会法工委、最高人民法院、最高人民检察院、司法部《关于劳教工作干警适用刑法关于司法工作人员规定的通知》等。当然，全国人大常委会法工委与其他国家机关联合作出的这些解释，到底是立法解释还是“准立法解释”抑或是司法解释，这些都尚值得研究。但尽管有学者将

① 张春生：《关于全国人大常委会的组织制度和议事制度——十届全国人大常委会法制讲座第三讲》，http://www.npc.gov.cn/zgrdw/common/zw.isp?label=WXZLK&id=318399&pdmc=1143。

这类法律解释称之为“几不像”（既非立法解释，又非行政解释，也不是完全的司法解释）而加以诟病，[①] 这些解释在司法实践中都是有不容忽视的实际效力的。

（二）刑法司法解释体制

1. 最高司法机关的刑法解释

虽然1955年的“旧决议”只在立法层面明确了最高人民法院审判委员会行使司法解释权，直到1981年“新决议”才在立法层面明确最高人民检察院的司法解释权，但是在这之前，最高人民法院或者最高人民检察院（署）实际上已经开始在颁布刑法司法解释。例如，最高人民法院1950年11月10日《处理烟毒犯应坚决废止专科与易科罚金办法》、1952年10月8日《关于缓刑及缓期执行等问题的意见》、1954年1月19日《关于处理奸淫幼女案件不得以十四岁为幼女年龄标准的通知》等。最高人民检察署也发布刑法司法解释性文件，如最高人民检察署1952年10月18日《关于处理战犯、汉奸、官僚资本家及反革命分子财产的初步意见》、1953年9月15日《关于在全国及地方各级人民代表大会选举工作中检察工作的指示》、1957年4月1日《关于缓刑期间被告人是否有政治权利等问题批复》等。

1981年全国人大常委会“新决议”规定，最高人民法院和最高人民检察院是发布刑法司法解释的法定机关，他们有权分别就各自审判工作和检察工作中具体应用刑法的问题，颁布具有普遍适用效力的司法解释。自此，在司法实践中，最高人民法院、最高人民检察院单独或联合颁布的司法解释构成了法定刑法解释的主体。据笔者粗略统计，1997年1月至2007年1月，最高人民法院单独颁布刑法司法解释70件，最高人民检察院单独颁布刑法司法解释36件，“两高”联合颁布刑法司法解释16件，可见，最高人民法院

① 参见罗书平：《中国司法解释的现状与法律思考》，载《中国律师》2000年第7期。

发布的司法解释是这一阶段刑法司法解释的主干。

2. 行政机关、人民团体等参与司法机关的刑法解释

早在新中国成立之初就出现了最高人民法院、最高人民检察署与司法部、公安部、政务院等国家机关、团体联合发布的刑法司法解释。例如，1952年5月23日最高人民法院、最高人民检察署、司法部、公安部《关于通缉在逃犯问题的联合通知》；1950年7月23日政务院、最高人民法院《关于镇压反革命活动的指示》；1953年6月11日最高人民法院、司法部《关于有期徒刑最高年限的批复》；1954年9月30日最高人民法院、司法部《关于“改判”与“减刑”的法律解释问题的函》等。据笔者统计，1949年1月1日至1978年12月31日，行政机关参与制定的刑法司法解释共49件；1979年1月1日至1996年12月31日，行政机关参与制定的刑法司法解释竟多达79件；1997年1月1日以后，这一现象有所减少，迄今为止共有18件。参与制定刑法司法解释的行政机关，除了公安部、司法部以外，还有财政部、民政部、教育部、监察部、劳动部、交通部、铁道部、卫生部、信息产业部、海关总署、新闻出版署、国家林业局、民用航空总局、国家烟草专卖局、国家外汇管理局、国家工商行政管理局、国家质量监督检验检疫总局等近20个国家行政机关，甚至包括全国总工会、全国妇联这些人民团体。例如，1991年4月16日最高人民法院、国家教育委员会、共青团中央委员会、中华全国总工会、中华全国妇女联合会《关于审理少年刑事案件聘请特邀陪审员的联合通知》；1994年2月5日劳动部、监察部、最高人民检察院、全国总工会《关于必须严肃查处煤矿重大恶性事故的通知》；2000年3月20日最高人民法院、最高人民检察院、公安部、民政部、司法部、全国妇联《关于打击拐卖妇女儿童犯罪有关问题的通知》，等等。

3. 党政机关、行政机关等独自作出的刑法解释

由党政机关、行政机关等独自作出的刑法解释并非现在才有的新问题，实际上早在1955年司法部就单独做出过《关于有期徒刑

量刑最高年限的批复》。1981 年全国人大常委会“新决议”第 3 项规定：“不属于审判和检察工作中的其他法律、法令如何具体应用的问题，由国务院及主管部门进行解释。”根据这一规定，公安部、司法部等国务院主管部门就认为他们有权对公安工作、司法行政工作中刑法具体应用的问题进行解释。① 据笔者不完全统计，新中国成立以来，公安部单独制定的刑法司法解释性文件有 28 件之多，如 1979 年 12 月 28 日《关于管制、拘役、缓刑、假释、监外执行、监视居住的具体执行办法的通知》、1988 年 7 月 13 日《关于毒品案件立案标准的通知》、1994 年 1 月 1 日《关于贩卖枪支零部件定性问题的批复》、2001 年 7 月 4 日《关于办理非法制造买卖运输烟花爆竹等刑事案件适用法律问题的批复》等。司法部单独制定的刑法司法解释性文件有 7 件，如 2001 年 3 月 9 日《狱内刑事案件立案标准》、2001 年 8 月 14 日《关于〈对“纵容他人殴打服刑人员”如何理解的请示〉的批复》等。除行政机关外，在 1997 年刑法颁布之前党政机关也发布过刑法司法解释性文件，如 1979 年 12 月 17 日中央政法委员会《关于对恶毒攻击、诽谤中央领导同志是否构成犯罪问题的意见》；1983 年 12 月 20 日中央纪律检查委员会、中央政法委员会《印发〈关于严惩严重经济犯罪的意见〉的通知》等。

4．地方司法机关的刑法解释

早在新中国成立之初，地方司法机关就开始发布刑法解释，如 1950 年 1 月 1 日最高人民法院西南分院《关于剥夺政治权利的期间从何时起算的解答》；1950 年 1 月 1 日最高人民法院华东分院《徒刑期满可否酌情延长问题的解答》等。

地方司法机关制定的刑法解释可以分为两类：

第一类，省级司法机关根据最高司法机关的授权，结合本地区

---

① 参见周其华：《论刑法司法解释的法律监督》，载《中国刑事法杂志》2003 年第 2 期。

实际情况，对刑法分则中某些犯罪（主要是数额犯）成立标准的具体数额作出规定。比如，1998年5月9日最高人民法院《关于审理挪用公款案件具体应用法律若干问题的解释》第3条第3款规定："各高级人民法院可以根据本地实际情况，按照本解释规定的数额幅度，确定本地区执行的具体数额标准，并报最高人民法院备案。"据此，北京市高级人民法院于1998年5月21日发布了《关于审理挪用公款案件数额标准的意见》。再如，2003年5月16日最高人民法院《关于审理非法采矿、破坏性采矿刑事案件具体应用法律若干问题的解释》第9条规定："各省、自治区、直辖市高级人民法院，可以根据本地区的实际情况，在5万元至10万元、30万元至50万元的幅度内，确定执行本解释第三条、第五条的起点数额标准，并报最高人民法院备案。"根据这一规定，安徽省高级人民法院于2003年8月11日颁布了《关于非法采矿、破坏性采矿罪数额认定标准问题的规定》，等等。

第二类，省级司法机关和其他地方司法机关独立作出在所属区域范围内适用的刑法司法解释性文件。例如，2002年1月9日浙江省高级人民法院、浙江省人民检察院、浙江省公安厅《关于抢劫、盗窃、诈骗、抢夺借据、欠条等借款凭证是否构成犯罪的意见》；2002年10月25日江苏省高级人民法院、江苏省人民检察院、江苏省公安厅《关于办理涉枪涉爆、聚众斗殴案件具体应用法律若干问题的意见》；1995年11月16日上海市高级人民法院、上海市人民检察院、上海市公安局、上海市司法局《关于查处经济领域中利用合同犯罪案件若干问题的意见（试行）》；上海市2000年10月25日仍由上述四机关作出的《关于办理制、销"假冒烟草产品"案件适用法律若干问题的意见（试行）》；2005年7月6日沈阳市中级人民法院、沈阳市人民检察院、沈阳市公安局《关于依法查处盗窃窨井盖案件有关问题的通知》，等等。

需要指出的是，上述第一类地方刑法司法解释具有三个明显特征：（1）在发布主体上，省级司法机关通常联合本省公安厅、司法局等行政单位一同作出。例如，1998 年 4 月 1 日江苏省高级人民法院、江苏省人民检察院、江苏省公安厅联合发布了《关于我省执行盗窃公私财物“数额较大”、“数额巨大”、“数额特别巨大”标准的意见》，这种做法无疑是受到最高司法机关经常联合其他行政机关一同颁布司法解释的习惯的影响。（2）某些省级司法机关除依据授权对特定犯罪的数额标准在一定的幅度范围内作出规定之后，还对该犯罪的其他相关问题一并作出规定。例如，上海市《关于本市办理盗窃犯罪案件若干问题的意见》中对“数额较大”、“数额巨大”、“数额特别巨大”分别作出具体规定之后，又对盗窃罪未遂的处罚、“具有其他恶劣情节”以及可不作为犯罪处理的情形等作了具体规定，这实际上是超越授权范围的越权行为。（3）省级司法机关对犯罪数额作出具体规定之后只需报最高司法机关备案，无须经过事前审查。这种事后监督的备案制度只是流于形式，并未起到实质的监督作用。

至于上面所提到的第二类地方刑法司法解释在制定主体和内容上没有任何限制，省级、地市级司法机关或单独、或联合有关行政机关颁布均可，甚至基层人民法院、基层人民检察院也不甘落后，以内部文件的形式发布在本院适用的司法解释性文件。在内容上，这些文件有的是对刑法条文含义的进一步明确，有的却是对罪与非罪、此罪与彼罪的问题直接作出了规定。

5. 司法机关内部机构解释

按照相关法律规定，司法解释只能以最高人民法院、最高人民检察院的名义发布，但司法实践中却大量存在着以各级人民法院、人民检察院的研究室、审判庭、业务处室等名义发布的答复、意见、规定等。例如，2003 年 6 月 3 日最高人民检察院法律政策研究室《关于伪造、变造、买卖政府设立的临时性机构的公文、证件、印章行为如何适用法律问题的答复》、2003 年 10 月 15 日最高人民法院研究室《关于外国公司、企业、事业单位在我国领域内犯罪如何适用法律问题的答复》、1999 年 7 月 15 日上海市高级人民法院刑事审判庭《关于聚众斗殴、寻衅滋事造成他人重伤、死亡结果的定罪问题》、2006年1月16日上海市高级人民法院刑二庭、上海市人民检察院公诉处《关于贩卖盗版光盘案件如何适用法律的意见（试行）》，等等。

总结我国刑法解释的实际运行规则，司法机关在作出立法性的或者规范确认与创造的刑法解释活动方面，大体上有如下几点：（1）实际解释刑法的主体要远远大于法定的刑法解释的主体。例如，如果把法工委对刑法的解释视为“准立法解释”、或者“法定的立法解释之外的立法性解释”，或者其他命名，那么，立法性解释的实践主体就是两个。而刑事司法性解释的实践主体除了学者公认的“两高”以外，“两高”内部的研究室、省级或者更低级别的司法机关也作出司法性的刑法解释，除此之外，司法部、公安部、中央纪律检查委员会、中央政法委员会等党政机关，行政执法机关也作出独立的司法性刑法解释。参与刑法司法解释的主体则更多，除了公安部、司法部、财政部、民政部、教育部、监察部、劳动部、交通部、铁道部、卫生部、信息产业部、海关总署、新闻出版署、国家林业局、民用航空总局、国家烟草专卖局、国家外汇管理局、国家工商行政管理局、国家质量监督检验检疫总局等近20个国家行政机关，甚至包括全国总工会、全国妇联这些人民团体。（2）现有的法定司法解释主体在进行法定化、制度化的刑法解释之前实际上就已经通过内部文件、考察调研、座谈会纪要等形式在司法实践中进行着刑法解释。（3）刑法司法解释主体在解释刑法时往往习惯于与有关的行政机关、党政机关合署发布刑事司法解释。

对于以上实际运行的刑法解释的实践做法，尽管尚没有得到立法上的承认，但在进行仔细研究之前，或许我们不能简单地用“非法”、“不合理”、“不正常”等否定词来回避对这些实际上起作用的刑法解释的具体内容或者运行机制的研究，如在实质内容上我们应该研究其中哪些解释有问题，哪些解释是合理的；在运行机制上，我们应该研究这些不同主体发布的刑法解释的效力等级，尤其是在发生冲突时该如何解决等问题。正如周旺生教授指出的那样，“我们强调法律解释制度是国家法制的重要组成部分，不是说所有法律解释都需要制度化法定化，而是说为国家所确认的具有法律效力的法律解释，才有制度化法定化的问题。法律解释有正式解释与非正式解释或有效解释与无效解释的区分。任何个人和组织，都可以解释法律，但不是所有这些法律解释都是国家法制的组成部分，只有那些法定的正式解释或有效解释，才是法制的重要组成部分”。[①] 也正如前面所描述的那样，实际上即使是最高人民法院与最高人民检察院对刑法的解释，在得到国家的制度化、法定化之前就已经存在了，如最高人民检察院对刑法的解释甚至在其解释权法定化之前就已存在了近30年之久。

① 周旺生：《中国现行法律解释制度研究》，载《现代法学》2003年第2期。

规范篇：刑事司法解释立法化的合法性论证

无论是在方法论还是在实证基础上，合法性问题都应成为社会科学的一个核心问题。

——大卫·边沁

在上一篇里，我们揭示了无论主体对司法解释立法化持什么样的规范评价态度，是支持还是反对该概念或者该事物的合法性。但是，司法解释立法化作为一个事物以及作为一个对事物的指代已经是一种逐步引起人们关注的客观存在，尽管在抽象的哲学层面，有“凡是存在的就是合理的”命题，然而作为一名法律科学或者社会科学的研究者而言，做出支持或者反对某种概念或者事物的价值判断的何种结论并不重要，重要的是结论背后的说理与论证。“无论是在方法论还是在实证基础上，合法性问题都应成为社会科学的一个核心问题。”① 因此，这一篇总的思路是从多种理论的视角来探讨司法解释立法化的合法性问题。

① ［英］大卫·边沁：《通往社会科学的合法性概念》，傅建奇译，载高鸿钧主编：《清华法治论衡》，清华大学出版社2001年版，第98页。

第四章　刑事司法解释立法化的合法性概述

正如大卫·边沁所言："政治哲学只有在发生合法性的角逐时才能繁荣，社会科学的重要性也只有在合法性缺失或面临挑战时才为人所理解。"① 如前所述，司法解释立法化在我国学术界被普遍认为是一个缺乏合法性的东西，而笔者以为这一结论值得反思。故本章尝试着对司法解释立法化的合法性进行一些论证。

第一节　合法性的概念

一、"合法性"概念的起源

从地域上来看，合法性概念，起源于西方，换言之，合法性的概念是一个舶来品。然而，实际上合法性问题无论在哪个国度、哪个朝代都是一个必须共同面对的实际问题。在中国古代，虽然没有"合法性"这一词，但自古以来，合法性问题都是政权的基础性问题。在笔者看来，和西方的合法性概念功能相同的词大概是"正"或者"正统"。例如，《论语·子路》中提到："名不正则言不顺，言不顺则事不利。"所谓"名正言顺"或者"名不正，言不顺"，实际上就是一个合法与不合法的问题。欧阳修在《正统论下》中说："夫居天下之正，合天下于一，斯正统矣。""正统"的主旨就

① ［英］大卫·边沁：《通往社会科学的合法性概念》，傅建奇译，载高鸿钧主编：《清华法治论衡》，清华大学出版社 2001 年版，第 129 页。

是判定正、闰、僭、伪、篡、夺，即判定帝王统治权的“合法性”。故中国历史上的英雄豪杰在争夺政权的过程中特别讲究“师必有名”,[①] 如三国争雄时期，曹操欲统一天下，为师出有名，采纳了谋士毛玠的建议：“奉天子以令不臣，修耕植，畜军资”，该路线和策略乃借其皇帝的名义号令诸侯，若有不从者，即被定为叛逆讨伐之；而刘备本只是一个编草鞋的人，因姓刘，便东扯西拉地和皇族扯上同宗关系，自封为皇叔，于是取得了“正统的名分”，宣称自己具有继承汉室江山的合法性。既然刘备属于正统，那么“奉天子以令不臣”的曹操在刘备集团看来就属于“挟天子以令诸侯”的曹贼，因此，诸葛亮在《出师表》中开篇第一句话就必须点明出师之名：“先帝虑汉、贼不两立，王业不偏安，故托臣以讨贼也。”而且，合法性不仅仅是在政权的争夺过程中的根本问题，也是一个现存的政权或者政治体系得以存在、发展的重要支柱或者灭亡的根本原因。从结果上讲，“成王败寇”，也反过来成为合法性与非法性的划分基础，成功了的就是合法的，称帝称王；失败了的就是非法的，被称为寇贼或者昏君。总之，合法性问题在我国历史上也是政治的核心问题，是维持一个政治体系长期存在与稳定发展的基础，任何政权都不能单纯依靠高压与暴力来统治，而必须及早建构其合法性基础，取得被统治者的同意。如果这种合法性的程度较低，则政府法律、法规、政令的贯彻实施就会遇到严重阻碍，而一旦合法性丧失，则该政治体系也将最终土崩瓦解。“合法性的愿望如此根深蒂固地扎根于一般人类共同体之中，以致在历史上很难找出某个政府不享有对它存在本身的某种实际上的承认，或者不试图成为合法的机构。”[②]

所以，“合法性”作为一个概念，在中国传统文化的表层中虽

---

① 《礼记·檀弓下》。

② ［罗］O. 特勒斯尼亚：《政治合法性与政治义务原则》，载《国外社会科学动态》1987 年第 4 期。

然找不到，但其所代表的意义对古代中国而言却并不陌生。当然，原汁原味的合法性概念是在近现代，随着西方政治学的引入，才被引入到对我国学术研究中来的。

从学科的角度来看，合法性概念，最初起源于政治学，而不是法律科学。关于合法性研究的缘起，当代著名思想家哈贝马斯曾这样说："在欧洲，如果不是从梭伦开始，那么至迟也是从亚里士多德开始，政治学理论就从事于合法化统治兴衰存亡的研究。"[①] 如亚里士多德认为："依绝对公正的原则来判断，凡照顾到公共利益的各种政体就都是正当的或正宗的政体；而那些只照顾统治者们的利益的政体就都是错误的政体或正宗政体的变态。"[②] 政治的轴心原则是合法性。尽管政治学家对合法性的概念存在争议，但都承认合法性是政治科学中最重要的概念之一。政权建设的根本目的是为了维持其合法性。

从词源上看合法性概念，与中文的"合法性"相对应的英文为 legitimacy，德文为 legitimität。当然这两个词也被译为：正统性、义理性、正当性。[③] 尽管在德文 Legitimität 与 Legalität 都可以译为"合法性"，但二者毕竟是不同的概念。Legalität 的意思仅限于把现行法律作为标准来衡量一个规定或者一个行为（行为的合法律性），Legitimität 则可以把法律本身也作为评价的对象（规则本身的合法性）。所以有学者为了避免混淆或者误解，通常把 Legitimität 译为"合法性"，而把 Legalität 译为"合法律性"。[④] 虽然"合法

① ［德］哈贝马斯：《交往与社会进化》，张博树译，重庆出版社 1989 年版，第 186～187 页。

② ［古希腊］亚里士多德：《政治学》，吴寿彭译，商务印书馆 1965 年版，第 132 页。

③ 参见吕芳：《权力合法性的概念及历史演变》，载《江淮论坛》2003 年第 1 期。

④ 参见［德］哈贝马斯：《在事实与规范之间——关于法律和民主法治国的商谈理论》，童世骏译，三联书店 2003 年版，第 37～38 页。

性”一词中的核心是“法”，与法律科学中实定“法”有着一定的联系，但合法性作为一个概念，却与实定法有着本质的差异。在法律科学中，研究一个行为是否“与法律相一致”的司法判断是最基本的任务，但“合法性”作为一个概念，是对被统治者与统治者之间关系的一种综合评价，是一个政治学的概念，而不是法律概念。当然，法律科学在西方的古代也属于政治学的一部分，合法性是人们对于政治权力的认可，这种认可建立在一系列条件基础上，如认同、价值观、同一性和法律等，乃至于“合法性”一词第一次在中世纪的文献中使用时，其含义仍然保留着“与法律相一致”这一理念。① 因此，政治学领域中“合法性”概念中也包含了对法律科学中所说的“合法（律）性”的研究，但却不限于这个“合法（律）性”的研究。

虽然，合法性是古今中外都绕避不开的、与政治统治伴随始终的问题，但是，在现代社会，明确提出合法性概念并对之进行系统研究的，则是德国学者马克斯·韦伯。韦伯之后，合法性就成为现代政治分析的关键术语与热点范畴。

二、合法性的判断要素及其标准

自马克斯·韦伯提出合法性概念后，几乎所有著名的政治学家和社会学家都曾从各自的角度对合法性的内涵和理论建构进行过探讨和思考，形成多种合法性理论流派，众说纷纭，莫衷一是。我们并不打算对这些理论流派进行梳理或者评价，我们关注的是这些合法性理论可能为我们分析具体问题提供了哪些有用的视角和分析的概念。

按照西方学者对合法性理论类型的分类，大体上有以下经验主义理论、规范主义理论和综合主义理论三种类型，而每种理论类型

---

① 参见［法］让－马克·夸克：《合法性与政治》，佟心平、王远飞译，中央编译出版社2002年版，“中译本序”第1页。

的总的判断标准和具体的判断要素均不同。

(一) 经验主义合法性理论

以韦伯为代表的这类学者认为，合法性依赖于被统治者是否相信、是否赞同某种统治，以此来确认合法还是非法。总的判断标准是从经验研究的角度对既定社会事实加以认定，即在现实政治中，任何成功的、稳定的统治，无论其以何种形式出现，都必然是合法的。韦伯称，作为一个社会科学家，若要说某个特定的权力关系是合法的，并不是要对该权力关系作出一个哲学家式的道德判断；而只是要对其他人的信仰（belief）作出报告（此种报告在经验上可能正确也可能错误）。当权力关系各方认为权力是合法的，其就是合法的；合法性源自人们对合法性的信仰。因此，他写道，合法性等同于对合法性的信仰；合法的权力就是被看做合法的权力。[①]

在经验的基础上，韦伯提炼出了三种合法性权威类型：一是传统型权威，该类型的合法性的基础是对传统的信仰，判断要素是："一向如此"的惯性、习惯、宗教传统、古老的传统神圣性以及传统赋予统治者的合法地位；二是魅力型权威，其判断要素是统治者个人的素质、能力、魅力、德行、楷模、超自然的"神性"；三是法律型权威，该合法性的基础就是对法律的程序正义或形式合理性的信仰，其判断要素是统治是否依据民主程序制定的规则而行使职权：诸如其程序的正确性，其决策的民主性，以及其对被统治者的一视同仁。[②]

韦伯虽然认为每个现实的合法性权威都是三种类型的或多或少的混合型，但他主张现代国家的统治必然以法律型的合法性为依归："今天，流传最广的合法性形式是对合法律性的信仰，换句话

---

① 参见［英］大卫·边沁：《通往社会科学的合法性概念》，傅建奇译，载高鸿钧主编：《清华法治论衡》，清华大学出版社2001年版，第98页。

② 参见［德］马克斯·韦伯：《经济与社会》，林荣远译，商务印书馆2004年版，第241～269页。

说，接受那些形式上正确的、按照与法律的一致性所建立的规则”。[①] 其他后继的经验主义合法性的分析要素还有：统治手段的有效性、政治体系的政绩、意识形态、特定的政治制度和典则规范等，只要能在技术上或是事实上使得政权被信仰、被赞同、被接受的要素，都是合法性必要的分析要素。只要政权具有事实上的稳定性、持久性，则无论是民主政权还是独裁政权，都具有一定的合法性。即便是以强制和高压为主要统治手段的政权，只要其统治是有效的，就应承认其具有合法性。

（二）规范主义合法性理论

这是一种以某种永恒的终极价值作为判断政治统治是否合法的理性标准来分析政治合法性的理论。判断一种统治是否合法，不依赖于大众对它的相信、赞同或忠诚，只要它是符合这种理性标准的，即使它得不到大众的赞同或忠诚，它也是合法的；只要它是不符合这种理性标准的，即使它会得到大众的赞同和支持，也是不合法的。持规范主义合法性见解的学者认为：“政权的合法性不能归结为它的有效性；有效性也许是合法性的一个必要条件，但不是充足条件，因为合法性作为价值不能归结为某种事实。”[②]

在不同历史时期，不同的学者先后提出了作为评价权力安排的根本的、独立的、普适的、正确或善的标准或者各种终极价值的要素，包括正义、自然法、民主、平等、自由、契约产生的公意以及公共利益等，通过对这些要素进行归纳，人们可以发现，规范主义的合法性理论的基础是实质合理性或者实质正义。

（三）合法性的综合理论

这种观点的典型代表是哈贝马斯提出的“重建性的合法性理

① ［德］马克斯·韦伯：《经济与社会》，林荣远译，商务印书馆 2004 年版，第 61 页。

② ［罗］O. 特勒斯尼亚：《政治合法性与政治义务原则》，载《国外社会科学动态》1987 年第 4 期。

论”。哈贝马斯认为，经验合法性理论与规范性合法理论都有其局限性，“经验主义的合法性概念可在社会科学中使用，但它是不能令人满意的，因为此种概念的基础缺乏系统性的力量；规范主义的合法性概念在这点上是令人满意的，但由于其植根于形而上学，因此还是站不住脚。正当性的一般理论，在论及合法性统治的历史形态时，仍显得特别抽象。如果某人将不得要领的正当化标准加诸于传统社会之上的话，他实际就是‘不公正地’对待了历史。一方面，是否有什么东西可以替代此种不公地对待历史的一般理论？另一方面，是否又有什么东西可以替代那种无任何标准的‘理解历史’的态度呢？”① 因此，哈贝马斯试图调和两种理论的张力，从而提出：“合法性意味着，对于某种要求作为正确的和公正的存在物而被认可的政治秩序来说，有着一些好的根据。一个合法的秩序应该得到承认。合法性意味着某种政治秩序被认可的价值——这个定义强调了合法性乃是某种可争论的有效性要求，统治秩序的稳定性也依赖于自身（至少）在事实上被承认。”② 哈贝马斯的这个合法性概念体现了经验性和规范性的融合。

值得注意的是，虽然哈贝马斯强调的合法性的价值基础，但与规范主义者所谓的超历史、超经验的永恒的价值规范不同，哈贝马斯所说的价值规范是与一定的历史和文化相联系的社会规范。某种政治秩序是否合法是在当时的社会规范证明系统中被证明的。

---

① 参见［英］大卫·边沁：《通往社会科学的合法性概念》，傅建奇译，载高鸿钧主编：《清华法治论衡》，清华大学出版社 2001 年版，第105～106 页。

② ［德］哈贝马斯：《交往与社会进化》，张博树译，重庆出版社 1989 年版，第 211 页。

第二节 刑事司法解释立法化的核心问题——合法性

合法性作为政治学的核心概念，其评判客体主要是国家政权，如哈贝马斯认为，不能随随便便地使用合法性的概念，“只有政治秩序才拥有着或丧失着合法性，只有它们才需要合法化”。[①] 但是哈贝马斯并没有把法律的合法性撇在一边，相反，他认为，政治统治从一开始，就是与法官相联系的。[②] 在政治领域内，围绕着国家这一主题，相关的政治权力、政治秩序、政治权威及法律等都成为合法性评判的客体。现在，合法性的评判客体越发扩展，已不局限于政治领域内的国家，对国际组织、民间组织、规章制度等合法性问题都有学者探讨。由此，合法性的客体可以抽象为行为和事物。

我们认为，完全可以将上述合法性的概念引入对刑事司法解释立法化的分析中，这是因为司法解释立法化是司法解释主体在适用或者解释法律时所进行的规范确立和规范创造的活动趋向，因此，对该司法解释主体的行为必然有一个合法性的判断问题。这不仅是由于作为该行为的结果，产生的大量的法律规范，而且因为该活动背后涉及的是一个国家的政治体制和权力的架构问题，事实上政治与法律从来就没能截然的分开，对法律合法性分析的背后是以政治合法性为基础的，政治合法性的分析也离不开法律的合法性分析，因此，对司法解释立法化的总置评，不单纯是一个纯粹法律上的合法性问题，也是一个政治上的合法性问题。换言之，要想抛开政治学意义上的合法性，单纯地从法律上的合法性来研究司法解释立法

---

① ［德］哈贝马斯：《交往与社会进化》，张博树译，重庆出版社 1989 年版，第 184 页。

② 参见［德］尤尔根·哈贝马斯：《重建历史唯物主义》，郭官义译，社会科学文献出版社 2000 年版，第 263 页。

化，几乎是不可能的。

哈贝马斯认为，无论从历史的角度讲，还是从分析的角度看，合法性概念的使用，首先是对这样一些情况来说的：在这些情况中，一个制度的合法性是有争议的，或者像我们常说的那样，是存在合法性问题的，即有人要否认它的合法性，有人要维护它的合法性。(注释) 实际上，司法解释立法化恰恰就是这种情况，如前文所言，学者们对司法解释立法化一词使用本身就体现出一个合法性的判断问题，或者说司法解释立法化这个词汇本身就是一个“名不正言不顺”的怪胎，就像古代章回小说中的“曹阿瞒”一样。因此，“违宪”、“违法”、“侵犯立法权”、“侵犯立法解释权”、“越权”“破坏我国现行的立法体制和法律效力位阶”、“破坏了法律体系内部理性的秩序”、“对现代社会民主体制践踏”；“法制专制主义”等评价铺天盖地，不一而足，一句话，“司法解释立法化”一词几乎成为“我国法治社会的病态”的总称，成为司法解释不合法的代名词。尽管，学者们在严重质疑司法解释确立或者创设法律规范这样活动的合法性时，一般没有展开其质疑的根据或者判断的基础，但我们认为他们的着眼点绝不仅仅在纯粹的法律技术层面上，换言之，批判者们也主要是从国家政治体制和权力架构意义上来质疑司法解释主体篡权的。总而言之，司法解释立法化的核心问题，就是合法性问题。

需要指出的是，尽管一些学者对司法解释立法化合法性的严重质疑的根据、基础、判断的标准、要素等尚过于简单化，缺乏具体论证，但是，这种合法性的质疑本身却不见得是坏事。毕竟，“政治哲学只有在发生合法性的角逐时才能繁荣，社会科学的重要性也只有在合法性缺失或面临挑战时才为人所理解”。[①] 因此，本书以下一些内容，都是从各种角度来探讨司法解释立法化的合法性

---

① ［英］大卫·边沁：《通往社会科学的合法性概念》，傅建奇译，载高鸿钧主编：《清华法治论衡》，清华大学出版社 2001 年版，第 129 页。

问题。

第三节　司法解释立法化的合法性判断的根基

如前所述，经验主义合法性理论的代表人物韦伯将合法性类型提炼为三种：传统型、魅力型、法律型，并且主张现代国家的统治必然以法律型的合法性为依归。但是，我们认为历史文化传统是一切国家的政治合法性的唯一根基。从抽象的意义上说，合法性不存在其他类型，只存在一种根基——历史文化传统。如果说非要划分合法性的类型，那也只是不同的传统的类型的划分。该命题的根据如下：

第一，分析西方各种合法性理论观点，就总体而言实际上都逃不脱西方多元文化的大传统元素。具体分析每个合法性理论的观点，都能找到该观点的西方文化思想大传统中的小传统亦即具体的文化思想流派的根基；例如，韦伯所赞同的法律型，其文化思想传统的根基是西方大文化传统中对程序正义的信仰或者认同，在西方哲学史上大体上可归入历史悠久的实证主义、经验主义的流派；罗尔斯等人的合法性理论的根基是西方大文化传统中对实体正义的信仰或者认同，在西方哲学史上大体上可归入规范主义、伦理主义或者自然法哲学流派；而以哈贝马斯为代表的合法性理论则是对以上程序正义与实体正义信仰或者认同文化传统的综合，即如何处理程序正义与实体正义或者经验主义与规范主义之间的张力，这同样也是西方文化史自古以来就存在的一种小传统。

需要特别说明的是，虽然韦伯自己赞同法律型（法理型、规则型）合法性理论，但毕竟他认为这只是三大合法性类型的一种。而且即使如此，也不排除笔者提出的合法性命题的有效性，实际上其他两种合法性类型，只是在更大的文化范畴内作出的分类。他所说的传统型类型自然不用多说，与我们的命题一致。至于个人魅力型类型，似乎比较特殊，将合法性的认同体现为对领导者个人魅力的认同，但是，这恰恰是一种戴着有色眼镜，已经渗透了判断者自己文化传统之后的先入为主的判断。如果深入到个人魅力型的具体的民族国家中去，要么可以找到有该民族国家的文化传统的渊源，比如该民族的文化历史传统中向来就有一种“英雄崇拜”的信仰和价值体系，要么是该民族处于极其特殊的历史时期，内忧外患、民不聊生的巨大压力使得该民族的一贯传统文化规范暂时隐退失效，整个社会处于失范状态，人们极其需要一个强有力的、有魅力的个人政治领袖来一统江湖，填补该失控状态下的规范空白。当然后一种“个人魅力型”能否真的是合法的，值得商榷。我们认为，对这种特殊历史时期的没有历史文化传统为支撑的个人魅力型权威不能视为合法，如希特勒的法西斯政权。作出这种合法性判断的根据不在于规范合法性理论所说的正义、民主等伦理价值的标准，而在于该“权威”没有本民族历史文化传统的支撑。况且，既然是特殊时期，也证明了该政治权威因为没有该民族历史文化传统的支撑而不会长久，“全民疯狂认同”激情也只是一种“有权威总比没有任何权威的失控状态好”的心理在作怪，该疯狂状态也只能是一时的，迟早会退却，复归到民族文化传统的轨道中。而且不长久的铁腕权威本身也就证明了该政权权威非法性。

第二，合法性概念的实质决定了政治合法性的唯一根基是历史文化传统。关于何为合法性的实质，学界的表述不一。韦伯认为，合法性是指对一种政治秩序或统治的信仰与服从。弗兰克·帕金强调，“经同意而统治”才是一切统治合法性的最终来源。哈贝马斯认为，“合法性意味着某种政治秩序被认可的价值”。李普塞特在区分了政治系统的有效性与合法性基础上认为，合法性是指“政治系统使人们产生和坚持现存政治制度是社会的最适宜制度之信仰的能力”。亨廷顿认为，合法性对统治者而言意味着统治的权利，对被统治者来说则表现为服从的义务。夸克认为，“合法性这一观念首先并且特别地涉及统治权利。合法性即是对统治权利的承认”。迈克尔·罗斯金认为：“合法性不仅仅指‘统治的合法权利'，而更主要的是指'统治的心理权利'，现在的合法性意指人们内心的一种态度，这种态度认为政府的统治是合法的和公正的。"纵观诸位学者对合法性概念的描绘，我们看到最多的是诸如"信仰"、"支持"、"服从"、"赞同"等带有某种心理倾向的词汇。它告诉我们：合法性在一定意义上带有较强的主观性色彩，是公众对政治统治的一种认同、忠诚态度。"这种把合法性等同于社会公众对政治系统的认同和忠诚的观念，代表了当代社会对于合法性概念的最一般、最普遍的认识。"因此，政治合法性的本质特征正体现在这"认同"二字上。①

然而，这个认同并不仅仅是个体心理学意义上的认同或者同情，而且是社会心理学意义上的认同或者同情，而社会心理学意义上的认同或者同情的背后则是以特定的文化与历史传统作为根基的。况且，即便是个人意义上的认同与同情，也是社会秩序或者社会意识的反映。"一个人的同情作为一个整体反映了他面临的社会秩序，或者说他的同情是社会的一个特殊部分，他作为一个成员并有效地参与活动的任何一个组织都必定在他的同情之中，所以他的意识是他真正从属的社会的那一部分的缩影。我们应该知道，每一种社会现象只是我们在个人意识中发现的集体意识。"② 而人类学研究也表明："心理活动与社会生活关系密切，每个'种族'群体都具有自己特有的'思维内容'。"③ 实际上，哈贝马斯也认为合法性类型的不同取决于世界观结构的不同：不同历史时期人们的世界观结构不同，他们所接受的社会规范不同，因此，合法性基础也就

---

① 以上的合法性实质的介绍与引用，参见赵海立：《政治合法性理论及其分析架构》，载《厦门大学学报》2004 年第 5 期。

② ［美］库利：《人类本性与社会秩序》，包凡一、王源译，华夏出版社 1999 年版，第 102 ~ 103 页。

③ ［英］雷蒙德·弗思：《人文类型》，费孝通译，华夏出版社 2002 年版，第 29 ~ 30 页。

不同。在早期国家中，原始神话是其合法性的基础，古代帝国的政治秩序的合法性基础是以宇宙论为基础的伦理学、宗教和哲学，现代国家的合法性则是建立在新的自然法理论的基础之上。古代文明帝国取代早期的家族统治，现代国家取代古代帝国，是伴随着国家的合法性的基础的更迭而发生的。① 而阿尔蒙德更是把合法性直接看做是一种体系文化，认为对政治体系的认同与对政治秩序的自觉遵守是这种体系文化的表现。②

第三，合法性的基础本身并非是僵死不变的绝对的东西，而是历史的、变化的。例如，阿尔蒙德和小鲍威尔从韦伯的合法性类型的分类中看到了合法性基础的历时性变化。韦伯之所以赞同法律型权威，其立足点在于西方已经从传统社会成功地转型为现代社会，“通常社会形态的进步与知识的进步密切相关”。③ 社会结构的变化必然伴随着社会文化观念的变化，换言之，社会结构变化了，合法性的基础也就会发生变化。在一个传统的社会中，合法性可能主要取决于统治者的世袭地位、宗教习俗等，而在一个现代的民主政治体系中，当权者的合法性将主要取决于他们在竞争性的选举中是否获胜，取决于他们在制定法律时是否遵守规定的宪法程序。④ 当然，也许有人会反驳：既然随着社会结构、社会形态的变化，社会文化观念也改变了，改变了的社会文化观念还能称之为历史文化传统吗？所谓的新的合法性类型不是恰恰失去了历史文化传统吗？其实这是一个似是而非的问题，很容易反驳。首先，人类学研究表

---

① 参见［德］哈贝马斯：《交往与社会进化》，张博树译，重庆出版社1989年版，第191页。

② 参见［美］加布里埃尔·A. 阿尔蒙德等：《比较政治学》，曹沛霖等译，上海译文出版社1987年版，第35~36页。

③ ［美］博厄斯：《人类学与现代生活》，刘莎译，华夏出版社1999年版，第144页。

④ 参见［美］加布里埃尔·A. 阿尔蒙德等：《比较政治学》，曹沛霖等译，上海译文出版社1987年版，第37页。

明，从生物学角度来说，不存在纯种族类型，[1] 除非像希特勒那样，为了消灭所谓的“劣等人种”，保留所谓的纯种日耳曼人而提出这样的概念。同理，也不存在“纯种的文化类型”，事实上，“每个文化都是复杂的发展体”。[2] 比如，没有人敢说从三皇五帝到清朝，“中华文化传统”就是铁板一块，从没有发生变化，也没有人主张中华文化只要在历史长河中发生了变化，就不再是中华文化传统了。而且，在我们看来，“每个文化都是复杂的发展体”也不妨碍文化类型之间区别的存在，无论是文化内部自生自发的变化，还是受到“异质文化”的强烈冲击被动的发生变化都是如此，在这种变化中，异质文化中的某些成分可能被吸收，成为本土文化、传统文化的一部分，但传统文化的内核不会变，传统文化也绝不可能突然不再是自己，而完全变成了另外一种“异质文化”，说极端一点，这就好像一个完全失去自我的人，也还不是他所想要变成的那个他人，而只是一个“失去自我的我”。

总之，我们认为：“历史文化传统是合法性的根基”实际上隐含在韦伯合法性理论或者其他西方合法性研究者的理论的内在的逻辑之中。同时，这一抽象的命题也适用于我国刑法学上的有关合法性问题的判断。

第四节　中国刑法学的合法性讨论

一、中国刑法学的合法性根基是什么

在当前的刑法学界，对中国刑法学理论的现状从根本上予以质

---

① 参见［美］博厄斯：《人类学与现代生活》，刘莎译，华夏出版社1999年版，第12页。

② ［美］博厄斯：《人类学与现代生活》，刘莎译，华夏出版社1999年版，第135页。

疑、予以否定正在成为一种时尚，在某种意义上，中国刑法学似乎有成为无根的刑法学或者丧失了合法性的刑法学的危险。

“无根的中国刑法学”是一个可能引起非议或者误解的提法，因此，需要解释什么是“刑法学之根”。

第一，对刑法学之根的追问，不同于对“刑法的根基”或者“刑法学基础”之类的追问。

日本著名刑法学者西原春夫写过一本《刑法的根基与哲学》，他所说的“刑法的根基”意在回答人类社会为什么要有刑法或刑罚？国家凭什么持有刑罚权，得到了谁的允许？他的结论是“刑法的基本点是人的这种欲求”。[①] 日本刑法学者曾根威彦也写过一本《刑法学基础》，他所说的“刑法学的基础”大体上等于刑法的基本问题。[②] 而我们这里所说的“刑法学之根是什么”的问题是对刑法学研究该向何处去的问题的追问。该向何处去是一个方向问题，方向则有一个正与不正的判断，或许不同的学者对此有不同的回答，仅从个人角度而言，至少会有一个反对什么方向，赞成什么方向的态度或者立场。因此，如果抛开故步自封或者全盘西化之类的意识形态的眼光，从纯学术意义上来看，实际上方向的正与不正也是一个合法性判断的问题。当然，既然对“中国刑法学之根”的追问涉及的是中国刑法学研究的大的走向，自然是指刑法学的基础或者基本问题的走向，而不是个别的、具体的刑法问题的争论。

第二，当前我国刑法学界已经开始展开对中国刑法学合法性的追问。我国学界提出中国刑法学合法性的问题，有其特殊的背景。所谓的中国刑法学，实际上特指的是社会主义中国的刑法学。自新中国成立以来算起，中国刑法学研究的历史不过60年，期间还经

---

① 参见［日］西原春夫：《刑法的根基与哲学》，顾肖荣等译，法律出版社2004年版，第129页。

② 参见［日］曾根威彦：《刑法学基础》，黎宏译，法律出版社2005年版。

历了10年“文化大革命”的空白期，所以实际上的研究历史才只有半个世纪，在这期间，主要学习的是苏联社会主义国家的刑法。而随着我们学习的楷模苏联在20年前分裂和性质的变化，以及随着我国和德日大陆法系国家，以及英美法系国家在刑法学领域的学术交流的频繁，中国刑法学者逐步开始意识到我国刑法学该往何处去的问题的重要性。“只了解一个国家的人，实际上一个国家也不了解。”[①] 在比较中，我国刑法学的一些基本理论的缺陷开始为人们所关注。

大概在10多年前，李海东博士在《刑法原理入门（犯罪论基础)》一书中最早提出该问题。他声称，我国的刑法学理论研究总体上存在着某种根本性的偏差，几十年来刑法学研究的发表物数量巨大是一个不争的事实，可它与研究的质量没有关系。他认为，在今天的中国刑法理论，本质上还处在我们上一代刑法学者们的认识框架中，这个框架是以本身尚处于摸索阶段、完全不成熟的20世纪30年代苏联刑法学理论为基础的，但是，维辛斯基式的刑法理论结构与基础本身，从今天的角度来看，不仅在实践中是失败的，而且在理论上也是行不通的。[②] 随后，以陈兴良教授为代表的一些中国刑法学者开始对我国刑法学中的诸如犯罪概念、社会危害性理论、违法性理论、犯罪构成理论等基本理论问题进行反思。[③] 除了这些具体概念、范畴的反思外，一些学者也提出了应该从刑法知识

---

① ［意］奈尔肯：《比较刑事司法论》，张明楷等译，清华大学出版社2004年版，第222页。

② 参见李海东：《刑法原理入门（犯罪论基础)》，法律出版社1998年版，第2~3页。

③ 参见陈兴良、刘树德：《犯罪概念的形式化与实质化辨正》，载《法律科学》1999年第6期；陈兴良：《社会危害性理论：一个反思性检讨》，载《法学研究》2000年第1期；陈兴良：《违法性理论：一个反思性检讨》，载《中国法学》2007年第3期；周光权：《犯罪构成理论：关系混淆及其克服》，载《政法论坛》2003年第6期。

的“根”上进行反思。例如，陈兴良教授就提出，彻底清理与清算苏联法学的影响，这实际上是一个在刑法学知识上的拨乱反正的问题。[①] 周光权教授也提出了“刑法学的突围”的命题，认为我国刑法学受到苏联刑法学的全方位渗透，并且成为苏联刑法学长期占领的精神领地。在这种情况下，要解决刑法学发展的先天不足的弊病，必须返回问题的起点——思考刑法的根基问题。[②] 他认为我们每年都有上千篇刑法学论文发表，有数百种专著出版。但是，刑法学的发展，和用砖砌墙一样，根基如果有问题，第一块砖如果砌歪了，后面的砖块即使堆得再多再高，外观上挺漂亮的房子，也可能是危房。迄今为止，我们的刑法学者可能一直在为某些根本性的偏差提供着理论支撑。仔细看看，我们的刑法理论从头到尾都是继受的，我们缺乏本土化的东西，我们继受的也是比较奇怪的、经过各种改装的理论，这些理论，难以作为沟通和交流的工具使用。刑法学在犯罪论问题上的关系混淆，使得理论发展的根基受到限制，刑法学对犯罪和刑罚的许多解释，也相应地存在着说理不足的缺陷，而他们给出的答案基本上就是回到欧陆刑法法系之根上去。他们主张“在刑法学根本问题上，中国刑法学没有必要拒斥已经在世界上 100 多个国家产生根本性影响的德国刑法学体系。”[③] 张明楷教授也有类似的看法，他认为中国刑法理论大多只对“热点”、“前沿”问题感兴趣，许多具体问题经过短暂讨论后便无人问津，根本原因也在于缺乏理论根基、基本立场的争论，因此，提倡起源于

① 参见陈兴良：《转型与变革：刑法学的一种知识论考察》，载《华东政法学院学报》2006 年第 3 期。

② 参见周光权：《刑法学的向度》，中国政法大学出版社 2004 年版，第 11 ~ 14 页。

③ 周光权：《无声的中国刑法学》，载高鸿钧主编：《清华法治论衡》（第 5 辑），第 162 页。

欧洲大陆的刑法学派之争。①

总之一句话，在这些学者看来，中国刑法学之根不在中国文化，而在欧陆文化。

二、中国刑法学合法性之根在哪里

我们赞同那些把刑法学之根归结为文化的思路，也赞同上述学者关于“中国刑法学缺乏根基”的结论，但不赞同他们给中国刑法学设计的寻根之路。在笔者看来，他们给出的答案，很可能加剧了中国刑法学无根的困境。理由如下：

第一，我们认为，中国刑法学的根应该从中国历史文化传统中寻找，就像孔子所说的那样，“礼失而求诸野”，② 而不是“礼失而求诸夷”。在孔子的“礼失而求诸野”这句话中，“野”不是野蛮民族或者野蛮之地的意思，这里的“野”是相对于中国正式的、官方的文化而言的中国的非正式的、民间的文化。在某些特殊时期，当官方的、正式的一些做法使得礼崩乐坏，失去传统文化的根的时候，也许该传统文化之根散落在没有得到承认的在民间或者非正式制度之地。当然，这是两千多年前孔子处理“无根状态”时的思路，在当今中国文化传统的大体格局和孔子面临的无根状态是一样的，但根存在的地方显得更为复杂，比如在文化界大体上有一个共感，那就是很多中国传统文化在发源地因为人为的因素而失去了，但在日本、韩国等“夷国”却得以传承。甚至于当我们不再重视中国传统文化的研究时，这种文化在美国、德国等异质程度更大的远夷之地却受到重视，甚至成为一个重要的学术传统——“汉学”或者“东方学”，并且他们在中国文化的研究上取得了不

① 参见张明楷：《学术之盛需要学派之争》，载《环球法律评论》2005年第1期。

② 《汉书·艺文志·诸子略序》。

少经典成果。[①] 而在中国文化界尤其是法学界，绝大多数学者都是对中国的历史文化传统持漠视冷眼的态度。或许在外国，汉学、东方学的兴起有“西学为体，中学为用”或者“以夷制夷”的“阴险”动机在起作用，乃至于在西方文化内部，也有人认为所谓的汉学、东方学等这些异域文化的研究也还只是西方文化帝国主义、霸权主义的一个间接的再现，[②] 但西方文化界重视中国传统文化却是一个不争的事实，这种墙内开花墙外香的现象，不能不说是一种极大的讽刺。

当然，中国学术界对中国传统文化的贬低、对“本土资源”怀疑不是今天才开始的，而是近百年以来的一个“学术传统”。其中最有影响的人物大抵是五四文化启蒙运动中，把整个中国文化定义为“吃人”文化的伟大思想家鲁迅先生。[③] 鲁迅在《狂人日记》中写道：“我翻开历史一查，这历史没有年代，歪歪斜斜的每页上都写着‘仁义道德’几个字。我横竖睡不着，仔细看了半夜，才从字缝里看出字来，满本都写着两个字是‘吃人’！”因此他倡导青年必读书，但“我以为要少——或者竟不——看中国书，多看外国书”。[④] 这一“吃人”文化的命题可谓影响了近一个世纪的中

① 汉学家，是指从事中国古代、近代或现当代社会科学研究的外国学者。称得上汉学家的著名外国学者大概有 100 多位，而不具有汉学家称号，但却相当重视中国文化研究的学者，诸如马克思、韦伯、汤因比等则数不胜数。这些汉学家有一部分具有中国人的血统，如孙隆基，费正清、黄仁宇等人，但更多的是不具有中国人血统的德国人、美国人等。

② 参见［英］汤林森：《文化帝国主义》，冯建三译，上海人民出版社 1999 年版，第 63 页。

③ 笔者无意颠覆鲁迅中国新文化运动旗手的历史地位，而只是想指出即便是对鲁迅这样的民族脊梁也应当予以辩证评价，伟大的人物也可能犯将婴儿和洗澡水一并泼掉的错误。

④ 鲁迅：《青年必读书》，载《鲁迅杂文论文集》，同心出版社 2000 年版，第 93 页。

国文人对待中国文化的态度，不仅仅造就了毛泽东所批评的国人一谈到文明“言必称希腊”的文化趋向，甚至导致了一大批思想家赞同“废孔学，废汉文，用拉丁语”的极端主张，而且这一命题或许与那场极端的“批孔批儒破四旧”的“文化大革命”不无关系。

在当前的学术界，该文化趋向当然没有“文革”中那么极端，但这一趋向却成为常态，如在很多学术著作中也习惯性的开辟“某某的历史发展”的章节，然大抵也只是一种现象的资料汇编的编年体，配不得“学”或“研究”之名，该章节可有可无，删掉或省略不看，也无伤大局。甚至于在大学中，各种史学专业基本上被视为最无用的专业，教史的老师被视为捡破烂的人，而诸如苏力这样在中国传统法律文化研究上有独到之处的学者，却被学术界戏称为“朱本土”，遭到几乎是异口同声的反对，有的学者甚至将他的观点视为我国法治现代化的障碍：“在中国法制现代化的过程中，后现代法学观点的引入也会妨碍论者们对中国传统的批判和变革”，① 或者视为“危险的思潮”、“复古的思潮”而主张应当保持必要的戒备、警惕。② 中国法学界不仅仅怀疑这种本土资源说，甚至连西方著名的历史法学派也一并给否定掉了。③ 所以，培根的“读史使人明智”之名言，对当代中国文人眼中的中国历史而言，成为一个绝无仅有的例外。

---

① 邓正来：《中国法学向何处去（下）——对苏力“本土资源论”的批判》，载《政法论坛》2005 年第 3 期，第 53 页。

② 参见季卫东：《法治秩序的建构》，中国政法大学出版社 1999 年版，第 399～400 页；杨昂：《对一个“坐而论道”者的质疑——也反驳法治本土资源说》，载《法学评论》2000 年第 2 期；蔡道通：《后现代思潮与中国刑事法治建设——兼与苏力先生的对话》，载陈兴良主编：《刑事法评论》（第 7 卷），中国政法大学出版社 2000 年版，第 62 页。

③ 参见陈啸：《民法典与社会转型——王利明教授访谈录》，载《中国人民大学学报》2000 年第 1 期。

第二，我们认为中国法学界，包括刑法学界的这种对待中国历史以及法文化的态度，不仅仅偏离了寻根的正道，无助于促使中国刑法学在世界刑法学领域中从“无声”到“有声”，还会导致昆德拉所说的“有组织的遗忘的荒漠”的严重后果。“为了消灭那些民族，人们首先夺走他们的记忆，毁灭他们的书籍，他们的文化，他们的历史。另外有人来给他们写另外的书，给他们另外的文化，为他们杜撰另外的历史之后，这个民族就开始慢慢地忘记了他们现在是什么，过去是什么。他们周围的世界会更快地忘掉他们。”① 在笔者看来，法律的“现代化”不等于“西化”，法律“全球化”也不等于消灭法律的民族性。一个失去民族性的民族，并不等于成为了世界性的民族，一个失去历史文化传统的知识体系，一心想“生活在别处”的知识体系，就是一个“无根”的知识体系。② 对此，海外的新儒学或者汉学，或者东方学的一些看法，值得我们重视。

需要提出的是，作为现代新儒家开山人物的梁漱溟就反对这种无视文化传统的历史单线论：“人类文化可以看做一条路线，西方人走了八九十里，中国人只走到二三十里。”在他看来，“中国人另有他的路向态度，与西方人不同”。③ 新儒学强调多元文化观，认为每一个民族都有它自己的独特文化，每一个民族的文化并非出于一源，尤其是不能把欧洲文化作为衡量其他文化的普遍准则。汉学家杜维明认为，就是有人认为中国传统文化必须置之死地而后生，但必须探究的是“生”的基础和泉源究竟在哪里。这的确不

① ［捷］米兰·昆德拉：《笑忘录》，王东亮译，上海译文出版社 2004 年版，第 245 页。

② 参见齐文远、周详：《刑法、刑事责任、刑事政策研究——哲学、社会学、法律文化的视角》，北京大学出版社 2004 年版，第 2 页。

③ 梁漱溟：《东西文化及其哲学》，载《梁漱溟全集》，山东人民出版社 1989 年版，第 392 页；本段落中引文除另注出处外均引自本书。

是一件容易完成的工作，一方面，现代化是一个多层次、多元素、多方面的复杂过程，另一方面，每个民族的心理结构都是错综复杂的，所显示的价值体系千头万绪，若不能从根源上掌握其内核，就很难理解其运行原则，更无从窥察其发展趋向，如果缺乏对本民族或者他民族心理结构的分析，对价值系统缺乏认识，不能把中国的富国强兵之道建筑在深厚的文化基础上，这种无源之水、无本之木必将枯亡殆尽。① 新儒学强调对民族文化的有意识、有体系的现代清理，防止情绪化的抗拒外国文化或者反对中国文化，主张在本民族之土壤中吸收西方文化的肥料，就像陈寅恪先生所说的那样："一方面吸收外来输入之学说，一方面不忘本来民族之地位。"②

总之，中国刑法学之根本，只能存在于中国历史文化之中。如果说有什么普世的话语的话，这应当算一句。实际上，就连历史不那么悠久的美国，也是非常重视历史文化之本的，如美国法学家波斯纳曾经说过："法律是所有专业中最有历史取向的学科，更坦率地说，是最向后看的、最'依赖于往昔'的学科。它尊崇传统、先例、谱系、仪式、习俗、古老的实践、古老的文本、古代的术语、成熟、智慧、资历、老人政治以及被视为重新发现历史之方法的解释。"③ 因此，只有在扎根于本土的基础上，我国刑法学者提出的一些建议，诸如提倡学术流派之争、借鉴欧陆刑法的某些理论构造等才有切实的基础和实践的价值。

三、如何正确认识我国的法律文化传统这一根基

中国，作为一个历史悠久的国度，其文化内容十分庞杂，在这

---

① 参见何新：《何新集：反思、挑战、创造》，时事出版社 2004 年版，第 272～273 页。

② 陈寅恪：《金明馆丛稿二编》，三联书店 2001 年版，第 284 页。

③ ［美］理查德·A. 波斯纳：《法律理论的前沿》，武欣、凌斌译，中国政法大学出版社 2003 年版，第 149 页。

些庞杂的文化中，如何寻找到我国法律发展的根基，这的确是一个难题。尽管我们尚不能给出一个圆满的答案，但是，在这个探索过程中，我们至少可以根据某些原则避免一些认识上的误区。

第一，主张以我国传统的历史文化为根基，并不意味着我们为排除西方文化寻找理由。实际上，要正确的认识我国传统的历史文化，必须有西方文化作为参照物。除了这个参照物的作用以外，西方法律文化对中西方面临的某些共同的问题的处理技术比我们超前，这也是可以借鉴的资源。因此，对西方法律文化的研究，不仅是我们认识我国传统法律文化，也是处理我们文化中的问题所必须要做的功课。从这个意义上来看，尽管在学术立场上我们反对全部的照搬西方法律理论体系的主张，但是，我们并不反对对西方法律文化的深入研究以及在某些方面的借鉴。

第二，我们应该认识到任何文化类型都不可能圆满地解决所有问题，相反，任何类型的文化在解决一部分问题的同时也遗留了其他的问题，这是所有文化类型的共性。比如，被我国学者所推崇的欧陆刑法学派之争，并非从一开始就存在，而是一个特定历史背景下的产物。比如，古典学派（客观主义）解决了封建刑法遗留下来的某些迫在眉睫的问题，但客观主义一旦发展到极致，也会有其自身的问题，于是就有了实证学派（主观主义学派）的产生。而一个问题解决了，其他问题又会发生，不同历史时代，有不同的迫切需要解决的问题，于是客观主义与主观主义学派就会根据历史的需要，而以不同形式新瓶装旧酒，交替的出现。什么样的思潮占主流，什么样的立场是通说，也许与刑法学者个人的研究贡献有关、甚至与个人的学术地位有关，但更多的是“按下葫芦浮起瓢”的社会发展所产生的问题所决定的，更多的是“时势造英雄”，但是，这种学术流派的“三十年河东，三十年河西”的状况也只是一个总体的主与次的判断，而不是一种绝对的价值定性。回顾欧陆刑法学术史，我们还没有看到在某一个学派占主流时，就完全扼杀了其他流派，听不到其他流派的声音的情况。实际上，其他流派的学者也还是在发言，还是在做自己的研究，哪怕是尚得不到时代认可与重视，有点寂寞、有点失落的研究，这大概是西方刑法文化内部大体上的发展轨迹。比如，对犯罪构成的反思与争论中，中国刑法学界主张用欧陆犯罪构成理论改造中国的犯罪构成理论已经是一个学术趋向，但多年留学日本的黎宏教授却认为我国的犯罪构成不必重构，“德日的阶层犯罪论体系所面临的问题，可能并不比我国的犯罪构成体系少”。[①] 德日也有不少刑法学者认为欧陆三要件的犯罪成立理论也是问题多多，如德国著名刑法学者罗克信就认为德国刑法中的犯罪认定的体系性思考存在诸多不足之处。[②] 如果不是所有，那么往往有很多学者越是深入学习、了解西方法律文化，越是青睐中国的传统法律文化，这本身就是一个“奇怪”的文化现象。

而如果将民族国家内部的文化流派的单位放大到整个民族国家，如果我们承认每个民族国家文化的独特性，承认每个民族国家文化的有效性和合法性，承认文化的多元性与非线性，那么，按道理也应该大体遵循类似的客观规律。在这一点上，西方的很多学者似乎比我们国家的一些学者更为客观些，他们对东方文化的重视和深入研究的事实并非闲着无聊或出自猎奇的心理作祟的结果。对我们国人而言，“祖宗之法不可变”的封闭心态固然不可取，但“西方的月亮就是比中国的月亮圆”的妄自菲薄的心理也要不得。因此，问题不在于我们的文化是否符合西方文化的标准，而在于我们的文化能否有比较强的适应能力和创造能力，能够相对妥善的应对现实问题。令人奇怪的是在其他人文社会科学领域，国人已经开始反思那种抛弃传统文化的做法，甚至于在官方也提出带有儒家思想

---

① 黎宏：《我国犯罪构成体系不必重构》，载《法学研究》2006 年第 1 期。

② 参见［德］克劳斯·罗克辛：《德国刑法教科书》（第 1 卷），王世洲译，法律出版社 2005 年版，第 128 页。

色彩的“以德治国”或者“构建和谐社会”的方略，但在法学领域这种渴望着“向别处去”的学术倾向似乎仍然没有得到改变，尽管在国家提出百家争鸣、百家齐放的大的文化政策下，对法学领域的这种文化趋向没有也不应当扣大帽子，但这也只能表明我国政治文化更加开放和民主，却并不必然代表着法学学人的进步与学术自觉。

第三，在把握历史文化传统时，应该区分文化价值体系与具体的习惯、习俗或者具体制度设计方式。虽然文化价值观念必然要通过某种习惯、习俗或者集团的制度方式表现出来，但价值观念不等于具体的习惯与习俗以及具体的制度设计方式。内容与形式并不必然统一，相同的习惯、习俗或者制度方式也许其背后的文化观念不同，而不同的习惯、习俗或者制度设计也许文化观念一致。英国人类学家弗思为我们提供了以下这样一个“人头”与“野猪头”的例子：在新几内亚的一个部落里，一个男子在结婚前必须猎取一个人头，政府的一个人类学顾问和该部落的老人协商后，他们终于同意用“野公猪头”来代替“人头”。虽然习俗的形式变了，但习俗背后的表现求婚的气魄和勇气的观念保存下来，符合部落的信仰的同时又符合现代文明中的不得杀人的规则。[①] 这比将该习俗认定为落后的文化而予以强制性的废除的效果要好得多，实际上文化的创造力往往就表现在按照社会的发展水平与需要，对内在的文化观念具体的制度方式的设计上。在近百年中，我国对待中国传统文化的一些做法是值得反思的，虽然废除了被视为落后、愚昧、封建毒瘤的很多古代文化，但也没有提供在功能上可以代替中国人内在需要的文化价值观念的外在的制度、表现方式。中国人或被强迫或被倡导或自愿剪了辫子、穿上西装、染上金发，并不等于在文化观念上就变成了西方人。砸毁孔庙，烧掉四书，废除汉字也不等于废掉中

① 参见［英］雷蒙德·弗思：《人文类型》，费孝通译，华夏出版社2002年版，第29~30页。

国人内在的儒家的心性。

同样，我国法治建设中在立法上拿来了西方的法制体系，但在活法层面，或者非正式制度层面，很可能还是按照中国传统文化观念影响的一些习惯做法行事或者按照中国人的内在需要、价值认同来行事。那么，这种实际的做法难道仅仅是一个“法治观念薄弱”、“法盲行为”所能概括的吗？实际上“观念体系的对立或者差别在于各种观念的排列次序，即什么观念被认为是最优先的、首选的，或什么观念被认为可以怠慢的，次序决定了什么是重要的”。[①] 生活在具体的、现实的社会中的人自有其观念的次序。而且现实的人总是按照自己的文化观念来确定什么是最重要的、次重要的或不重要的。最重要的观念总是要求优先实现，如果一个立法所制定的法律规范所体现的观念体系，或者法学家根据西方法治原则而倡导的观念体系的次序与现实中的社会观念体系的次序不一致，那么，该法律规范或者法学者的观念体系要么会遭到社会的暴力反抗，或者民众会规避法律而通过其他方式来寻求社会观念的次序的实现。据说德国的著名刑法学者雅各布斯每天上午研究刑法，下午就坐在大街上观察人群行为，从这些普通人的各种细微的行为背后发现一般的价值规范。从这种意义上来说，雅各布斯的规范违反说是有道理的，他认为，“刑法的任务不在于保护法益，在于保障规范的效用，在于反映社会的同一性”。[②] “法律不是一堵放置在利益周围的保护墙，相反，法律是人的关系的结构。”[③] “规范的违反被理解为一项规范违反，而不是被理解为某种不重要的事，这从另一方面证明了规范的适用。总的来说，只要能够与规范相连接，

① 赵汀阳：《一个或所有问题》，江西教育出版社 1998 年版，第159 页。

② 转引自许玉秀：《刑法的任务——与效能论的小小对话》，载《刑事法杂志》第 47 卷第 2 期。

③ ［德］G. 雅各布斯：《刑法保护什么：法益还是规范适用》，王世洲译，载《比较法研究》2004 年第 1 期。

并且，违反规范的行为是没有连接能力的，那么，规范就适用，换句话说，只要是规范而不是规范的违反建立了社会的组织，那么，规范就适用。”① 因此，真正的“良法”就是符合特定社会价值观念体系的法律，一个真正的法学家并不是用抽象的正义、自由、人权等概念来解释法律、完善法律的专家，而首先必须是一个好的社会学家，能够体察该特定社会普遍存在的价值观念次序。借用刑法学的专有名称来说，他必须准确把握特定社会中存在的“社会相当性”观念。

第四，在把握文化传统的根基时，应该区分文化的根基与文化的本源。既然任何类型的文化都不是圆满的，包含着自身的问题，因此，文化传统不仅仅留给我们已经成型的可供享用的文化资源，也留给我们未成型的、尚未解决的问题。文化是历史的，这不错，但“历史性生长着各种问题”，② 历史提供给我们已经有的文化资本只能是文化的本源，文化的本源虽然是一切文化的出发点，但却不是文化存在所需要的基础。文化的本源只能表明我们已经有了什么，却不能表明我们还会有什么，尤其不能证明本源就是基础。事实上，文化历程的根本性质不是也不应该是发展已有的东西，而是不断地面对并且处理那些已经有了的东西给我们造成的难题。因此，文化的基础重视未成型的东西，是我们正在创造的东西。③ 所以，当大多数学者说我国的传统法律文化的根基有问题，④ 因此，应该抛开这个有问题的根基而直接采用西方法律文化传统和制度设计时，其实表明了这些学者混淆法律文化传统的根基与本源。反过

① ［德］G. 雅各布斯：《刑法保护什么：法益还是规范适用》，王世洲译，载《比较法研究》2004 年第 1 期。

② 赵汀阳：《一个或所有问题》，江西教育出版社 1998 年版，第128 页。

③ 参见赵汀阳：《一个或所有问题》，江西教育出版社 1998 年版，第 26 ~ 27页。

④ 比如法学界普遍认为，我国传统法律文化中根本就不包含现代法治得以发生的本土资源。

来想，纵然我国法律文化传统问题很多，难道西方法律文化传统就是圆满的，没有问题的？如果说西方法律文化传统是圆满的，那就意味着我们可以忽视历史时期，在他们的历史时期可以任意的截取一点或一段都可得到相同的一个完美的西方法律文化传统，不仅仅可以一劳永逸的解决西方法治的问题，也可以一劳永逸的解决中国法律文化传统留给我们的所有问题。问题是这并不符合西方法律发展史的客观事实。随意挑一本西方法理学或者法哲学的著作，如以博登海默的《法理学——法律哲学与法律方法》为例，我们便不难发现，在不同的历史时期，截取到的东西都是不同的法学流派或者法学思想的资源。另外，我们也不能够认为西方法律文化发展了几千年，恰好到我们这个时代就到了终点，就完美了，就不发展了，就没有重要问题需要解决了。由此可见，西方法律文化传统也是一个“复杂的发展体”。“实际上没有一种文化观念或者产品等到尽善尽美就被改变了。”① 因此，囫囵吞枣、全盘照搬西方的法律文化传统，可能无助于解决我们自身的文化传统留下的难题，还可能增加西方法律文化传统中包含的难题。

总之，与其抛开我国法律文化传统，对遥远的他国的法律文化传统极尽赞美之词，一心想像完美的生活在异邦，还不如踏踏实实立足于我国现代法治化过程中需要解决的难题，静下心来梳理、研究我国的法律文化传统。在此前提下，西方法律文化才可能大胆地拿来，成为解决我国特有的法治问题的可用资源。只有这样，才可能避免拿来的概念、理论、观念、原理，对他们的法律文化传统而言是如此的理所当然，输入到我国就可能有一种血型不对的异质感，牛头不对马嘴，拿来的规范与我国的社会现实严重脱节，而且，还有一种永远也跟不上他们的脚步的挫折感。这正如中国哲学界在激烈讨论“中国哲学的合法性”问题时，有学者作出的客观评价：缺乏逻辑化的“形式系统”并不意味着中国历史上“没有

---

① 赵汀阳：《一个或所有问题》，江西教育出版社1998年版，第133页。

哲学”。我们首先应当充分尊重中国思想范畴原本所具有的歧义性与丰富性，而不是简单地把它们单一化、平面化和表面化，再进而塞进一个原本不相干的思想架构中；与此相关的问题是，构成焦点的首先是如何调整和改易西方引进的概念与方法，而不是大肆砍杀中国传统思想的内容。[①]

因此，笔者的结论是，一项法律制度或者法律规范，是否具有合法性，关键看它是否有本民族国家特定的（法律）文化传统的根基，而不在于它是否符合实质上属于西方（法律）文化传统但却被我国法学者视为普遍的绝对价值观念。

① 参见郑家栋：《“合法性”概念及其他》，载《哲学动态》2004 年第 6 期。

第五章　我国刑法司法解释立法化的历史、文化传统

如前所述，自五四运动以来，以鲁迅为代表的文化精英高举民主科学的大旗，对中国传统文化进行了猛烈的批判，对西方文化全盘吸收的文化倾向基本上成为主流。不过时间已经过去了一个多世纪，再回头诵读鲁迅的诸多发人深省的文化批判的文章并检视我们的社会现实，却发现他所指出的诸如“阿Q精神”之类的国民“劣根性”，似乎没有改变多少，而我们从西方法治文化的法律制度、观念层面搬来的东西照说也不少，正式制度层面基本上是按照西方的法治模式设计的，但每每到了实际运行中，就似乎行不通，得不到司法者或者当事人的认同，在许多情况下，立法层面的规范体系，要么束之高阁不予施用，要么改头换面变了味道。在活法层面，似乎总能感觉到一股无形的强大力量在抵抗这种精英话语体系，无论将其定义为“非正式制度”、“习惯法”、“本土资源”，或者定义为“潜规则”，“非法行为”，“落后、法盲意识”。那么到底是我们全盘西化的力度尚不够，“革命尚未成功，同志尚需努力”呢，还是这种文化取向或者文化设计有问题？这的确值得我们反思。究其原因，笔者以为“批判容易建设难”。西方法律文化固然是我们可以利用的资源，这种借鉴也取得了某些成就，每年的立法层出不穷，大体上建立起完备的现代法制体系就是一个例证，但是，在现实中，那些抛弃或脱离了我国文化历史传统的制度建设却往往因为水土不服而成为徒有其表的“银样镴枪头”。这是因为，西方法律文化传统从总体上讲并不是从根本上解决我国法治现代化问题的灵丹妙药，对中国的问题只能采用中国式的解决办法。

这正如美国著名法学家庞德曾说过的那样，“中国在寻求现代化的法律制度时不必放弃自己的遗产”。[①] 法国学者勒内·达维德也表达过几乎同样的意思：“在法的问题上，其实并无真理可言，每一个国家依照各自的传统自定制度和规范是适当的。”[②] 因此，中国法治现代化进程的设计绝不能脱离中国的传统文化背景。故本章下文试图从我国的历史文化传统的角度，对刑事司法解释立法合法性进行研究和论证。

第一节　司法解释立法化是否有自己的历史

司法解释立法化是否有自己的历史？对许多司法解释立法化的批判者而言，答案是明确的，不需要，也根本没有司法解释立法化的历史。所以，在他们的批判中，也看不到对司法解释立法化的历史研究。首先，批判者把司法解释立法化作为一个极其不正常的想象，作为违反法治传统或者法制传统的现象看待，认为其从一开始就是没有合法性的东西，类似于个别人身上出现的“退化”、“返祖”现象，对于这种在个别人身上出现的“退化”、“返祖”等极其不正常的现象，是谈不上有它自身的历史的。例如，批判司法解释立法化的学者首先认定司法解释立法化现象只是我国的一个独特的现象，在西方法律文化传统中是绝对没有的东西；其次认为这种现象即使在我国也不是历史上就有的东西。即便是提到司法解释立法化历史的学者，其用意也不在对这种现象进行追根溯源式研究，而是从其近些年来发展演变的角度来强调不能听任其继续存在下去。譬如，有批判者认为，司法解释立法化现象是近 20 年才出现

① 高道蕴、高鸿钧、贺卫方：《美国学者论中国法律传统》，中国政法大学出版社 1994 年版，第 94 页。

② ［法］勒内·达维德：《当代主要法律体系》，漆竹生译，上海译文出版社 1984 年版，第 2 页。

的东西：20 世纪 80 年代以来，司法解释在我国得到了空前的发展，其地位和作用甚至已经成为法官审理和裁判案件最基本的依据。最高人民法院也由原来单纯地、就事论事式地解释某一具体的法律条文，向越来越经常性地对法律文本进行系统性甚至是整体性解释的方向拓展。司法解释在性质上已不再属于对法律条款的文字含义和文字表达的技术性阐释，而是逐步扩大到整个法律文本，最后演变成脱离原有的法律文本甚至文件系统所指向的法律调整框架和调整范围的“准立法行为”，形成了最高人民法院这样“一个权力相对薄弱的法院却拥有世界上最为广泛的法律解释权”的奇异景观。最高人民法院也因此而成为除全国人大及其常委会和国务院以外的“第三立法部门”。无论是从数量、涉及的范围还是从在司法审判中的地位看，最高人民法院的司法解释都可以被视为除法律、法规和规章以外的最重要的“法源”。它不但可以规定源法律所未规定之事项，而且还可以改变源法律的规定。司法解释的“立法化”或“泛立法化”现象已经成为我国司法解释的一个基本特征和普遍趋势。然而，这种现象本身并非不证自成地具有其天然的合理性与正当性，它理应引起学界的关注并予以适当的回应。①

而对司法解释立法化现象是合法还是非法尚不确定，只是提出该问题值得研究的学者，比如张志铭教授在文章或者专著中隐含地将司法解释立法化现象时间提前到 1949 年。张志铭教授在比较早的时候就提出，我国司法解释的诸多问题并非一些局部的枝节性的问题，或者技术性的问题，而是出自我国独特的司法解释体制本身。在文章中，虽然，他没有使用“司法解释立法化”一词，但实际上在他描述的司法解释的问题中，“司法解释立法化”是一个最重要的问题。他在对司法解释立法化现象的合法与非法问题不置

① 参见袁明圣：《司法解释“立法化”现象探微》，载《法商研究》2003 年第 2 期。

可否的前提下，[①] 从事实的角度对我国现行的司法解释体制以及问题进行描述时，虽然认为当代中国法律解释体制的基本框架，是按照全国人大常委会于 1981 年 6 月 10 日通过的法律解释决议构建的，但是附带地提到我国的法律解释问题可以追溯到解放初期：自 1949 年以来，中国的宪法和法律先后多次就法律解释问题作出规定。1949 年 9 月通过的中央人民政府组织法第 7 条中规定，中央人民政府委员会有权制定并解释国家的法律。1954 年宪法第 31 条规定，全国人大常委会有权解释法律，1975 年宪法保留了此项权力，1978 年宪法则更进一步增加了全国人大常委会“解释宪法”的权力。1979 年通过的人民法院组织法第 33 条规定：“最高人民法院对于在审判过程中如何具体应用法律、法令的问题，进行解释。”全国人大常委会还于 1955 年就法律解释问题作出专门决议，其中后者在前者的基础上，就法律解释的对象、主体、权限划分、内容、争议解决等方面作了原则性的规定，从而确立了当代中国的法律解释体制的基本框架。可见，张志铭教授将司法解释立法化现象出现的时间略略提前到了 1949 年。

如前所述，按照批判者的逻辑，只有具有合法性的事物才具有生命力，一个不合法的东西，或者一个不应该存在的东西，因不具有存在的正当性基础，所以必定是短命的，是不会有自己的历史

① 一方面，他认为诸如司法解释的抽象性、立法性，司法解释越权等问题的出现和长期存在已足以使我们怀疑体制自身在整体上是否具有合理性，或者存在一个合法性的问题，另一方面，他又认为在肯定最高人民法院司法解释的意义的前提下，更为实际地考虑这样的问题，即如果最高人民法院的司法解释不能不具有立法的性质，那么其界限何在，程度如何，如何使其区别于立法机关的立法活动，如何使其合法化。因此，我们可以从张志铭教授的论述中，只能认为他提出了司法解释立法化的合法性问题，但并没有给出具体的合法与非法的论证与结论。参见张志铭：《关于中国法律解释体制的思考》，载《中国社会科学》1997 年第 2 期；张志铭：《法律解释操作分析》，中国政法大学出版社 1999 年版，第 259 页。

的，当然也就谈不上对其进行历史研究了，虽然，上述学者也提到了20年或者更长历史之类的时间，但这至多只是为了证明司法解释立法化这个不合法的东西已经很严重了，到了非解决不可的地步，而不是一种过去怎么样，现在怎么样，将来向何处去的历史研究。但事情真的是这样的吗？带着这一问题我们查阅大量文献，但得出的结论却并非如此。在我们看来，我国司法解释立法化是有自己的历史的：第一，司法解释立法化在我国历史文化传统中，可以找到它的历史；第二，司法解释立法化也可以在西方法律文化传统中找到它的历史。对于第二个问题的论证，我们留待下一章解决。本章里，我们主要是解决第一个问题的论证。

第二节　关于司法解释立法化的法律文化传统的一般观点

在具体论证我国历史上有司法解释立法化传统之前，我们先来了解一下当下学界对该问题的一些具体言论。关于我国的（刑法）司法解释，学界有一个共识，那就是认为这一法律解释的体制是社会主义国家的独创。据此，有学者认为，当代中国的法律解释体制是极具“本土特色”的。因为，如果按照学理上的一种基本理解（也是现代法治实践中一种比较普遍的理解），把法律解释视为与法院裁判过程中的法律适用密切相关的一项活动，视为裁判者适用法律的一个基本前提，这样一种意义的法律解释与中国的情况并不相同。在中国，法律解释与具体案件的裁判者普遍脱离，它被单列为一种权力，在审判领域，只有最高人民法院拥有法律解释权。同时，从总体上说，在司法实践中，法律解释权的主体又远不只是甚至主要不是最高人民法院。①

① 参见张志铭：《关于中国法律解释体制的思考》，载《中国社会科学》1997年第2期。

而这一独创的法律解释体制被认为是司法解释立法化弊端的主要根源。一些学者认为，该法律解释体制使得法律解释上混淆立法权、司法权和行政权的界限，如最高人民法院进行抽象的法律解释，实际上是集立法权和司法权于一身，行政机关解释行政规定，是集立法权和行政权于一身，因此，他们主张中国的法律解释制度应进行深层次变革。[①] 有学者指出，目前，我国将司法解释作为一种权力来加以规定，赋予"两高"具有这种司法解释权。这种"一级司法解释体制"导致了法律解释与法律适用的分离，使司法解释更多地表现为带有立法意味的抽象解释，最高人民法院目前的司法解释是一种准立法行为。造成司法解释与"司法立法"之间界限不清。现在，这种司法解释体制的存在是中国特色，与世界各国的法官有司法解释权的普遍认同不符合。[②] 另有学者认为，司法解释体制的建立是司法解释规范化的重要标志，但我国现有的不合理的司法解释体制会成为司法解释规范化的内生性障碍；从总体上来看，诸如司法解释的立法化，侵蚀了国家立法权等问题和弊端根源于司法解释体制本身失衡，内生于现行的司法解释体制，因此，在我国现行体制下司法解释根本不可能规范化，必须从制度或体制的层面上就现行司法解释的运作方式和过程进行反思。[③]

如果可以说以上这些学者认为造成我国的司法解释立法化弊端的司法解释体制不符合西方法治文化的传统，而只能算是"本土特色"、"中国特色"的话，那么，也有学者认为，其实这种司法解释体制连"本土特色"都算不上，因为，这种司法解释体制连

---

① 参见《北京立法法国际研讨会发言摘要》（1995 年 11 月），转引自张志铭：《当代中国的法律解释问题研究》，载《中国社会科学》1996 年第 5 期。

② 参见董皞：《我国司法解释体制及其改革刍见》，载《法商研究》2001 年第 5 期。

③ 参见张振亮：《论我国的司法解释体制及其改革与完善》，载《南京邮电学院学报》（社会科学版）2004 年第 3 期。

我国的法律文化传统的因素也不具备。谢晖教授认为，在中国古代存在着和西方的司法解释相类似的“司法性解释”，即司法官（判官）针对个案如何适用法律的论证和解释活动。这种“司法性解释”的界定和当代西方关于“司法解释”的界定有重合之处，但这一界定和当代中国法律解释体制中对“司法解释”的界定明显有别，因为，正如我国法学界人士所普遍接受的一种说法那样：后者即我国目前的司法解释其实已经是一种和成文法相若的立法，而不是严格意义上的“司法解释”。①“尽管在当代中国法律解释体制中存在着一种类似成文立法的司法性解释，但我们知道，这是一个不仅和当今世界司法性解释体制不相吻合，甚至也与古代中国司法性解释事实并不合辙的解释体制。”②

如果，这种界定是准确的，那么，我国的司法解释体制不仅仅丧失了西方法治文化传统的合法性根源，也丧失了中国法律文化传统的合法性根源。但是，我们对这种观点持保留意见。按照布尔迪厄的观点，文化资本可以以三种形式存在：具体的状态，以精神或者身体的持久“性情”的形式；客观的状态，以文化商品的形式；体制的状态，以客观化的形式。③ 因此，我们在研究某一制度是否具有文化传统的根源时，不能够仅仅看当前的体制是否在历史上具有同样对应的体制，还需要看当前的体制是否具有传统文化的精神内核。毕竟，体制性的东西只是文化资本中的精神内核的外在表现形式，形式变了，不见得其精神内核也变了。不同的体制背后也许文化资本的精神内核一致，相同的体制也许精神内核不同。正如孟

---

① 参见谢晖：《中国古典法律解释的三种样式——官方的、民间的和司法的》，载《甘肃政法学院学报》2006 年第 1 期。

② 谢晖：《中国古典法律解释的哲学向度》，中国政法大学出版社 2005 年版，第 62 页。

③ 参见［法］布尔迪厄：《文化资本与社会炼金术》，包亚明译，上海人民出版社 1997 年版，第 192 ~ 193 页。

德斯鸠在谈到法律制度与法律精神的关系时所言：相似的法律未必就有相同的效果；相似的法律不一定出自相同的动机；看来相反的法律有时是从相同的精神出发的；看来相同的法律有时实在是不相同的。[①]

第三节　刑法司法解释立法化具有中国历史文化传统的精神内核

关于中国历史文化传统的精神内核是什么，或者何为中国文化（其对应面是何为西方文化），这是一个超大的问题，要对上下五千年的伟大文明及其哲学智慧用三言两语总结，毕竟并非易事，关注这一问题的文化研究者都有自己的独到的看法，而且，对每一位文化（哲学）研究者的观点也总能找到反驳的理由。但是，不同学者指出的关于中国文化特异之处，很可能认为“某点与某点或竟为一事”，[②] 但这只是看问题的角度不同罢了。因此，在本书中，对于中国文化传统精神的内核，我们没有能力也没有必要提出一个什么新的见解，不妨直接采用这些文化哲学研究者的观点。从这些学者对中国文化的概括中，梳理刑法司法解释立法化与中国传统（法律）文化的精神内核的契合。

我国著名哲学家张岱年先生曾经这样说：“中国哲学有一根本观念，即‘天人合一’。”[③] 这种天人合一的文化（哲学）观是中国传统法律文化的哲学基础，决定了中国传统法律文化的内容和特色。可以说，上述哲学基础，是中国传统法律文化的灵魂。我们如

① 参见［法］孟德斯鸠：《论法的精神》，张雁深译，商务印书馆 1997 年版，第 289～293 页。

② 梁漱溟：《中国文化要义》，上海人民出版社 2003 年版，第 12 页。

③ 张岱年：《中国哲学大纲》，中国社会科学出版社 1982 年版，第 3 页。

果想全面深入地理解中国法律文化传统，就要特别认识中国传统哲学中的“天人关系观”。不理解这些，我们就会常常误解中国传统法律文化。[①]

虽然，在现代化的进程中，我们很难见到“天人合一”的说法，但是很多制度设计背后的思维还是明显地受到“天人合一”这种精神内核的影响，也许只是用词现代化了，而不是抛弃了其精神。“文化内核，是一个民族文化的思想核心，是这个民族一切生存发展方式的总纲。”[②] 这个文化的深层结构并不只是体现在现代人不怎么阅读的古书古言里，相反，“这个‘结构’可以在该文化中人们日常生活的表现里看到，也可以在同一群人的政治行为中找到，同时，它亦呈现在该文化的历史过程里浮现的规律中”。[③] 或许不同时代的中国人对“天道”或者“人道”赋予了不同的具体内容，但是，将“合”或者“混”作为中国文化的潜意识结构或者深层次结构是有道理的。例如，游遍欧美的孔大充先生曾多次感言：“中国人是泥与水（混在一起），西洋人是钢铁与石头（硬碰硬）。中国人的劲儿，就是一个‘混’字，而西洋乃深得一‘分’字。”[④] 显然孔大充先生对中西文化差异的感言不是从古书古言中总结出来的，而是从近现代活生生的中国人与外国人的生活中发现的这种文化上的差异。

在我们看来，我国司法解释立法化得以生存的法律解释制度以及司法解释立法化本身体现了“天人合一”的精神内核。

首先，我国法律解释正式制度在设计上体现了“天人合一”

① 参见范忠信：《中国传统法律文化的哲学基础》，载《现代法学》1999年第2期。

② 易中天：《中国：掀起你的盖头来——中国文化现象解密》，海南出版社1995年版，第2页。

③ ［美］孙隆基：《中国文化的深层结构》，广西师范大学出版社2004年版，第8页。

④ 梁漱溟：《中国文化要义》，上海人民出版社2003年版，第286页。

的精神内核。

如前所述，我国现行的法律解释体制构建的大体框架是由1981年第五届全国人大常委会第19次会议通过的《关于加强法律解释工作的决议》建立起来的二元刑法解释体制，具体包括一元一级刑法立法解释体制和二元一级刑法司法解释体制，在国内学界也按照该决议将法定解释（有权解释）分为立法解释、行政解释和司法解释三大类，司法解释又分为审判解释与检察解释，分别由有法定解释权的全国人大常委会、国务院及其职能部门、最高人民法院、最高人民检察院对法律作出的具有普遍适用效力的解释。虽然从表面上看，似乎我国的法律解释体制不是体现了“合”，而是体现在“分”，但是，这种按照不同的法律解释主体进行的“分”只是表面现象，而其精神内核在总体上体现了立法（权）与司法（权）之间的“合”或者“混”，如有学者就从行政机关、司法机关联署发布刑事司法解释这一形式看到了“混合性”：行政机关“实质性地直接参与了刑法解释的过程，并迂回地扩张了自己的解释权力。这种扩张一方面表现在它参与了审判解释和检察解释，使得审判解释和检察解释的成分不再单纯，解释权力之间产生了意想不到的混合”。[①] 这类似于东方饮食文化中的火锅文化，多个人大团圆，吃同一个火锅，“没有一个中心，亦无主次之别，每一种食物都是对另一种食物的装饰。以西方人的饮食习惯，根本分不清哪种菜要先吃，哪种菜后吃，就像一篇连绵不断的文本”。[②] 对中国人而言，事先划分谁可以吃什么，不能吃什么，分得太清楚反而显得“不近人情”、“不合情理”。这和西方法治国家将法律解释基本上统一于法官解释的体制有很大的差别，西方将法律解释赋予统一的主体，其基本的观念是立法权与司法权的事先的基本分立，其实

① 林维：《刑法解释中的行政解释因素研究》，载《中国法学》2006年第5期。

② 焦桐：《论火锅》，载《上海文学》2006年第4期。

这种制度设计是西方文化中的“凯撒的归凯撒，上帝的归上帝”之类的分立观念的体现。

其次，我国立法解释体现了立法权与司法权的某种“合”或者“混”。

一般而言，立法解释是由立法机关对法律所作的解释，我国刑法理论的通说认为，刑法的立法解释包括三种情形：一是在刑法或相关法律中所作的解释性规定；二是在“法律的起草说明”中所作的解释；三是在刑法施行过程中，立法机关对发生歧义的规定所作的解释。当然有学者认为只有第三种情况才是立法解释。第一种、第二种情况要么属于刑法文本本身，要么属于学理解释。因为刑法中的解释性规定本身就是刑法的组成部分，或者说是刑法文本的组成部分，因此，通说所说的第一种是立法解释。我国关于刑法的起草说明与修改说明，只是立法理由的简短陈述（还不是真正意义上的立法理由书），立法机关所审议和通过的是刑法本身，而不是起草说明与修改说明。“法律的起草说明”中所作的解释这种“解释”只是起草者的解释，或者只是提请审议者的解释，故仍然是学理解释，而不是立法解释。① 其实学者们对立法解释的内涵所持的不同观点，恰恰表明立法解释体现了立法（权）与司法（权）的混合。按照刑法通说，上述第一种情况属于立法解释，从狭义的角度来看，立法中的解释也的确是对立法中的某些法律词语含义的解释，如果从整体而言，“立法中的解释”是法律中的解释性规定，是原本意义上的立法，因此，通说把“立法中的解释”视为立法解释的一种，本身就是一个混合思维的产物。而对于第三种情况而言，正如有学者对这种立法解释所批判的那样：因为立法解释是立法机关在制定刑法后对刑法条文的含义所作的解释，而对刑法条文含义的解释应当属于司法权的内容。这也就是说，法的裁判者

① 参见张明楷：《立法解释的疑问——以刑法立法解释为中心》，载《清华法学》2007年第1期。

根据立法机关制定的法律与案件事实作出裁判，至于立法机关制定的法律是何种含义，应当由法的裁判者作出解释，不能由法的制定者作出解释；如果法的制定者同时也是法的解释者，那么意味着法的制定者介入了司法。[①] “若在立法的意义上使用法律解释权，则立法机关本来就享有立法权，何必又要法律解释权?”[②] 可见，我国一些学者反对我国的立法解释或者提倡取消我国的立法解释的根本理由就在于这种立法解释混淆了立法权与司法权，违反了立法权与司法权相分离的现代法治原则与精神。也正是因为立法解释的这一混合特征，所以，对立法解释到底是属于立法领域还是司法领域，学者们往往莫衷一是。尽管《立法法》专门设置了一章法律解释来规定立法解释，似乎在立法层面将立法解释纳入立法的范畴，但立法者的态度也并不能平息我国立法解释本身的混合特性而导致的争议。

再次，我国的司法解释体现了立法权与司法权的某种“混合”。从司法解释的外在形式上看，我国的很多司法解释有的采用了类似于单行立法的形式（这通常是指以“规定”名称出现的司法解释），对某类案件或问题如何适用法律所作的较为详细的解释；有的采用了类似于法典的形式对整个法典进行全面的、系统的解释，例如，最高人民法院发布的《关于贯彻执行〈民事诉讼法（试行）〉若干问题的意见》，包括《民事诉讼法》的全部内容（13 个部分）；在解释的内部结构的安排上，除了一般不使用法典所使用的章、节的形式以外，大多司法解释采用条、款、项的规定形式；在语言风格上，许多司法解释也基本上延续了立法的语言特点，如诸多刑法司法解释中，对“情节严重”的解释，除了明确

① 参见张明楷：《立法解释的疑问——以刑法立法解释为中心》，载《清华法学》2007 年第 1 期。

② 张志铭：《当代中国的法律解释问题研究》，载《中国社会科学》1996 年第 5 期。

列举了一些事项以外，通常还会有类似于立法中的兜底条款的"其他严重情节"的解释性规定；而且，司法解释带有一定的抽象性，除了以"规定"、"解释"为名称出现的司法解释以外，即使是对下级司法机关因为具体的个案疑难问题的"批复"，也具有这一特点，解释的意义往往是脱离具体的个案而对法律规定进行的一般性的解答。再从司法解释的内容看，虽然说不是所有的司法解释都具有"立法性"或者规则的创造性，但是很多司法解释都具有"立法性"或者规则创造性，所以很多学者才会把我国的司法解释称之为"二级立法"、"准立法"、"司法法"、"司法解释立法化"。

最后，从司法解释与立法解释的关系来看，二者的关系也具有混合性。从法律规定的角度来看，虽然《关于加强法律解释工作的决议》等法律在形式上区分了立法解释与司法解释，但实质上二者无法严格区分开来。《关于加强法律解释工作的决议》规定凡关于法律、法令条文本身需要进一步明确界限或作补充规定的，由全国人大常委会进行解释或用法令加以规定；凡属于法院审判工作或检察院检察工作中具体应用法律、法令的问题，分别由最高人民法院和最高人民检察院进行解释，"两高"解释如有原则分歧，报请全国人大常委会解释或决定。但实际上"法律条文本身需要进一步明确界限或作补充规定"与"具体应用法律、法令"是同一问题的不同侧面，就像是同一硬币的正反两面，并不能截然分开。立法解释对法律条文的解释，无论多么抽象，实际上还是指向某类或者某个具体案件的适用或者应用；而司法解释对法律的解释当然要涉及法律条文本身需要进一步明确界限；另外法律明确规定的"两高"解释如有原则分歧，报请全国人大常委会解释或决定。这也说明立法解释与"两高"的司法解释完全可能交叉，实质而言就是重合；从事实层面上来看，在实践中也出现过多次针对对同一问题的立法解释与司法解释。

因此，在我们看来，与其说《关于加强法律解释工作的决议》设置了"立法归立法，实施归实施"、"审判归审判，检察归检察"

的法律解释权的划分，倒不如说该法律设置了立法解释与司法解释不分彼此的法律解释体制，建立了一个类似于最能体现中国文化内核的火锅规则：几个人对于同一火锅（法律解释权）中的食物都有吃的权利；当对火锅中的某一块稀缺食物发生该谁吃、怎么吃的分歧时则交由长者（最高权威者）裁判或者决定。“火锅不仅是一种烹饪方式，也是一种用餐方式；不仅是一种饮食方式，也是一种文化模式。”① 而烹调技术或是饮食习惯甚至反映着不同的法律精神。“美国人的烹调术似乎也反映了他们的‘法治’精神——各个个体之间，必须存在用条文规定的关系，而且‘人己权界’划分得清清楚楚……中国烹调术的特色在于相互渗透，而不在于彼此分判。而且‘合二为一’的相互渗透，是实践多于理论的，是可以因地制宜地克服作料的现在，而毋须‘公事公办’的。”② 中国的火锅最大的文化意义在于“和合交融”。在烹饪方式上，荤素杂糅、主料佐料混合，用料不拒荤腥、不嫌寒素、不分南北、所有的东西都可以一律下锅，味相渗透，五味俱全，体现出兼济天下、中和之美，绝不像以“分”为文化内核的西方人那样菜是菜、料是料，肉是肉、鱼是鱼，各自独立，泾渭分明。据说符号学大师罗兰·巴特就感叹火锅委实充满了符号指涉，火锅结合了制作、食用，可以没完没了地制作，又可以没完没了地吃，分不清先后、分不清主次，产生自我重述。③ 在司法操作中也是如此，通常是先有立法，然后有大量的司法解释，而在司法解释中则往往是边解释规则边创造规则；有时候甚至是先有司法解释创造规则，然后被立法解释或者被立法吸收。于是，立法权、立法解释权、司法解释权就在

① 易中天：《中国：掀起你的盖头来——中国文化现象解密》，海南出版社 1995 年版，第 45 页。

② ［美］孙隆基：《中国文化的深层结构》，广西师范大学出版社 2004 年版，第 145 ~ 146 页。

③ 参见焦桐：《论火锅》，载《上海文学》2006 年第 4 期。

法律制定与适用中无止境的循环。正如有学者所指出的那样：从发展渊源上讲，（立法）解释权在一定程度上成为全国人大常委会立法权的补充，甚至在某个时期通过解释权实现了立法权限的扩张。也正如此，立法机关的解释权和立法权在其起源上就相互纠缠。这样的混淆不仅反映在通过立法解释达到立法修正，有时还可能采用立法修正案的形式来实现实际上完全可以通过解释达到的结果。而立法解释和司法解释的纠葛则导致了最高人民法院自始至终都不能够成为最高司法机构，而仅仅是最高审判机构。① 在用餐方式上，火锅最直观地体现了“在同一口锅里吃饭”的深刻文化意义，是不折不扣的共饮共食、多双筷子伸向同一口锅，甚至用自己的筷子给他人夹菜，不分彼此，否则就是“见外”。西方人对中国人吃火锅时的筷子也是称颂极佳：相对于刀叉，筷子有一种母性的温柔。它不切、不抓、不撕、不穿，它只是轻轻地夹，是在移动婴儿时所表现出的那种恰如其分的谨慎动作，它从不穿透食物，而只是轻轻地提起食物，转动和移动食物……食物不再是需要施以暴力的捕猎对象。② 的确，就是东西方的饮食工具也体现出“合”与“分”的精神内核：刀叉必须向外用分力，筷子必须向内用合力；西方人的刀与叉分离，左右分得很清楚，中国人的筷子是成双成对，相辅相成，无需分左右；刀叉必须执其一端，筷子则必须“扣其两端用其中”。而在法律解释上又何尝不是这样，不同的司法解释主体与立法解释主体在解释法律时，除了身份上是分立的，在解释权限或者内容上实际上难以分清彼此，在极端的情况下，甚至还出现立法机关的内部机构和司法部门进行联合解释。例如，1986 年 7 月 10 日全国人大常委会法工委就曾联合最高人民法院、最高人民检

---

① 参见林维：《论刑法立法解释权与立法权和司法权的纠葛》，载《当代法学》2006 年第 5 期。

② 参见［法］罗兰·巴尔特：《符号帝国》，孙乃修译，商务印书馆 1996 年，第 25 页。

察院、司法部等合署颁布《关于劳教工作干警适用刑法关于司法工作人员规定的通知》。

其实这一“火锅”规则，不仅仅体现在司法解释与立法解释的关系上，也适用于司法解释的其他问题上，比如司法解释的合署解释形式，就有类似于“请客人吃火锅”的文化潜意识在起作用。1981年6月10日全国人大常委会发布的《关于加强法律解释工作的决议》规定，不属于审判和检察工作中的其他法律、法令如何具体应用的问题，由国务院及主管部门进行解释。这一法律规定，也只规定行政机关有行政解释的权力。法学界普遍认为行政机关没有（刑法）司法解释的权力。但在刑事司法实践中，不仅存在着大量的最高人民法院与最高人民检察院这两个法定的司法解释主体进行合署形式的司法解释的颁布，各种行政机关也参与到刑事司法解释中，成为刑事司法解释的合署发布者。这种合署发布刑法司法解释找不到有关法律的明文规定，在其他有关文件中，提到合署发布司法解释问题的只有最高人民检察院。最高人民检察院1996年发布的《司法解释工作暂行规定》（已失效）第16条中规定：“最高人民检察院在必要时，可以商请最高人民法院等部门联合发布司法解释”，而2006年《最高人民检察院司法解释工作规定》第21条则规定：“对于同时涉及检察工作和审判工作中具体应用法律的问题，最高人民检察院应当商请最高人民法院联合制定司法解释。”但该规定也只提到最高人民检察院和最高人民法院联合制定司法解释，没有提及和行政机关等部门的联合发布司法解释。而1984年公安部《关于印发最高人民法院、最高人民检察院两个司法解释文件的通知》也规定：“今后凡涉及司法解释问题，以最高人民法院、最高人民检察院下发文件为准，公安机关参照执行。”按照这个通知的精神，似乎公安部的参与或者介入司法解释超越了其权力界限。那么，在司法实践中，为什么作为最高司法机关的“两高”何以对与其他行政机关合署发布司法解释如此青睐呢？也许原因很多，诸如利益关系、权力关系等，但笔者认为，中国传统文化中的“合”的意识是其重要的潜意识因素。例如，1997年11月4日最高人民法院作出的《关于审理盗窃案件具体应用法律若干问题的解释》（该解释于1998年3月17日施行）规定：个人盗窃公私财物价值人民币500元至2000元以上的，为“数额较大”；个人盗窃公私财物价值人民币5000元至2万元以上的，为“数额巨大”；个人盗窃公私财物价值人民币3万元至10万元以上的，为“数额特别巨大”。但在次年3月26日也就是上述最高人民法院《关于审理盗窃案件具体应用法律若干问题的解释》施行9天后，最高人民法院又与最高人民检察院、公安部联合发布《关于盗窃罪数额认定标准问题的规定》，在盗窃数额上做了与前述最高人民法院的司法解释一模一样的规定。这就好像一个人独自吃了一顿火锅，突然发现忘记请有关的人吃饭，总觉得不恰当，其他人会怎么想呢——居然一个人吃了“独食”。既然吃了独食，其他部门即使不会明确提出反对意见，至少也会消极的“不吃你这一套”。[①] 尽管在刑事诉讼过程中，法院在理论上具有对案件的最终裁决权，但法院并没有主动侦查、起诉刑事案件的权力，如果公安机关、检察院不吃法院的这一套解释，那么也许公安机关、检察院在办案过程中按照他们自己的一套另起炉灶，案件可能根本进入不了刑事诉讼程序就会被“消化”掉，或者即使进入了刑事诉讼程序，在提起

① 关于各种刑法的司法解释、行政解释的效力范围问题，法律并没有明文的规定，因此，在学术界有各种观点：有的学者认为，刑法的审判解释对各级公安机关办理刑事案件具有约束力，检察解释的效力也及于公安机关办理刑事案件的工作；有的学者认为，具体应用法律解释的效力范围和审判权、检察权、行政权所能及的范围相同，审判机关、检察机关、行政机关的各种法律解释只能对各自的下级机关有约束力，不约束其他机关；有的学者认为，审判解释对各级检察院、公安部门等行政机关有约束力，但检察解释、行政解释则只能对各自的下级机关有约束力。参见林维：《刑法解释中的行政解释因素研究》，载《中国法学》2006年第5期。

公诉阶段就会被内部消化掉,[①] 使得最高法院的有效解释在事实上被“冷处理”或者架空。或许最高人民法院认识到这一“独食”的潜在不良后果——使得自己很“夹生”——因此又再次请有关的机关一起吃了一顿火锅，与最高人民检察院、公安部合署颁布了《关于盗窃罪数额认定标准问题的规定》。既然已经“共食”了，在该问题上就使得最高人民法院与最高人民检察院、公安部等司法、行政机关的关系由“生”变“熟”。即使实质的解释标准没有任何改变，也通过这一“请客吃火锅”的方式取得最高人民检察院、公安部等司法机关、行政机关在相应问题上的协作、支持和配合。总之，“来而不往非礼也”，基本上只要不涉及重大的原则冲突，凡是可以扯得上一点工作联系的，司法机关都乐于请其他机关合署发布司法解释，于是乎，礼尚往来，你来我往，联合发布司法解释就成为一种常态。并且，由于法院所具有的最终裁断权，国务院下属部委更愿意同最高人民法院联合解释。例如，截至 2001 年 12 月底，由最高人民法院、最高人民检察院、公安部，以及其他部委、团体联合发布的司法解释性的文件有 146 件之多。[②] 而据笔者初步统计，从 1997 年到 2007 年以合署的形式发布的刑法司法解

---

① 除了最高人民检察院这一法定的司法解释主体经常作出独立的刑法司法解释以外，公安部也独立作出了一些刑法解释。例如，2000 年 3 月 17 日公安部《关于打击拐卖妇女儿童犯罪适用法律和政策有关问题的意见》中对于拐卖妇女儿童案件中相应刑法适用问题的解释。1999 年 11 月 23 日公安部《关于如何理解刑法第二百零一条规定的“应纳税额”问题的批复》。2000 年 3 月 31 日公安部《关于妨害国（边）境管理犯罪案件立案标准及有关问题的通知》，等等。

② 该数据是林维以中国法律法规大全光盘（2002 年版）检索为参考资料，该光盘由北京市高级人民法院研究室、北京大学法制信息中心、北大英华科技有限公司联合制作。上述索引的文件主要包括但不限于刑事领域。需要说明的是，这一统计结果是很粗略的，只能作为一种参考。参见林维：《论刑法立法解释权与立法权和司法权的纠葛》，载《当代法学》2006 年第 5 期。

释或者刑法司法性文件大体上有36件之多。[①]

第四节 我国司法解释立法化的制度溯源

如果说，我国的司法解释立法化现象在形而上层面符合我国的历史文化传统的核心观念，那么，这种观念在历史上也应该有形而下的具体表现形式。因此，我们还应该在我国的历史中寻求其制度上的本源。

关于司法解释立法化的制度本源。学界大体上有两种说法：

第一种观点认为，我国司法解释立法化的制度是社会主义中国特有的一项制度。该制度最早可以追索到1955年6月全国人大常委会通过的《关于解释法律问题的决议》，该决议规定由全国人大常委会行使立法解释权，最高人民法院审判委员会行使司法解释权。学界普遍认为这是我国第一次以法律的形式赋予最高司法机关以法律解释权，以该决议为基础，逐步建立了我国独特的司法解释体制。当然最高司法机关进行抽象的司法解释的实践则在新中国成立之后决议之前就有先例。[②] 但是谢晖教授认为，在当代中国法律解释体制中存在的这种类似成文立法的司法性解释，并没有中国古代历史的本源，它是与古代中国司法性解释事实并不合辙的解释体制。[③] 而张志铭教授认为，这种中国特色的解释体制从渊源上讲显

① 该数据是根据李立众编写的《刑法一本通》（第4版）（法律出版社2007年版）的“刑事司法解释总名录”粗略统计得出来的。

② 绝大多数学者探讨我国法律解释体制或者司法解释立法化问题时多是从该决议谈起，参见陈志军：《刑法司法解释研究》，中国人民公安大学出版社2006年版，第133~143页；陶凯元：《中国法律解释制度现状之剖析》，载《法律科学》1999年第6期；刘晴辉：《试析中国法律解释体制下的司法解释制度》，载《四川大学学报》（哲学社会科学版）2001年第3期。

③ 参见谢晖：《中国古典法律解释的哲学向度》，中国政法大学出版社2005年版，第62页。

然受到苏联模式的影响。①

第二种观点认为，我国的司法解释立法化的制度可以追溯到清末改制，但是从本源上来说，也还是在大陆法系国家的司法解释制度上产生与发展起来的。例如，有的学者认为受欧陆法系的司法解释体制的影响，清末改制后的司法解释体制在我国台湾地区演变成为“大法官”会议解释制度，在内地则通常被称为司法解释制度。就我国法律发展史而言，清末改制时期大理院对法律的解释可以被视为我国司法解释制度之滥觞。清朝末期，光绪三十年的《大理院审判编制法》第19条规定：“大理院之审判，于律例紧要处表示意见，得拘束全国审判衙门。”稍后于1910年颁布的《法院编制法》第35条亦作了相应规定。北洋政府亦基本沿用了清末的做法。民国时期则改由司法院统一行使对宪法和法律的解释权。1947年，依该年制定的“司法院组织法”之规定，设立“大法官会议”专司解释宪法与法律、命令之责：“司法院设大法官会议，以大法官九人组织之，行使解释宪法并统一解释法律命令之职权”。1949年，随着中华人民共和国的成立和旧国民政府偏安台北，流变之下，这一法律解释制度亦花开两朵：一为行于我国台湾地区的“大法官”会议解释制度；二为我国内地现行的法律解释制度。两种法律解释制度虽同出一源，但发展方向、范围、功能迥异。② 也有学者指出，审判解释本身是我国特有的概念，在其他国家，法律解释就是指法官在审理案件时对法律的解释，并无立法解释、行政解释和司法解释之说。我国的承审法官无解释权，审判解释指最高人民法院的解释。这种制度与我国历史上从来不承认法官有法律解

① 参见张志铭：《法律解释操作分析》，中国政法大学出版社1999年版，第237页。

② 以上发展史，参见吴萍、袁明圣：《我国司法解释体制之演变与发展》，载《甘肃政法成人教育学院学报》2004年第4期。

释权有关，它的直接来源是民国的法律解释制度。[①] 我国台湾地区学者韩忠谟对此也有相同的描述：“我国除判例外，尚有‘解释’，这是我国独特的制度，也是清末变法的副产品……”[②]

上述两种观点，有一个共同点，那就是认为我国现有的司法解释体制要么受前苏联法律解释模式的影响，要么受欧陆法律解释制度的影响，但找不到中国历史传统的本源。这以谢晖教授的看法最具代表性，他认为中国古代法律解释存在三种形式，第一种中国古典之官方法律解释，如《唐律》之疏议。第二种是中国古典之民间法律解释，这相当于现在法理学所说的学理解释。第三种是中国古典之“司法性解释”，这主要是指司法官（判官）针对个案如何适用法律的论证和解释活动，大体上相当于当代西方司法制度中的“司法解释”（法官解释），主要表现形式是《法律答问》之类的廷行事或者其他判例解释或者成案解释。但我国的司法解释何以不同于中国古典之官方法律解释？中国古典之官方法律解释大体相当于什么？谢晖教授并没有明确地回答该问题。总之，他不认为中国古典之官方法律解释是当前我国“司法解释”的本源。他认为，当前我国的所谓“司法解释”往往由法院主动提起，事实上履行着立法的功能，这种“司法解释”与当今世界通行的司法解释以及与我国历史上的司法性解释不是一个概念，存在着诸多问题，因此，他主张借鉴古代严格的解释制度。[③] 可见，在谢晖教授看来，中国古典的官方法律解释也不是当前我国司法解释的本源。

实际上在我们看来，中国法学界之所以普遍认为我国现有的司

---

① 参见周永坤：《我国现行法律解释与法治观念的冲突》，载《现代法学》2006 年第 4 期。

② 张志铭：《法律解释操作分析》，中国政法大学出版社 1999 年版，第 225 页。

③ 参见谢晖：《中国古典法律解释的哲学向度》，中国政法大学出版社 2005 年版，第 258 页。

法解释无法找到中国历史的渊源，其根本的理由在于把“中国古典之官方法律解释”视为立法解释，而不是司法解释。以《唐律疏议》为例，将其视为立法解释这的确有一定的道理，不过依笔者之见，即使把《唐律疏议》之类的官方法律解释视为立法解释，也不必然排斥这些官方法律解释可以成为我国现行的司法解释的本源。

第一，关于《唐律疏议》的性质到底是一部法典还是一部法律解释的文件，学者并无定论，准确地说在该问题上是模棱两可的。在法律解释尚未引起学术界的深入关注的时候，法律史学界通常认为《唐律疏议》就是一部影响很深的法典。虽然学者们在论述中，也点明《疏议》是附在律文之后的和唐律具有同等效力的解释，但人们习惯于把《疏议》视为立法的一部分，甚至于唐律基本上就是指《唐律疏议》。[①] 即使近些年法律解释得到法学界重视，法律史学界对《唐律疏议》中的《疏议》格外重视，“认为这部永徽律全得疏议才流传至今”，但是对《唐律疏议》的说法也还是模棱两可，一方面认为，《疏议》是对唐律的权威的系统的法律解释。另一方面又认为，《疏议》是对唐律的修订，将《疏议》与律文有机地合为一体，《唐律疏议》是封建刑律的新形式，是我国历史上保存下来的最完整、最有影响力的封建法典。[②] 专门研究古典法律解释的学者，则倾向于把《唐律疏议》视为一部法律解释文件，代表了我国古典法律解释的最高成果。[③] 当然这种表述也不意味着必然否定学术界普遍把《唐律疏议》视为一部法典的观点。

---

① 参见游邵尹主编：《中国法制通史》，中国政法大学出版社 1990 年版，第 186 页。

② 参见曾宪义主编：《中国法制史》，北京大学出版社、高等教育出版社 2000 年版，第 148 ~ 149 页。

③ 参见谢晖：《中国古典法律解释的哲学向度》，中国政法大学出版社 2005 年版，第 62 页。

或许正是因为《唐律疏议》既是“立法”又是“解释”，所以顾名思义，有的学者干脆就认为《唐律疏议》是“立法解释”。[①] 这一提法，也没有遭到法律史学界的反对或者质疑，或许这恰恰证明了该见解符合了法律史学界没有明说但却普遍认同的观点。但是我们认为，把《唐律疏议》视为立法解释也不是没有问题，首先，如果《唐律疏议》是立法解释，那么，它属于什么样的立法解释，要回答该问题并不容易。按照前述通说对立法解释的分类，[②] 把《唐律疏议》视为其中的任何一种都存在问题。例如，把《唐律疏议》视为立法解释的学者一般认为《唐律疏议》属于立法解释中的第一种形式，即第一种表现形式是在制定律典、法律的同时所拟定并附于本文的解释条款。这种立法解释在法律制定的同时就已由解释主体撰写而成并与所解释的法律条文一同颁布，具有法律效力。“在《秦简·法律答问》中以答问的形式对法律规定作出的解释可视为此类。另外在《唐律疏议》中的‘疏议’及律文下的小注以及《宋刑统》中的‘起请条’（当然包括《宋刑统》中的‘疏议’及小注）也属此类，这些都是极其常见的。”[③] 问题是这并不符合历史事实，实际上《唐律疏议》并非是法律制定的同时与法律条文一同撰写并颁布的。唐律的第一部法典是《开皇律》，然后历经几次修改，形成《武德律》、《贞观律》。到唐高宗永徽次年9月，再次修改形成《永徽律》。《唐律疏议》则是在永徽4年才完成并颁布。但如果把《唐律疏议》视为第三种立法解释形式，

---

① 参见刘军平：《中国古代立法解释试诠》，载《求索》2005年第12期。

② 我国法学界除了将其分为在法律中所作的解释性规定、法律的起草说明中所作的解释以及法律施行过程中立法机关对发生歧义的规定所作的解释三种情形外，还有一种看法是把立法解释分为两种形式：即将前两种立法解释称之为事前立法解释，将第三种解释称为事后立法解释。参见张薇薇：《我国立法解释制度之宪法分析》，载《江汉大学学报》2003年第4期。

③ 刘军平：《中国古代立法解释试诠》，载《求索》2005年第12期。

似乎也不妥，尽管《唐律疏议》是在《永徽律》颁布之后形成的，不排除有的疏议是因为司法疑难问题引起的事后解释，但从整体上而言，《唐律疏议》并不是因为在法律施行过程中发生疑问后立法机关对法律的解释，而更像是事前解释。或许为了解决这一矛盾，我们可以认为《唐律疏议》本身是永徽年的第二部法典（类似于我国1997年刑法），这样《唐律疏议》中的疏议就符合了立法解释的第一种形式的特征。然而如此一来，实际上我们还是回到了问题的原点：《唐律疏议》到底是立法还是法律解释？律条不变而只是在律条之后附加上疏议的内容，何以称之为第二部法典？如此一来岂不是所有的“立法解释”都变成了刑法修正案吗？

第二，假设法学界认为《唐律疏议》中的疏议属于“立法解释”的结论可以成立，我们也可以基于同样的理由认为疏议是“司法解释”。因为，虽然《疏议》是立法者（皇帝）下旨制定的，但是，立法者既可以委托制定立法、也可以委托制定立法解释，还可以委托制定司法解释；皇帝在事实上的确属于最高立法者，但不要忘记在古代中国，皇帝也是最高的司法者，尽管古代廷尉、大理寺、刑部等是最高审判机关，但实际上是皇帝在独揽重大案件的最后裁决权。① 所以，我们不能习惯性地认为皇帝下旨制定的法律文件，就一定是立法或者立法解释，而不能是司法解释；虽然，在当代中国，法定的司法解释的颁布形式并不是和法律同步或者列在法典中的法条之后。但是这不仅仅是司法解释不具备该形式，但是，事后的立法解释也不具备该形式，甚至连刑法修正案也不具备该形式。因此，和立法并列在一起的，并不见得就一定是立法或者立法解释。例如，当前我国某年轻学者编辑的《刑法一本通》，就是将刑法修正案、立法解释、司法解释、其他司法性文件并列在有关的法条之后，这也没有什么不可以。而且，我们对具体

① 参见曾宪义主编：《中国法制史》，北京大学出版社、高等教育出版社2000年版，第114页。

制定《唐律疏议》的机构也不一定非得理解为立法机关（主体）。根据历史记载，“（永徽）三年，诏曰：‘律学未有定疏，每年所举明法，遂无凭准。宜广召解律人条义疏奏闻，仍使中书、门下监定。’于是太尉赵国公无忌、司空英国公绩、尚书左仆射监太子少师监修国史燕国公志宁、银青光禄大夫刑部尚书唐临、太中大夫守大理卿段宝玄、朝议大夫守尚书右丞刘燕客、朝议大夫守御史中臣贾敏行等，参撰律疏，成三十卷，四月十日奏之，颁于天下。自是断狱者皆引疏分析之。”① 至于说参与制定《唐律疏议》的有各中央行政机关与司法机关的首脑，这只能证明皇帝对《唐律疏议》的制定工作的高度重视，却不能证明《唐律疏议》的制定机关就是立法机关。在我国古代，实际行使司法权的机构通常都不是一个单一的组织，而是视情势所需由多个不同的部门所组成，并且司法职能与其他政治职能交织在一起。这正如学者胡伟先生所言：“我们越是久远地追溯历史，就越是不可能划出国家的多种功能的严格界限；同一机构既是一个立法会议，又是一个政府机关，也是一个法院。”② 事实上，我们何尝不可以将其理解为“古代法定的联署制定司法解释”呢？

第三，正如前文所言，在当代中国，其实除了在主体上有差别以外，根本无法从内容上、功能上、特征上区分立法解释与司法解释。有学者对古代官方法律解释特征的描述，如解释主体、对象、效力、权力的独断性四大特征，③ 我国当代的立法解释固然具有这些特征，但司法解释同样也具有这样的特征。所以，如果《唐律疏议》可以被理解为立法解释，又何尝不可以被理解为司法解释？

---

① 《旧唐书·刑法志》

② 胡伟：《司法政治》，三联书店（香港）有限公司 1994 年版，第 3 页。

③ 参见谢晖：《中国古典法律解释的哲学向度》，中国政法大学出版社 2005 年版，第 35 页。

第四，当代中国的司法解释传承了我国古代法律解释的哲学立场、智慧，解释的目的等精神层面的东西。对于这一点的具体论证，将放在下一节来讨论。这里要指出的是，我们认为当代中国刑法司法解释和古代官方正式解释具有同源性，不是在具体的表现形式上的相似性，而是在精神内核上的承继性。用文化生态学的观点来看，在任何一种文化中，都会有文化内核与次要特质之分。正如斯图尔特认为，文化核心这个概念——与生计活动和经济安排有最密切关系的特征。这一核心包括像社会、政治和宗教那样的形式，都是凭经验决定的，与这些安排密切相关。无数的其他特征可能有很大的潜在变异性，因为它们与这一核心结合较弱。这些次要特征在很大程度上完全决定于文化—历史因素，即决定于偶然的革新或传播，同时，对其有相似核心的文化给以外表与众不同的面貌。尽管这些文化在许多外部细节或次要特征上有所变异，但社会政治形态或文化核心的先后顺序似乎一直十分相似。① 可见，不同民族、国家，不同文化区的文化内核可能是不一样的。因此，在共同的生态规则基础上，文化发展与变迁的规则又体现出由文化内核所决定的差异性与多样性。换言之，在相似的文化模式中“所采用的具体形式却是极其不同的，因为创造文化的认识过程对于特殊的环境情况来说也是富有特色的。”②

因此，尽管无法在古代找到和当代中国司法解释体制绝对相同意义上的解释体制，但是我们认为，完全可以将古代的官方法律解释体制理解为司法解释的制度本源。毕竟，在历史长河中本源与本源所生成、演化的东西并不是绝对同一的关系，而只能是一种大体上的传承或者相似性关系。最为关键的是，在这些相似而不同的制

---

① 参见［美］J. H. 斯图尔德：《文化生态学的概念和方法》，玉文华译，载《世界民族》1988 年第 6 期。

② ［美］F. 普洛格、D. G. 贝茨：《文化演进与人类行为》，吴爱明、邓勇译，辽宁人民出版社 1988 年版，第 35 ~ 65 页。

度之间，是否具有精神的一致性。

第五节 我国古代的法律解释的精神与当代司法解释

从逻辑上来讲，如果承认我国当代的司法解释有着悠久的历史文化传统之根的话，那么就会认同当代的司法解释与我国古代的法律解释之间有着精神的一致性。而在当前的学术界，由于普遍认为晚近以来的司法解释缺乏我国的历史文化传统，所以鲜见有学者论及该话题。因此，本节中我们试图深入讨论这一问题。需要说明的是，在本章第三节中，我们从法律解释体制中各个解释主体之间的关系论述了该法律解释体制体现了“合”的内核精神，而本节则主要是从司法解释的实质内容角度来探讨司法解释所体现出来的这种精神。

如前所述，我们将中国文化的精神内核归结为一个“合”字。当然这过于抽象，实际上古代的法律解释所隐含的文化精神是非常丰富的，可以从不同的角度来看该问题。

一、仁道精神与司法解释

儒家思想的核心是“仁”、实现仁的基本方式是“礼”。对于何为“仁”而何为“礼”，儒家经典中并没有严格的科学定义，多是一些直观的描述。“仁者、人也”，这是儒家对“仁”的基本定义，反过来也是对“人”的基本定义。“仁”是“人”字旁一个“二”字，亦即是说，只有在“二人”的对应关系中，才能对任何一方下定义。在传统中国，这类“二人”的对应关系包括：君臣、父子、夫妻、兄弟、朋友。[①] 而礼则是对各种二人关系的具体内容

① 参见［美］孙隆基：《中国文化的深层结构》，广西师范大学出版社2004年版，第13页。

的原则要求，如在西周，礼的两大原则是“尊尊”、“亲亲”，“尊尊”为“忠”、“亲亲”为“孝”。后来演化为封建礼教中的“三纲五常”：君为臣纲，父为子纲，夫为妻纲；仁、义、礼、智、信。古代中国无论是立法还是法律解释，都是以儒家的仁道精神、礼教思想为指导。自然，儒家的仁道或者礼的精神也被贯彻在法律解释之中，即“以礼入法”。例如，影响深远的《唐律疏议》，无论我们将其视为司法解释也好，视为立法解释也好，还是视为法典也好，后人的这些定性都不影响该法律解释或者法典渗透着儒家礼教思想这一事实。[①] 在谢晖教授看来，这种“仁道精神”是中国古典法律解释的最基本的立场，而“仁道精神”的核心在于寻求自然秩序中的和谐。换言之，古代中国人的法律生活充满了温情的协调色彩，追求情、理、法的和谐统一，而不是构筑西方社会追求的那种符合个性自由精神和“科学意识”的社会生活。在古代中国，法律并不是至高无上的“真理”，人们也并不通过法律达到某种“真知”，法律主要执行着实现“仁道精神”的功能，法律经常被变通，甚至被替代。当情与法或善与真发生冲突时，法便要让位于情，真要让位于善。中国古代法律解释中的趋善抑真的价值追求，使得法律即使自身不能很好地实现德礼教化的功能，也能通过一定的法律解释而通达教化的境地。[②]

尽管，在当代司法解释中，看不到“三纲五常”之类的用词，但是司法解释强调“二人”关系、社会关系的和谐这一“中国文化深层结构的文化规则基本上没有变，只是产生了新的运用，并且

① 关于《唐律疏议》与礼、仁等儒家思想的关系的分析，参见张中秋：《中西法律文化比较研究》，南京大学出版社 1999 年版，第 126 页。

② 参见谢晖：《古典中国法律解释的哲学智慧》，载《法律科学》2004 年第 6 期。

增加了一点现代的词汇”。[①] 实际上，我们前文列举的诸多学者所批判的司法解释立法化，在总体上来看就是因为这些司法解释在情理与法理冲突时，选择情理优先原则，与其“合法不合理”，不如“合理不合法”，这多少与中国传统法律文化中的“法不外乎人情”、“其为法令也，合于人情而后行之”等文化观念或者思维方式有关。在司法解释中更多的强调社会关系的和谐，而不是倡导在知识基础上的“权利”追求，对法律的解释不在于是否合乎逻辑、合乎理论，而在于是否合乎情理、合乎人们认可的常识与常理。但是这种强调人性、良心、情理之治的司法观念除了极少数学者支持以外，在法学界却饱受批判。[②] 因此，我们需要加强从中国文化内核的基础上来理解与解释中国现有的法律解释体制，而不是从纯粹西方法治文化的角度来否定某些中国法制经验与制度的合法性。对西方法治文化中的具体的制度、器物我们是可以学习、借鉴的，但有些精神内核层面的东西却是无法任意地塑造，正如文化生态学家告知我们的那样：“一些学习论者以及更多的人类学家、社会学家中间流行着一种错识观念，以为社会行为的形式可以实质地随意塑成”。[③] 但事实上，当人们在面临两条过于分歧的进化轨道时，他

① ［美］孙隆基：《中国文化的深层结构》，广西师范大学出版社 2004 年版，第 15 页。

② 陈忠林教授是这种司法观念的有力支持者，他多次反复强调这样一个观点：“现代法治，归根结底应该是人性之治、良心之治，绝不应归结为机械的规则之治”；“我们实行法治，绝不能显失公平、绝不能违背常理、绝不能不顾人情”；“我们的法律是人民的法律，绝不应该对其做出根本背离老百姓所共同认可的常识、常理、常情的解释”；“我们人民法院定罪量刑的过程，应该是一个和人民群众，包括刑事被告人，将心比心、以心换心的过程。”参见陈忠林：《“常识、常理、常情”：一种法治观与法学教育观》，载《太平洋学报》2007 年第 6 期。

③ ［美］爱德华·O. 威尔逊：《人类的本性》，甘华鸣译，福建人民出版社 1988 年版，第 18 页。

会对此加以抗拒。在心灵的深处，如同特里林在《文化之外》一书中所说的，“有一个坚硬、顽固、不可化约的核心，具有生物的催迫性、必要性以及生物的理由，这一核心为文化所不可企及，因此得以保有一个权利，迟早都会行使出来以判断、抗拒或修正文化”。①

二、实质合理性的追求与司法解释

中国古代法律解释是以求“实质公平”为目的指向。虽然，古代存在着“吾道一以贯之”的形式和理论，但占主导地位的还是以“具体问题具体分析”、“原情定罪、因事制刑”的实质合理的习惯思维。② 司法或者司法解释不是为了维护既有的规则在逻辑上的完美性，或者为了维护法律的至上权威而维护法律的权威，司法或者司法解释必须以追求某种社会所认可的实质的价值为目标。而以实质正义或者公正为标准则不得不具有“权变”的特点，因为和形式正义或者形式合理性的标准相比，实质正义或者实质合理性的标准是模糊的、带有更多的不确定性。这使得古代的法律解释具有情景交融、不可言说、折中妥协等特点。

因此，韦伯把中国传统司法类型称之为“实质非理性”类型。有学者就指出，在韦伯的语境下，“形式”是指使用“法内标准”，同案同判；“实质”是指使用“法外标准”，如诉诸道德、宗教、政治或伦理的裁决；“理性”是指裁决案件的依据明确可察，合乎逻辑，“非理性”则与之相反，如诉诸灵魅、情感或未经反思的传统等，实际是没有确定的依据和标准，因此，韦伯所说的“实质非理性”与我们所说的“实质合理性”并不是反义词，而是同义

① 转引自［美］爱德华·O. 威尔逊：《人类的本性》，甘华鸣译，福建人民出版社1988年版，第75~76页。

② 谢晖：《中国古典法律解释的哲学向度》，中国政法大学出版社2005年版，第130页。

词。“实质非理性”的司法可分为两个维度，一是“实质的”维度，是指裁判者诉诸法律之外的灵魅、情感、伦理关怀、政策考量以及抽象的社会正义观，这种“实质”的考量必然拒斥形式理性，所偏好的不是形式裁判，而是“卡迪裁判”。二是“非理性”的维度，是指“带有具体权衡的特色”和个案裁量的特性，根据这种类型内含的界定，“卡迪司法”的核心特征是超越形式和程序而诉诸法外考量和个案裁量，目的是追求实质正义，其后果具有同案不同判的恣意性和不确定性。①

然而，不管法学界如何评价这种“实质合理性”或者“实质非理性”，这一习惯思维在我国当前的司法解释中却有着充分的体现。在很多司法解释中往往使用“可”、“偶尔”、“其他”等模糊的词语，实际上就是这种追求实质合理性的体现。这里我们且随便挑几个例子来说明该问题，如2000年最高人民法院《关于审理单位犯罪案件对其直接负责的主管人员和其他直接责任人员是否区分主犯、从犯问题的批复》中规定：“在审理单位故意犯罪案件时，对其直接负责的主管人员和其他直接责任人员，可不区分主犯、从犯，按照其在单位犯罪中所起的作用判处刑罚。”“可不区分”也意味着“可区分”。2001年的《全国法院审理金融犯罪案件工作座谈会纪要》对此有比较明确的说法：“对单位犯罪中的直接负责的主管人员和其他直接责任人员，应根据其在单位犯罪中的地位、作用和犯罪情节，分别处以相应的刑罚，主管人员与直接责任人员，在个案中，不是当然的主、从犯关系，有的案件，主管人员与直接责任人员在实施犯罪行为的主从关系不明显的，可不分主、从犯。但具体案件可以分清主、从犯，且不分清主、从犯，在同一法定刑档次、幅度内量刑无法做到罪刑相适应的，应当分清主、从犯，依法处罚。”可见，单位犯罪中的人员要不要区分主、从犯，并不是

① 参见高鸿钧：《无话可说与有话可说之间——评张伟仁先生的〈中国传统的司法和法学〉》，载《政法论坛》2006年第5期。

一个绝对的要或者不要的形式标准，相反要根据具体的案情来权衡要区分还是不要区分，可区分还是不区分。再如最高人民法院2003年1月8日通过的《关于行为人不明知是不满十四周岁的幼女，双方自愿发生性关系是否构成强奸罪问题的批复》规定，行为人明知是不满14周岁的幼女而与其发生性关系，不论幼女是否自愿，均应依照刑法第236条第2款的规定，以强奸罪定罪处罚；行为人确实不知对方是不满14周岁的幼女，双方自愿发生性关系，未造成严重后果，情节显著轻微的，不认为是犯罪。实际上这一批复根据不同的情况隐含着“三个标准”：对于“明知”是不满14周岁的幼女而与其发生性关系的一律以强奸罪定罪处罚，这实行的是一种过错责任；在“确实不知”对方为不满14周岁的幼女、双方自愿发生性关系，并且未造成严重后果、情节显著轻微的情况下，不以犯罪论处，实行的是一种程序性严格责任（由被告人自己证明“确实不知”）；如果造成严重后果且情节不属显著轻微，仍以强奸罪定罪处罚，则实行的是一种实体性严格责任（排斥年龄认识错误辩护）。可见，这些司法解释的背后充分体现了具体问题具体分析、折中妥协等实质合理性思维。

总之，我们认为，无论是在形而上的层面（观念层面）还是在形而下的层面（制度层面），我国刑法司法解释立法化都有中国的历史文化传统之根。俗话说，“子不嫌母丑”，我们并不能因为中国法律文化传统中存在的诸多问题就否定整个中国文化传统整体上的合法性，而认为惟有西方法律文化传统才具有合法性。况且，没有哪个文化传统是完美的，是没有任何问题的，否则西方学术界也就不会提出西方社会制度与文化的合法性危机问题，如哈贝马斯就提出当代资本主义国家在发展过程中也充满了矛盾或危机。他认为，存在四种危机倾向：发源于经济系统的经济危机；发源于政治系统的合理性危机与合法性危机（认同危机）；发源于社会文化系统的动机危机。[①] 因此，我们认为即使我国的司法解释体制在法治现代化过程中，还存在着这样那样的问题，但是我国当前的司法解释体制以及司法解释立法化在整体上具有合法性。

在这一点上，德国汉学家、法学研究者何意志对中国司法解释立法化问题的看法很具有启发意义，值得我们注意。他认为，现今中国法律制度的主要法律渊源是法典法，现今中国法制的基本结构是欧洲大陆法系模式；现今中国最高人民法院采用了“意见”这种形式的“法律解释”，虽然对下级法院具有约束力，但实质上与普通法系的判例并不相同。对此，他非常有洞察力地说，此类司法解释并非是针对个别案例，即“不是个案和辩论式的”，而是对制定法漏洞的抽象填充，与英美法意义上的案例法毫无关联，它实际只是制定法的一种立法形式。他最后得出这样的结论：“将中国法制归入两大法系之中的任何一个法系，都不免有些偏离，尽管可以讨论是否应将中国法律制度归于大陆法系。对于中国法律制度的观察，不是要着急将其归入哪一个法系，而是应该从一种法律文化的角度（立场）将中国法律作为一个自成一体的法律文化来看待。”[②] 可见，他并不抽象的否定中国法律文化以及当前的司法解释立法化的合法性。

---

① ［德］尤尔根·哈贝马斯：《合法化危机》，刘北成、曹卫东译，上海人民出版社2000年版，第63页。

② 米健：《一个西方学者眼中的中国法律文化——读何意志近著〈中国法律文化概要〉》，载《法学家》2001年第5期。

第六章　国外司法解释立法化的存在分析

尽管，笔者坚持认为判断一个国家法律制度的合法性，必须以该国家的历史文化传统为根基，反对“现代化就是西化”的宏观立场，也反对用三权分立理论来评价我国的司法解释立法化现象。但是，这并非就表明我们完全拒绝了解和考量西方法律制度与法律思想，笔者的认识恰恰相反，因为，在全球化的时代，一个完全封闭的法律制度在事实上已经不可能，所以，尽管中国和西方国家在文化根基上有很多差异，但是，我们应该将视野放大到一个“文化际”的宽度，来思考各种制度的明显差异背后的共性。换言之，考察我国的某些“特有的法律制度”在其背后是否有现代西方法治国家的法律文化传统的某种程度上的暗合，这也应成为对某种“特有的法律制度”合法性的一个思考的向度。

在前一章中，我们从东西方文化内核的和与分的角度探讨了我国司法解释合法性的文化基础，不过假如司法解释立法化是司法中一个普遍规律或者现象的话，那么也许东西方的司法解释立法化就只是具体的文化表现形式上的差异，或者基于不同的文化立场对该现象的具体评价不同。大体上我们可以感知，由于三权分立的理论，所以西方似乎对司法解释立法化持相对谨慎的态度，如大陆法系国家，可能会通过各种理由来遮掩事实上的司法解释立法化，不过由于美国法律的实用主义文化性以及其本身的判例法制度允许法官造法，他们在理论上对司法解释立法化比大陆法系的态度相对要宽松些。前面是从中西法律文化传统不同的角度说明我们不赞成用西方的权力分立理论作为根据来否认中国司法解释立法化，我国学者按照启蒙学者的三权分立的理想建构来评价我国的司法解释立法化的现象并不妥当，但是实际上，下文的具体考证将表明：即便在西方国家，其政治架构也并不是完全按照启蒙思想家设想的完美模式进行的，严格的三权分立模式也只是停留在理论上的东西，他们那里现在也是存在着说一套做一套的“挂羊头卖狗肉”的现象。而且，随着所面临的共同问题以及全球化的趋势，西方的立法司法权绝对分立的做法也在调整，现在中国和西方的做法并非水火不容。在第一篇第一章中曾经指出，所谓的司法解释立法化是指司法解释主体在适用或者解释法律时所进行的规范确立和规范创造的活动趋向。因此，在这里请允许笔者将目光转向西方，去了解他们的规范确立与规范创造的活动趋向。需要指出的是，我们的视域是全方位的，西方法律发展过程中凡是各种司法者创造法律规范的现象都在我们的考察范围之中。

西方法律文化传统，明显地分为英美法系传统和大陆法系传统，二者在法律思想方法上存在着明显的不同。例如，比较法学家拉伦茨就描述了二者大体上的不同：

英国普通法一直是按照从判例到判例逐步成长的传统发展的。从历史来源说，它不是制定法，而是判例法。与此相反，大陆法系国家的道路是，自从继受罗马法以来，从查士丁尼的罗马法大全的解释中，在各国法典上向着抽象的规范化迈进。因此，普通法的学问在其起源上属于法庭的，而大陆法系的学问则属于学究的。在英国伟大的法律家是法官们，而在大陆则是教授们。大陆上的法律解释要探究的是，规范——还有对于没有预见的现代问题——大概是怎么规定的；而在英国或者美国，法学上发表的见解是一种预言：法官在这种案件中根据先例大概会怎样处理。在大陆上就制度进行抽象思维，而英美法系则进行具体的个案思维，即就“权利与义务”关系的一种思维。前者长期以来存在着体系完整无缺性的观念；而后者，则是从判决到判决进行摸索，前者有一种对科学体系的偏爱；而后者对一切简单的概括抱有深刻的怀疑。前者用概念进行推理活动，常常带着危险蠕蠕独行，而后者则进行形象化的直观，如此等等。①

在这种法律思想方法的差异影响下，英美法系与大陆法系在法律解释的制度、模式、方法上也体现出不同。从造法角度而言，国内有学者认为“众所周知，英美法系国家更强调司法者造法的机制；大陆法系国家则更强调立法者造法的功能”。② 从这个普遍认可观念出发，或许先从英美法系开始讨论司法解释立法化问题然后再探讨大陆法系是否存在这一现象更容易被人接受。

第一节　英美法系司法解释立法化现象的梳理

一、英美法系法律发展史中的司法解释立法化

由于美国的历史比较短，所以，虽然美国的法律有自己的特点，对于英美法的传播而言也因为美国的兴起而起到了重要的作用，但美国的法律基本上是传承英国的法律制度。英国的各种法律制度、诉讼程序和传统，大陆法律世界里却没有对应物，而在大陆法系必不可少的法典、完整的法律概念体系在英国则看不到，英国所感兴趣的是先例或者案件类型，而不是对制定法条文的解释或者将案件与法律概念对号入座。“在一位来自欧洲大陆国家的法律家来看，英国法一直是一种特别异样和奇特的东西。”③ 况且英国法本身是一个极其强调历史源流的法律制度，因此，要了解英美法系的特点，有必要对英国的法律发展的历史有一个简单的了解。

---

① 转引自［德］K. 茨威格特、H. 克茨：《比较法总论》，潘汉典等译，法律出版社 2003 年版，第 109 页。

② 何家弘：《论法官造法》，载《法学家》2003 年第 5 期。

③ ［德］K. 茨威格特、H. 克茨：《比较法总论》，潘汉典等译，法律出版社 2003 年版，第 272 页。

"英国的法律史开始于1066年。"① 英国的普通法的法律制度是与其独特的封建制度相关的，1066年的诺曼底征服引进并加速了英国封建制度。与我国学术界理解不同的是，在欧洲大陆，"Feudahsm"（封建）的真正含义意味着分权，而不是集权。而与欧洲大陆的"我的封臣的封臣不是我的封臣"有所区别，在英国，"我的封臣的封臣也是我的封臣"，因此，英国比较早的形成了有效的中央王权。由中央王权成立的审判机构，诸如普通法院有权对传统基层法院的活动进行监督。国王还经常派遣巡回法官到各地去，代替地方郡长主持法庭，这导致了英国司法的集中和英国法律的统一，而通过比较早的、统一的普通法院的法官创造的法律就是狭义的"普通法"。这种普通法不是通过学说汇编或者法典的制定方式来统一，而是通过王权支配下的法院的审判活动形成的判例发展起来的。大概经过近三百年的"普通法"的发展历史，皇家普通法院创造先例的过程基本结束，如从刑法的角度来看，基本上各种罪名都已经有了先例，于是乎普通法院就按照遵循先例的原则进行审判，当然其法律创造力也开始渐趋衰落，甚至表现出过于原始和形式主义的色彩，使得可以适用的先例变得过于僵硬和机械。例如，在西方判例法体系逐步形成之后，判例造法就逐步的受到某些形式的限制，即必须以皇家最高官员（首席司法官或大法官）以国王的名义签发的令状为基础才能启动诉讼。而1258年颁布的《牛津条例》则进一步禁止法院就新的诉讼种类发布令状，从而意味法院在原则上不再具有创造新罪名的权力，这就进一步使得普通法只能在狭窄的范围内缓慢发展，结果导致社会生活中一些很正当的诉讼请求也会因为没有得到令状或者前例而得不到法院的救济。于是，那些有正当诉讼理由却得不到普通法院救济的当事人通过各种渠道求助于国王，由国王或者国王委托作为"国王良知守护人"

① ［德］K. 茨威格特、H. 克茨：《比较法总论》，潘汉典等译，法律出版社2003年版，第273页。

的大法官按照“公平和善良”的原则对普通法院无法解决的难题作出裁决。在其历史发展过程中，对于法官造法的形式变化，如西方的谚语所言，“当上帝关了这扇门，一定会为你打开另一扇窗”。于是一种新的法律形式由此应运而生，那就是“衡平法”。衡平法也是通过判例确立的独立的技术性的法律规则，也是实体法的一部分。以 1973 年制定的《司法法》为标志开始的司法改革则将狭义的普通法与衡平法进行了统一，要求所有的法院在审理案件时，对无论是从普通法中还是从衡平法中发展出的规则，都要适用，所以，法学界通常也会以广义的“普通法”来代称英美法。

从以上对英国法律发展历史的简单概述中，我们可以说，英美法的历史就是一个法官造法的历史。但是，我们并不为了论证“司法解释立法化”在英美法中的普遍存在而将“法官造法”等同于“司法解释立法化”。我们认为，狭义的普通法中法官创造先例的判例只能算是“立法”，而不能算是“司法解释立法化”中的立法，而以遵循先例为原则的法院审判过程中发展起来的其他实体性规则，则可以纳入司法解释立法化的范畴。至于衡平法，也大体上可以纳入司法解释立法化的范畴。“衡平法并不公开地与普通法规则相对抗，也不旨在废除或取代普通法规则；相反，衡平法是对普通法规定拾遗、注释和补充。……在外表上，大法官总是自诩尊重普通法，并声称他的判决仅仅创制‘补充性的’规则。……应当把二者看成是法典与法典补充条款之间的关系，正文与注释的关系。”① 美国的大法官卡多佐也将衡平法视为古老的在司法内部进行规则创造的法律解释技术。“事实上，它的方法并不新。这就是那些伟大的衡平法法官的方法，他们通过不断地诉诸正当理性和良知之学说，建立了衡平法体系，通说并没有牺牲法律的一致性和确

① ［德］K. 茨威格特、H. 克茨：《比较法总论》，潘汉典等译，法律出版社 2003 年版，第 285 页。

定性”。[①] 美国比较法学家梅里曼也认为，“衡平就是对个别案件的公正处理，是对法官拥有自由裁量权的承认”。[②] 总之，在我们看来，英美国家的判例制度中，法既存在于先前的判例里，又存在于当前的法官心中，法既是先在的，又是后继的。就像诗人丁尼生赞扬的：“这国土有公正、古老之名/有个稳定的政府在治理/凭着一个又一个判例/自由慢慢地扩展到地层，”[③] 英美法官在司法中既坚持“判例拘束原则”，然而又不断地用各种解释手段予以修正、变通，乃至于推翻前判例，创造新的法律规则。例如，英国法官丹宁勋爵就是一个运用个人智慧担当起英国法律改革的先锋，他说：“不可以改变法律编织物的编织材料，但是可以、也应当把皱折熨平。”[④] 如果仔细比较英国刑法的诸判例，就会发现法官往往只是以“判例拘束原则”类推确定案件所适用的判例，然后又以“分析事实”或者对前判例中的一些“法律用语”进行解析，几乎达到钻牛角尖的地步，而作出与前例不同的判决。[⑤] 关于英美法系判例制度中的这种解释思路的实例，本书后面还会有举例，这里不再赘述。

总之，在英美法系的法律发展史中，法官获得了广泛的司法解释权力，乃至于形成了司法至上的观念。英美国家形成了与大陆法系完全不同的司法传统，“英美不存在对法官造法和司法干预行政

---

① ［美］本杰明·卡多佐：《司法过程的性质》，苏力译，商务印书馆1998年版，第86页。

② ［美］梅里曼：《大陆法系》，顾培东、禄正平译，知识出版社1984年版，第50页。

③ ［英］丹宁：《法律的界碑》，刘庸安、张弘译，法律出版社1999年版，前言第5页。

④ ［英］丹宁：《法律的界碑》，刘庸安、张弘译，法律出版社1999年版，前言第5页。

⑤ 参见周详：《英吉利民族国家精神与英国刑法的特性》，载《华中科技大学学报》2006年第6期。

的恐惧。不仅如此，法官有权创制普通法，这已成为家喻户晓、颇受欢迎的制度。”[①] 但是英美法系中的“法官造法”与我们所说的司法解释立法化是否是同一回事呢？英美法系的这种“法官造法”又是如何获得其合法性的呢？下面，我们将对这两个问题进行深入讨论。

二、当今英美法系的司法解释立法化

英美法系中法官适用法律的过程，也就是解释法律的过程，而法官在解释法律过程中进行法律规范的创造不仅仅是一种法律实践，也得到英美法系的学者普遍承认。

首先，在英美法系国家的政治体制中，基于权力制衡的原理，普遍承认法官（法院）具有法律解释权。例如，近代美国著名政治思想家汉密尔顿在《联邦党人文集》一书中继承了洛克和孟德斯鸠的分权学说，提出了立法、司法和行政三种权力分立且制衡的观点。他指出，司法独立是限制君主专制的保证，在共和政体下，它也是限制立法机关越权的保障。他主张，法院有权宣布立法机关制定的法律违背宪法而不能生效；法院有解释法律的权利。[②] 可见英美法系中法院有解释法律的权力乃至于法官在解释法律时的有限度的造法的制度设计乃是司法对立法的一种制衡。

其次，英美法系国家的学者基于判例制度，认可法院或者法官的司法解释立法化活动的有效性。“司法过程的最高境界并不是发现法律，而是创造法律。”[③] 而且，这一观点并非某个学者的主张，

---

① ［美］梅里曼：《大陆法系》，顾培东、禄正平译，知识出版社 1984 年版，第 16 页。

② 参见王哲：《西方政治法律学说史》，北京大学出版社 1988 年版，第 252 页。

③ ［美］本杰明·卡多佐：《司法过程的性质》，苏力译，商务印书馆 1998 年版，第 105 页。

而是英美法的一贯实践。“事实上，这一关于司法职能的观点中，并没有什么革命性的甚或是新颖的东西，这就是在普通法的发展中几个世纪以来法院从事它们的事务的方式。”① 有所争议的是这种司法解释立法化的效力的程度以及界限或者限制。“在我们这个时代，在对司法过程的认识中，法律创造说必须被认为是一种最普遍的共识，尽管在司法立法的量与范围的问题上仍然存在着分歧。”②

例如，一些英美现实主义法学家对“只有立法机关才有权制定和改变法律，法官只适用法律，他们的职能是消极的”的传统观点提出质疑，认为制定法不是法律，因为制定法必须由法院解释来确定其含义。美国大法官弗兰克认为，法律确定性只是一个“基本法律神话”，就每一案件而论，法只不过是法院的判决或对判决的预测。“当大多数法学家否认法官制定法律时，少数朝气蓬勃的法学家现实主义地断言法官制定着法律。”在他看来，一项法律在被法院判决适用前，它是处在“未定”状态的，此时根本谈不上所谓“当事人的既定法律权利问题”。③ 可见，弗兰克的理论强调了“司法立法”的意义，乃至于得出这样的结论：法官的判决才是真正的法律。这一观点也得到了其他学者的认同，如格雷认为，法律就是法官所宣布的东西；制定法、先例、博学专家的预见、习惯和道德都只是法律的渊源。布朗认为，一个制定法只有在法院解释之后才成为正式的法律，制定法只是表面的法律，而真正的法律，除了在一个法院的判决中，不能在任何其他地方发现。④

---

① ［美］本杰明·卡多佐：《司法过程的性质》，苏力译，商务印书馆1998年版，第71页。

② ［美］E. 博登海默：《法理学——法律哲学与法律方法》，邓正来译，中国政法大学出版社1999年版，第554页。

③ 以上观点转引自张乃根：《西方法哲学史纲》，中国政法大学出版社1993年版，第259页、第304页。

④ 参见［美］本杰明·卡多佐：《司法过程的性质》，苏力译，商务印书馆1998年版，第78页。

这些观点强调了“司法立法”的不可避免性，这一点得到了在美国占主流的实用主义、现实主义、社会学法学派的支持。[①] 例如，美国的社会学法学派代表人物庞德就指出，我们不仅把法律制度视为固有之物，也把他们视为被创造之物，他们不仅是此前某个时代的创制的事物，也是当下所创造的事物。[②] 这种创造性的立法主要有以下三种形式：确立程序性拟制的形式，以及后来更加广泛和一般的解释、衡平法和自然法的拟制的形式；司法经验主义的形式，或者经由司法审判而展开的反复试错或兼容否弃的形式；法律科学和立法的形式。[③] 显然，司法解释中的法律规范的创造或者法官立法是其中的一种形式，庞德毫不掩饰地批判了简单依法条进行概念的逻辑分析的“机械主义法学”：“有一个因素遭到了论者们的否认和忽视，在任何19世纪的法律史解释中，我们都没有发现诸如律师、法官、法学著作撰写者及立法人员等人的创造性活动这个因素。这些解释只字未提法律者通过创造的理性或一种创造性的试错过程而在调适或协调人们所具有的各种相互重叠的权利主张的方面作出的不懈努力。这些解释把法律发展这种现象视做单纯的事件，就好像人们在每个事件的发生过程中都无所作为似的。”[④] 他还用“无法司法”或“不据法司法”的概念来描述司法中进行创造性立

① 庞德认为：“普通法的法律哲学，说到底就是实用主义的哲学。”转引自［美］本杰明·卡多佐：《司法过程的性质》，苏力译，商务印书馆1998年版，第63页。

② 参见［美］罗斯科·庞德：《法律史解释》，邓正来译，中国法制出版社2002年版，第224页。

③ 参见［美］罗斯科·庞德：《法律史解释》，邓正来译，中国法制出版社2002年版，第191～192页。

④ ［美］罗斯科·庞德：《法律史解释》，邓正来译，中国法制出版社2002年版，第173～174页。

法的形式。[1] 另一位美国现代实用主义法学的代表人物霍姆斯在《普通法》一书中曾提出过一个“法律的生命不是逻辑，而是经验”的著名论断，其用意也是旨在阐述法律就是人们对于法院事实上将要做出什么决定的预测：“对法院将实际做什么的预测，并且不包括任何夸夸其谈，这就是我所指的法律。”[2] 卢埃林亦认为：“什么是法律呢？法律就是官员解决争端的行为。”[3] 这些学者关于法的定义都意味着：法官的判决就是法律。这不仅承认法官创造法律规范的合法性，而且认为法官所立的法要比立法机构所立的法更具有决定性和权威性，因为法规是由法院解释的，而这种解释决定着法规的真实含义，其实际意义远比其文本意义大。

但是“法院的判决才是法”的观点也许过于极端，否认了法律规则的确定性，甚至否定了法律本身，因此就这一点而言，很多现实主义的法学家也不完全赞同。例如，霍姆斯也承认，法官必须而且确实在立法，但他们只能在法律的缝隙中进行立法；他们仅限于从克分子到分子的运动。[4] 卡多佐认为，这些“法律定义实际上否认了法律存在的可能性，因为它否认了存在一些普遍运作的规则的可能性，这样一个定义本身必定蕴含了荒谬和错误的种子”，[5] 在他看来，即使法官有权力忽视一个制定法的命令，并不顾这些命令作出判决。他们也有权力超出空隙之边界，越出先例和习惯为司

① “无法司法”就是根据某个人的意志和直觉进行的，他在审判时期有广泛的自由裁量权，而且不受任何固定的、一般的规则约束。参见［美］E. 博登海默：《法理学——法律哲学与法律方法》，邓正来译，中国政法大学出版社 1999 年版，第 148 页。

② Holmes, The Path of Law, Harv. L. Rev (1897) 10.

③ K. N. Llewellyn, The Bramble Bush, Oceana Publishing Inc 1960.

④ 转引自［美］E. 博登海默：《法理学——法律哲学与法律方法》，邓正来译，中国政法大学出版社 1999 年版，第 557 页。

⑤ ［美］本杰明·卡多佐：《司法过程的性质》，苏力译，商务印书馆 1998 年版，第 79 页。

法创新所设定的边界，尽管如此，如果滥用了这种权力，他们也就违反了法律，如果是恶意违反，则构成法律上的过错，要承担法律上的责任，总之他认为存在着这样一些司法原则，他们限制了法官的自由。[①]“即使法官是自由时候，他也仍然不是完全自由。他不能随意创新，他不是一位任意漫游，追逐他自己的美善理想的游侠。”[②]“我们必须保持在普通法的空隙界限之内创新，这些界限是多少世纪以来的先例、习惯和法官的实践确定的。”[③] 然而，尽管他对极端的规则怀疑主义持批判态度，但是，他从不否认法官的创新的必要性，“法官在某种程度上必须创新，因为一旦出现了一些新条例，就必须有一些新的规则”。[④]

博登海默也有类似的看法，一方面他承认司法审判中存在着创造成分或立法成分，但他又指出，既然法官的主要职责是裁定植根于昔日的纠纷，那么一般而言，我们就不能把那种建立未来法律制度的正式任务分派给法官去承担。因为，法官必须考虑律师和当事人的合理预期，不能要求他们去推测那些疑心要对法律进行重大修正和改革的法官的意图。法官本人不能拆毁法律大厦或该大厦之实质性部分，也不能用新的法律代替原有的法律。所谓的“法官立法”是受到各种限制的，法官是一种文化的综合创造物，既定的文化传统是他在司法审判中吸收的精神资源，并且为他提供某种审判的标准和原则。这就意味着，法官的审判并不是一种绝对自由、

---

① 参见［美］本杰明·卡多佐：《司法过程的性质》，苏力译，商务印书馆 1998 年版，第 80 页。

② ［美］本杰明·卡多佐：《司法过程的性质》，苏力译，商务印书馆 1998 年版，第 88 页。

③ ［美］本杰明·卡多佐：《司法过程的性质》，苏力译，商务印书馆 1998 年版，第 63 页。

④ ［美］本杰明·卡多佐：《司法过程的性质》，苏力译，商务印书馆 1998 年版，第 85 页。

不受限制的司法意志行为。①

当然，也有英美国家学者明确反对“法官立法”，比如美国著名法学家德沃金在《法律帝国》前言中写道：“我们生活在法律之中并以法律为准绳”，在该书正文中他也强调法官对法律是服从关系而不是创造关系，“我们是法律帝国的臣民，在法律统治的帝国里，法官是帝国的王侯”。② 由此德沃金与哈特以及其他美国法律现实主义者展开论战。但是在我们看来，与其说他反对“法官立法”，不如说他反对的仅仅是“法官立法”的提法，实际上，对于同一个疑难案件，如《法律帝国》中提到的埃尔默案件，③ 同样的处理结果，在哈特以及其他法律现实主义学者看来是“法官立法”，而在德沃金看来则属“法官依法”。按照哈特的观点，法律的语言和规则具有“确定的中心”和“开放结构”之分，立法者在起草法规时不可能预见到所有将来可能出现的情况，所以，在某些范围（即“边缘地带”）内，语言和规则的适用具有不确定性。在这一范围内，法官在决定作出怎样的判决时具有一定的自由裁量权。法官需要用法律规则之外的理由在多种可能解释和可供采用的推理图景中作出的抉择就是一种空隙立法。而德沃金认为，此时并非是法官在解释中立法，而仍然是“以法律为准绳”判案。按照德沃金的观点，法律除了有明文的规则之外，还有原则，法官解释法律时，除了受到规则的约束外，还受到原则的约束。法律是由规则与原则构成的一个整体性的东西。这种法律不仅包含了具体规

---

① 参见［美］E. 博登海默：《法理学——法律哲学与法律方法》，邓正来译，中国政法大学出版社 1999 年版，第 558 页。

② ［美］德沃金：《法律帝国》，李长青译，中国大百科全书出版社 1996 年版，第 362 页。

③ 埃尔默为了尽早得到祖父遗嘱中的财产，谋杀了祖父。遗嘱法中并没有明文规定遗产继承人谋杀立遗嘱的人，是否还可以继承遗产，有法官认为根据遗嘱法埃尔默有继承权；多数法官认为无效，最后判埃尔默丧失继承权。

则，一般法律原则，而且包含了一般法律理论和政治道德姿态。法官在司法中要构建性地对这一整体进行确证。它既不是单纯的说明，也不是恣意的创造，而是确证性的“阐释”。因此他说“法律是一个阐释性概念”。[①] 可见，在表面上他反对“法官立法”，实际上只是他将“法官立法的根据”纳入他的整体性或者阐释性的关于法的概念中去。这类似于将庞德所说的“无法司法”改称为“法外之法”，事实不变，只是称谓变了。正如美国法学家波斯纳在评价德沃金对实用主义法学的批判时所说的，德沃金试图用一些术语使自己的理论正当化，德沃金认为“整合”、“整体”的法律概念“最终看来，是一种博爱的态度，是一种关于我们如何连成统一体——尽管在计划、利益和确信上我们各持己见——的表述”。波斯纳认为，“从这种玄之又玄的文字中，我什么也没有得到”。[②]

再次，虽然当代的英美法系国家也越来越重视制定法的工作，但对制定法的解释也仍然否定不了法官的创造性的法律解释功能。尽管按照波斯纳的说法，新出现的制定法领域强调的形式主义构成了对强调能动性、创造性的现实主义法学家“无法对付的挑战”，因为“目前，法律形式主义最顽固的堡垒不是普通法；而是制定法解释或者宪法解释。在这里，我们发现了最有影响的、现代的、通过表面类似演绎的方法推出法律结果的努力”。[③]“人们不再能够想象实用主义的好法官就是制定理由充足之公共政策之立法机关的快乐合伙人，一个法官如果按照他对理由充足之政策的理解来活

① ［美］德沃金：《法律帝国》，李常青译，中国大百科全书出版社1996年版，第356~367页。

② ［美］波斯纳：《超越法律》，苏力译，中国政法大学出版社2001年版，第461~462页。

③ ［美］波斯纳：《超越法律》，苏力译，中国政法大学出版社2001年版，第457页。

动，就很容易在目的上与立法机关交叉，就像昔日法官采取的立场那样对‘减损普通法’的成文法做狭义解释忠于立法目的，这已经成为现代形式主义——即不论被解释的成文法何等堕落，法官都应当充当立法机关的忠实代理人——的标志。”① 但制定法领域的出现实际上并没有否定对制定法进行创造性解释的空间。准确地说，英美法系中越来越重视的制定法领域，其创造性解释的空间仍然存在，只不过相对于判例法领域，法官的创造性空间变小了而已。

的确，在英国，随着大量的议会制定法的出台，在很长一段时间里，人们认为对制定法的解释技术与普通法的解释技术是对立的。人们普遍认为，法官的职责仅仅在于确定议会在其法规中所表述的雷同并将法规词语适用于他所受理的案件，在疑难案件中，法官给法规补充遗漏要点或者附加衡平法上的例外，都被认为是越权行为。人们普遍认为，法规的真实含义是同其词语的明确含义所传达给法官的那种意义相一致的，而且法官应当尽可能地给予法规所使用词语的字面含义以充分的效力。法官的义务就是按照法律之现状阐明法律并把救济问题留给他人去解决。在美国，尽管也有个别判例支持这种“必须按照字面含义解释法律”观点，但是，这种观点越来越丧失了说服力，这被博登海默批评为“过于简单化的解决问题的方法”，而且美国最高法院也拒绝只按照字面含义解释法规。“当今最高法院判例中的趋势是朝侧重目的的法规解释政策的方向发展的。”② 在面临制定法的挑战时，卡多佐认为，立法机构也能时时总结和简化法庭得出的结论并赋予它新的效力，然而，即便如此，他的抚慰也是有条件的和临时的。这种循环过程是没有

① ［美］波斯纳：《超越法律》，苏力译，中国政法大学出版社 2001 年版，第 450 页。

② ［美］E. 博登海默：《法理学——法律哲学与法律方法》，邓正来译，中国政法大学出版社 1999 年版，第 532 页。

尽头的，解释紧随着法典而至，解释之后跟着修正，于是这个任务永远也不能完成，把规则、原则适用于不断变化的复杂事件，需要法官的创造性工作。[①] 卡多佐并不主张在遇到文本解释的挑战时，就一定要消灭司法想象的创造力。他认为："普通法中的缝隙要比制定法中的缝隙更宽，至少就常见于英国和美国的那种形式的制定法而言是如此……令我关切的并不是这些空白的大小；毋宁说，我们更关心的是那些将用来决定如何填补这些空白的原则，而无论空白是很大或是很小。"[②] 在处理制定法的解释难题时，法官的解释并不是要修改一个制定法，不像对待普通法原理那样，法官可以自由改动。但是，现实主义的法学者认为解释是一个创造性的工作，而不是一个沉思性的工作，事实上，法官在决定棘手的制定法（当然还有宪法）案件时，与他们觉得棘手的普通法案件时一样，都有很大的自由空间。[③]

最后，英美法系的多数学者认为法官造法或者司法解释立法化具有合法性。英国分析实证主义法学家哈特就认为法官造法的合法性来源于立法权的默示委托。他基于对法律规则的考察，认为法律存在着空缺结构，法律的空缺结构意味着的确存在着这样的行为领域，在那里，很多东西需留待法院或者官员去发展，在规则范围和判例理论留缺的领域，法院发挥着创制规则的作用。换言之，法官在法律规则的空缺结构内可以造法。"法院的这个作用颇似行使行政机关的委托立法权。在英国，这个事实经常被法院的姿态模糊：因为法院常常否认任何这种创制职能并强调解释法规和适用判例的

① 参见［美］本杰明·卡多佐：《法律的生长》，刘培峰、刘骁军译，贵州人民出版社 2003 年版，第 72 页。

② ［美］本杰明·卡多佐：《司法过程的性质》，苏力译，商务印书馆 1998 年版，第 43 页。

③ 参见［美］波斯纳：《超越法律》，苏力译，中国政法大学出版社 2001 年版，第 449 页。

任务分别是探寻‘立法机关意图’和已经存在的法律。”① 卡多佐认为法官造法的合法性来源于宪政习惯。“（批判者认为）这个世界并没有什么东西保证法官会比其他人对他们时代的道德习俗的解释更为明智和更为真实。我不打算否认这一点，但是在我看来，这话又说得很不在点子上，这里的要点更多地在于人们必须将这一解释的权力放在什么地方，而政制的习惯又已经将之放在了法官的手中。如果法官要完成他们作为法官的职能，那么这种权力就很难放在其他地方。”② 如果说这些还只是法官自己的说法，那么，法官造法实际上也得到了政界的认可，法官在解释中立法具有政治上的合法性，如美国总统罗斯福在国会咨文中说：“在我们国家，主要的立法者也许是，并且经常是法官，因为他们是最后的权威。在他们的每一次解释……他们都必然要将某种社会哲学体系的某些部分带入法律。并且，由于这些解释是根本性的，他们也就是在给所有的法律制定提供指导。”③

第二节　大陆法系司法解释立法化现象的梳理

一、大陆法系的法律发展史中的司法解释立法化

按照梅里曼的看法，大陆法系有三个历史起源，罗马法、宗教法、商法。其中最古老的组成部分直接来自公元 6 世纪查士丁尼皇帝统治时期编写的《国法大全》，该法律汇编提供了罗马私法的绝

---

① ［英］哈特：《法律的概念》，张文显等译，中国大百科全书出版社 1996 年版，第 134～135 页。

② ［美］本杰明·卡多佐：《司法过程的性质》，苏力译，商务印书馆 1998 年版，第 84 页。

③ ［美］本杰明·卡多佐：《司法过程的性质》，苏力译，商务印书馆 1998 年版，第 107～108 页。

大部分，受到了历代法学家的重视，最早的欧洲大学中主讲的法律就是《国法大全》，并形成了注释法学派。罗马私法以及注释法学派的著作成了欧洲普通法的基础，法制史学家把这称之为共同法。19世纪欧洲主要国家的民法典基本上是以该法典为模式。大陆法系的第二个古老的部分是教会法。最开始，教会法有自己的独立的法院系统和适用范围，后来逐步和罗马法融合。教会法对欧洲共同法的影响主要是在家庭法、继承法以及刑法、程序法方面。第三个部分是后来从十字军东征时代的意大利开始发展起来的商法。这三个部分成为大陆法系各国大部分私法、程序法，以及部分刑法中的概念、制度和程序的主要渊源。①

我们需要重点研究的是《国法大全》以及教会法这两个古老的大陆法系渊源与司法解释立法化之间的关系。从《国法大全》来看，该法律汇编颁布后，皇帝立即禁止再行参阅其他任何法学家的著作，只能参考《国法大全》，也禁止对《国法大全》进行任何评注。② 从这个角度来看，《国法大全》确立了禁止对该法律进行解释的原则。当然不会有司法解释立法化的问题。可以说《国法大全》代表着大陆法系对待法律解释的一个传统：即否认法官具有自由裁量权或者解释法律的权力。当然事实上，皇帝的这个命令本身收效甚微，即使是在查士丁尼当政期，该命令就开始遭到蔑视，学者们实际上一直在对该法典进行解释。此后的传统是，虽然欧洲大陆的法官不具有固定的立法权，但是，法官完全可能参考学者对法典的解释来司法，因此，可能会有司法解释立法化的事实包含于其中；的确，“在西方，查士丁尼的罗马法被视为一种理想法，是理性的文字体现，即书面理想，他的原则应该支配任何地方

① 以上内容参见［美］梅里曼：《大陆法系》，顾培东、禄正平译，知识出版社1984年版，第6~13页。

② 参见［美］梅里曼：《大陆法系》，顾培东、禄正平译，知识出版社1984年版，第7页。

的所有法”，但是，该“罗马法也只有通过立法或者法学家解释而明确地融入实在法之中，罗马法的规则和概念才能成为西方帝国的实在法”。[①] 即使罗马法是一个已经完成了的，不可改变的东西，但却可以对其进行重新解释。法学家为了使法律具有一定的灵活性，也对《国法大全》进行着解释。当然，这种解释基本上还是受到立法至上观念的制约，法学者的解释体现出一种谨慎的特点，“罗马法的解释家们谨慎地解释法律以适应变化”；[②] 而且历代法学家对该罗马法的解释的基本目的在于以该罗马法为素材，为立法者提供体系化的法律规则，因此其主要目的还是为立法者制定完备的法典而不是司法者提供司法的解释学依据。因此，《国法大全》给大陆法系提供的是一条力图建立完备法律体系的法典化之路，而不是提供法官立法或者司法解释立法化之路。但是学者对《国法大全》的解释，自然免不了规则的创造，事实上也不排除法官引用法学家的这种解释来司法。因此，《国法大全》虽然在总体上的主旨是限制法官解释法律，法官创造法律，但实践中，学者对《国法大全》的立法性、创造性的解释迂回地、暗度陈仓地进入司法领域。

而教会法以及在12世纪至13世纪欧洲各王国发展起来的在结构上和教会法很相似的王室法律，从某种意义上代表了和《国法大全》那种立法至上、不容解释的法律思想所不同的另外一种思想传统，即承认法律的灵活性、法律规则的不完善，因此需要在公平正义观念的指导下通过法律解释进行补充。“王室法和教会法都证明了这样一种信念，即一切法律本身都含有某种与正义相一致的目的，这些内在的目的要知道法律规则和技术的解释和运用。……

---

① 参见［美］伯尔曼：《法律与革命》，贺卫方等译，中国大百科全书出版社1993年版，第249页。

② ［德］魏德士：《法理学》，吴越、丁晓春译，法律出版社2005年版，第18页。

在诸如实现他们的正义的内在的目的之类的方式上，这两种法律都被主要看做一种制定、解释和运用规则的过程。”① 例如，西方第一部王室法典，意大利的诺曼王国的罗杰国王颁布的《阿里亚诺法令》第1条的题目就是“关于法律的解释”，它规定：“我等命令，对于陛下新颁布的法律，所有人都应普遍遵守，并以虔敬之情宽缓他的极度严格性，有限度地增加他的灵活性，澄清他的模糊之处。”② 该法典明确规定法规不明确处应当予以解释。而且值得注意的是，填补法律空隙的法律解释并不能简单地由每个人进行，在原则上是国王的权力。司法变成了公共关系的事务，它是由专门受过训练的官吏来操纵。③ 这类似于我国当前的法律解释体制，将法定的法律解释权视为一种独立的权力，由最高立法机关或者最高司法机关垄断以加强国家权力的倾向。

另外，从罗马法与教会法的关系来看，将对教会法的解释视为与对罗马法的解释不同的思想传统也是有根据的。正如伯尔曼在谈到罗马法与教会法的关系时认为：即使《教会大全》的编撰也参考了《民法大全》（《国法大全》），但教会法并不是罗马法的一个“后代”，相反，教会法具有自己独立的基本方法，他在总结二者的最大差异点时说：

“罗马法与教会法最重要的差异或许是这样的一个事实：除了极有限的例外，罗马法被视为已经完成的，不可改变的，是只能重新解释而不能予以变化的东西，与之相反，教会法虽然也是从往昔继承下来的，但它并没有完成，它可以继续加以再造。它具有一种

① ［美］伯尔曼：《法律与革命》，贺卫方等译，中国大百科全书出版社1993年版，第625页。

② ［美］伯尔曼：《法律与革命》，贺卫方等译，中国大百科全书出版社1993年版，第508页。

③ 参见［美］伯尔曼：《法律与革命》，贺卫方等译，中国大百科全书出版社1993年版，第509页。

随着时代推移而有机发展，直觉成长的特性。这一点赋予了它某种杂乱无章的特征，从而有可能使它在作为一门科学时吸引力要少于罗马法。但是从道德与政治的观点来看，这又确实是更有意义的。因为它作为一门科学的无序性正是他作为一种体系的能动性——他的从过去走向未来的运动——的必然内容所在，这样一种时间维度的存在乃是近代西方各种法律体系的一种本质属性。"①

的确，大陆法系在后来发展起来的法律解释学，尤其是强调创造性的哲学解释学，从起源上来说，不是从对更早就存在的罗马法的解释学特征上发展起来的，相反更多的是受到教会法的解释传统的影响，或者说是在对《圣经》的解释理论中逐步发展起来的。

因此，我们认为，对大陆法系历史的考察，应该分清这两种不同性质的思想传统，尽管这两种传统时而会融合，或者相互借鉴，但大陆法系也自始至终就存在着上述两种力量和倾向的斗争，而在这种融合与斗争的交替过程中大陆法系的法律制度得以发展。这正如美国社会法学家庞德在探讨"据法司法"与"不据法司法"的平衡时所说的，"一个法律制度之所以成功，是由于它成功地达到并且维持了极端任意的权力与极端受限制的权力之间的平衡。这种平衡不可能永恒地保持。文明的进步社会不断地使法律制度丧失平衡。通过把理性适用于经验之上，然后又恢复这种平衡，而且也只有凭靠这些方式，政治组织才能使自己得以永久地存在下去"。②当然，在大陆法系的法律发展史中，似乎第一种倾向在总体上占有优势地位，即使如此，我们也不能武断地下结论，认为第一种思想传统完全压倒或者扼杀了第二种思想传统。斗争的结果往往是某种程度上的妥协，在事实上，近现代大陆法系国家的法律更多的是这

① ［美］伯尔曼：《法律与革命》，贺卫方等译，中国大百科全书出版社1993年版，第249~250页。

② ［美］E. 博登海默：《法理学——法律哲学与法律方法》，邓正来译，中国政法大学出版社1999年版，第149页。

两种思想传统的某种不同程度的混合物，这里我们不妨以意大利的刑法为例来说明该问题。现今的意大利刑法，和其他的大陆法系国家的刑法一样，的确深受罗马法传统的影响，表现为十分推崇法典化，但也并非完全无视教会法的思想传统，而这一特点是在意大利刑法的历史发展过程中形成的。19 世纪 60 年代以前即意大利统一之前，割据各地的王国、共和国都有自己独立的刑法典。1861 年撒丁王国统一了除威尼斯、罗马以外意大利的其他地区，并于当年 3 月 17 日宣布意大利王国的成立。随着统一的意大利的形成，以拿破仑刑法典为蓝本制定的撒丁王国刑法典也逐步推广适用于意大利的其他地区，到 1879 年该法典已适用于除托斯卡那地区外的意大利全境。该法典被拒绝适用于托斯卡那地区的一个原因是：托斯卡那大公国刑法是意大利统一前最先进的刑法典，并且废除了死刑，但撒丁王国刑法典中有大量规定了死刑的条文，有着悠久反死刑传统的托斯卡那人民强烈反对以统一法制为理由而采取恢复死刑这一倒退的措施。但是，从统一的那一天起，意大利就开始了制定统一的刑法典的努力。经过近 30 年的酝酿，终于在 1889 年 6 月 30 日制定了第一部真正统一的意大利刑法典。在法西斯上台之后意大利又着手对该法典进行修改，1930 年 10 月 19 日这个在意大利被称为《洛克法典》的刑法典正式颁布。该法典单从立法技术上来讲是比较先进的，体现出以古典学派理论为基础，结合了刑事实证主义学派的合理主张。该法典在第一条就开宗明义地规定了罪刑法定原则，并在第三章专门规定了犯罪成立的各种要件和排除犯罪的情况，以及在严格按照法益的分类来安排分则体系的体系，按照法益的重要性来确定法定刑的幅度等方面，这坚持了刑事古典学派的基本立场。另一方面，该法典在刑法总则中专门设了犯罪人与被害人一章对犯罪人进行了分类，强调罪犯的“犯罪能力”、罪犯的人格在量刑中的作用，在刑事制裁措施方面采用了传统刑罚与保安处分并用的“双轨制”，强调刑罚除惩罚外还应有“对罪犯进行再教育”的作用等，这些又都充分反映了刑事实证主义学派的合理主张。该法典强调刑罚处罚的对象是行为人而不是行为。法西斯政权倒台后，意大利政府仅仅对1930年刑法中专制色彩最明显的一些条文进行了“零敲碎打”式修改。尤其值得注意的是，1974年颁布的两个法律扩大了缓刑适用的范围，并“极大地增大了法官的自由裁量权”。[①] 依笔者之见，刑事古典学派强调的是对法律的确定性或者法律的形式主义特征的崇拜，限制或者禁止法官解释刑法，这和罗马法的思想传统有着一脉相承的关系。而刑事实证主义则带有实质主义的特征，强调犯罪人的人身危险性，以及强调法官可以根据不同犯罪人的人格或者犯罪能力进行具体问题具体分析式的裁判，这和教会法的思想传统有着一脉相承的关系。因此，在我们看来，意大利刑法典实际上体现了欧陆两大思想传统的混合特征。而刑法典的这种特征，也必然为司法者解释刑法过程中行使自由裁量权乃至于进行某种创造性立法提供了客观的空间。实际上，意大利刑法学界通说在类推解释的态度上是比较暧昧的，甚至有某种青睐的意味。[②]

总之，我们认为，在大陆法系的历史发展过程中不是不存在法官造法这样的（刑事）司法解释立法化现象，而仅仅是（刑事）司法解释立法化现象的存在方式和英美法系有所不同而已。

二、大陆法系司法解释立法化的独特存在方式

众所周知，大陆法系具有悠久的理性主义传统。按照英国学者哈耶克的批判，这种理性构建主义自欺欺人地认为理性能够把握所有的特定细节，努力使所有的东西都受制于理性控制的过程中，所有因建构论唯理主义这一知识进路中所产生的“如此井然有序、

① 参见陈忠林：《关于我国刑法学界对意大利现行刑法的几点误解》，载《中外法学》1997年第5期。

② 参见［意］帕多瓦尼：《意大利刑法学原理》（注评版），陈忠林译评，中国政法大学出版社2004年版，译者序第12～13页。

如此明晰可见、且如此易懂”的漂亮计划而被它们迷惑住的人们，实在是“笼而统之的幻想”的牺牲品。[①] 而在大陆法系的学者看来，英美法系判例制度中普遍存在的“法官造法”则混淆了立法权与司法权，导致司法权对至高无上的立法权的侵犯，违反了理性所要求的逻辑明晰性和事物之间的边界划分，损害了法律的确定性。正如美国比较法学家梅里曼所言：“‘确定’在大陆法系国家获得了至高无上的价值，它已经成为毋庸置疑的信条，是最基本的目标”，“依据确定的要求，法官不得创造法律；立法应当完整、清晰、逻辑严密；法律的解释和适用应该尽可能成为‘自动’实现法的‘确定’的过程。在此意义上，‘确定’的主张反映了防止法官创制法律的愿望。”[②] 从这个比较法的角度来看，似乎在大陆法系法官造法不具有合法性，或者说司法解释立法化是不合法的现象。但这实际上只看到了表面现象。

其实，任何法律都是确定性和变动性的矛盾统一体。正如庞德所指出的：“法律必须稳定，但又不能静止不变。因此所有的法律思想都力图协调稳定必要性与变化必要性这两种彼此冲突的要求”，而法律的稳定性与变化性则主要是立法与司法之间的关系问题，“更为具体地讲，有关稳定必要性与变化必要性之间的协调问题，从某个方面来看，变成了一个在规则与自由裁量权之间进行调适的问题，变成了一个在根据确定的规则（或至多根据从严密确定的前提所做出的严格的推论）执行法律，与根据多少受过训练的有经验的司法人员的直觉进行司法之间进行调适的问题。”[③] 显

① 参见［英］哈耶克：《法律、立法与自由》，邓正来等译，中国大百科全书出版社 2000 年版，第 12 页。

② ［美］梅里曼：《大陆法系》，顾培东、禄正平译，知识出版社 1984 年版，第 49 页。

③ ［美］罗斯科·庞德：《法律史解释》，邓正来译，中国法制出版社 2002 年版，第 2 页；本段中其他未注明出处的引文也引自本书。

然，不论大陆法系的学者如何鄙视或者批判英美法系的法官造法，但大陆法系国家在司法过程中也回避不了法律的运动与静止、保守与变革、经久不变与变化无常这些互相矛盾的力量，也必须处理这些矛盾，寻求二者之间的某种和谐或者平衡。

况且，大陆法系学者对英美法系的法官造法的批判也可能只是一种想象，不见得与客观效果相符合。尽管，在大陆法系的学者看来，英美法系的判例制度中法官的自由裁量权过大，乃至于公开承认法官立法，似乎损害了法律的确定性。但实际上英美法系的判例制度本身的首要特性在于确保法律的确定性和稳定性，甚至于英美法系的法律体现出一种大陆法系难以接受的超稳定性和保守性，如英国人崇尚历史、保守主义，相信“一切都是旧的好”，他们缓慢地相信新鲜事物，在实际当中对错误极具耐心，确信一度建立起来的法则与习俗是伟大的。在英国人眼中，“封建”和“保守”是伟大的、崇高的，可与民主、自由并行不悖。这使得封建法成为英国刑法得以形成的主要因素之一。我们所熟悉的所谓“西方法治”理念中的“从身份到契约”的理性进步可能并不能涵盖英美法系的法律发展进程。而社会契约论的自然人权对英国刑法而言只是舶来概念。美国法学家庞德指出，我们将回到法律为统治者与被统治者关系而设定、而附加权利义务这一真正的普遍法概念上来。[①] 从刑法的角度看，实际上英美刑法中的很多制度的主要因素和许多独具一格的学说都是封建关系的类推，具有诸多封建因素的传统。例如，不作为犯中注意义务问题，普通法法官趋向于在当事人之间找出某种责任关系或者人身关系。又如，英国代理刑事责任的产生也是由雇主与雇员的关系而决定的（如在公共妨害和刑事诽谤犯罪中，尽管雇主本人是完全清白的也要对雇员的犯罪行为负责）。这是封建社会中的“身份”关系在刑法中的体现。再如，英美法系

① 参见［美］罗斯科·庞德：《普通法的精神》，唐前宏等译，法律出版社2001年版，第13页。

中的严格责任也被大陆法系法学者视为是封建“株连”刑事责任或者结果责任的残余。

有一些学者也看到了英美法系的这一特点，甚至认为在总体上英美法系的司法立法要比大陆法系的制定法更具有确定性。“作为司法立法的成果，判例法一方面强化了法官的权威，另一方面也强化了法律的确定性。”① 按照梅里曼对英美法系的确定性的看法，即使英美法系中的确定性通常是根据更实用的观念来认识的，并没有把它奉为信条，但英美法系的判例法制度要比大陆法系中“泛泛的立法条文更有助于加强法的确定性”。② 何以梅里曼认为，将“确定”奉为毋庸置疑的信条的大陆法系国家的法律，反而不如实用主义地看待“确定”的英美法系国家的法律更具有确定性呢？这似乎是两个自相矛盾的命题，但在直觉上似乎又说出了某种客观存在的实情。在我们看来，实际上这个客观效果是大陆法系在对待法官立法或者处理司法解释立法化的特有方式所导致的。

一般而言，在大陆法系国家的主流思想和正式的制度设计中基本上是只承认立法者创造法律的权力，而不承认法官立法或者司法解释立法化的合法性。但这并不意味大陆法系不存在司法解释立法化或者法官立法的现象。在事实上，大陆法系的法官也通过各种隐晦的法律解释技术进行着规范的创造。和英美法系公开承认法官造法相比，大陆法系总体的司法解释立法化的模式是通过“学者造法”而影响法官的司法解释的间接方式存在着的。

（一）正式法律制度上的立法至上的实践

如前所述，立法至上的观念在大陆法系最古老的法律渊源——《国法大全》——颁布时就已经有了端倪，皇帝在颁布了《国法大

---

① 刘爱龙：《法官续造法的伦理分析》，载《金陵法律评论》2007 年春季卷，第 98 页。

② ［美］梅里曼：《大陆法系》，顾培东、禄正平译，知识出版社 1984 年版，第 49～50 页。

全》之后，立即下令禁止再行参阅其他任何法学家的著作，只能参考《国法大全》，也禁止对《国法大全》进行任何评注或者解释。18世纪末，法国在大革命期间曾通过法律（1790年），规定“当法院认为有必要解释一项法律或制定一项新法时必须请求立法会议”，还通过立法创立附属于立法机关的“上诉法庭”负责监督各类法院，以防司法偏离法律条文，侵犯立法权。1794年《普鲁士民法典》颁布后，主持编纂这个法典的腓特烈大帝提出，如果法官对这个法律作出解释，就将被视为对腓特烈大帝的不敬而受到严厉的惩罚。在大陆法系，法官无权以任何理由对法律进行解释，如果法官遇到了任何疑难问题，都应当去咨询皇家委员会，而且也应当完全受其解答的约束。① 而在1804年制定的《法国民法典》不仅仅开辟了欧洲大陆国家的法典化历程，而且还将《国法大全》的禁止解释原则写入法典中去，《法国民法典》第4条、第5条甚至禁止法官拥有自由裁量权，法官几乎成了法律的“奴隶”。《法国民法典》不仅规定法官不得以创制一般规则的形式作出裁判，同时又规定法官不得以法律没有规定为由拒绝审判，这一正一反实际上都绝对否定法官创制法律。② 《法国民法典》颁布后，法典曾一度被视为万能之物。虽然，拿破仑没有像查士丁尼那样明令禁止对他的民法典进行评注或者解释，但他希望评注不要公开发表，因此，据说拿破仑得知当第一部注释并评说法国民法典的著作问世时，曾经哀叹：“我的法典完了。”③ 实际上以上几个例子反映的是大陆法系国家立法至上观念的极端表现。

---

① 参见［美］罗斯科·庞德：《法律史解释》，邓正来译，中国法制出版社2002年版，第21页。

② 参见张志铭：《法律解释原理》（上），载《国家检察官学院学报》2007年第6期。

③ ［美］梅里曼：《大陆法系》，顾培东、禄正平译，知识出版社1984年版，第61页。

（二）大陆法系主要法学流派的立法至上观念

若从思想渊源来说，这种立法至上的思想传统最早可以追溯到亚里士多德对法治的著名论断，他认为法治有两个层次：制定良好的法律；制定良好的法律获得普遍的遵守。亚里士多德认为，以正当方式制定的法律应当具有终极的最高权威。他赞同柏拉图的关于品行和政治才能都极其优秀的人物（哲学家）应当成为永久的统治者，只不过他认为这个优秀的，如“神”一般的人“必须是立法者”。[①] 这实际上已经隐含了大陆法系中“立法者是万能的”观念。虽然当时还没有立法权与司法权的分立，但在亚里士多德关于法治的两个命题中隐含着的意思是，只能由立法机关行使普遍的立法权，而司法机关只是适用法律的主体，它要做的就是把立法机关制定的法律规则和个案事实相结合，实现“良法”中的正义。

虽然，确定性是任何法律所应该具备的最重要的特征之一，但大陆法系一直以来，从崇尚严格解释或者主观解释论立场的罗马法解释学流派到启蒙运动时期产生的各种表现形式的法律实证主义流派、法律形式主义流派，都对法律的确定性有着极端的崇拜之情。法律实证主义有三个基本的命题：只有实在法是法，法的最本质的品质只能是法的外在的可认识的法的形式，这个命题排除任何对某种超实在法的自然法的承认；实在法要求无条件的服从，不能由于担心其内容的不合道德性而排除应用法律，法学家的最高尚的美德就是坚持恶法亦法，改变恶法也只能通过立法修改的方式进行；法律的解释原则上限制在对语法的逻辑的解释，排除种种目的论和价值的考虑。[②] 在大陆法系国家的观念中，实在法当然是指代表国家的主权者制定的法，如霍布斯、奥斯丁将法律定义为“主权者的

---

① 参见［美］E. 博登海默：《法理学——法律哲学与法律方法》，邓正来译，中国政法大学出版社 1999 年版，第 10 页。

② 参见［德］科殷：《法哲学》，林荣远译，华夏出版社 2002 年版，第 55 页。

命令”，边沁认为“法律就是被承认有权立法的一个人或若干人制定的法律”，而洛克、孟德斯鸠的“分权”理论和卢梭“主权在民”的主张，则提供了谁代表国家的主权者，谁有权制定法律的理论根据。

值得注意的是，从哲学倾向来说，大陆法系国家崇尚的理性主义之“合理性”的核心是“合乎逻辑”，“可以用逻辑予以客观验证”，从根本上来说大陆法系的思想家所说的“合理性”和“形式合理性”具有同质性。这是因为，尽管各个自然法学派学者理解的自然法的具体内容可能会五花八门，但有一点是共同的，即自然法就是合乎人的理性的法律。古典自然法论者把自然法归之于理性：“自然法就是理性法。”[①] 所谓“理性”在自然法学者那里主要是指人类的一种理解能力，他们把自然法视为理性的建构，自然法意味着一种绝对有效的、一贯的和必然的东西。总之，大陆法系国家的哲学中所谓的理性具有形式主义的特征，即合乎形式逻辑。因此，坚持法律的确定性、明确性，强调法律的形式特征、形式的价值的法律形式主义往往很难和法律实证主义区分开来。也正是由于这个缘故，德国著名的学者韦伯才会得出法治的最基本特征在于坚持形式合理性优先于实质合理性。在这个大的前提下，韦伯在其他地方又认为所谓的“实质合理性”也就是一种与“法理型”（形式合理性）相对立的“实质不合理性”。因为，该“实质内容”无法获取人类一般性的、一致的理解，该实质内容因时因地而变化无常，不符合形式主义特征，不具有合逻辑性，因此就是不合理的。例如，在19世纪占主流地位的实证主义者，就试图将实证主义的思想追溯到康德的追求形式性质的、先验的理智结构的哲学：“只有形式的东西才是实质性的；一种方法愈是形式的，它就愈是实质性的。在事情的整个深度里，对一个问题越是做实质性的表述，他

① ［美］E. 博登海默：《法理学——法律哲学与法律方法》，邓正来译，中国政法大学出版社1999年版，第13页。

就必然会更加具有形式的基础”。①

同时，表面上和实证主义、形式主义法学流派势不两立的自然法学派，也往往在法治的基本主张上和实证主义、形式主义有暗合或者共通的地方。例如，有学者认为：“法律实证主义者主张形式法治本不足为奇，但是，作为新自然法学派的某些代表人物也主张形式法治，似乎有些令人费解。”② 的确，作为新自然法学派的代表人物富勒、芬尼斯以及所罗姆等人也主张形式法治，如富勒虽然明确反对实证主义法学将法与道德相区分的做法，但他提出的法治的八项原则仍然是一种形式法治：（1）法应具一般性；（2）法应公布；（3）法不应溯及既往；（4）法应明确；（5）法不应自相矛盾；（6）法不应要求不可能实现之事；（7）法应稳定；（8）官方行动应与宣布的法律保持一致。③ 在我们看来，其实这种现象若是从西方自然法的观念中的所包含的形式主义、理性主义的特征的角度去理解，就不是一个令人费解的现象。从某种意义上来讲，自然法思想内涵着实证主义、形式主义法学流派的基础，是西方形式法治的生长点。事实上，诸多实证主义法学家也是从古典自然法的理性主义这一基本的前提出发进行论证的。例如，霍布斯、奥斯汀等一方面主张实证主义的法律定义，另一方面又从自然法的角度对此予以论证，认为自然法来自人的理性，是每一个人基于理性就可以理解和同意的，或者认为“只有一般性的命令才具有法律的性质”。④

总之，大陆法系的两大主要法学流派——自然法学流派与实证

① ［德］科殷：《法哲学》，林荣远译，华夏出版社 2002 年版，第51 页。

② 高鸿钧：《现代西方法治的冲突与整合》，载高鸿钧主编：《清华法治论衡》，清华大学出版社 2000 年版，第 5 页。

③ 参见高鸿钧：《现代西方法治的冲突与整合》，载高鸿钧主编：《清华法治论衡》，清华大学出版社 2000 年版，第 4 页。

④ ［美］E. 博登海默：《法理学——法律哲学与法律方法》，邓正来译，中国政法大学出版社 1999 年版，第 119 页。

法学流派最后都倾向于奉行立法至上的法治主义，将法律的创造归结为立法者而不是司法者。从某种意义上来说，大陆法系的主流思想传统中的“以法治国”、“法律至上”、“法制原则”大致可以转换“以立法治国”、“立法至上”、“法律形式主义”。

（三）从“学者造法”暗度陈仓到“司法解释立法化”

大陆法系立法至上的主流思想传统，从立法者与司法者的关系来看，其必然逻辑是“对法官的不信任”、“法治反对对法律的解释”、奉行“司法克制主义”。与普通法系的法官相比，在欧洲大陆的司法传统中，法官的地位比较低。在古罗马，法官在法律活动中并不是重要人物，法官职位一直是掌握在并不一定了解法律的门外汉手里，权力受到极大的限制；在帝政时期以前，他们唯一的作用就是主持裁判官（praetor）所提供的诉讼程式；到了帝政时期，解决争讼的权力则大多转移到了执政官的手里。学者们通常把普通法称为“法官法”，却从来没有人想到要用该术语来谈论大陆法系。在中世纪，法官的职能中只有裁量权有所扩大，但法官的职位如同财产，既可以继承也可以买卖。因此，司法制度在欧洲大陆的资产阶级革命中成为民众猛烈抨击和革命的对象，指责之一就在于法官正在脱离传统大陆法系司法工作的模式而仿效英国法官的活动，法官们创造性地解释并创建地方习惯法来同国家法律相对抗，甚至发展了法官自己创立的遵循先例原则。在法国的资产阶级革命前夕，身居贵族之列的法官阶层，往往随意地利用司法裁量权，同土地贵族勾结在一起，用极其残酷的刑罚随心所欲地镇压敢于违抗其意志的农民、城市工人和中产阶级；另一方面又站在地方贵族的立场上拒不执行或站在旧法的立场上来解释中央政府制定的一些试图进行改革的立法措施。[①] 因此在古代罗马，“iudex”（法官）一

① 参见［美］梅里曼：《大陆法系》，顾培东、禄正平译，知识出版社1984年版，第34～36页。

词意味着“法官的枉法非为”。[①] 而到了封建社会向资本主义转变时期，在革命者和法学家看来法官解释法律就是司法专横、恣意司法的代名词。于是，大革命中产生了严格的分权原则，重新限制了司法权，法律只能由立法机关制定，法官不能直接或间接地创制法律，不允许法官对立法机关制定的法规中有缺陷、相互冲突或者不明确的地方进行解释。因此，在大陆法系，形成了法治反对法官对法律进行解释的司法传统，如西方法谚中有很多追求立法的明确性、反对法官解释法律的格言，如“对法律最好的解释是法律本身”，“法律的文字不容违反”，“法律的文字意思就是法律的精神”，“如果没有歧义，任何解释都不应与法律文件中意思明确的语义相反”。[②] “没有法律的状态比有不确定的法律要好”、“法律不确定时，法律就不存在了”，“法律不安定、不确定时，事态就不幸”。[③]

但是，大陆法系的立法实践证明“立法者是万能”的这一假设是虚构的神话，无论制定得多么好的法典，总是会有这样那样的问题，法律需要解释是一个不可避免的客观现实。毕竟，任何法律所使用的语言和普通用语一样往往具有多义性，而法律条文又是高度抽象概括的，故容易导致人们对法律规定作出不同理解，因此需要通过解释来统一认识；法律既是裁判规范又是行为规范，并且力求法律用语简短、抽象，但现实的案件都是具体的，于是法律规定与个案之间便存在距离，要将法律规定适用于具体个案，必须解释法律规定；法律用语随着时代发展会产生新的含义，需要通过解释

---

① 参见［美］梅里曼：《大陆法系》，顾培东、禄正平译，知识出版社 1984 年版，第 57 页。

② 参见孙笑侠：《西方法谚精选——法、权力和司法》，法律出版社 2005 年版，第 80～81 页。

③ 参见张明楷：《刑法格言的展开》，法律出版社 1999 年版，第 38～39 页。

说明法律是否接受新的含义；加之法律规定本身不可避免地存在某些缺陷，需要通过解释来加以消除；同时，由于一方面刑法规定必须具有相对的稳定性而不能朝令夕改，另一方面现实生活又是不断发展变化的，故也需要通过解释以便使稳定的刑法规定能适应不断变化的形势，兼顾法律的灵活性。

面对法律需要解释的客观现实，一方面大陆法系的司法传统否定法官解释法律，否定法官造法，但是，另一方面在大陆法系却发展出“学者造法”的方式对现实的挑战予以回应。在大陆法系，学者拥有很高的地位，法学家对大陆法系法律发展的影响有两个方向：第一，学者造法影响乃至支配着立法。尽管立法者是大陆法系法律舞台上的主角，但立法者造法背后真正起作用的却是来自书斋的法学家。大陆法系国家法律创制的实践表明，立法者通常会把立法的任务交给法学家，由法学家们支配着大陆法系国家的法典的制定和修改工作。“法学家们不仅创造了近代民族国家理论，法律实证主义和权力分立学说，而且还创造了法典编撰的内容、形式和风格，提出了具有决定意义的关于审判职责的观点。于是，法学家成了大陆法系中真正的主角，大陆法也就成了法学家的法。”① 第二、法学家影响甚至支配司法者的审判以及立法者的法律解释。早在罗马时代，法学家就是执政官和法官的顾问，虽然，他们没有法定的立法权和司法权，但是法学家的意见很有分量，甚至法学家的意见对法官具有约束力。例如，公元2世纪，法学家的意见被记录下来成为权威的法律，而《国法大全》中的重要组成部分《学说汇纂》、《法学阶梯》基本上就是法学家的著述组成的。在整个中世纪，法学家对法律问题的解答对地方法院具有约束力。在近现代，

① ［美］梅里曼：《大陆法系》，顾培东、禄正平译，知识出版社1984年版，第58～59页。

一些著名的法学家的思想也在支配着对大陆法系法典的解释和适用。[①] 或许正是学者们的这种巨大的权威性，所以，立法者往往对法学家存在爱恨参半的心理。一方面立法离不开法学家，另一方面法学家又决定着对法典的解释，从而决定着法律的适用。因此，在《国法大全》、《法国民法典》颁布后，立法者最怕的就是法学家对这些法典的评述与解释。

我们需要关注的是第二个方向，即法学家的解释对司法的影响。虽然大陆法系国家有着反对法官解释法律的传统，似乎不存在司法解释立法化的现象，但实际上，法学家在对法律的解释中进行着各种法律规则的创造。而法官虽然不承认自己在解释法律，或者不承认在解释法律中创造法律，但是，实际上法官通过对法学家关于法律的解释的观点的运用，以间接的方式进行着司法解释立法化。例如，尽管不少人对“概念法学”持批判态度，认为在概念法学观念支配下的司法过程，就是一个机械的逻辑三段论的过程，否定了法官的价值判断或者司法的创造性，但其实他们只看到了表面现象，实际上司法者的这个司法过程并不缺乏创造性，而只是这种创造性提前由法学家完成了，司法者在司法过程中运用法学家对法律的创造性解释的结论或者观点，其实也可以说是一种隐形的司法解释立法化。即使法学家对法律的研究是在科学的名义下进行的，是在发现法律的规则而不是创造法律规则的名义下进行的，就像梅里曼所说的那样，“法学研究的过程，如同法学分析的方法一样，通过它，人们可以发现那些并不直接包含在法律渊源中的原则”，[②] 但实际上不能否认法学家对法律的解释是一个规范的创造过程。经过法学者系统表述的法律内容和原则从来都不是以统一

---

① 参见［美］梅里曼：《大陆法系》，顾培东、禄正平译，知识出版社1984年版，第59~62页。

② ［美］梅里曼：《大陆法系》，顾培东、禄正平译，知识出版社1984年版，第66页。

的、明确的形式而存在的，即使是对法律进行概念分析、实证分析，也是一个规范创造的过程。为了适应社会的变化，法学家往往会创造新的概念，或者赋予旧概念以新内容。因此，从表面上看，大陆法系的法官进行的司法是一个机械的过程，但实际上创造性已内含于被法学家阐述的法律概念或者法律原则之中。

当然，在大陆法系的法律发展史的不同时代、不同民族国家中，法学家的创造性解释影响乃至决定司法的方式是不同的。在罗马法时代，资深法学家的法学研究成果或者对法律的评述属于正式的法律规范或者法律渊源。这一时期，法学家造的法对司法者具有强制性的约束力。法学家所造的法通过两个途径进入司法过程，第一是已经编写在罗马法大全中的法学者的成果，这属于立法层面对司法的影响。第二是当法官遇到个案的疑难问题时不能自己解释法律，必须将该问题提交给皇帝的“咨询机构”予以解答，该咨询机构主要由资深的法学家组成。法学家的答复具有权威性的法律效力。法学家的这种书面答复是独断性的，言简意赅，且不阐述具体的理由。到了中世纪，仍然保留了法学家对法律的答复这一形式，并且明确规定这种答复对地方法院具有约束力。由法学家的答复以及对罗马法的法学评论汇聚成的法律，以及中世纪法学家对教会法的研究成果被称之为欧洲普通法或者一般法。“欧洲普通法（Ius commune）或一般法（gemeines Recht）即学理性罗马法和教会法就是由这些专业法学家传入法院的。”① 当然，中世纪法学家的答复与罗马法时代的答复在结构上存在一定的差异。与只有结论没有理由的独断答复不同，中世纪的咨询答疑是按照审问的方式对各种论据进行讨论和权衡最后提出解决结论。文艺复兴之后，随着三权分立制度在欧洲的确立，法学家创造的法已经不具有法律的正式渊源的资格，“不过，法学理论虽不是法律渊源，但它对一切领域的

① ［瑞典］K. A. 莫戴尔：《当代欧洲的法律传统和文化》，聂秀时译，载《外国法译评》1999 年第 1 期。

规范制定却有着举足轻重的意义……立法者或最高法院制定的有效的法律规范‘本来’就是法学的成果”。[①] 实际上为了适应法律的灵活性而不断创新的法学理论，是大陆法系法官事实上的造法的依据。由学者创造或者阐述的“法伦理原则”、“事物的本质”、生活关系的“本质”、“客观—逻辑的”解释标准、“类型与类型系列”或者在变革时期常常引用的、意义不断更新的“法律思想”。这些表述背后隐藏着适用者在法政策上的造法，这些概念在看似“科学的”依据的庇护下，进行着隐蔽的立法。[②]

（四）20世纪50年代之后大陆法系国家已逐步开始承认“法官造法”

如果说，在20世纪之前的欧洲大陆，法学家们从来不承认“法官法”，那么，在20世纪中叶，欧洲大陆在理论上也开始展开“法官法”是否是法律的渊源问题的讨论，虽然通说仍然站在三权分立的角度否认“法官法”，但也有些法学家开始反思通说的这种观点，认为通说往往低估了最高法院的判决所具有的形成规范的实际意义以及立法权从立法机关到司法机关的悄然转移。由于这种权力转移具有宪法意义，因此，“法官法”在某些领域的猛增应当引起人们的注意。欧洲国家在立法层面或者司法判例中也有逐步认可“法官造法”的趋势。欧洲国家“在大量的特别立法颁布的同时，法官造法也有发展的趋势”。[③] 欧洲的现代工业国家的重要生活领域几乎完全或者部分地都是由法官法调整，如德国联邦法院就有意识地扮演着辅助立法者的角色，联邦法院在1966年的年度报告中

① ［德］魏德士：《法理学》，吴越、丁晓春译，法律出版社2005年版，第114页。

② 参见［德］魏德士：《法理学》，吴越、丁晓春译，法律出版社2005年版，第380页。

③ ［美］梅里曼：《大陆法系》，顾培东、禄正平译，知识出版社1984年版，第160页。

说:“任何时期所施行的法律都是制定法和法官法的混合,通过法院的理解而实施的法从来不会与立法者制定的法一致,对此法学者们不会有任何怀疑。人们总是只对法官法的标准,而不会对法官法是否应当存在有异议”。[①] 总之,在当代的欧洲,法官的政治地位逐步提高,在法律发展中的作用也越来越大。欧洲政治家们对法院的地位、工作和判决逐渐予以更大的信任,在当今的欧陆国家对以法学家精英集团为基础的法官也逐步赋予更多的权力,其中就包括赋予法官更大的法律解释的权力,这是对“对法官的不信任”的法律思想传统的反思。现今欧洲大陆已经出现了一种关于新型民主的话语,在法国,这一观念被称为“基于信任的民主”。“最近许多欧洲国家,尤其是东、中欧国家,重新审视了自己的宪法,从而赋予法院和法官以全新地位。自由的‘法治国’观念也被加以考虑。这成为当代几个欧洲国家新法律文化的基础。”[②]

由于越来越多的人公认“大陆法系对分权原则的强调已趋过分;竭力排斥法官创法的做法既是徒劳,也最终为社会所不取;追求法的‘确定’已成为不切实际的守株待兔之举和毫无意义的咬文嚼字的辩论的根据,”[③] 故大陆法系一些法学家竭力主张进行司法改革,其中一个重要的内容就是扩大法院解释权。而在司法实践中,从立法机关到法院已经发生了权力的实质性转移,立法至上的信条早已动摇。因此,司法解释立法化在欧洲已经不再犹抱琵琶半遮面,而是逐步的走上了历史的舞台。例如,在1972年的一项调查中,德国宪法法院的法官被问及他们工作的主要方面是对已有规

---

① [德]魏德士:《法理学》,吴越、丁晓春译,法律出版社2005年版,第104~108页。

② [瑞典]K. A. 莫戴尔:《当代欧洲的法律传统和文化》,聂秀时译,载《外国法译评》1999年第1期。

③ [美]梅里曼:《大陆法系》,顾培东、禄正平译,知识出版社1984年版,第66页。

范的执行还是在发展法律，大多数法官回答是对已有规范的执行，只有7%的法官认为他们的工作意味着发展法律。但11年后，宪法法院的法官被问及同样的问题时，他们中的多数法官认为自己的工作包括发展法律、制定政策。①

需要指出的是，由于立法至上观念的长期影响，大陆法系国家法官的法律解释权得到确认并不容易，大体上经历了从否定任何法律解释到承认立法解释再到承认司法解释最后到承认司法立法或者法官造法的曲折过程。“当然不同的国家对此公开承认的程度和采取的方式是大相径庭的，如法国因历史原因，对法官造法的提法总是躲躲闪闪，而德国是公开予以承认的。”②

第三节　西方国家司法解释立法化与三权分立

一、西方国家法官立法的合宪问题

如前所述，司法解释立法化的核心是司法者造法。那么，在西方，和司法解释立法化在实践中的大行其道相反，法学界的“通说否认法官法具有约束力，该观点得到权力分立说的支持，因为司法机关造法是违反制度的”。③ 可见，司法解释立法化面临的最大的指责在于其违反了权力分立的原则，换言之，司法解释立法化在西方也存在着合宪性问题。

我国法学界往往认为美国是典型的三权分立的国家。美利坚合

① 参见宋冰：《读本：美国与德国的司法制度及司法程序》，中国政法大学出版社1998年版，第575页。

② 孔祥俊：《法律解释方法与判解研究》，人民法院出版社2004年版，第138页。

③ ［德］魏德士：《法理学》，吴越、丁晓春译，法律出版社2005年版，第114页。

众国宪法第1条第1款明确规定立法权归国会，国会由参议院和众议院组成。美国宪法第2条规定行政权归总统，第3条规定司法权属于最高法院和国会随时规定和设立的下级法院。司法权的适用范围包括宪法本身和其他合众国的法律、条约、涉外案件以及以合众国为一方的诉讼和州际诉讼等。因此，有学者认为，美国宪法是世界上的首部成文宪法，也是按照三权分立和制衡原则构建的宪法。[①] “从议会至上到三权分立的过渡也是从法治到宪政的过渡——议会制定的法律必须符合‘更高的法’。”[②] 但是，这些学者的见解似乎存在问题，由于美国是一个判例法系或者普通法系国家，故如果说美国是典型的三权分立的国家，那么按照通行的观点判例法的存在显得就有些不合逻辑了，因为判例法本身就产生于法官的判决（即法官从判决中推出的法律规则），是典型意义的司法立法。那么，何以美国的法官立法的司法制度可以在三权分立的制度下长期存在？在这种宪政体制下法官何以有权创造法律规则？当然，这里笔者并非是要质疑美国的三权分立的虚伪性，而是想指出：既然明确标榜三权分立的美国可以允许法官造法，为什么别的国度里不能实行司法解释立法化呢？

除了一直以来就存在的判例法这种法官造法制度，美国宪法学家以及联邦法院法官还在解释美国宪法的基础上，推导出法院的解释法律乃至于违宪审查的正当与特有的职能。汉密尔顿等人在《联邦党人文集》中，对司法解释进行了民主性的辩护：“宪法除其他原因外，有意使法院成为人民与立法机关的中间机构，以监督后者局限于其权力范围内行事。解释法律乃是法院的正当与特有的职责。而宪法事实上是，亦应被法官看做根本大法。所以对宪法以

① 参见李昌道：《美国宪法史稿》，法律出版社1986年版，第1页。

② 张千帆：《宪法学导论》，法律出版社2004年版，第284页。

及立法机关制定的任何法律的解释权应属于法院”。[①] 尽管美国联邦宪法中没有一个字眼指出最高法院可以审查国会或总统法案以及解释宪法或者法律的合宪性。但是，法官通过对宪法第 3 条的“司法权”的解释，认为司法权的核心就是对其管辖的案件具有法律解释权，因此，对著名的马歇尔大法官在 1803 年的马伯里诉麦迪逊案中作出的判决，虽然，有人认为这是创造了联邦司法机关在解释宪法上具有至上性的违宪审查制度，深刻地影响了美国的宪政，但是也有不少法官认为，宪法本身就含有违宪审查的规定，马歇尔法官只是发现了它、宣告了它。“很多人认为宪法本身就明确规定了违宪审查，尤其是根据那些起草宪法的人在当时或后来所述的内容进行解释时更是如此。”[②] 马歇尔法官在判决中推论：“应当强调的是，确定法律是什么司法机关的权限和职责。那些把规则适用于具体案件的人们，必定有必要对规则进行阐释和解释。假如两个法律相互冲突，法院必须决定哪一个适用。如果一部法律是违宪的，而该法与宪法都适用于同一案件，那么，法院要么无视宪法，适用该法；要么无视该法，适用宪法。”其中的逻辑是：宪法是法，法院解释法律，因此法院有权解释宪法，于是乎，法院和法官的司法解释权由此得以确立。人们认识到，法院的许多判决不能从法律中得出，因为，这些案件要么法律没有规定，要么规定得不准确，要么就是与法律制度的其他规范和价值标准相矛盾，这些判决具有规范制定的（法律政策的）特征，正如美国联邦最高法院第 11 位首席大法官埃文斯·休斯对法院司法解释权得以确立的评价：

---

① ［美］汉密尔顿、麦迪逊、杰伊：《联邦党人文集》，程逢如等译，商务印书馆 1980 年版，第 392～393 页。

② 朱仁华：《美国违宪审查的历史探渊》，载《环球法律评论》2007 年第 5 期。

“我们在宪法（约束）之下，但宪法是什么则由法官们说了算。”①

因此，司法解释立法化是否具有合法性，本身就是一个宪法解释的问题。而宪法解释并不比其他的法律解释简单，其他法律遇到的法律解释的争论问题，诸如主观解释还是客观解释的立场，司法克制主义还是司法能动主义等问题，宪法也会遇到。相反，因为宪法往往是一些原则性的规定，宪法中大量含义宽泛的原则性概念使解释不仅成为必要，而且留下的解释空间会比其他的部门法更大。这就是为什么美国宪法的条文在几个世纪的时间里并没有做过多的修改，但却随着社会的发展而通过解释被注入了大量新内容，成为美国宪法变迁的特有形式。所以，关于司法解释立法化或者法官立法的合宪性问题，实际上就是涉及美国宪法是否按照纯粹的三权分立的学说为模式构建起来的。

二、司法解释立法化与三权分立的关系

如果认为纯粹的三权分立学说是西方资本主义国家宪法的实在法规定的基础，那么司法解释立法化无疑是违宪的，一般人在谈到美国的三权分立时，也常常把它看成是三种不同性质权力之间的分割，而三权之间的界线则是由制宪者们最初划定后就固定不变的。但这样理解并不正确。三权分立不是权力性质之分而是权力主体之分，不是权力分割而是权力分享。此外，三权之间也没有始终固定不变的界线，它们是在动态调整中达到均衡的。② 实际上美国宪法学的先辈们对三权分立看得很清楚。权力分立并不意味着立法、行政、司法三权的完全分割，否则可能导致政府瘫痪或混乱。“只要各个权力部门在主要方面保持分离，就并不排除为了特定目的予以

① 参见［德］魏德士：《法理学》，吴越、丁晓春译，法律出版社 2005 年版，第 108 页。

② 参见陈刚：《对美国三权分立体制的再思考》，载《天中学刊》2006 年第 6 期。

局部的混合，此种局部混合，在某些情况下，不但并非不当，而且对于各权力部门的相互制约甚至还是必要的。”① 而且，当时制定宪法时，也有人提出法官不应当参与立法的观点，但并没有被采纳。1787 年制宪会议上对此就发生过激烈的辩论。在全体委员会上，麦迪逊作了总结：“现在有两种反对意见：（1）法官不应参与立法，立法涉及利益，势必带有偏见，参与立法，会使法官陷入偏见；（2）司法部门应与立法和行政部门完全分开，以便保持自己的特点。第一种反对意见颇有分量，不过仔细想想，其实有一小部分立法权在交到法官手里之前，已经有人征询过他们的意见，这样一想，反对的想法也就大为冰释；在这一小部分立法中，又有一小部分文字模棱两可，为法官判案留下解释的余地……第二种反对意见没有什么分量，既然要把三种权力决然分开，那么，如果法官不能参与立法的复决，行政官也不能。反对司法、行政介入立法的思想基础，是一种流行的见解；要求行政、立法与司法分立，彼此隔开……简言之，设立复决会议就是要限制立法部门侵蚀其他两个地位同等部门的权力，侵蚀人民的权力；制止立法部门按自己的原则，或不正确的方式，制定不明智的立法，借用司法部门的智慧和权威，增强行政官的力量，制止立法部门的不明智的立法，看来是无可争议的。”② 可见，美国宪法的根本出发点在限制立法权而不是司法权，③ 从一开始，美国宪法就没有打算在立法权、行政权、

① ［美］汉密尔顿、麦迪逊、杰伊：《联邦党人文集》，程逢如等译，商务印书馆 1980 年版，第 337 页。

② ［美］麦迪逊：《美国制宪会议记录辩论》，尹宣译，辽宁教育出版社 2003 年版，第 79 ~ 80 页。

③ 当然，因为历史的缘故，大陆法系国家在很长一段时间里在宪法的构架与解释上可能更多的是体现出对法官的不信任，因此，限制司法权，强调立法（议会）至上。即使当今大陆法系法官的地位逐步提高，法官立法或司法解释立法化也得到了有限度的承认，但还达不到英美法系法官那样高的政治地位。

司法权之间划分一条绝对的界限。因此，赋予法官以部分立法权和法律解释权，虽然有少数人的异议，但得到美国宪政实践的支持。同时，汉密尔顿指出，这种法官造法的权力不会对立法机关构成真正威胁。他认为，即使曾有人一再提到所谓司法侵犯立法机关权限的危险，但这个危险其实并不存在，歪曲或违反立法机关意思的个别情况可能时有发生，但是此种个别事例永远不能达到影响或阻碍整个制度实施的程度。

在西方，权力分立或许是其政治文化的精华。但是，我们很可能对西方的三权分立存在着普遍误解，以为三权分立就是立法权、行政权、司法权的严格分立。的确，孟德斯鸠在《论法的精神》中说："当立法权和行政权集中在同一个人或同一个机关手中，自由便不复存在了。因为人们将要害怕这个国王或议会制定暴虐的法律，并暴虐的执行这些法律。如果司法权不同立法权和行政权分立，自由也就不存在了。如果司法权同立法权合而为一，则将对公民的生命和自由施行专断的权力，因为法官就是立法者。如果司法权同行政权合而为一，法官便将握有压迫者的力量。"① 国内学者或许受到孟德斯鸠的这些经典名言的影响，误以为西方的宪政制度就是严格的三权分立制度。如果说，被视为典型的三权分立的美国宪法都不是按照我们所理解的三权分立理想模式构建的，那么，欧洲国家的宪法则更不是按照这一理想模式构建的，事实上，法国、德国、意大利等主要欧陆国家在国家权力的划分上各有不同。

其实，就是在西方，关于什么是三权分立，也并没有统一的说法，如英国学者维尔所言："'分权学说'绝不是一套简单易识、毫不含糊的概念，相反它代表的是政治思想的一个领域，在这个领域内一直有异乎寻常的定义和术语使用上的混乱。"他给三权分立的"纯粹学说"订立了如下标准：要将政府划分为立法、行政和

① ［法］孟德斯鸠：《论法的精神》，张雁深译，商务印书馆 1961 年版，第 153 页。

司法三部门或三部分；三个部分中的每个部门都有相应的、可确定的政府职能，即立法、行政和司法的职能。政府的每个部门都一定要限于行使自己的职能，不允许侵蚀其他部门的职能；进而，组成这三个政府机构的人员一定要保持分离和差异，不允许任何个人同时是一个以上部门的成员。这样一来，每个部门将对其他部门都是一个制约，没有任何一群人将能够控制国家的全部机器。就是这个刻板、极端的学说我们将称之为分权的“纯粹学说”，而各个作者的思想的其他方面都将被视为对分权学说的修饰或偏离。当然，确实很少有人持这样一种极端形式的分权学说，它也更少被付诸实践，但它确实代表着一个“基准”或一个“理想型”，使我们能够以这个稳定的“纯粹分权学说”为准来观察这一历史学说的变化发展，并考虑到它的一切衍生型和修饰型。①

当然，维尔对这种纯粹权力分立学说也是持质疑态度的，他认为：“实际上纯粹的权力分立从来也没有实现过，即使可能，事实也不可欲，因为它将涉及政府活动的中断，而这是无法容忍的。但对政府职能三分概念的批评可以大大深入一些，而不仅仅指出它从来也没有在实践中完全实现。人们可以提出，政治结构的‘多重职能’可以甚至必须达到这一点，即任何职能划分的努力那是不可能的。”② 事实上，在孟德斯鸠等人主张三权分立学说以来，就有权力制衡理论、混合理论对该学说进行补充修正，这些学说在西方政治实践中甚至要比纯粹的三权分立的影响大。“分权学说与制衡理论的混合、它构成了美国宪法的基础。与这种混合以及很快与其历史先驱相关的分权学说与混合政体理论的混合，它产生了职能的部分分立，这也就是说立法职能将共享，而其他职能将保持严格分离，这就是 18 世纪的英国宪政，即均衡政府理论的基本要素。

① 参见［英］维尔：《宪政与分权》，苏力译，三联书店 1997 年版，第 12～13 页。

② ［英］维尔：《宪政与分权》，苏力译，三联书店 1997 年版，第303 页。

当然，分权学说的这些修正比起其纯粹形式影响要大得多。”① 而且，随着立法部门、行政部门、司法部门之间的权力博弈以及为更好实现国家担负的总体任务，西方国家三大权力部门权力混合状况日益增多，诸如“准立法”、“准司法”“委托立法”或“行政司法”这样一些术语的出现，这些术语表现出西方学者努力用比较陈旧的理论范畴（三权分立）来适应新问题。例如，关于什么是司法职能也并不是像我们想象的那样，是明显而确定的存在物。司法权与立法权、行政权之间的界线往往是模糊的。我们不可能在司法机关的职能、行政机关的职能以及立法者制定法律之间划出一条泾渭分明的界线来，难以根据它们各自的职能作出实质性区分。因此，凯尔森甚至把国家的全部职能，划分为法律的制定和执行这样两种类型，而国家立法活动与法律的执行活动之间的区分也是相对的。在他看来国家的基本职能并不是三个而是两个：法律的创造和适用（执行），并且，这些职能并不是对等的，而是上、下等的。此外，确定将它们相互分开的界线也是不可能的，因为法律的创造和适用之分，作为基础的立法权和（最广义的）执行权的二元论，只有一种相对的性质，国家的大多数的行为都同时既是创造法律又是适用法律的行为。将法律的创造分给一个机关而法律的适用（执行）又被划归给另一机关，分到如此专门的地步以致不能由一个机关同时履行这两种职能，这是不可能的。将即使是立法（这只是某一类法律创造）保留于一个“分立的公仆机关”而将所有其他机关都排除在这一职能之外，这恐怕也是不可能的，而且无论如何也是不值得的。② 哈贝马斯认为，西方法治国家的法律制度建制化的形式是通过对立法、司法、行政机关根据制定、运用和实施

① ［英］维尔：《宪政与分权》，苏力译，三联书店 1997 年版，第 17～18 页。

② 参见［奥］凯尔森：《法与国家的一般理论》，沈宗灵译，中国大百科全书出版社 1996 年版，第 299 页。

法律的权能彼此分化开来的，但是，他也认识到在西方社会，履行多种功能的不同建制参与了法律的这种产生与复制："在民主法治国中，政治立法被当作核心功能。今天，参与法律之制定功能的不仅仅有政党、选民、议会团体和政府，而且——就法院诠释和发挥法律、行政部门行使相当广泛的自由裁量权而言——也包括法院和行政的立法性决策实践。至于法律之运用的功能，不仅仅法院在法律学说和法律公共领域的范围内行使这种功能，行政部门也在含蓄的行使这种功能，最后，法律之实施的功能，行使这种功能的也不仅仅是行政部门，法院也间接地行使这种功能。"①

总之，在我们看来，泛泛地认为司法解释立法化或者法官造法不具有合法性，意味着司法权侵犯了立法权、是违宪之类的说法，即使在当今的西方资本主义国家还有一定的市场，但却也是值得商榷的。"在大陆法系国家，法官必须严格按照法律条文进行解释的观念仍然有相当的市场。而立法与司法现实早已对此有了根本性的突破，已明确承认法官解释的创造性与能动性，因而形成了关于司法解释的社会习俗观念与现实之间的冲突。"② 随着大陆法系国家对法官解释权的承认、对宪法的新解释、宪法法院违宪审查权的确立，乃至对法官造法、判例法的逐步接受这一客观现实的挑战，这种情感上或者策略上的保守主义甚至被学者嘲讽为"挂羊头卖狗肉"："当读至《联邦党人文集》关于分权理论的章节言必称孟德斯鸠时，想到了一句俗话：挂羊头卖狗肉"。③ 当学者将法官创造性地解释法律视为一种侵犯立法权的"法官专权"，认为这种做法

① ［德］哈贝马斯：《在事实与规范之间——关于法律和民主法治国的商谈理论》，童世骏译，三联书店 2003 年版，第 242 页。

② 孔祥俊：《法律解释方法与判解研究》，人民法院出版社 2004 年版，第 132 页。

③ 参见徐忠圣：《挂羊头卖狗肉：分权理论的两度转义解释》，http://blog.chinacourt.org/wp-profile1.php? author=17816。

使得法律在法官解释法律时变成了一个可以任意塞进东西的“空瓶子”的批判观点，在笔者看来站不住脚，有点危言耸听，实际上这种批判可能走向法律是一部“自动售货机”的隐喻。正如美国法学教授 Bond 所言：“有人认为正是由于缺乏这种规定性和明确性而使法官能够按自己的意愿随心所欲地对有关条款妄加解释。依此种观点，宪法只是一个空瓶子，法官可以任意地倒进任何东西。我们称这种东西为‘反复出现的噩梦’。它所包含的意思是令人不寒而栗的。”①

当然，本章主要是从一般的司法解释的角度对西方司法解释立法化现象进行的梳理，其意图一方面是证明司法解释立法化现象在西方法律实践中也系普遍存在的事实，只不过是以不同的形式、通过不同的机制表现出来的；另一方面也想指出中国与西方之间在司法解释立法化现象方面顶多只是话语体系的不同、机制的不同而无实质的差别。

第四节　本章小结

如果说“当缺乏对比又不了解差异的时候，一只公鸡能够冒充一只孔雀或者一只夜莺”，② 那么，在当代中国，随着国外学术资料的丰富，显然已经不是缺乏中西法律解释体制的对比而作出混淆公鸡与孔雀的误判的时代。因此，本章中我们重点不是去重复学者们已经看到的中西法律解释体制的差别，而是揭示“公鸡”与“孔雀”这种明显差异的背后是否还存在着某种共同的东西。通过上文的具体比较与历史分析，我们便不难发现，在司法活动中，中

① ［美］James E. Bond：《审判的艺术》，郭国汀译，中国政法大学出版社 1994 年版，第 3 页。

② ［美］博西格勒等：《法律之门》，邓子滨译，华夏出版社 2002 年版，第 26 页。

西法律解释体制虽然在主旨上、观念上差异很大，但也有很多暗合之处。

首先，我国的立法解释并非我国独有的制度。有人认为，我国的立法解释是中国特有的制度，其实这并不准确，大陆法系就有立法解释的历史传统，如罗马法中就开始有了“谁制定法律谁就有权解释法律”的法律解释原则。就是到了近代，由于受极端的分权理论的影响，在欧陆国家这一解释原则仍然受到学界的推崇。①例如，普鲁士为了解释法律而专门设立的“法规委员会”，以及法国立法机关为了废除法院作出的错误解释而专门设立的一个新的政府机构——上诉法院等，这些法律解释都带有立法解释的特性。

其次，司法解释具有立法性也是世界各国司法解释的共性。美国的“法官造法”自不用多说，它本身就是法官在解释法律中发展起来的法律规则。而在大陆法系国家，只要承认法院或者法官的司法解释权，就避免不了司法解释的创造性或者立法性。欧陆国家从主张只有立法机关才能解释法律，到立法性法院的建立，再到有权审查和纠正下级法院错误的法律解释的法院的产生，这一法律解释权从立法机关转移到法院的过程，也事实上证明了法院的司法解释的立法性，因为需要解决的问题没有实质的变化，变化的只是解释的机构。事实上，欧洲的具有法律解释权的法院本身也进行着司法决策或者说某种程度上的立法性活动。凡是司法机关运用自由裁量权和创造性而进行裁决活动，都可以被认为是司法决策活动。②从某种意义上来说，凡是需要进行创造性的法律解释的地方，就是需要进行司法决策或者立法性活动的地方。

再次，司法解释的抽象性也并非我国司法解释的独有特征。比

① 参见［美］梅里曼：《大陆法系》，顾培东、禄正平译，知识出版社1984年版，第39页。

② 参见宋冰：《读本：美国与德国的司法制度及司法程序》，中国政法大学出版社1998年版，第529页。

如，作为司法决策者的德国联邦宪法法院，不仅仅具有具体的司法审查权，也具有抽象的审查权。德国对抽象的司法审查规定了专门的启动程序，这一程序使得联邦宪法法院能够在没有具体案件的情况下对法律合宪性加以审查。除了直接宣告法律无效，德国与法国具有法律解释权的法院发展了一种新的司法决策方式，即宣布对某一法律的特定解释是唯一为宪法允许的解释，从而给予明确如何实施法律的指示。这种直接以法律解释的方式进行的司法决策的数目在欧洲国家与日俱增。① 再如，法国的最高上诉法院原则上只回答抽象的法律问题而不回答具体的事实问题，该法院所作出的司法决策往往只宣布决定而不说明该决定的真实理由。以至于有人批判这种法律解释或者司法决策“变成一种空洞的形式主义的僵硬的仪式书，不能恰当的适合具有各自特殊性的人们往往只能加以猜测具体的生活事实”。②

最后，将司法解释权由最高司法机关垄断，也并非我国司法解释的独有特征。现在，在我国有一种流行的观点认为，世界各国普适性的司法解释是指法官在适用法律中的具体个案性解释，并因此主张在法律上打破我国最高司法机关垄断司法解释权的现状，建立起符合世界潮流的法官解释体制。其实这一观点只适合描述英美法系的法律解释特征，不适合大陆法系司法解释的特征。例如，法国最初的上诉法院是个非司法性、独立的政府机构，此时该上诉法院并不能对他本身所审查的案件中的法律问题作出权威性的解释，只能撤销法院依据对法律的错误解释而作出的司法判决，然后将案件发回原审法院重审。现在，法国的上诉法庭已经发展成为具有普通法院中最高地位的司法机关，不仅可以指出司法判决是错误的，还

---

① 参见宋冰：《读本：美国与德国的司法制度及司法程序》，中国政法大学出版社 1998 年版，第 571 ~573 页。

② ［德］K. 茨威格特、H. 克茨：《比较法总论》，潘汉典等译，法律出版社 2003 年版，第 187 ~190 页。

可以对法律作出正确的解释。意大利以及其他欧洲国家仿效法国的这一做法，纷纷建立起“最高上诉法院”，而欧洲国家“建立这种性质的法院的直接结果就是防止法律解释权落入到审判法官之手”。①

当然，即使大陆法系在宪法或者民法等其他部门法的司法解释中的立法化的合宪性逐步得到认可，也不能直接推导出刑法司法解释立法化的合宪性，毕竟，现代法治国家的刑法都规定了罪刑法定原则，因此，刑法司法解释立法化是否具有合法性，就需要对刑法解释与一般的法律解释的关系进行研究。对该问题我们将在下一章中结合我国刑法解释学的现状进行讨论。

① 参见［美］梅里曼：《大陆法系》，顾培东、禄正平译，知识出版社1984年版，第41页。

第七章 刑法解释的理论与司法解释立法化

在上一章中，我们谈到了大陆法系存在“法学家造法”的模式，这实际上意味着法学家对立法、司法的巨大影响力。这些法学家进行造法的模式实际上就是通过理论体系的构建、法学方法或者法学解释的方法的发展等手段进行的。由于和我国重刑轻民的法律传统不同，欧陆法系的法哲学、法理学所谈讨的概念、体系、方法往往是从民法中发展出来的，因此，大陆法系中的法律解释学所探讨的漏洞补充、价值补充等“法学家造法”的法律解释方法以及其他法律解释的立场能否直接运用于刑法领域，的确值得探讨。以下，我们主要从两个方面进行讨论，一是刑法解释规则的特殊性与刑法司法解释立法化，二是刑法解释立场的特殊性与刑法司法解释立法化。

第一节 刑法解释的规则与司法解释立法化

一、刑法解释的严格解释规则

一般而言，从哲学解释到法律解释、再到刑法解释是一个从宏观到中观再到微观的“一般和具体”的关系，共性自在地存在于三者之间，只要是在进行刑法解释，就符合解释的共性，但是真正影响到刑法解释原则或者规则的关键因素不是解释的共性，而是刑法解释和其他解释的区别。

法律解释学与哲学解释学的区别的关键点是法律解释学必须讲

究解释的客观性前提。哲学解释学可以轻松地说，凡是有理解，就会有不同，不同的理解无法说哪个更正确，因为不同的理解是和不同的人的生存、存在联系在一起的，我们不能说这个人的存在观念比那个人的存在观念更合理、更科学，因为世界是多元的。人如果有一个本质的话，那么，这个本质就在于人与人之间的不同，所以人的理解也是多元的。哲学解释学还认为，对一个事件的理解不存在终点，就像在部分与整体的循环不可能经过几个圆圈就结束了，而是一个螺旋上升式的永无止境的循环，理解与人的存在共存，任何理解都只是历史长河中的流动的一滴水，居无定所，没有一个绝对的阿基米德支点来评价、比较。尽管，这种哲学解释学的观念很深刻，但作为以法律文本为对象，要求为法治实践服务的法律解释，却不能完全毫无保留地接受这种哲学解释学的观点。固然，人们对法律文本的理解在存在论的意义上，也是多元的，但是，法律是一种行为规范和裁判规范，无论是对规范行为者，还是规范裁判者而言，对法律文本最终只能有一个被“公认”为正确、合理的理解和解释，否则就无法规范行为，也无法裁判。在这个意义上讲，法律解释的确带有哲学解释学所批判的独断论的性质。另外，在时间上，对法律的解释也不能无限的延伸，法律的目的是为了止争定纷，尽管从应然的角度看，裁判者和被裁判者可以对法律进行无终点的理解、批判，对已经发生法律效力的判决持保留态度，但在实然的层面，对一个案件而言，判决只有一个，而且必须是一个确定性的判决，不能模棱两可。这意味着对一个事件的理解和解释，在特定的时空条件下，具有合法性的只有一个。而且与其他领域的解释不同，比如对文学作品的解释，对历史事件的理解，人们可能会力求挖掘新意，突出人与人之间对同一作品的不同理解，从而凸显个人存在的独特性、创造性气质。如果你的理解没有说出一点新意，那么，这种理解对社会就没有多大的价值和意义。所以，第一次说出某句话的人是天才，第二次说出同一句话的人是庸才，第三次说出同一句话的人是蠢才。可是对法律的理解，尤其是对作为裁判依据的法律的理解或者解释，其价值所在却完全是倒转过来的：求同的价值大于求异的价值。即使人们喜欢新的，智慧的法官也只能最大限度地用“新瓶装旧酒”的方法迎合人们的喜新厌旧的心理，而不能大张旗鼓地一味标新立异。而即使对总体上和个案的裁判规则离得相对比较远的法学研究而言，如果有人看了一篇当代某个大家的文章后悻悻地说：其实你说的话贝卡里亚（或者李斯特之类）早在几百年前就以更简洁精辟的话说过了。那么至少在我们看来，这个批判者一定是个法学的门外汉。如果说其他的学科研究也是建立在前人的研究基础上的，正如我们都熟悉的牛顿之语：“如果我看得远，那是因为我站在巨人的肩膀上”，那么法学研究恐怕这一特性则更突出，而且其他学科是站在巨人的肩膀上“向前看”以求新，而法学研究恐怕更多的是站在巨人的肩膀上“向后看”以求同。所以，从很大意义上讲，无论是法律，还是法律解释，其第一特性乃是法律的保守性。

而由于刑法明文规定了罪刑法定原则，所以，如果说法律解释是保守的，那么，可以认为刑法解释是所有法律解释中最保守的。罪刑法定原则的最初始的，也是最基本的价值内涵是限制刑罚权和保障人权。我国在1997年之前，刑法没有规定罪刑法定原则，在刑事司法过程中，是允许适用类推定罪的。在这种背景下，一个行为是否是犯罪，不在于有没有刑法的规定，而在于对其社会危害性的大小的判断，如果社会危害性大，即使刑法中没有明文规定，司法者也可以根据当时政策（主要是刑事政策）的要求，在刑法中寻找最相类似的条文定罪量刑。随着1997年刑法中罪刑法定原则的确立，类推定罪的制度在我国也寿终正寝。可见，罪刑法定原则从根本上排斥类推适用。但是在民法上，类推解释是没有限制的，甚至是受到鼓励的：“民法基本原则不仅是法院解释民事法律法规的依据，并且是补充法律漏洞，发展学说判例的基础。法院于审理案件时，从现行法不能获得裁判的依据，说明现行法存在法律漏洞。这时，法院应进行法律漏洞补充。而民法基本原则，可以来补充法律漏洞，换言之，在现行法律缺乏相应的具体规范时，法院可以直接适用民法基本原则裁判案件。”① 对于在能否类推解释上刑法和民法的区别，我国台湾地区学者韩忠谟先生也曾有过论述："近世民事法规方面有所谓自由法运动（Freirechtsbewegung），以为法规之解释，不必拘泥于形式之论理，而应探求时代之精神，参酌社会需要，而为适当之运用，此说虽于促成民法之发展，厥功至伟，然如适用于刑法，则未见其可，盖刑罚在剥夺行为者之法益，所关至重，依罪刑法定之原则，刑法之解释应从严格，所谓罪疑惟轻，以顾全被告之利益（in dubio pro reo，in dublo mitius），殆为中外古今不易之原则，苟律无明文，即不得深文罗织，以无为有，以轻为重，不然，类推论断，好恶随心，欲加之罪，何患无辞，故类推解释殊非刑法所许。”②

因此，有些刑法学者认为，刑法解释和其他的法律解释相比有特殊性。与其他的法律解释相比，在解释的规则上，刑法解释有其特殊的地方，总的来说刑法解释和其他法律解释的区别在于刑法解释更倾向于严格解释的规则，这是由于刑法的文本及其特殊性决定的。③ 这种差异主要是因为各个部门法的内在精神、特点、实体原则不一样。与其他的部门法相比，刑法的法律性质具有补充性或者谦抑性，这是刑法与其他法律的主要区别。承认刑法的补充性意味着要限制刑法的处罚范围；只有在其他法律的保护不充分时，才能允许刑法进行法益保护。市民生活一旦受到侵害，便提出“要处罚”的要求，很容易直接诉诸刑事立法或强化刑罚的手段。尽管在某种意义上讲，刑法是对付不法侵害的一种有力的手段，但不可能是决定性的手段，正如人们常说的“最好的社会政策就是最好

① 梁慧星：《民法总论》，法律出版社1996年版，第40页。

② 韩忠谟：《刑法原理》，中国政法大学出版社2002年版，第48页。

③ 参见梁根林：《罪刑法定视域中的刑法适用解释》，载《中国法学》2004年第3期。

的刑事政策”那样。所以，即使市民的安全受到侵犯，其他控制手段没有充分发挥效果，刑法也没有必要无遗漏地处罚，刑法的适用必须慎重并且谦虚。如果忽视刑法的这个特性，一味地迎合人们的这种“要求处罚”的自然冲动，在刑法解释上不采取比其他法律解释更为严格的态度，那样就是对刑罚这把两刃之剑的用之不得其当，结果会使国家与个人两受其害。所以不仅在刑事立法上要确立合理的犯罪圈，在司法适用过程中，也应当对刑法解释予以必要的限制，如果说其他法律解释带有扩张性，那么，刑法的解释就应具有内缩性。所以，大多数刑法学者都主张“存疑时有利于被告”、“排斥习惯法”、“禁止类推”等限制性的刑法解释规则，以避免德国刑法学者迈耶教授所担忧的“无可忍受的刑法上之通货膨胀”。[①] 而其他的法律解释则往往鼓励在解释中采用习惯法或者类推适用或者法官造法。比如，《瑞士民法典》第1条第2款和第3款明文规定：“法律没有规定的，法官可根据习惯法而为裁判；如果没有习惯法，可依据自己作为立法者提出之规则来裁判。在前款情况下，法官应依据经过实践确定的学理和惯例而为裁判”。[②]

可见，受罪刑法定原则的制约，刑法解释比民法解释更倾向于从严解释的原则。然而，对这种严格解释原则应当如何具体把握，如刑法解释中的“存疑时有利于被告”是不是指凡是有疑问时都必须作出有利于被告的判决，而排斥习惯法是不是意味着刑法解释中绝对不能受习惯法的影响，以及“禁止类推”的抽象表述是否意味着只能在文字的通常含义内解释，因而也就排斥了扩大解释或者缩小解释等，则不是没有疑问或争议的，有一些刑法主观主义者甚至认为刑法解释和其他法律解释并没有本质的不同。比如，牧野

---

① 转引自林山田：《刑罚学》，台湾商务印书馆1983年版，第127~128页。

② ［德］耶赛克：《德国刑法教科书》，徐久生译，中国法制出版社2001年版，第157页。

英一认为，罪刑法定原则是随着“自由战胜专制”的政治大变革（法国革命）而取代罪刑擅断主义登上历史舞台的，但随着社会的进化，罪刑法定原则的内涵也有了“进化”，即罪刑法定原则在传统的限制刑罚权的机能以及保障人权的价值内涵之上增加了保护社会的促进机能。因此，他认为，如果说在19世纪为了与以人权保障为内涵的罪刑法定原则相适应，主张刑法解释的特殊性还有其理由的话，那么，在20世纪的今天，不再像以前那样害怕刑事官吏滥用刑罚了，而且对解释的逻辑意义也将进行科学的反省，所以，刑法解释并没有不同于包括民法解释在内的一般法律解释的特殊性。刑法解释在形式上要有科学的逻辑，在实质上要符合社会需要和时代趋势。法律本身虽然是过去制定的，但也不能拘泥于立法者的意志。所以，类推解释实质上也是出于社会的需要，作为解释，只要是使用逻辑的方法，它便和其他一般法规一样，在刑法中被允许。① 而即使反对类推解释的客观主义者，也会在扩大解释和类推解释的边界问题上争论不休。比如，将“电”解释为盗窃罪中的“财物”，日本大审法院认为这属于扩大解释，从而将窃电行为认定为盗窃罪；但德国联邦法院坚持认为这是类推解释，所以拒绝将窃电行为认定为盗窃罪。② 因此，我们认为刑法解释与其他法律解释的区别不是绝对意义上的，而只能是一种相对的倾向性。

二、严格解释规则并不能否定刑法司法解释立法化

应当强调的是，刑法学者们提出的严格解释规则，并不能否定刑法司法解释立法化。这是因为，如果仔细考究严格解释规则，其实可以发现这一提法未能提供比罪刑法定原则更多的东西。如果说严格解释规则意味着禁止类推和排斥习惯法，那么，这些限制性的

---

① 参见［日］中山研一：《刑法的基本思想》，姜伟、毕英达译，国际文化出版社1988年版，第9页。

② 参见张明楷：《刑法格言的展开》，法律出版社1999年版，第35页。

规则本身就是罪刑法定原则的要求。除非严格解释意味着禁止扩大解释与缩小解释而只允许平意解释，否则就无法否定刑法解释中的规则的创造性。因此，在我们看来，由罪刑法定原则决定的严格解释规则，与其说是否定解释的创造性，不如说是在限制这种创造的程度，即刑法解释和其他的法律解释相比，其创造的限度较为严格，自由的空间更小。这种差别表现在：有些解释即使是超出了法律用语的文义范围，也被其他法律解释所允许，而刑法解释则只能在法律用语的文义范围内进行解释。实际上，严格解释规则以及罪刑法定原则本身都不能彻底否定刑法解释的创造性和对某些法律漏洞的修补，尤其是当这种创造性的刑法解释或者漏洞的补充有利于被害人时，就会得到刑法学者的普遍性认可。

（一）不允许创造性解释的绝对罪刑法定主义是不现实的

卜思天·M. 儒攀基奇在《刑法——刑罚理念批判》一书的前言中讲："罪刑法定原则（按字面直译应为'法制原则'——译者注）实际上是立法机关与法官之间的权力分配问题，一方面，立法机关代表着国家主权，因而拥有裁断权；另一方面，法官却不能代表其自身；而是代表着法律的逻辑去实施行为。二是当我们关注具体的裁断将由谁作出、如何作出、在何种情况下作出以及对案件真相采取了何种态度时，实际上我们关注的是'裁断'的本质问题。饶有趣味的是，这种'罪刑法定'思想预先假定人们对于过去发生的犯罪行为之'全部'真相的认识，而'裁断'思想则必然蕴涵着经常与案件真相的目标相冲突的公正思想。"① 的确，儒攀基奇提出的是一个看似简单但实际上可能是很复杂的问题，即罪刑法定原则本身包含了一种矛盾：立法万能的理想与司法创造的现实之间的矛盾。

在提出罪刑法定原则之初时，人们基于对封建司法擅断的余悸

---

① 参见［英］卜思天·M. 儒攀基奇：《刑法——刑罚理念批判》，何慧新等译，中国政法大学出版社 2002 年版，第 1 版前言，第 1 页。

而绝对地追求刑法的确定性，因此，导致了对刑法解释本身的彻底否定。比如在理论上，贝卡里亚针对封建社会刑法解释的肆意性，坚持一种绝对形式意义上的罪刑法定原则，他认为，法官根本没有解释法律的权力，没有比“法律的精神需要探询”这个更危险的“公理”了。① 在他看来，解释法律是对法律的致命破坏，解释法律就意味着放弃了法的堤坝，让位于汹涌的法律解释的歧见，解释法律是法律最大的敌人，有你无我，不共戴天。然而，在后来的现实中，人们却面临了一场可怕的“恶法”的摧残。纳粹的许多灭绝人性的杀戮都是在某些严厉且严格的“法”的名义下执行的。当人们确信“法律就是法律”的格言，确信“有法可依，有法必依，执法必严，违法必究”是法制的理想时，人类却在此信念中彻底失去了防卫能力和安全感。“法治”的人间为何会变成了窒息的地狱？在对理论与实践的反思中，人们逐步认识到规则之治、形式的合法性中所包含的法的确定性、稳定性、安全性也有它的界限，从而确立了“法律的不法”或者“超越法律的法”② 这种看似矛盾但其实是辩证的理念来克服绝对的“法律就是法律”的实证主义谬误，提出了形式的法律本身不能仅仅依靠自身来证明其效力，在形式的合法性判断标准之外，还有一个实质的合理性判断标准。除了极少数自由法学者或者一些后现代主义法学者走向了否定法的确定性的另一个极端外，大多数人都力图把法的形式特征和实质特征结合起来解释法律。于是，人们不再从根本上否定刑法解释，并且逐步将实质合理性原则作为解释法律的另一不可缺少的原则。于是乎罪刑法定主义呈现出一个由刚性原则不断柔化而具备弹性的过程。在司法解释中，这一过程自然就是与自由裁量权紧密结

① 参见［意］贝卡里亚：《论犯罪与刑罚》，黄风译，中国大百科全书出版社 1993 年版，第 12 页。

② 参见［德］拉德布鲁赫：《法律智慧警句集》，舒国滢译，中国法制出版社 2001 年版，第 161 页。

合，从最初将法官视为“法律的机械执行者”、“法律的喉舌”，排斥法官的自由裁量权到逐渐赋予法官一定范围的自由裁量权。当代经过柔化的罪刑法定主义要求：（1）允许严格限制的扩张解释和有利于被告人的类推解释；（2）承认习惯法作为刑法的间接渊源；（3）采行从旧兼从轻的溯及力原则；（4）规定相对不定期刑。

因此，人们不再争论刑法是否需要解释，而是争论需要怎么解释。人们不再争论刑法解释是否具有创造性，而是争论刑法解释中的创造性的边界应当在哪里？

（二）刑法解释允许某些漏洞补充

罪刑法定原则或者说严格解释规则要求禁止的类推适用（解释）在法学方法论上是一种漏洞补充的方法。这里的问题是，罪刑法定原则下的刑法解释是否否定一切漏洞补充。如果类推适用（解释）是漏洞补充的唯一方法，当然，该问题的答案也就是唯一的，即刑法解释不允许漏洞补充。但如果类推适用（解释）不是漏洞补充的唯一方法，此外还存在着其他的方法，那么对该问题就需要认真的思考。

根据我国台湾地区学者杨仁寿先生对“法律之阐释”方法做出的划分，法律之阐释包含三大类。1. 狭义的法律解释：（1）文义解释；（2）体系解释，包括扩张解释、限缩解释、反对解释、当然解释；（3）法意解释；（4）比较解释；（5）目的解释；（6）合宪解释；（7）社会学解释。其中第（2）至（6）项合称为论理解释。2. 价值补充：（1）不确定法律概念之补充；（2）概括条款之补充。3. 漏洞补充：（1）类推适用；（2）目的性限缩；（3）目的性扩张；（4）创造性补充。① 可见，类推适用只是漏洞补充的方法之一，还存在着目的性限缩、扩张、创造性补充等其他漏洞补充的方法。但是，既然罪刑法定原则否定了类推适用，而

① 参见杨仁寿：《法学方法论》，中国政法大学出版社1999年版，第101页。

“目的性扩张在作用上与类推适用则极为相近。二者均将一项规整扩而适用于——依其字义并未包含的——其他案件事实。两者均系为充分实现法定规则的目的，为避免无法正当化的评价矛盾。因此，如禁止类推适用，亦不许为目的论的扩张。”① 因此，我们可以此来推导，刑法解释禁止类推适用，因此也不允许目的性扩张。但是实际上，罪刑法定原则禁止的类推是禁止不利于被告的类推，因此，从这个角度而言，刑法也不禁止有利于被告的漏洞补充的方法。所以，抽象的说刑法解释禁止一切漏洞补充，并不准确。

当然，由于罪刑法定原则的限制，这种漏洞补充同样是有边界的，而不是无限的。实际上即使主张目的论解释、实质解释立场的学者认为，在解释的空间上应相对比较广泛，但他们也认为，有些漏洞是不能被补充的。“对于类推来说最重要的，是发现两个事项之间的类似性的观点。这个观点，是从对结论的实质的、价值的考虑中得出的。当然在这里要考虑个别法律的目的以及法整体的目的。于是，由于目的制约，就不可能使语义通过类推而被无限地扩张。那些即便是考虑目的也不能发现类似性的情况，就被作为法律的漏洞而被遗留下来。在此，罪刑法定原则要求不能通过习惯法、条理或者‘自由法的发现’来补充这个法律漏洞。”② 这种立场的特征是，强调刑法解释与其他法领域解释的同质性，同时以有意识的通过刑法的立法宗旨、规范目的来进行制约的合目的的解释为指向。但是，即便是这种立场，也不允许对刑法解释进行无限的扩张，取代严格解释、禁止类推的要求，它是以罪刑法定原则为制约原则来设定实质的合目的性的。而严格解释论者虽然以坚决维持严

① ［德］卡尔·拉伦茨：《法学方法论》，陈爱蛾译，商务印书馆 2003 年版，第 274 页。

② ［日］关哲夫：《论禁止类推解释与刑法解释的界限》，王充译，载陈兴良主编：《刑事法评论》（第 20 卷），中国政法大学出版社 2007 年版，第 362 页。

格解释、禁止类推的要求为指向的立场，但也不否认刑法解释中的目的论解释。只不过强调这种目的论解释要受到文义的限制。“刑法的目的并不是通过处罚所有犯罪来抑制犯罪，而是包含着对国民权利的保护在内……虽然对刑法的解释必须要进行目的论的解释，但是不允许抛开后面的（保护国民权利）目的。特别是，由于坚持罪刑法定原则，将保护国民不受随意主观行使的刑罚权的侵害置于最优先的位置，因此不允许进行导致超越法条文文理对行为进行处罚的解释。”①

综上所述，我们认为，由于罪刑法定原则排除类推适用（解释），刑法解释的创造空间的确没有其他法律那么大，但却不能完全否认该创造空间的存在。

第二节 形式、实质的刑法解释立场与司法解释立法化

一、形式解释与实质解释立场在我国刑法界的现状

在法理学领域，我们更为熟悉的概念是法律解释学的主观说与客观说，却几乎看不到“形式的解释”与“实质的解释”这样的提法。最相近的提法是在西方法理学界批判概念法学、注释法学、分析实证主义法学的运动中常常使用的“形式主义”、“法条主义”等字眼。② 可以这么说，人人都在批判对方的理论或者解释方法是“法律形式主义”的，人人都可能被贴上“法律形式主义”的标

---

① ［日］关哲夫：《论禁止类推解释与刑法解释的界限》，王充译，载陈兴良主编：《刑事法评论》（第20卷），中国政法大学出版社2007年版，第361～362页。

② 参见张志铭：《法律解释操作分析》，中国政法大学出版社1999年版，第52页。

签，“形式主义”无论是在日常生活中还是在学术界都成为一个臭名昭著的字眼和标签，因此，被批判者也是唯恐避之不及。与此同时，也许是鉴于学者们无法确定法律形式主义的具体内容，无法把握“形式主义”与“实质主义”之间的界限，因此，在法理学界即使批判对手是“法律形式主义”的，也几乎没有人把自己称为“法律实质主义”，而是习惯用“法律现实主义”、“目的法学”、“价值法学”等字眼来自我命名。可见，在法理学上“法律形式主义”只是一个随时可以贴在对手身上的丑陋的标签，因此“法律形式主义”在法理学领域就被悬置虚化了，似乎“法律形式主义”以及相对应的“法律实质主义”在法理学上并不能成为一对有效的、合法的分析范畴。[①] 同样，这反映在解释学上就是形式解释与实质解释的概念在法理学上的缺位。因此，从现有的状况看，形式解释论与实质解释论的争论的确局限在刑法学领域，并且和刑法中的独特的罪刑法定原则以及独特的犯罪成立理论紧密相关，但是，也不能否认刑法学中的形式解释论与实质解释论的争论的确受到了法理学中的形式法治与实质法治之间的对立概念的影响。

在刑法学领域，虽然也有关于解释目标上的主观说、客观说的争论，然而“形式解释论”与“实质解释论”却被更频繁地使用，形成了形式解释论与实质解释论的两种对立的解释立场或者思路。刑法学的多数基本问题的争议都是围绕形式解释与实质解释来展开的。

在欧陆刑法学领域，由于在犯罪论上存在形式犯罪论与实质犯罪论的根本对立，与此相对应在刑法的解释上形成形式解释论与实

① 个别法理学者注意到这个现象，开始试图在法理学界为“法律形式主义”正名。参见孙笑侠：《中国传统法官的实质性思维》，载《浙江大学学报》2005 年第 4 期；陈锐：《法理学中的法律形式主义》，载《西南政法大学学报》2004 年第 6 期；柯岚：《法律方法中的形式主义与反形式主义》，载《法律科学》2007 年第 2 期。

质解释论的两种基本的学派。从罪刑法定原则的要求特别是保障人权的要求出发，承认构成要件的独立机能，以社会的一般观念为基础，将构成要件进行类型化把握的犯罪论，通常被称之为形式的犯罪论。形式的犯罪论者主张形式的解释论：在构成要件的解释上，在进行处罚的必要性或合理性的实质判断之前，应当从具有通常的判断能力的一般人是否能够得出该种结论的角度出发，进行形式的判断。与此相反，实质的犯罪论者主张实质的解释论。他们认为，作为形式的犯罪论中心的犯罪的定型或者类型的内容不明确，因此，追求保障人权或保护国民利益的处罚范围实际上难以恰当划定，认为刑法规范是行为规范，但更应当是以法官为中心，为了导入实质的当罚性判断的裁判规范。因此，主张在刑罚法规特别是构成要件的解释上，进行实质的解释。①

在我国刑法学界，近些年也有学者提倡实质解释论的立场。张明楷教授就是实质解释论的主要倡导者和系统的阐述者，根据他的观点：在刑法学研究中，形式解释与实质解释在不同场合可能具有不同含义。就犯罪构成要件的解释而言，② 形式解释意味着仅仅根据法条的文字表述解释构成要件，而不问经过解释所形成的构成要件是否说明犯罪的实质；实质解释意味着仅仅将值得科处刑罚的行为解释为符合构成要件的行为，他主张即使在罪刑法定原则之下，也应当用犯罪的本质，即用应当负刑事责任程度的社会危害性去解释犯罪构成。③

自张明楷教授明确倡导实质解释论立场以来，得到了愈来愈多

---

① 以上内容参见［日］大谷实：《刑法总论》，黎宏译，法律出版社2003年版，第73页。

② 既使做出这个限定，实质解释论的立场也与社会危害性理论、实质的犯罪概念、实质的犯罪论、实质的罪刑法定原则等概念纠缠在一起，这使得实质解释与形式解释论之争变得异常复杂。

③ 参见张明楷：《刑法的基本立场》，中国法制出版社2002年版，第128页。

的青年刑法学者的支持，形成一个粗具规模的学术群体。[①] 笔者并不抽象地反对实质解释论的立场，在一些文章中也或多或少提出过有关实质解释的一些见解。[②] 如果说提倡形式的犯罪概念、形式的犯罪构成（犯罪论），形式的罪刑法定原则、形式解释等概念的学者就属于形式解释论者，那么，在我国主张形式解释论的学者也不少，如陈兴良教授，刘树德教授、邓子斌教授等就反对以社会危害性为实质的犯罪概念，反对实质解释，提倡形式解释。[③] 由于刑法学界并没有一个关于形式解释论与实质解释论的统一的、无争议的

---

① 参见刘艳红：《社会危害性理论之辨正》，载《中国法学》2002 年第 2 期；刘艳红：《走向实质解释的刑法学》，载《中国法学》2006 年第 5 期；吴学斌：《司法能动主义：司法实践超越法律形式主义》，载《广东行政学院学报》2006 年第 3 期；李立众、柯赛龙：《为现行犯罪概念辩护》，载《法律科学》1999 年第 2 期；苏彩霞：《实质的刑法解释论之确立与展开》，载《法学研究》2007 年第 2 期；周光权：《刑法学的西方经验与中国现实》，载《政法论坛》2006 年第 2 期；唐稷尧：《罪刑法定视野下犯罪成立要件的实质化》，载《现代法学》2004 年第 3 期；李洪川：《论犯罪构成要件的实质解释》，载《山东审判》2007 年第 3 期；龚培华：《刑法解释理论的基本问题》，载《法学》2007 年第 12 期。

② 参见徐汉明、孙应征、齐文远、夏勇：《以单位名义、为单位利益实施盗窃是否构成犯罪》，载《人民检察》2006 年第 7 期。在对"单位盗窃"的讨论中，笔者主张从实质解释论出发，将"单位盗窃"按自然人盗窃论处，是合理合法的。齐文远、周详：《社会危害性与刑事违法性的关系新论》，载《中国法学》2003 年第 1 期。笔者在该文中提出了"以形式的解释论为前提的实质解释论"的论点。齐文远、周详：《刑法解释的基本原则》，载《中国法学》2004 年第 2 期。笔者在该文提出"实质性解释是刑法解释的核心"的观点。我们暂时将自己归入实质解释论的阵营中，但是认为形式的解释论强调形式合理性价值的思想值得我们深思，因此，我们希望能够建立一种超越形式解释与实质解释并包容两种解释论的优点的综合性解释理论。鉴于这一主张非三言两语所能说清楚，我们将在以后以专文对此进行深入研究，

③ 有关对实质解释论的系统的批判，可参见邓子斌：《中国实质刑法观批判》，法律出版社 2009 年版。

定义，因此，本书不纠缠于如何划分形式解释论与实质解释论的学术阵营，而仅仅指出形式解释论与实质解释论在立场上的一般性观点与刑法司法解释立法化的某种逻辑上的关系。

二、形式、实质解释论与司法解释立法化的关系

一般而言，实质解释论中的“实质”是指的犯罪的本质特征，也就是“应受刑罚惩罚的社会危害性或者法益的侵犯性”。因此，实质解释论实际上也可以转换为“以犯罪的本质（法益侵害性）为指导解释刑法所规定的犯罪构成要件”。实质解释论主张在制定法与自然法（实质的正义观念）发生冲突的时候，优先选择自然法（实质的正义观念）。在解释的理念上坚持“心中当永远充满正义，目光得不断往返于事实与规范之间。”由于正义本身具有模糊性、抽象性，难以定义，从而认识一种解释结论的正义性都只是相对于特定的时空、特定的事实而言，生活事实的变化总是要求新的解释结论，因此，实质解释论者一般主张刑法的解释不可能仅根据刑法的文字就可以发现法律的全部真实含义，而是应当正视法律文本的开放性，正视刑法规定的犯罪类型的开放性。这样，实质解释论显然强调刑法解释的创造性、灵活性、开放性、适应性。因此，实质解释论体现出更多的规则创造性解释的要求，从实质解释论的基本立场的逻辑推理来看，将会更多地支持解释刑法时不必拘泥于刑法的字面含义，不能动不动就查字典，而是要求解释者心中充满正义，目光不断往返于规范与事实之间。因此，从这个角度来看，实质解释论的立场逻辑上将会支持刑事司法解释的创造性，它即可能支持司法机关作出出罪的创造性解释，也可能支持司法机关作出入罪的创造性解释。①

对于形式解释论而言，形式解释论主张犯罪的形式概念，在犯

① 参见张明楷：《司法上的犯罪化与非犯罪化》，载《法学家》2008 年第 4 期。

罪论体系上强调形式违法性的独立性，强调形式判断是第一位的，实质判断是第二位的；强调罪刑法定原则对司法权的形式的限制。但形式解释论并不反对法律解释，尤其是不反对有利于被告人的创造性解释。因此，在逻辑上，我们也推导不出形式解释论反对司法解释立法化的结论。至少形式解释论在这个意义上可能赞同司法解释立法化，即司法机关可以作出有利于被告人的创造性解释。例如，陈兴良教授认为当实质理性与形式理性发生冲突时，应当选择形式合理性而放弃实质合理性，这是从一般的冲突而言。对于某些明显违反实质正义的不利于被告人的法律规定，[①] 笔者相信陈兴良教授会赞同采取类推解释这种创造性的方法，作出有利于被告人的解释。这是因为我国形式解释论的主张者反对实质解释论的实质解释、实质的犯罪概念、社会危害性概念等，其根本的理由是实质解释论容易导致以实质判断来入罪。他们从来不反对出罪的某些实质解释。

由此可见，在当前，我国刑法学界激烈争论的形式解释论与实

---

① 例如，张明楷教授作为一个实质解释论的倡导者就举了一个对自首的解释的例子。根据刑法第 67 条的规定，自首，是指犯罪以后自动投案，如实供述自己的罪行的行为。被采取强制措施的犯罪嫌疑人、被告人和正在服刑的罪犯，如实供述司法机关还未掌握的本人其他罪行的，以自首论。准自首的主体必须是被采取强制措施的犯罪嫌疑人、被告人或者正在服刑的罪犯。一般认为，被“采取强制措施”是指根据刑事诉讼法的规定，被采取拘传、拘留、取保候审、监视居住与逮捕。但需要研究的是，被公安机关处以治安拘留的行为人，如实供述司法机关还未掌握的其他罪行的，由于该主体似乎不符合第 67 条第 2 款的规定，其行为也不符合第 67 条第 1 款规定的“自动投案”的成立条件。但如果不以自首论，则显失公平。因此，张明楷认为，对于第 67 条第 2 款的“被采取强制措施的犯罪嫌疑人”应当做扩大解释或者类推解释，即包括被司法机关或者司法行政机关采取治安拘留、司法拘留等剥夺人身自由措施的行为人；这些人主动如实供述司法机关还未掌握的其他罪行的，应认定为自首。参见张明楷：《刑法学》（第 3 版），法律出版社 2007 年版，第 449 页。

解释论中，无论选择什么样的立场，都得不出反对刑法司法解释立法化的结论。只不过二者在司法解释立法化的具体的创造性空间上，或者出罪与入罪的方向上有差异而已。这也表明了实质解释论与形式解释论之间的分歧也许并不像我们所想象的那么大。

实证篇：典型的刑法司法解释立法化问题研究

理论是灰色的，唯生命之树常青。

——歌德

刑法理论如果没有一定的抽象性、一般性，那么就缺乏深度，但刑法学作为一门实践性很强的社会科学，如果仅仅停留在抽象的一般的理论论述，人为地抬高理论刑法学或者刑法哲学的价值，贬低形而下的知识，贬低刑法解释学，将刑法解释学视为就事论事的低层次的东西，回避对具体的司法解释问题的探讨，这种重理论，轻实践的学术倾向是非常有害的，割裂了刑法理论与实践的内在统一性，这无疑将会影响刑法理论的内在价值。因此，如何从形而上走向形而下，就不仅仅只是一个从理论走向实践的学术思路或者学术方法问题，在某种意义上来看，也是一个刑法学者本身存在的合法性问题。因此，本篇的基本思路是要么选择一些争议性较大的刑事司法解释，要么选择一些内含着司法解释问题的热点案件，以问题为中心，探讨司法解释立法化的合法性。其中主要涉及两类司法解释立法化的问题，一类司法解释是我们认为在规则的创造性上尚不够，需要进一步用司法解释来进行规则的确立，因此，我们建议最高司法机关给予明确的司法解释。另一类则是被其他学者批判为侵犯立法权的司法解释，我们从一些角度对这些司法解释给予理论上的论证，证明这些司法解释并没有侵犯立法权。

第八章　传播淫秽物品罪司法解释评析：以“艳照门”事件为切入

第一节　“艳照门”引起的刑法解释的难题

2008年，也许最引人注目的就是“艳照门”① 事件。“艳照门”事件就像一个巨大的雪球，不仅仅涉及艳照门中众多明星当事人的各种前途与命运，甚至于许多普通民众的命运也在不知不觉中被卷入其中。民众对“艳照”的浏览、查阅、下载、转载、收藏、传送、散发、公布等行为到底哪些是违法行为，哪些是犯罪行为，哪些是适法行为，各地警方、律师、法律专家看法可谓五花八门。关于民众涉及艳照的各种行为的法律性质，按照《每日商报》的一篇报道的总结，至少就有“藏有违法”论、“查阅违法”论、

① 2008年1月28日，一个“神秘人”将貌似香港明星的性爱“艳照”贴上网，迅即引爆惊天动地的“艳照门”。随后的几天时间内，貌似多名香港女明星的400多张“艳照”陆续流传到网络上。随着香港警方的介入调查，证实这些“艳照”确实是由某香港男星拍摄而成。该男星对照片所涉及的女星公开表示道歉。据香港媒体报道，香港警方在进一步调查中发现实拍艳照有1万多张，涉入到“艳照门”的人物总数超过100人。

“传播违法”论三种说法。①

“藏有违法”论。香港警务处处长邓竟成早先表示，虽然藏有不雅照片未必犯法，但如市民藏有大量不雅照片，可能会因为涉嫌被用作发布或售卖而被捕。这种“藏有违法”论受到市民的强烈质疑后，② 香港警方及时改口称“私自藏有并不犯法”、“朋友可以传送（不雅照），网民不可以”。有香港律师也对普通公民查阅、浏览、下载、取得艳照给出不违法的说法：没有法例禁止浏览、下载、取得激情及不雅物品。但如果照片属于儿童色情物品，则以任何形式占有均属违法。

“查阅违法”论。吉林省公安厅网警总队民警则提醒网民，那些属于淫秽图片的“艳照门”照片连看都不要看，尽量不要动，

---

① 郑旭萍、方薇：《艳照门牵出相关法律问题》，载《每日商报》2008年2月22日。以下说法均来该报道。虽然该报道不属于严谨的学术文章，但其材料都是真实的，很多网站都转载了该报道，影响广泛。而且各地警方对该事件的表态，虽然从传统的刑法解释学的角度来看并不属于有权司法解释，但作为法律机器的捕鼠器、法律之门的看守人，实际上警方的这些表态哪怕存在着很多问题，但却是很严肃的，因此需要认真对待。

② 我们认为所谓的“藏有违法论”，是网友、市民或者法律人士对该警方发言的断章取义。该发言有法律依据。香港的《淫亵及不雅物品管制条例》第21条第1款明确规定了“发布淫秽物品罪行”的三种行为方式：（a）发布淫亵物品；（b）管有淫亵物品以供发布……该法第21条第2款还规定了五种免责辩护事由。参见《香港法例》，http://translate. legislation. gov. hk/gb/www. legislation. gov. hk/chi/home. htm。中华人民共和国香港特别行政区政府网，2008年3月6号。

浏览[1]、复制、粘贴、下载、传播等行为都是违法[2]的。但有律师认为个人浏览甚至下载淫秽照片，社会危害性并不大，仅属于道德调整的范畴，只要不是为了传播扩散，公权力就不应该过多干预。

“传播违法”论。2008 年 2 月 20 日，北京市公安局首次明确表态，如果是通过网络打包传播，且数量在 200 张以上，赠与人将被追究刑事责任。[3] 即使不以牟利为目的，向朋友赠阅“艳照门”图片，或将图片挂到博客、论坛上，都涉嫌违法。[4] 不少刑法学家对此表示同意，认为网友单纯从网上下载或浏览淫秽照片供个人使用并不犯罪，但那些提供下载的网站或下载后再将这些照片传播给其他人的网友可能就涉嫌犯罪了。有刑法专家解释说，U 盘拷贝传播、利用 BT 等网络传输工具传播，在网上发帖贴出艳照传播等都

---

① 吉林警方的客观说法是“浏览违法论”，“浏览”与“查阅”在汉语中有细微区别。有警方解释“浏览违法论”的法律依据，提到的是 1997 年 12 月公安部发布的《计算机信息网络国际互联网安全保护管理办法》。该法规规定：任何单位和个人不得利用互联网“查阅”色情信息。2005 年颁布的《治安管理处罚法》中并没有“查阅违法”的规定，上述的行政规章的内容是否自然失效，尚值得研究。

② 在我国大陆地区，存在治安管理处罚法和刑法的二级法律体系，因此“违法”即可以指行政违法，也可以指违反刑法的犯罪行为。而香港警方所说的犯法则特指“发布淫秽物品罪”。

③ 该警方的说法显然来自于对 2004 年的《关于办理利用互联网……传播淫秽电子信息刑事案件具体应用法律若干问题的解释》的误读。该司法解释第 1 条第 3 款明确“规定”传播淫秽物品牟利罪的（淫秽图片）数额起点为 200 件以上。第 3 条明确规定传播淫秽物品罪的（淫秽图片）数额起点是传播淫秽物品牟利罪的 2 倍（在不具有其他严重情节的前提下），即要达到 400 件以上。按照法理，司法解释不是“规定”而是“解释”，但实际上我国的规范司法解释无论在形式上还是在实质内容上都具有某些立法的特征，这种现象即“司法解释立法化”。

④ 这里的“违法”在逻辑上也包含“犯罪”。

属于“传播”的范畴。①

从以上的报道来看，大陆警方以及刑法学者的观点中，包含了一个基本的共同点：传播淫秽物品的行为是违法行为还是犯罪行为，区分的关键是“数量”。如果传播的淫秽物品的数量达到了有关刑事司法解释确认的标准，就要负刑事责任。但我们认为实际上这种解释忽视了对一个核心问题的解释——“什么是（刑法意义上的）传播?”我们查遍有关的刑法司法解释，并没有找到对“传播”一词的“有权解释”，② 然而这不代表着不需要对“传播”进行解释。

事实上，当我们把“传播”当做一个普通用语去思考或去解释的时候，却发现“什么是传播”的问题并没有想象中的那么简单。作为源自英文 communication 的对译，“传播”时下已经成为当代社会中人们频繁使用的一个流行话语，因此，在日常生活中不可能也无需过多关心它的确切含义，但毕竟学科概念与日常用语是不同的。鉴于此，学者们力图对传播界定一个准确的含义。但随着研究的深入，却发现要给出一个关于传播的准确定义是一件多么困难的事情。例如，早在 1976 年，美国传播学者丹斯在《人类传播功能》一书中统计的定义就达 126 个，到如今对传播的定义恐怕到了“有一千个读者，就有一千个哈姆雷特”的地步。根据我国

---

① 《互传艳照触犯法律》，http://www.148com.com/html/4452/450715.html。

② 法学界对有权解释有两种理解，一种认为只有立法解释才是有权解释，司法解释则属于授权解释。第二种理解认为立法解释和司法解释都是有权解释，而学理解释则属于无权解释。本章中的有权解释是指第二种。当然实际上有些法学权威专家的学理解释的影响力是很大的，在司法实践中司法机关遇到疑案时候往往会咨询专家的解释意见，并形成专家意见书这样的东西。借用《寻枪》电影中的一句台词：“你警服一脱，什么都不是，而我则是不穿警服的警察。”有时候法律专家在某些案件中的确扮演着不穿警服的警察，不穿法袍的法官的角色。

学者对外国传播概念的梳理，大体上可以分为以下几大类："共享"说、"影响（劝服）"说、"反应"说、"（符号）互动"说等。而我国学者对"传播"一词所下的具有代表性的定义有：传播即社会信息的传递或社会信息系统的运行；传播即传授信息的行为（或过程）；传播即意义的构建活动或过程。①

面对如此杂多的定义，传播学者对于"传播"这一中心概念，也只能采取"我们无意、也不必限于其中某一定义"② 的态度。传播学甚至于无法确立一个公认的研究对象的范围，至多是一种对传播现象的描述："我们研究传播时，我们也研究人，研究人与人的关系以及与他们所属的集团、组织和社会的关系；研究他们怎样相互影响、受影响；告知他人和被告知；教别人和受别人教；娱乐别人和受到娱乐。要了解人类传播，我们必须了解人是怎样相互建立联系的"。③ 由此观之，作为传播学的研究对象之"传播"，几乎涵盖了人类所有的行为，大到历史事件、自然现象、科学理论、文化产品，小到一句话、一个动作、一个表情甚至一个眼神，无不具有传播的意义。难怪有西方学者不无调侃地说："传播这一概念意味着一切。"④

于是，传播学者陷入"没有人问我，我倒清楚；有人问我，我想说明，便茫然不解了"⑤ 的解释的悖论中。但是人作为"一个

---

① 参见姚君喜：《传播的意义》，载《现代传播》2006 年第 5 期。

② ［英］丹尼斯·麦奎尔、［瑞典］斯文·温德尔：《大众传播模式论》，祝建华、武伟译，上海译文出版社 1997 年版，第 5 页。

③ ［美］施拉姆：《传播学概论》，陈亮等译，新华出版社 1984 年版，第 4 页。

④ 转引自郝家林：《传播学的概念、视野与方法》，载《北京联合大学学报》2007 年第 4 期。

⑤ ［古罗马］奥古斯丁：《忏悔录》（卷 2），周士良译，商务印书馆 1963 年版，第 242 页。

思考着的芦苇”,[①] 哪怕是大自然中最脆弱的东西，却并没有因为定义或者解释某事物的困难而放弃思想的尊严，越是困扰人的东西，对人的吸引力越大。也许恰恰因为这个“不问还明白，一问倒糊涂了”的东西，正是我们需要提醒自己注意的东西。

尤其是当这个模糊的用词与刑法联系在一起，可能关乎每个人的命运的时候，那么即使是传播学解释不清的东西，我们也还是得努力去解释。事实上，“什么是刑法意义的传播”的解释将直接关系到普通民众在这场“艳照门”中的命运，毫不夸张地说，如果对“传播”不进行解释或者解释不当，“艳照门”很有可能会演变为“艳照法律门”。无数的普通民众，都会在不知不觉中卷入这个巨大的“法律绞肉机”[②] 中去。因此，我们必须反思“什么是刑法意义的传播”[③]。

---

① ［法］帕斯卡尔：《思想录》，李斯译，光明日报出版社 2006 年版，第 134 页。

② 西方有一条“罗伯特香肠法则”，说的是爱吃香肠的人，绝对不要去观看香肠的生产过程，因为香肠制作过程看了实在让人倒尽胃口。德国名相俾斯麦也曾幽默地说：世上有两物，爱好者不要去观察其制作过程：一为香肠，一为法律。或许法律就是这样的一部机器：进去的是活猪，出来的是香肠。可怕的是，法律机器卷进去的毕竟不是活猪而是人。

③ 初步统计：刑法中含有“传播”一词的罪名有 5 个：传播淫秽物品罪、传播淫秽物品牟利罪、编造并传播证券、期货交易虚假信息罪、传播虚假恐怖信息罪、传播性病罪；立法上包含“传播”一词的犯罪有 4 个：走私淫秽物品罪、妨害传染病防治罪、妨害国境卫生检疫罪、传染病防治失职罪。而涉及各种信息的实质的传播行为，但在立法上使用“扩散”、“散布”、“播放”、“宣传”、“出版”等其他词来表达的犯罪大概有 24 个，而司法解释中出现“传播”一词的情况更广。刑法上的这些“传播”在含义上有何区别，值得进行系统的且精细化的研究。但限于篇幅，本书中的“刑法意义的传播”特指传播淫秽物品罪名中的“传播”的含义。

第二节 对“什么是刑法意义的传播”的法哲学反思

虽然传播学无力为我们提供一个关于“传播”的单一的、准确的定义，但是，他们的研究给我们提供了多种视角和丰富的材料。正如传播学者所言：“在人文科学中，传播学是个十字路口，人来人往，却很少有人在此驻足。许多学者从各自学科出发，来到这个交叉路口，在获得有价值的工具和看法后，又返回本学科更中心处。”①

刑法学作为一门规范学科，与传播学有着截然相反的学科目的。传播学对传播的研究关注的是如何认识、促进人类信息的快速有效的传送、交流。因此，传播学将人类的一切信息的传递行为都纳入“大传播”的范畴，这是无可厚非的。但刑法学关注的是：如何阻碍或者切断某种不良信息的快速有效的传送、交流。这种根本性的差异决定了刑法上对“传播”一词的解释与限定，可能会有不同。

一、刑法解释采用“大传播”的概念

亲朋之间“复制”、“赠与”艳照的行为，符合传播的“共享”说、“影响（劝服）”说、“反应”说、“（符号）互动”说等各种定义的诸要素，完全属于传播学中大传播的基本范畴。艳照承载着裸体乃至于性爱的色情信息，这些信息的传递过程当然是一个信息的共享过程，是一个给他人一定影响的过程，他人也必然会对这个刺激性的信息有所反应。在这个信息的传递过程中，无论是开门见山、兴致勃然地推荐或者索要艳照，还是半遮半掩、羞羞答

① 张汝伦：《意义的探究：当代西方释义学》，辽宁人民出版社 1987 年版，第 2～3 页。

答、心有灵犀一点通地暗示“有”或者“要”艳照，必然会伴随对这些信息进行各种符号形式的评论、讨论、交流。这种符号互动可以是语言的、眼神的、动作的、表情的，总之都是一个意义生成的过程：激动、惊愕、惶恐、赞叹、嫉妒、恶心，甚至于性幻想……总之，看与不看的“意义”是不一样的。推而广之，实际上从传播学的角度来看，单个人私下浏览、查阅艳照的行为也属于传播行为的基本范畴。用传播学的专有名词来说，该行为属于 Intrapersonal Communication（体内传播、自身传播、自我传播）。[①] 同理，将拍摄艳照的行为解释为传播也就更加容易：哪有制造而不看的？制造中必看，制造后也是为了看；绝大多数的艳照都涉及两人或者两人以上，那远远超出了“自我传播”的范畴，而进入了“人际传播”的范畴。

总之，从传播学的立场来看，浏览、查阅、下载、保存、出借、制造艳照的行为都属于传播的范畴，我们已经很难想象涉及艳照的什么行为不属于传播行为的范畴。

无疑，以这样的大传播概念作为刑法中的概念虽然在逻辑上说得通，但其结果却是荒谬的：只要是人碰到了“艳照”，就难逃法网。正如有民众的普遍质疑之声：人家连制造艳照都不犯法，难道我看一下就犯法？幸好“艳照门”的始作俑者是在香港拍摄的这一万多张“艳照”，要是在大陆拍摄，情节就更严重了，将面临严重刑罚。

二、采用大传播的概念有违刑法的基本精神与目的

虽然从逻辑上看，刑法解释采用“大传播”的概念说得通，但从直觉来说，该解释结论却无法让人接受。如果这不是刑法出了

① 参见屠忠俊：《自我传播与大传播》，载《华中理工大学学报》1998年第3期。传播学界通常把人类传播活动分为5种基本类型：体内传播、人际传播、组织传播、群体传播、大众传播。

问题，那就是解释刑法的思路出了问题。但“法律不是嘲笑的对象”，“法律不应受到裁判”，“法律必须被信仰”。[①] 我们宁可相信法律是正义的。当用语模糊，无法从字面解释得出合理的结论时，就需要进行合理的论理解释。然而，解释方法本身并不能保证解释结论的合理性，也无法告诉人们何以采取此种而非彼种方法。事实上，解释结论是否合理取决于隐藏在方法背后的刑法的目的。因此，探寻刑法的目的，进行目的解释就成为最高准则。

从抽象层面看，刑法追求的是“正义”。因此，“作为解释者，心中当永远充满正义，目光得不断往返于规范与事实之间”。[②] 然而“什么是正义”是一个法哲学的难题。“正义具有一张普洛透斯的脸，它变幻无常，随时呈现不同形状并具有极不相同的面貌。”[③] 但刑法是一种裁判规范，不可能等到法哲学解释清楚什么是正义之后再适用。“解释者或许难以定义正义是什么，但必须懂得正义是什么。”[④] 当然，仅仅内心懂得“正义是什么”还远远不够，如果不对内心的正义进行具体化、实证化，无疑缺乏说服力。因此，即使我们不能表达出正义的定义究竟是什么，至少应当知道什么是不正义的。这在我们看来可以作为对正义进行实证化的总的思路：即从诸多“不正义”的侧面，以间接迂回的方式进行限定。

第一，刑法解释采用大传播概念，“不符合刑法的谦抑精神”。刑法的谦抑性，是现代刑法公认的重要价值之一。刑法谦抑既是立法理念，又是司法理念。“所谓谦抑，是削减，压缩，加以限制。

---

① 参见张明楷：《刑法格言的展开》，法律出版社 1999 年版，序言第 3 页。

② 张明楷：《刑法分则的解释原理》，中国人民大学出版社 2004 年版，序言第 1 页。

③ ［美］E. 博登海默：《法理学——法律哲学与法律方法》，邓正来译，中国政法大学出版社 1999 年版，第 252 页。

④ 张明楷：《刑法分则的解释原理》，中国人民大学出版社 2004 年版，序言第 2 页。

因此，刑罚谦抑和刑罚滥用、刑罚膨胀这样的一些概念是相反的。”[①] 如上文的分析，从传播学的角度来看，浏览、查阅、下载、保存、拷贝、赠与、制造艳照的行为都属于传播行为范畴。只要实施了这样的行为就可能构成违法，满足了定罪的数量标准，就很可能被解释为犯罪行为。这实际上已经遭到了民众广泛的质疑，这种质疑实际上反映出这种解释违背了刑法的谦抑精神。

第二，刑法解释采用大传播的概念，“不符合正义的核心——公平”。公平，简单地说就是同等情况同等对待。虽然说将任何人的所有涉及艳照的行为解释为传播，似乎符合“同等情况同等对待”的形式公平，不过这“在理论上可能是正确的，但在实践上是行不通的”。[②] 这种抽象的“平等”在执行的条件有限且既定的前提下，造成的是极大的“实质不平等”，是一种“虚假的平等”。实际上，公平应当与一个社会有限的资源分配和执行条件联系在一起作总体考察，比如，在电影《集结号》[③] 中，烈士家属可以领到700斤粮食，失踪的则只能领200斤。但是失踪人员家属感觉受到不公正的对待，并不妨碍在特定历史条件下作出“整体公正”的

① 陈兴良：《罪刑法定思想的司法实现》，载京师刑事法治网 http://www.criminallawbnu.cn/criminal/Info/showpage.asp?pkID=15722，2008年3月7日。

② ［德］康德：《历史理性批判文集》，何兆武译，商务印书馆1990年版，第166页。

③ “谷子地”连长在一次惨烈的阻击战中成为唯一的幸存者，苦于没有证人，不时受到政治审查，“谷子地”连失踪人员的身份都不符合，但为了证明47名战士不是“失踪人员”，几十年后重回战斗地，为他的“兄弟们”证明烈士身份。电影中他不断重复一句话：“明明是烈士，却变成了失踪?”家属也发出“我男人明明是参军而死，怎么是失踪呢”的追问。为通过电影审查，导演将没有找到尸体的沉重结局改为“侥幸找到了”的光明结局。《专访冯小刚：新片〈集结号〉最初结局更为沉重》，载中国经济网 http://www.ce.cn/kjwh/ylmb/ylysj/200710/11/t20071011_13195936.shtml，2008年3月7日。

判断。法律是否公正的判断也是一样，“法的效果在于执行”。[①] 司法的执行条件与资源的有限性决定了任何犯罪行为都存在犯罪黑数，按照西方犯罪学家的统计调查，实际发生的刑事案件与最后定罪的案件之比大约为200∶1。[②] 犯罪黑数意味着同样性质的行为被发现了且被证明的是犯罪，没有发现或者无法证明的就不是犯罪，这似乎违背了“公平”。但无论执行条件与资源怎么改善都是无法改变的一种事实，就不能称为“不公平”，只有一种人为的因素导致的同等情况不同等对待，才是我们所说的“不公平”。而将个人的所有涉及艳照的行为都解释为刑法意义的传播，恐怕公、检、法的全部司法资源只专注于追诉传播淫秽物品罪，也避免不了“天文数字般”[③] 的犯罪黑数，这就属于人为解释不当导致的“不公平”。

第三、刑法解释采用大传播概念，“不符合正义的另一核心——自由”。“整个法律和正义的哲学就是以自由观念为核心建构起来的。”[④] 法律与自由并非绝对的对立关系。法律必须保护人的自由，而法律之下的自由，从消极意义上来看，就是指法律必须

---

① 张明楷：《刑法格言的展开》，法律出版社1999年版，第46页。

② 美国学者埃尼斯指出，刑案一旦发生，被害人报案的占49%，警察到案勘查的占23%，勘查后被认定为罪案的占25%。破案的占20%，起诉审判阶段占42%，最后被赦免无罪的占48%。转引自姬新江、房福利：《犯罪黑数探析》，载《新疆警官高等专科学校学报》1999年第1期。

③ 根据CNNIC的互联网统计报告，截至2007年12月，中国手机用户数达5.47286亿户。截至2007年1月23日，中国网民总人数已达1.37亿人，每年的增长率大约为23%。虽然没有准确的绝对数据可依，不敢推测说中国现有的5亿多手机用户，1亿多网民都实施了这样的传播行为，但有很多网站做的调查显示：参与调查的人看过、下载、拥有、传递艳照的人占80%左右。《八成受调查者看过艳照：好奇心战胜道德感》，载《新闻晨报》2008年2月25日。

④ ［美］E. 博登海默：《法理学——法律哲学与法律方法》，邓正来译，中国政法大学出版社1999年版，第279页。

保护人们"选择为恶"的某些空间,① 而恰当的自由空间也会对法律起维护作用。我们不妨对"法网恢恢，疏而不漏"的口号做一个反解：法网是必须有"孔"且"疏"才能称之为网，也只有恢恢之网才能有效地逮住"狡猾的苍蝇"，如果某条法律不是有"孔"且"疏"的网，而是密不透风的一堵墙甚至是铜墙铁壁，那么只有无头苍蝇才会一头撞死在这样墙上。而且任何铜墙铁壁式的统治所面对的都是富于艺术的反抗："当财主老爷经过的时候，聪明的农民深深地鞠躬，暗暗地放屁（埃塞俄比亚格言）。"② 刑法解释若采用了大传播的概念，铸造这样一堵不留空间的法墙，其效果将是对自身的破坏：除了树立一个虚假的威严以外，人人都不把这样的法律当回事，基本搁置不用。③ 这样的法律还能够被信仰吗？

第四，刑法解释采用大传播的概念，"并不必然促进正义的安全与秩序侧面"。可能有人对将正义的自由、平等侧面置于"安全"与"秩序"的侧面之前加以考虑而不以为然，认为我们上面的论述带有西方法律文化的色彩④而值得商榷。对此笔者无意直接反驳，因为，毕竟从我国的刑事立法与刑事司法的法律文化传统与现状来看，中国的刑法还是将公共秩序与安全放在个人自由价值的

---

① 例如，嫖娼、卖淫行为，除非明知自己患有严重的性病或者明知对方为幼女，那么，这就是刑法之下的空间，但不属于行政法之下的空间，而"一夜情"、"通奸"，则是整个法律体系之下的空间。

② 转引自［美］博西格诺等：《法律之门》，邓子滨译，华夏出版社 2002 年版，第 159 页。

③ 个人的这些传播行为，只要警察想查，一根藤就可以牵出成百上千的"蚂蚱"。但我们至今还没有看到中国警方对此采取"侦查"行动的任何相关报道或者案例。

④ ［美］E. 博登海默：《法理学——法律哲学与法律方法》，邓正来译，中国政法大学出版社 1999 年版，第 293 页。在西方主流的法律文化中将公共秩序、安全作为维护平等、自由价值的辅助手段，因此，在正义理论中仅仅给予公共秩序、安全一张幕后交椅的位置。

前面。但是即便如此，我们也不能忘记“物极必反”的道理。因此，对秩序与安全的维护也必须张弛有度，而不能过分压缩公平与自由的空间。否则，如果过度地强调对安全、秩序的保护，以至于在实践中丧失了刑法的实质公平，完全不给个人自由的空间，那么，这种对秩序与安全的维护作用将是表面的且是短暂的，从长远看甚至是起反作用的。“一个法律制度若不能满足正义的要求，那么从长远的角度来看，它就无力为政治实体提供秩序与和平。”①典型的例子就是我国20世纪80年代的“严打”，实践证明了当时严打所具有的压制犯罪的效应是短暂的、即时的、逐步递减的；而任意地突破刑法的界限，扩大犯罪圈，将会带来更多的负面影响，乃至在根本上违背“严打”的初衷。因此我国提出了更加理性的“宽严相济”的刑事政策，其走向是“轻轻重重”，“抓大放小”，以“宽”为主。②

第三节　对“传播”的刑法规范学角度的解释

上文从法哲学的抽象层面对当前的刑法解释中的传播概念的不合理性进行了反思。但是刑法规范作为一种具体的裁判规范，还得结合个罪的立法目的（犯罪客体）对“传播”进行规范解释。

一、传播淫秽物品罪客体的新界定

在我国刑法中，传播淫秽物品罪被放在妨害社会管理秩序罪一章中。通说认为本罪的客体是“良好的社会道德风尚”与“国家禁止传播淫秽物品的制度”。实际上传统的刑法注释学在该问题上潜藏着巨大的循环解释的陷阱。以“国家禁止传播淫秽物品的制

① ［美］E. 博登海默：《法理学——法律哲学与法律方法》，邓正来译，中国政法大学出版社1999年版，第319页。

② 陈兴良：《宽严相济刑事政策研究》，载《法学杂志》2006年第1期。

度”的客体说为例，国家通过抽象的法律建立起禁止传播淫秽物品的制度，而这个禁止传播淫秽物品的法律制度又被解释为传播淫秽物品罪的客体，这简直比“鸡生蛋，蛋生鸡”还绕人。于是，在这种解释模式下，传统的犯罪构成四要件中有没有这个客体要件，都不影响犯罪行为的认定。或许正是这种毫无解释价值的抽象的客体论，才会有学者强烈主张取消犯罪构成中的客体要件，将犯罪客体作为犯罪的本质范畴来讨论。① 我们虽然认为这样的批评击中了传统刑法学的要害，但不同意这种泼洗澡水时连婴儿一起泼掉的做法，因此，我们不赞成将犯罪客体从犯罪构成要件体系中驱逐出去。我们认为具体犯罪客体对体现犯罪的实质危害性是不可替代的，特别是在一些疑难案件中。也许传统刑法学的关键失误在于对犯罪客体尤其是对个罪的犯罪客体的研究不够，往往用同类客体简单地套在个罪上了事，所以才导致一些人误认为犯罪客体可有可无，而深入分析就会发现，犯罪客体绝不仅仅是一个简单的标签，而是有着深刻的识别区分功能。对传播淫秽物品罪的客体进行深入研究完全可以印证我们这一见解。

要确定传播淫秽物品罪的客体，我们必须对国家为什么要禁止传播淫秽物品进行追问。任何一部正义的刑法都不可能为了禁止而禁止，刑法不会禁止那些没有侵犯任何利益的行为。而这种受到法律保护的社会生活利益就是法益。本罪的客体的实质内容肯定也是某种社会生活利益。因此，从这个角度而言，“国家禁止传播淫秽物品的制度”作为本罪的客体也是不妥当的，而“良好的社会风尚”倒可以理解为一种生活利益，不过“社会风尚”还是过于笼统，太抽象、太模糊，同样丧失了其应有的解释力，需要进一步解释或者具体化。由于社会风尚涉及生活的方方面面，而“淫秽物品”涉及的只能是性风尚。但“性风尚”仍然是一个模糊的词语，或者说性风尚也包含了多重的实质内容，每一种具体行为侵犯的性

① 参见张明楷：《刑法学》，法律出版社2003年版，第135页。

风尚的实质内容也就可能有差异,[①] 因此，应该对每个个罪的客体都作出具体的界定。

对于传播淫秽物品罪而言，其客体的界定与“为什么要禁止传播淫秽物品”的答案有关，可以从以下几个可能的思路进行。

第一种思路：“诱发性犯罪”。这是东西方普遍存在的一种观念，认为国家之所以要禁止传播淫秽物品，是因为淫秽物品的传播会诱发性犯罪。从这一思路出发，那么归根结底传播淫秽物品罪的客体实际上是“性自决权”。但是，这一思路存在很多问题。其一，这种个案的发生概率有多大？这是一个必须考虑的问题。例如，估计有相当大数量的人看了“艳照”，但其中到底引发了多少起性犯罪案件？我们至今还没有看到类似个案的报道。其二，有大量的实证研究表明，淫秽物品的广泛传播不仅没有增加强奸发生率，相反降低了强奸发生率。淫秽物品起着替代强奸、减弱强奸冲动的功能。尽管这些实证研究存在着很多不确定性的因素，但至少可以得出“不能证明色情会影响强奸发生率”的结论。[②] 其三，即使淫秽物品的传播与“性犯罪”之间有关联，那么，将传播行为引起的其他犯罪的客体作为传播淫秽物品罪的客体也是不合适的。以赌博罪为例，通说认为赌博罪的客体是善良的社会风尚和社会管理秩序。设立赌博罪的原因在于赌博是旧社会遗留下的恶习，败坏社会风尚，而且会引起打架斗殴、盗窃、抢劫、杀人等其他犯罪。[③] 但没有人将赌博罪的客体解释为生命权、财产权等。

第二种思路：“侮辱女性”。可能的理由如下：其一，淫秽物

---

① 比如，聚众淫乱罪、嫖宿幼女罪、传播性病罪、传播淫秽物品罪等行为侵犯的性风尚的内容没有差异吗？对该问题，值得研究。

② 参见［美］波斯纳：《性与理性》，苏力译，中国政法大学出版社2002年版，第492～501页。

③ 参见高铭暄主编：《新编中国刑法学》，中国人民大学出版社1998年版，第848页。

品的内容涉及者大多数是女性，如美国的色情刊物《花花公子》，虽然名为“公子”，但刊物中的色情图片全是女性或者主要是女性。[①] 其二，色情物品的分级标准具有性别上的双重性。例如，在20世纪90年代，大陆警方对各个录像厅播放香港的“三级片”并不进行管理，而所谓的“三级片”，基本上是女主角正面裸两点甚至三点全裸，而男角通常只给背面镜头。如果男性给正面全裸镜头，那就属于禁止播放的A片，似乎男性更有尊严，或男性裸体更需要掩盖。其三，在淫秽物品中，女性扮演的主要是被虐待、被侮辱的角色，男性则多是施暴者的角色。例如，被美国定为NC－17级（禁止17岁以下观看）的《色戒》完整版中，其中一场全裸床戏是以性虐待的方式来反映男女主角的内心与感情的细微变化。其四，淫秽物品的消费者大多是“花花公子”（男性）。似乎我们从以上的一些现象可以得出淫秽物品传播的是一种侮辱女性的信息。如果得出这样的结论，那么或多或少符合女权主义对色情物品的解读观点。但是，波斯纳却认为这种解读无法解释一些相反现象：比如丹麦与瑞典是女权主义政治、女性解放的要塞，但这两个国家却对色情犯罪予以非犯罪化，另外，这也无法解释同性恋色情物品的存在。[②] 实际上在笔者看来，上述的现象也并非必然与侮辱、歧视女性相关，也许只是因为两性在生理与心理结构上的差异所致，如男性生理上的禁忌部位是唯一的。在大街小巷裸露上半身的男子大有人在，但也没有多少人想到是色情暴露。在性心理的差

① 例如，获得奥斯卡奖的美国电影《阿甘正传》中就有《花花公子》杂志的镜头。

② 参见［美］波斯纳：《性与理性》，苏力译，中国政法大学出版社2002年版，第500～501页。

异上，一般而言，女性是用心，好幻想，[①] 认为性与爱一体；而男人是用眼，喜直接，认为性与爱分离。所以，男性在色情物品的消费中以“养眼”的色情图片为主，而女性则以委婉的、缠绵的琼瑶式的“言情小说”作品为主。可见，并非女性不需要色情，而是消费色情的形式不一样。实际上有调查显示女性也爱看成人色情影片，但关注点与男性不同[②]。如此看来，将传播淫秽物品罪的客体解释为“妇女的尊严”并不妥当。

第三种思路：破坏婚姻和家庭基础上的性观念（性风尚）。[③] 这是近年来德国年轻的刑法学者对传统的“性风尚”这个抽象的法益概念进行实证化而提出的观点。美国的法理学界也有类似的观点：之所以要打击色情物品的传播，是因为“色情物品会破坏道德……所有看过色情物品的人，哪怕时间再短，都会受色情的影响……滋生性的不满足，从而有可能造成家庭的破裂”。[④] 我们认为，这种对客体进行实证化研究的思路是可取的，但具体的结论不妥。第一，这种观点实际上是基于传播学的“影响说”：只要是人，面对如此敏感的色情信息的刺激，或多或少会对性观念产生影响，但我们究竟应当如何确定和衡量这种影响呢？可见“影响说”仍然没有提供可供操作的解释标准。第二，“受影响”与“破坏”是两个不同的概念，如男人喜欢看美女不等于想和美女发生什么。看了艳照的人，也并不意味着就是要破坏婚姻家庭。所以，上述观点并没有对行为的类型化以及具体的司法适用提供可操作的解释规

---

① 很多女性有被心中的白马王子强暴的幻想心理。当然，这种心理的存在与现实中被人强暴是两回事，也不必然等于赞同取消强奸罪的刑法观点，这就好像有受虐心理的人，突然被车门夹了手指也会感到十分痛苦，而不是快乐。

② 参见《女人为什么爱看色情电影》，载《花生文摘》2007 年第 8 期。

③ Muenchener Kommentarm StGB – Hoernle，§ 184，Rn1 ff.（Stand 2005.）

④ ［美］波斯纳：《性与理性》，苏力译，中国政法大学出版社 2002 年版，第 501 页。

则。将“影响”等同于“破坏”，认为所有的传播行为都对婚姻和家庭基础上的性观念具有抽象的破坏性，那么，这个“新观点”与德国刑法学界认为的本罪是性风尚并且本罪是抽象的危险犯的通说[①]并没有实质差异：两种观点都意味着只要有传播行为，就可认定对犯罪客体“性观念”、“性风尚”有侵犯性。

似乎所有的道路都试遍了，却仍然没有给出合理的界定，以至于一些学者认为传播淫秽物品罪是一个“无被害人的犯罪”，是一个没有侵犯法益的犯罪。“无被害人就无犯罪”，“无法益侵害就无犯罪”，因此主张对本罪进行非犯罪化。这也不失为最后一招：当解释不通的时候，就批判法律，俗话说：“三十六计——走为上策”。然而，这仍然无法回避绝大多数国家还保留着传播淫秽物品罪的现实。因此，我们必须另辟蹊径，从实然层面对本罪的客体进行合理的解释。于是我们反其道而思之：“本罪真的没有被害人吗”、“谁是被害人?”

第四种思路：“谁是被害人?”人可以从不同角度进行分类，比如，在法律上常见的分类：男人与女人；成年人与未成年人；精神正常的人与精神不正常的人……还可以做出法律上不常见的分类：熟人与陌生人；上网的人与不上网的人；现实的人与虚拟的人；伪善的人与坦诚的人；愿意接触淫秽物品的人和不愿意接触淫秽物品的人……这些分类是否对我们的问题有意义？这与以下问题相关：哪些人易受到侵害？哪些人受到了侵害？

首先，我们联想到最容易受害的一类人：未成年人。就规定传播淫秽物品罪的各个国家来看，各国都把打击向未成年人传播淫秽物品的行为作为重点与核心。例如，美国刑法中打击色情罪的立法“主要是为了保护未成年人，防止青少年接触有色情内容的书刊和影视”。[②] 而英国则在《1978 年保护儿童法》中专门规定了“为 16

① SK – StGB – Wolters/Horn:, § 184, Rn. 2. (Stand: Okt, 2004)

② 储槐植：《美国刑法》，北京大学出版社 2005 年版，第 200 页。

岁以下拍摄、散发淫秽照片、影片罪”。[①] 日本刑法中，对春宫图画是否为淫秽物品的判断时则主要讨论这些物品“是否会对青少年有害”作为争论的焦点。[②]

即使受色情犯罪的非犯罪化思潮影响的国家，如德国刑法，仍然保留甚至加强打击关于向未成年人的传播行为。德国于 1997 年第 33 次刑法修改时，废除了对通奸、对动物的性行为等罪名，同时限制了对散发色情文书和照片的处罚，但强化了对未成年人的保护，如增加了以奸淫儿童为对象的淫秽物品的犯罪，并从重处罚。[③] 因此，德国刑法通说认为“德国刑法典第 184 条所保护的客体首先是青少年”。[④] 那么，究竟传播淫秽物品罪会侵犯未成年人的什么利益？“具体来说，就是青少年性的发育的不可扰乱性。”同时，因为德国刑法通说认为本罪是抽象的危险犯，“至于青少年的性的发育是否会因为他人传播的淫秽文书而被扰乱，在所不论”。[⑤] 可见，德国刑法将该罪解释为抽象的危险犯实际上也体现

---

① ［英］克罗斯等著：《英国刑法导论》，赵秉志等译，中国人民大学出版社 1991 年版，第 329 页。

② ［日］大谷实：《刑法各论》，黎宏译，法律出版社 2003 年版，第 373 页。

③ 《德国刑法典》，徐久生、庄敬华译，中国法制出版社 2000 年版，第 23 ~ 24 页。

④ Leipziger Kommentar - Heinrich, Laufhuette, § 184, Rn. 1, De Gruyter Recht, Berlin, Stand: den 1 Aug, 1994。在大陆法系刑法理论中，将客体分为行为客体（攻击客体）与保护客体（法益），二者分别相当于我国刑法理论中的犯罪对象与犯罪客体。但据笔者的理解，德国刑法学者对法益进行规范化、具体化的研究中，尤其是在分则罪名的客体研究中，“行为客体”与“保护客体”有融合的趋势，说保护客体即可以指保护被害人，也可以指保护被害人的法益。

⑤ SK - StGB - Wolters/Horn, § 184, Rn. 2. (Stand: Okt, 2004)

出对未成年人“身心健康利益”① 的严格保护。

诸多国家类似的立法与司法将未成年人作为保护的核心，背后有着一个基本的理论假设或者推定，即未成年人由于身心发育不全，自控力差，极其容易受到淫秽物品的毒害，因此无需作具体的判断，只要向未成年人传播淫秽物品，就推定侵害了未成年人的身心健康。

其次，我们考察第二类人，成年人。成年人会不会成为传播淫秽物品的受害人？对此可能会有不同看法。大多数国家并没有将对成年人的淫秽物品传播行为非犯罪化，哪怕是受到非犯罪化影响的德国刑法，也处罚以成年人为传播对象的某些行为，如《德国刑法典》第184条中规定了某些特定场合以某些特定方式向他人提供、出让、送与淫秽物品的，也构成犯罪。其中的“他人”并不特指未成年人。② 这似乎意味着成年人也可以成为被害人。

但成年人受害的利益到底是什么？这才是问题的核心。如果直接套用“未成年人的身心健康”的说法，将客体界定为“成年人的身心健康”，则存在很大的逻辑矛盾问题，因为，前一客体的确认是以未成年人的身心不成熟为前提的。所以，很多国家的刑法学者就用“性风尚”这个模糊的、抽象的词回避了对成年人实质利益的追问。但是，德国刑法的研究走在了前面，德国刑法学界力图

---

① 在中文中，性发育通常指的是生理发育。如果说德语中的“性发育”不仅仅是指生理上的发育，也指性心理健康的话，那么它相当于我们熟知的“身心健康”。

② 《德国刑法典》，徐久生、庄敬华译，中国法制出版社2000年版。对该翻译版本的第3项，在德国留学的刘代华经过仔细的考证认为原翻译为“……，在书报亭或者其他……”的文字实际上应该翻译为“……，无需顾客进入的书报亭或者其他……”更精确。有德国学者对本法条举例说：在书店外面的书车，即使经营者在顾客付款时可以控制不对未成年人出售淫秽书籍，但是，他们事先可以自由在书摊上翻阅，这时并无人来控制他们的翻阅。我们这里采纳刘代华老师的翻译。

对成年人的实体利益进行界定，有人认为本罪的第二保护客体是“不愿接触淫秽文书的人。”[①] 具体地说就是成年人的“不愿接触淫秽文书的意愿”或者“淫秽文书的接触（拒绝）权”。[②]

但是，这一观点没有解释为什么不同年龄的人会有不同界定的问题。对此，我们认为可以有两种解答的思路。第一种思路：否定成年人有独立的实质利益。处罚对以成年人为对象的传播，可以解释为“最终是为了保护未成年人的实质利益”，因此，在司法解释或者立法中必须以某传播行为具有危害未成年人的现实危险性为准则。例如，《德国刑法典》第184条第1款第3项、第4项、第5项、第6项、第9项以及第2款的规定，可以根据这个解释规则来进行某种解释。例如，其中第3项的规定，可解释为从营业场所以及传播方式的失控角度来推定具有危害未成年人的现实危险性。第二种思路：承认成年人有独立的利益需要保护。如果成年人有不愿接触淫秽文书的意愿与权利，那么未成年人同样也应该有。但是法律上基于未成年人的责任能力的不完全，于是假定未成年人与成年人在权利的范围上有差异。换言之，成年人有完整的“不愿意接触权”和“愿意接触权”。对成年人的“愿意接触权”是通过立法上的非犯罪化或者司法上的法律不理会的消极方式来保护。但法律认为未成年人只有“不愿意接触权”，不具有“愿意接触权”。所以，未成年人即使愿意接触淫秽物品，在法律上也不承认，对传播者而言，也就具有违法性。实际上，这并非笔者杜撰出来的解释规则，有类似的法理与法律依据。例如，强奸罪保护的是妇女的性自决权。如果妇女是同意性交的，哪怕行为人采用了暴力的方式，也可以否定强奸罪的成立。但是，如果对象是幼女，哪怕幼女是

① Leipziger Kommentar – Heinrich, Laufhuette, § 184, Rn. 1, De Gruyter Recht, Berlin, Stand: den 1 Aug., 1994.

② SK – StGB – Wolters / Horn, § 184, Rn. 2. (Stand: Okt, 2004); Muenchener Kommentarm StGB – Hoernle, § 184, Rn1 ff. (Stand 2005.)

“同意”的，行为人也是采取和平的方式和幼女发生性关系，也构成强奸罪。这是因为法律上我们假定幼女有“不愿意发生性关系”的权利，却没有“愿意发生性关系”的权利。

比较而言，第一种思路否定成年人有独立的实体利益值得保护，这可能会引起某些不必要的争议，如向特定的、少数的、不愿意接触淫秽物品的成年人传播淫秽物品是否具有侵害未成年人的现实危险性？这就容易产生分歧，毕竟是否具有侵害未成年人的现实危险性，并不取决于该传播对象主观上的接触愿意。我们认为，即使这种情况不具有侵害未成年人的现实危险性，但仍然可能具有违法性。例如，一个朋友在大庭广众之下，拿出不堪入目的黄碟或者艳照企图送给你，哪怕平时自己也私下“消费”淫秽物品，但对这种突如其来的强制性关联的淫秽物品，也会感到“很受伤”：感觉在公众眼中，自己“很黄、很暴力”，难堪、羞愧不能言表，恨不得在地上找个洞立马消失。因此，我们倾向于采用第二种思路，认为成年人也有值得保护的权利。而这个权利就是不愿意接触淫秽信息的权利。

总之，我们认为传播淫秽物品罪的客体就是人的不愿意接触淫秽物品的权利。

二、对传播淫秽物品罪中的“传播”的规范解释

根据上文对客体的界定，我们就可以对传播淫秽物品罪中的“传播”下一个定义：一切使当下不愿意接触淫秽物品的人接触到淫秽物品及其信息的行为。

根据这个定义，我们不妨对各种“大传播”概念中哪些属于刑法意义上的“传播”，哪些属于非刑法意义的“传播”进行规范的解释。

第一，凡是直接向未成年人传播淫秽物品的行为，不论是私下还是公开，不论是针对特定的还是不特定的未成年人，不论未成年人是否“同意”或者“愿意”，不论淫秽物品的数量有多少，都是刑法意义上的传播行为，即这里的传播可以采用大传播的概念。唯一的例外是负有监护责任的人，出于性教育的正当需要而对受监护的未成年人使用淫秽物品的行为不属于刑法意义的“传播”。另外，我们可以借鉴我国香港地区以及德国的立法，将获取、持有、散发、公布以奸淫儿童为内容的淫秽物品的行为解释为刑法上的传播行为。因为，该淫秽物品的内容已经超出了正常成年人的消费需求心理，可以推定正常的成年人都不愿意接触这类淫秽物品。

第二，对于以成年人为对象的传播行为而言，总的原则是以成年人的接触淫秽物品的“即时意愿”为标准来认定，但要具体问题具体分析。

首先，有的传播方式的特性本身就决定了该行为当然属于刑法意义的传播，这样的行为就可以被类型化，如2000年通过的《全国人大常委会关于维护互联网安全的决定》第3条第5项的规定：在互联网上建立淫秽网站、网页，提供淫秽站点链接服务，或者传播淫秽书刊、影片、音像、图片……这类传播行为由于互联网的特性决定了其传播行为的对象具有不特定性和多数性以及传播方式的公开性。而不特定的以及多数的对象中必然会使得未成年人以及不愿意接触淫秽物品的成年人有机会接触到淫秽物品。并且，其传播行为的公开性也是对公众的不愿意接触权的侵犯。因此，不需要证明确实有未成年人以及不愿意接触淫秽物品的成年人已经接触到该淫秽物品，就可以认定该传播行为具有违法性，属于刑法意义上的传播行为。

其次，对有些传播行为必须综合各种具体的情况进行判断，而无法给出一个简单的非此即彼的定性结论，因此，这样的行为无法类型化，应该留给法官进行个案判断。以QQ等网络聊天工具的传播行为为例，QQ工具本身可以有很多功能设置，其传播的方式是多样化的：既可以是群聊方式，也可以是一对一或者说点对点的聊天方式；可以设置为任何人都能访问自己的QQ空间，也可以设置为只有特定的QQ空间好友或者必须输入密码才能访问；QQ好友即可以是现实中的朋友，也可以是从未谋面的“熟悉的陌生人”（网友）；即可以是成年人，也可以是未成年人。另外，QQ 的上网环境既可以是在家上网，也可以在公共场所上网。因此，只能根据个案，综合考虑所有可能的影响因素才能认定通过 QQ 向网友进行的各种传播行为的定性。但有一点可以确定：即使是利用了互联网或者网络工具传递淫秽物品的行为也不一定具有违法性。如此看来，前文提到诸如“通过网络打包传播，且数量在 200 张以上，赠与人将被追究刑事责任”、“传播给其他人的网友可能涉嫌犯罪”等说法恐怕欠妥当。

最后，如果传播的直接对象是特定的成年人，哪怕从抽象的角度可以将成年人区分为愿意接触淫秽物品的人和不愿意接触淫秽物品的人，但是也要注意分析传播对象是否具有“即时的”愿意。我们还是以“现实的朋友”① 之间的传播淫秽物品为例来分析。例如，在众目睽睽、大庭广众之下，将一打“艳照门”照片送给自己的朋友，朋友很可能会当场拒绝接受该淫秽物品，那么，即使该朋友曾经要求行为人给他“艳照门”的照片，我们也不排除这种行为的违法性。因为根据当时的情景判断，传播对象不具有“即时的”接触淫秽物品的愿意。但是，如果是在私下赠与朋友艳照，哪怕该朋友事先没有索要，只要该朋友接受了“艳照门”的照片，也推定该朋友具有即时接触淫秽物品的愿意，不具有违法性，因而该行为不可罚。

当然我们还要对此进行进一步的解释：为什么传播行为会因为传播对象的“即时愿意”而在刑法上有迥然不同的意义。这和对本罪客体的理解有紧密的关系。如前文分析所言，本罪的客体在抽象层面是“性风尚”。而所谓的风尚“是一定时期中社会上普遍流

① 与网络中“虚拟的朋友”相区别。“虚拟的朋友”的信息可能完全失真，比如 QQ 好友到底是男是女，是成年人还是未成年人并不能以其资料来鉴别，其情况比较复杂。

行的风气和习惯”,[①] 而性风尚则是在“性是私密的”这个文化禁忌基础上形成的各种习惯规则的总称。正如人类学家本尼迪克特指出，“任何社会都会选择人类可能的行为这个弧上的某个片断，只要这个社会要完成整合，它的种种风俗就倾向于去推进它所选择的那个片断的表达，同时又去阻止那些相反的表达……不管在什么社会，不管这个社会的风俗有多怪痴，生长在这个社会里的所有个体总有极大一部分人是按那个社会所指定的行为方式来行动的。”[②] 因此，即使被传播者在公开场合与私下场合呈现出不同的态度，被认为是虚伪的人，不诚实的人。但法律评价与道德评价毕竟是两个不同的东西，刑法为了整体的正义目的，对特定的道德虚伪也要加以保护，从而使其成为一种法益。例如，侮辱罪中的客体是他人的名誉权，而这个名誉权指的是社会外部对人的价值评价，这种外部的名誉并不一定要求和其本人的实际情况相符合。一个人哪怕晚上确实“很黄很暴力”，也不意味着人们可以将其“很黄很暴力”的真实公布于众。法律在性风尚问题上并不认可“你晚上可以做的，难道我白天就说不得”的逻辑。

实际上“可以做的，但不可以说”恰恰是所有国家的性风尚的共同规则。而该规则具体化到分则的各个罪名，则各有其特定的规则内容。例如，聚众淫乱罪侵犯的是“淫乱行为之不公开性的性风尚”。[③] 而传播淫秽物品罪则是对淫秽物品只能“有限度地看、

---

① 《现代汉语词典》，商务印书馆 1979 年版，第 324 页。

② ［美］本尼迪克特：《文化模式》，王炜等译，三联书店 1988 年版，第 233 ~234 页。

③ 张明楷：《刑法学》，法律出版社 2003 年版，第 822 页。张明楷教授认为，即使是 3 人以上的淫乱行为，只要是秘密进行的，也不具有本罪的违法性。如果这种解释可以成立，那么，我们认为本罪的侵犯的客体不是“不得淫乱的性风尚”，将其界定为“公众的性感情”或者“淫乱行为之不公开性的性风尚”比较妥当。

偷偷地看、默默地看”,[①] 这种具体规则内容的保护。从被害人的角度来看，一旦某种传播行为将特定的被传播者以及不特定的公众置于一种公共的视角，那么，就是对“不愿意公开接触、消费淫秽物品”这一权利的损害。那么，这里的被害人有两类，一是传递行为直接指向的特定对象，即自己的朋友；二是“大庭广众，众目睽睽”背后的不特定的公众，即使这些不特定的公众没有实际浏览到艳照的内容，但公众感知到“特定的朋友之间的传递淫秽物品的行为是公开”的，实际上这种公开传递的行为本身也是对“不可以公开接触、消费淫秽物品”这一性风尚的侵害，而公众实际上也感觉到该公开传递淫秽物品的行为是对自己权利的伤害。在当时的情境下，公众并不愿意有这样的公开传递淫秽物品行为在自己眼前发生，但传递人却完全不顾公众心中存在的这个规则而强行为之。换言之，对公众而言，该公开传递淫秽物品的行为也具有侵犯公众的“即时的不愿意接触淫秽物品”的要素，因而具有违法性。

因此，我们认为凡是公开进行的各种浏览、查阅、下载、传递、借阅的行为，只要具有使不特定的或者多数人的公众知道该行为的对象为淫秽物品的现实可能性，就具有本罪中的传播行为的属性，就具有对性风尚的侵犯性，也就具有违法性，从而不排除构成犯罪的可能性。而诸如私下拍摄艳照，成年人之间的私下浏览、下载、传递、借阅淫秽物品的行为，哪怕淫秽物品的数量已经达到刑事司法解释确立的定罪的标准，但因为该行为不具有“传播”的性质，那么，这些“为恶行为”也是成年人的自由，应当受到法律的消极保护，即不以违法论，当然也不构成犯罪。

总之，什么是本罪中的传播行为，并不能单纯地以是否公开，或者是否具有扩散性，或者其传播对象是不特定的或者多数人，或

① 郑宜庸：《看与说的禁忌——电影性爱场面的观看心理分析》，载《莆田学院学报》2006 年第 1 期。

者传播的淫秽物品的数量等某个单一的标准来区分，其还与传播行为的性质差异、受众对象的年龄差异与意愿差异、淫秽物品内容的差异等多种因素有关系。因此，现有的我国刑法学者对传播的几种解释都是值得商榷的。[①] 而且，现有的刑法司法解释其罪与非罪的区分标准也基本上是不恰当地以数量为主要标准，[②] 故需要进一步完善。

由于我国刑法使用了模糊的“传播”一词，鉴于司法部门以及刑法学者对传播的解释有着巨大的差异，不进行合理的解释将会严重影响法律的统一性和民众对法律的信仰问题，因此，建议最高人民法院对该问题进行合理的司法解释，确立对传播淫秽物品罪的比较完善的解释规则与标准。我们在现有的刑法司法解释的基础上，根据笔者的立场，总结以下几个规则，供刑法司法解释主体在解释刑法时参考：

其一，凡是直接向未成年人传播淫秽物品的行为，不论数量多少，不论是否公开传播，均视为“造成严重后果”，一概构成传播淫秽物品罪；但是，负有监护责任的人，出于性教育的正当需要而

---

① 我国刑法学界对传播的几种解释：“传播，是指通过播放、陈列、在互联网上建立淫秽网站、网页等方式使淫秽物品让不特定或者多数人感知以及通过出借、赠送等方式散布、流传淫秽物品的行为。”张明楷：《刑法学》，法律出版社2003年版，第822页、第891页。传播即“将淫秽物品在社会上广为散播”。高铭暄、马克昌：《刑法学》，北京大学出版社、高等教育出版社联合出版2005年版，第669页。

② 1998年《关于审理非法出版物刑事案件具体应用法律若干问题的解释有关司法解释》以及2004年的《关于办理利用互联网、移动通讯终端、声讯台制作、复制、出版、贩卖、传播淫秽电子信息刑事案件具体应用法律若干问题的解释》中分别确立了传播对象的人次和淫秽物品的数量这两个定罪标准，另外“规定”了“造成恶劣社会影响”、“造成严重后果”的定罪情节，但这些“规定”犹如刑法中的保底条款，是模糊的，无法作为具体的标准来适用，尚需要进一步解释。其作用也就在于为下一步解释留下空间。

对受监护的未成年人使用相关物品的行为除外。

其二，散发、公布以奸淫儿童为内容的淫秽物品的行为，一概构成传播淫秽物品罪。公开获取、持有或者私下传递以奸淫儿童为内容的淫秽物品的行为，数量较大的（可参考传播淫秽物品牟利罪的数量标准)，构成传播淫秽物品罪。

其三，利用互联网、移动通讯终端、即时通讯软件、电子邮件在公共场所公开浏览、下载、播放、展示、传递淫秽物品，一次性使得10人以上的公众接触到该淫秽物品及其信息，不论数量多少，均视为“造成严重后果”，构成传播淫秽物品罪。

其四，利用互联网、移动通讯终端、即时通讯软件、电子邮件私下传递给特定的人（如现实中的朋友，不包括未经证明身份的虚拟的网友)，即使淫秽物品的数量达到了定罪的标准，也不构成犯罪；但明知对方是在公共场所接受淫秽信息，可能使得不特定的或者多数的其他公众接触到该淫秽信息，视为公开传播，参照上述第3条规则处理。

其五，在公众场合以其他方式公开播放、展示、传递淫秽物品，一次性使得10人以上的公众接触到该淫秽物品，不论数量多少，均视为“造成严重后果”，构成传播淫秽物品罪。

第九章　有关盗窃罪的刑事司法解释评析：以许霆案为切入

第一节　许霆案中的司法解释问题[①]

2006年4月21日，位于广州天河区黄埔大道西平云路的广州市商业银行的一台自动取款机（ATM），由于广电运通金融电子股份有限公司为其进行系统升级，一度出现故障。

在当晚10点左右，24岁的山西省临汾市襄汾县小伙子许霆发现他在ATM里取了1000元后，银行卡里才扣掉1元，他尝试性地再取一次钱，还是取1000元扣1元……难以置信的许霆利用他余额170多元的银行卡，分171次从ATM中提取了17.5万元。

在被银行发现后，许霆携款潜逃，一年之后，他在陕西宝鸡火

① 这里要说明，许霆案虽没有成文的司法解释，但最高人民法院的裁定实际上暗含着相应的规范创造的解释内容，至少是相当于前面提到的准司法解释。例如，苏力就指出许霆案的争议背后的制度背景就是当代中国实际形成的那种从世界角度看比较特殊的制度安排，可以称之为“两级立法”。为防止制定法过于具体，不能有效适应大国的各地情况，或防止因社会发展迅速而法律过时，立法机关仅制定相对概略的法律；立法机关通过明确委托或默认司法或执法机关，针对实践需要，以各种名义，制定并及时调整变更具体的实施细则类的法律。有学者称这类一般由法院、检察院各自或会同其他相关部门制定的规则（解释、细则、规定）为“司法法”。并且他指出许霆案事实上已成为中国刑事司法实践的创造的被害人过错影响量刑的一个“先例”。苏力：《法条主义、民意与难办案件》，载《中外法学》2009年第1期。

车站被警方抓获。

经过一审，广东省广州市中级人民法院将许霆案定性为“盗窃金融机构，数额特别巨大”，判处许霆“无期徒刑，剥夺政治权利终身，并处没收全部个人财产”。一审结果宣判后，引起社会各界强烈关注，九成以上的网友认为银行有错在先，法院不该重判被告许霆。

2008 年 1 月 10 日，许霆案裁定发回广州市中级人民法院重审。2008 年 3 月 31 日，备受关注的许霆案一审重审结果宣布，广州市中级人民法院以盗窃罪判处许霆有期徒刑 5 年，罚金 2 万，追讨其取出的 173826 元。其判决的基本理由是：许霆实施取款行为时主观上自认为银行人员不能及时发现，符合“秘密窃取”的客观特征；自动柜员机是银行对外提供客户自助金融服务的设备，机内储存的资金是金融机构的经营资金，所以，许霆的行为属于“盗窃金融机构”，符合盗窃罪的犯罪构成以及符合“盗窃金融机构，数额特别巨大”的法定加重情节。但重审判决之所以对许霆在法定刑以下量刑，主要基于两点考虑：一是许霆的盗窃犯意和取款行为与有预谋、有准备的盗窃犯罪相比，主观恶性相对较小；二是许霆利用自动柜员机出现异常窃取款项，与采取破坏性手段盗取钱财相比，犯罪情节相对较轻。鉴于本案具体的犯罪事实、犯罪情节和对于社会的危害程度，如果依据法定量刑幅度，即使就低判处许霆无期徒刑，仍然不符合罪、责、刑相适应原则，因此，广州市中级人民法院考虑到许霆案的特殊情况，依照我国《刑法》第 63 条第 2 款关于“犯罪分子虽然不具有刑法规定的减轻处罚情节，但是根据案件的特殊情况，经最高人民法院核准，也可以在法定刑以下判处刑罚”的规定，决定对被告人许霆在法定刑以下量刑，判处有期徒刑 5 年。经过法定的程序，2008 年 8 月 20 日最高人民法院核准了该判决，签发了最高人民法院刑事裁定书。许霆犯盗窃罪，判处 5 年有期徒刑的判决正式生效。

尽管许霆案已经尘埃落定，结果已经不可改变，但在法学界，围绕盗窃罪的犯罪构成以及相关的刑法司法解释的理论争议却并没有就此停歇。

关于许霆案，法律的争议问题有两个，第一，许霆的行为是否为盗窃行为，或者说许霆是否构成盗窃罪。第二，如果构成盗窃罪，那么许霆的行为是否符合“盗窃金融机构”这一法定加重情节，许霆的行为该如何量刑。

对于第一问题，有很多民法学者认为许霆的行为不构成盗窃行为，只是民法上的不当得利行为，在刑法学界，绝大多数学者认为许霆的行为是盗窃行为。但也有极少数学者认为许霆的行为不符合盗窃行为的特征。[①] 这里本书主要探讨人民法院对本案的量刑问题。

备受社会关注的许霆案在广州重审并公开宣判，广州市中级人民法院仍然认定许霆恶意取款的行为是盗窃金融机构的行为，但将原一审的无期徒刑改判为5年有期徒刑。多数刑法学者也认可该判决的定罪与量刑，只有极少数学者认为判5年过重，或者认为5年过轻，判10年以上的有期徒刑合适，或者认为判无期并不重。然而，笔者关注的问题是：如果法院认定许霆的行为符合盗窃金融机构的量刑情节，即使走“特案特判”的程序，何以可以从无期徒刑改判为5年，简直是“从天上滑到地上”？笔者认为，在一个正在建设法治的国度，假如“特案特判”无法用刑法的某种基本理论来说明，“特案特判”就变成了一个不说理的托词，那么，该判决的合法性就会严重缺失。人们并不知道什么时候，什么样的“个案”，什么人的“个案”可以戴上这个“特案”的面具出现。如果一个司法判决变成了这样一个无理可说的神秘的东西，这是相当危险的司法倾向。如果认可该司法判决，刑法理论就不能在该问题上沉默，应当承担起对该司法判决给予刑法理论上的论证，使得

---

① 参见杨兴培：《“许霆案”的技术分析及其法理思考》，载《法学》2008年第3期。

该个案具有理论根据，从而使得“特案”具有普适性、法理性。为了对类似的特案特判进行理论上的证明，笔者觉得有必要将刑法解释立场的理论从犯罪论中引入到刑罚论中。

第一，笔者认为，法院将自动取款机解释为金融机构，从而认为许霆的行为符合盗窃金融机构的量刑情节，符合形式解释的立场。法院的根据是最高人民法院《关于审理盗窃案件具体应用法律若干问题的解释》第8条的规定：“刑法第二百六十四条规定的‘盗窃金融机构’，是指盗窃金融机构的经营资金……不包括盗窃金融机构的办公用品、交通工具等财物的行为。”自动柜员机是银行对外提供客户自助金融服务的设备，机内储存的资金是金融机构的经营资金，因此，许霆盗窃柜员机内资金的行为依法当然属于“盗窃金融机构”。①

第二，张明楷教授对此从法益侵害的实质解释论立场进行了补充解释。他认为盗窃金融机构，只是法条的省略表述。比如，共同盗窃的犯罪人在共谋时会说“我们今晚偷赵某家”，赵某被盗后会向公安机关报案说“我家被盗了”，然而，行为人并没有盗走赵“家”，而是盗窃了“赵家的财物”。同样，许霆并没有盗窃ATM机，而是盗窃了ATM机中的现金，ATM机中的现金是银行的经营资金，银行属于金融机构，故许霆盗窃了金融机构的经营资金；金融机构经营资金的存放地点、存放状态，不影响对金融机构经营资金的认定。② 这一补充解释，并不意味着违背了法益侵害说的实质解释论的立场。实际上形式解释与实质解释并非在任何场合下都会得出不同的结论，相反二者只在极少数情况下才会得出相反的结论。但是，该实质解释并没有解决许霆案可判处5年有期徒刑的实

① 参见《广州中院解释许霆获刑5年原因》，http://news.sina.com.cn/c/l/2008-03-31/231715263352.shtml。

② 参见张明楷：《许霆案的定罪与量刑》，http://www.cfcjbj.com.cn/list.asp? Unid=7025。

质理论根据。

第三，可以用规范违反说对量刑情节作出合理的实质解释。在许霆行为构成盗窃罪的前提下，包括法官、检察官、刑法学者在内的大多数人普遍认为许霆案判无期徒刑过重，但形式解释或者法益侵害的实质解释立场在量刑问题上无法提供合理的理论根据，因此，笔者认为有必要引入规范违反说（行为无价值说）的实质解释立场。

首先，在盗窃罪的刑事司法解释中可以找到规范违反说的根据。在最高人民法院颁布的《关于审理盗窃案件具体应用法律若干问题的解释》中规定，"盗窃的数额是指行为人窃取的公私财物的数额"，并解释了"数额较大"、"数额巨大"、"数额特别巨大"法定情节的具体的数额标准，这可以说是采用了法益侵害（结果无价值）的实质解释立场。但是，在该司法解释中的其他解释也应该引起我们的重视。例如，该解释第1条规定，盗窃未遂，情节严重，如以数额巨大的财物或者国家珍贵文物等为盗窃目标的，应当定罪处罚；偷拿自己家的财物或者近亲属的财物，一般可不按犯罪处理。该解释第6条第1款规定，以破坏性手段盗窃造成公私财产损失的或者盗窃残疾人、孤寡老人或者丧失劳动能力人的财物的，即使盗窃公私财物只是接近"数额较大"的起点，也可以追究刑事责任。第3款规定，盗窃数额达到了"数额较大"或者"数额巨大"的起点，如果具有以下情节之一的，也可以分别上升一个法定刑幅度来量刑：首要分子或者主犯；盗窃金融机构的；流窜作案危害严重的；累犯；导致被害人死亡、精神失常或者其他严重后果的；盗窃救灾、抢险等特定款物，造成严重后果的；造成其他重大损失的。在笔者看来，上述司法解释是在法益侵害（盗窃数额）的基础上，从盗窃的行为样态、行为人的主观上的目标指向、行为人的特殊性、共犯关系、被害人的特殊性、行为人与被害人之间的关系、财物的特殊性等多种综合要素对上述的盗窃数额标准进行了灵活的处理。上述要素实际上是规范违反说所主张的要素。[①] 其中尤其值得注意的是，如果采取了“破坏性手段造成重大损失”的，可以上升一个法定刑幅度来量刑。而如果数额只是接近较大，但采用了破坏性手段造成损失的，也可以定盗窃罪，如果没有采用该破坏性手段，当然可以不认为是犯罪。

其次，对“盗窃金融机构”的加重情节进行解释时，笔者认为也应该采用规范违反说的立场。实际上，该刑法司法解释的第6条第3款也给予了这个提示。该款解释中，除了累犯、首要分子、主犯等直接反映人身危险性的情节以外，将“盗窃金融机构”和“造成其他重大损失的”的解释条款并列，这说明“盗窃金融机构”是常见的造成重大损失的情况，该解释中的造成重大损失显然是指窃取的财物损失之外的损失。尽管有学者认为，立法者将盗窃金融机构作为法定加重情节，这是因为金融机构的资金关系到金融安全，需要特别保护，因此，刑法司法解释将“盗窃金融机构”解释为“盗窃金融机构的资金”，而不是金融机构的办公用品等财产。但是，这种理解并不能完全成立，实际上非金融关系主体的行为人盗窃、抢劫金融机构的资金并不能危害到金融安全。这类似于合同诈骗罪与诈骗罪的区别，二者的区别并不能简单以有无合同为标准，而是要看该合同是否为从事经营活动的市场主体签订的经济合同。因此，笔者认为将盗窃金融机构作为法定加重情节，其根本理由在于金融机构对资金的保护往往要比普通人或者其他单位对财物的保护手段更为严密，除了有经过严格训练的保安人员看守，还有各种电子化的防盗系统，诸如监控器、红外线报警器以及保险柜等。如果行为人敢于盗窃金融机构，那么除了说明行为人主观恶性

① 规范违反说（行为无价值说）的实质解释立场认为，即使具有法益侵害（结果无价值），还要考虑行为是否具有社会相对性，是否违反义务，违反国家社会的伦理规范体系，行为的其他样态、特征与主观意图等要素。参见周光权：《行为无价值论之提倡》，载《比较法研究》2003年第5期。

比较大以外，也往往会造成对金融机构的这些价值不菲的防盗设备的破坏，而且对于盗窃金融机构的这种认识是一个无需写明的生活常识。正如陈忠林教授所言："我们的法律规定必须按照普通老百姓都懂的常识、常理、常情来理解。"① 如果说"偷赵某家"常识意思是"盗窃了赵家的财物"，因此，立法者基于常识而省略了"盗窃金融机构（的资金）"中的"资金"一词，同样，也可以说立法者基于常识而省略了"用破坏性手段"一词。因此，笔者认为许霆的行为，并不符合"（用破坏性手段）盗窃金融机构（的资金）"这一法定情节，许霆案应该以普通盗窃的法定刑来量刑，即应该在10年以上有期徒刑或者无期徒刑的量刑幅度来量刑。

最后，从社会相当性的角度来看，许霆案按照普通盗窃来处理，在10年以上判处刑罚，大多数人还是感觉过重，这就可以根据刑法第63条第2款规定进行特案特判。许霆案中，由于是机器出现了错误，虽然对方（机器或者被害人）的错误并不是行为人无罪的理由，但是，对方的错误却可以减轻行为人的罪责；普通老百姓即使看到一个人露了财，也不会像惯偷一样就去窃取该财物。但当自动取款机出现错误，面临着取1000元扣1元的巨大诱惑，没有多少常人能经受起该诱惑。② 所以，许霆的行为得到了大多数人的某种同情，这也是一个人之常情。鉴于许霆案存在着上述特殊的情况，可以进行特案特判。按照刑法通说，在法定刑以下减轻处罚有减轻幅度的限定，否则有宽大无边之嫌。例如，法定最低刑为10年有期徒刑的，减轻处罚的底线拟以3年有期徒刑为当。③ 因

① 陈忠林：《人大代表陈忠林做客腾讯谈许霆案》http://news.qq.com/a/20080306/003712.htm。

② 参见《"许霆案"网上调查显示97%的人会选择取款》http://news.xinhuanet.com/politics/2008-03/04/content_7713603.htm。

③ 参见高铭暄、马克昌：《刑法学》，北京大学出版社、高等教育出版社联合出版2005年版，第289页。

此，在许霆构成盗窃罪的前提下，从量刑的角度看，法院在法定最低刑为10年有期徒刑之下判处许霆5年有期徒刑，不仅仅有“特案特判”的程序上的法定性，也有刑法理论上的根据，真正做到了合法合理合情，因此是得当的。

第二节　盗窃罪司法解释中的“累犯加重犯”之研究

一、问题的提出

1997年11月4日最高人民法院审判委员会第942次会议通过，自1998年3月17日起施行的《关于审理盗窃案件具体应用法律若干问题的解释》（以下简称《盗窃案件解释》）第6条第3款规定：盗窃数额达到“数额较大”或者“数额巨大”的起点，并具有下列情形之一的，可以分别认定为“其他严重情节”或者“其他特别严重情节”：(1) 犯罪集团的首要分子或者共同犯罪中情节严重的主犯；(2) 盗窃金融机构的；(3) 流窜作案危害严重的；(4) 累犯；(5) 导致被害人死亡、精神失常或者其他严重后果的；(6) 盗窃救灾、抢险、防汛、优抚、扶贫、移民、救济、医疗款物，造成严重后果的；(7) 盗窃生产资料，严重影响生产的；(8) 造成其他重大损失的。

最高人民法院的这个刑法司法解释将累犯作为盗窃罪法定刑升格的条件之一，引来了刑法学界以及司法实务界的一些学者的质疑。虽然这些质疑的思路甚至言辞在前面的章节中已有提及，但为了能使读者充分思考该问题，这里仍然作些列举。例如，有学者指出将盗窃数额较大财物的累犯作为“严重情节”和将盗窃数额巨大财物的累犯作为“特别严重情节”的规定，值得商榷。按照刑法第65条规定，累犯从重处罚；而上述《盗窃案件解释》内容导致对盗窃罪的累犯提高法定刑，比加重处罚有过之而无不及。例如，根据刑法第65条的规定，对于盗窃数额较大财物的累犯，只能在“三年以下有期徒刑、拘役或者管制，并处或者单处罚金”的法定刑幅度内从重处罚；而上述第（4）项规定，导致对盗窃数额较大财物的累犯，在“三年以上十年以下有期徒刑，并处罚金”的法定刑幅度内处罚。这一解释违反了刑法总则的规定，应予撤销。[①] 有的学者认为，该司法解释突破了对累犯“从重处罚”的处罚原则，体现的是“加重刑罚处罚”的处罚原则，这种司法解释实际上属于一种在司法上创制特殊累犯的活动，即这个司法解释所规定的盗窃罪累犯是一种特殊累犯。[②] 有很多司法实务界的学者也对该司法解释提出了质疑，有的学者认为该司法解释超出了司法解释权的范畴。司法解释是最高人民法院对审判工作中具体应用法律问题和最高人民检察院对检察工作中具体应用法律问题所做的具有法律效力的解释，是对法律法规中规定较为原则、概括、模糊的情形进行具体的、明确的、量化的解释，便于司法机关操作。而《盗窃案件解释》已经超出了被解释的对象，不再是一种解释，而应该是一种新的规定。新的规定是一种立法，而立法是另外的一种权力，是具有立法权的机关依法定程序进行的一种活动，而不是司法解释权的一部分。因此，根据上位法优于下位法的原则，《盗窃案件解释》关于盗窃犯罪累犯的规定应当修改或者废止。[③] 有的学者认为《盗窃案件解释》突破了累犯制度的刑事责任原则，将其由“应当从重处罚”异化为“应当加重处罚”。因此，《盗窃案件解释》中关于“累犯”的适用与法无据，也可以说，司法解释的

---

① 参见张明楷：《刑法学》（第3版），法律出版社2007年版，第735页。

② 参见赵秉志：《刑罚总论问题探索》，法律出版社2003年版，第365～366页。

③ 参见胡乾辉、明新春：《盗窃犯罪累犯不宜加重处罚》，载《人民检察》2006年第4期。

规定改变了我国现行累犯制度的刑罚适用原则。在某种程度上，是司法权侵入了立法领域。[①] 也有人认为，这种规定使得对盗窃罪的规定与其他侵犯财产罪不相一致，违背罪刑相适应原则。[②] 也有检察院的同志认为由于《盗窃案件解释》只是引用了“累犯”字样，却没有充分考虑到累犯制度的精神原理，以至于《盗窃案件解释》对盗窃罪情节犯罪的规定并不合理，反而会引起理论上的混乱，是不具实际操作意义的。客观分析《盗窃案件解释》所规定的“累犯”加重处罚情节，其设计原意更趋近于“多次盗窃”，而不能亦不应该是《刑法》第65条所规定的“累犯”——“累犯”不应该成为盗窃罪的犯罪情节。[③]

尽管批判该司法解释的具体理由略有差异，但根本的理由在于该司法解释违反刑法总则的规定，创设了盗窃罪累犯加重处罚的规定，实际上是司法解释在立法，侵犯了立法权。

但是，我们认为这里有几个问题值得研究。第一，如果司法解释创设了盗窃罪累犯加重处罚的规则，从理论上如何看待司法解释立法化的现象？第二，该司法解释是否真的创设了盗窃罪累犯加重处罚？

---

① 参见张韧：《关于盗窃罪司法解释中累犯适用的评析——兼论从重处罚的基本原则》，载《辽宁公安司法管理干部学院学报》2003年第4期。

② 参见丁中辉、钱峻、印华：《对盗窃罪累犯处罚之我见》，载《人民检察》1999年第3期。

③ 参见陈灼华：《“累犯”不应成为盗窃罪的犯罪情节》，载《检察实践》2001年第5期。

二、刑法司法解释立法化现象的评价

如前所述，关于“司法解释立法化”[①] 现象，法学界多数学者持批判态度。尽管具体的理由各异，但是根本的理由在于司法解释立法化要么表现为司法解释脱离了法律文本创制法律，侵犯了立法权，要么表现为司法解释在对法律文本的说明中超出了司法工作的具体应用法律问题的领域，不当地侵入立法解释，因此是一种越权解释。[②] 对刑法领域中的司法解释立法化现象，刑法学者也多持批判态度，有学者认为，司法解释立法化是一种危险且违宪的倾向。[③] 有学者指出，我国是成文法国家，不允许法官造法，而且处在法治根基尚浅的社会条件下，尤其应强调刑法立法的权威性，不允许以法律解释的形式对刑法进行废、改、立，对刑法解释权的定位就是在原有刑法规范内部阐明规范的含义。僭越刑法立法权对刑

---

① 我国的司法解释包括最高人民法院的审判解释与最高人民检察院的检察解释，本章中的司法解释立法化主要讨论审判解释，其中最高人民法院的司法解释占绝大多数。从现有的对刑法司法解释立法化的批判来看，刑法司法解释立法化的现象都是对具体刑法条文进行司法解释时出现的问题，还没有出现脱离具体的犯罪罪名或者具体的刑法条文，独立的规定某个刑法没有规定的“罪名”的情况。且本章所讨论的“盗窃罪的累犯加重处罚”的司法解释也是最高人民法院针对盗窃罪的法定量刑情节“其他严重情节”或者“其他特别严重情节”作出的。因此本章为了集中问题，只讨论最高人民法院针对具体的犯罪罪名或者法律条文进行司法解释时出现的司法解释立法化问题。如果有必要讨论最高人民检察院的司法解释，则用“检察解释”来指代。

② 参见李龙、刘诚：《论法律渊源——以法学方法和法律方法为视角》，载《法律科学》2005 年第 2 期；袁明圣：《司法解释立法化现象探微》，载《法商研究》2003 年第 2 期。

③ 参见梁根林：《刑法适用解释的难题——以最高人民法院对奸淫幼女的“批复”为视角》，载《吉林大学社会科学学报》2004 年第 1 期。

法进行废、改、立的刑法解释就成为越权解释。[①] 个别司法解释超越权限，违反了罪刑法定原则。[②]

虽然学界对刑法司法解释立法化普遍持否定态度，但是，我们认为如果最高人民法院是针对刑法具体条文进行司法解释，那么该规范解释就只存在合理的解释与不合理的解释的问题，存在是否违反罪刑法定的问题，而不存在越权解释的问题。[③] 理由如下：

第一，从我国宪法的角度来看，我国并非实行三权分立制度。如果我国的宪法并不禁止司法机关作出立法性的司法解释，那么认为“司法解释立法化”侵犯立法权的说法，很可能只是根据外国三权分立的理论基础想当然地得出来的结论，缺乏我国宪法的根据。如果这个结论可以成立，那么批判司法解释立法化违宪的学者的观点，很可能恰恰是一种违宪的学理解释。因此，关键问题就是我国的宪法是否禁止司法机关作出立法性的司法解释。

第二，从我国宪法的角度来看，司法解释立法化有其内在的法律依据。我们之所以这样认为是基于如下理由：

首先，根据宪法的规定，最高人民法院有权作出司法解释。1982 年颁行的新宪法明确规定法律的解释权由全国人大常委会行使，1988 年、1993 年、1999 年、2004 年的几次《中华人民共和国宪法修正案》中，这一规定也没有变。或许有学者认为《宪法》

---

① 参见赵秉志、陈志军：《论越权刑法解释》，载《法学家》2004 年第 2 期。

② 参见陈兴良：《罪刑法定的司法适用》，载《华东政法学院学报》1998 年创刊号。

③ 笔者认为，只要是针对具体的刑法条文进行的解释，从解释的对象范围来说，最高人民法院的审判解释就不存在越权问题，因为凡是涉及犯罪的定罪与量刑、行刑的刑法问题，都在最高法院的审判工作范围内。但最高人民检察院的检察解释则在理论上存在越权的问题，比如，如果检察院只具有有罪的起诉权，不具有量刑的“起诉权”，那么，如果检察院对犯罪的量刑问题进行“检察解释”，就属于越权解释。

既然没有规定审判解释、检察解释和行政解释，就有理由认为：《宪法》在实质上是废止了全国人大常委会1981年颁布的《关于加强法律解释工作的决议》，从而现行法律解释体制失去了存在的合法依据。但实际上宪法不仅仅包括《宪法》，也包括《立法法》、《人民法院组织法》等宪法性法律。[①] 1955年6月，第一届全国人大常委会《关于解释法律问题的决议》规定，最高人民法院审判委员会有权就审判过程中具体应用法律的问题进行解释。1979年的《人民法院组织法》以及1983年修订《法院组织法》规定了法院的法律解释权。1981年6月，第六届全国人大常委会《关于加强法律解释工作的决议》重申了最高人民法院对审判工作中具体应用法律问题进行解释的规定。因此，单纯以《宪法》或者《立法法》没有规定司法机关的司法解释权来否定司法机关的司法解释权，实际上是对宪法渊源的片面理解。最高人民法院具有司法解释权，这在宪法上是不容置疑的。

其次，《立法法》规定的立法解释权也不足以否定司法机关的司法解释权。2000年颁布的《立法法》也在肯定全国人大常委会"解释"法律的权力的同时规定：国务院、最高人民检察院、最高人民法院、中央军委等可以向全国人大常委会提出法律解释的"要求"（第43条）。《立法法》在第二章"法律"中单独设有一节——第四节"法律解释"，该节第42条规定："法律解释权属于全国人民代表大会常务委员会"。其第43条还规定了"两高"即最高人民法院和最高人民检察院以及国务院等机构可以向全国人民代表大会常务委员会提出法律解释的申请，以后各条还详细规定了法律解释的制定程序及效力问题。那么在《立法法》生效后，"两高"依据《人民法院组织法》和《关于加强法律解释工作的决议》所取得的法律解释权还是否继续有效？有学者认为，不论立法解释

① 参见周叶中：《宪法学》，高等教育出版社、北京大学出版社2005年版，第118页。

还是司法解释都是法律解释，而《立法法》对此并没有做明确的界定，《立法法》所提及的法律解释应当包括立法解释和司法解释，因此，在《立法法》颁布后，法律解释权统归全国人大，而“两高”不再具有法律解释权。[①] 但这种观点实际上站不住脚，2006 年全国人民代表大会常务委员会第二十四次会议修订的《人民法院组织法》仍然重申了最高人民法院的司法解释权。

再次，立法解释的内容也不足以否定司法解释立法化。《立法法》规定：“法律解释权属于全国人民代表大会常务委员会。法律有以下情况之一的，由全国人民代表大会常务委员会解释：（1）法律的规定需要进一步明确具体含义的；（2）法律制定后出现新的情况，需要明确适用法律依据的。”而《人民法院组织法》规定，最高人民法院对于在审判过程中如何具体应用法律、法令的问题，进行解释。尽管大多数学者从这两个规定中得出：如果最高人民法院的司法解释在对法律文本的说明中超出了司法工作的具体应用法律问题的领域，不当地侵入立法解释领域，属于一种越权解释。因此，他们把这种侵犯立法解释的现象作为司法解释立法化的不正常现象加以批判，但是，我们认为这两个规定并不是排斥关系。在我们看来，最高人民法院的刑事司法解释显然是在审判过程中，在“法律的规定需要进一步明确具体含义，或者法律制定后出现新的情况，需要明确适用法律依据”的情况下才出台的。试想，如果法律是明确的，不需要进一步明确具体含义，或者没有出现新的情况，直接可以找到明确的适用法律依据，还需要司法解释吗？事实上，全国人大常委会多次与“两高”对同一法律的规定进行解释。况且，当司法解释和立法解释对同一法律规定进行抽象的解释时，实际上立法解释对最高人民法院的司法解释也不是绝对的否定，而是吸收了最高人民法院在某些问题上的解释，即在否定中有肯定，

① 参见杨曙光：《法律解释主体评析》，载《烟台教育学院学报》2004 年第 1 期。

如《关于黑社会性质组织的解释》。可见，立法解释取代司法解释这一现象并不能证明被否定的司法解释就是越权解释，就是侵犯了立法解释权，相反，这证明了立法解释与司法解释可以是同一的，只是在具体的解释结论上有差异而已；解释结论的差异不仅仅表现在立法解释与最高人民法院的司法解释之间，还会表现在最高人民法院与最高人民检察院的先后不同的审判解释与检察解释之间，甚至也会表现在最高人民法院对同一问题不同时期的司法解释上。我们不能认为先颁布的审判解释就是越权解释，后颁布的检察解释就是合法的解释。也不能认为被立法解释认可的检察解释就是合法的司法解释，被否定了的审判解释就是越权司法解释，或者相反。

最后，立法解释和司法解释都是对法律的解释，二者共同遵循的是法律解释的规律，如果立法解释在法律解释过程中必然存在对法律的某种尺度的创造性“造法”、“补漏”，那么司法解释在逻辑上同样也可以造法、补漏，除非我们否定法律解释活动的创造性，否则司法解释也就必然包含某种立法性。当然这种创造性是否应该有限制，其空间有多大，是值得深入研究的。但这是另外的问题，实际上立法解释和司法解释都存在着解释的尺度问题，存在着是否合理的问题，是否违反罪刑法定原则的问题。因此，我们认为司法解释存在违宪的唯一可能是某个司法解释不合理，违反了罪刑法定原则，从而违反了宪法规定的法治原则。

因此，我们认为对最高人民法院的司法解释并不能因为它确立了一个刑法没有明文表述的规则，就一概认为该司法解释违宪，就认为是侵犯了立法解释权或者侵犯了立法权；即使该司法解释具有立法性，也应该而且只能从该司法解释是否合理的角度进行违宪还是合宪的讨论。

三、“累犯加重处罚”的解释是合理的

第一，“累犯加重处罚”并不违反罪刑法定原则的形式与实质内容。

根据刑法第3条的规定，法律明文规定为犯罪行为的，依照法律定罪处刑；法律没有明文规定为犯罪行为的，不得定罪处刑。对该条的含义，尽管有学者认为包括消极的罪刑法定与积极的罪刑法定两方面的要求，① 但多数学者还是从罪刑法定原则的实质精神将该条法律规定理解为“法无明文规定不为罪，法无明文规定不处罚”。换言之，罪刑法定原则的基本精神是保障人权、限制国家无端的发动刑罚权。当然罪刑法定原则包含“罪的法定”与“刑的法定”，对该司法解释的批判应该是指违反了“刑的法定”。

刑法第65条规定：“累犯，应当从重处罚”；而刑法第62条规定：“从重处罚、从轻处罚情节的，应当在法定刑的限度以内判处刑罚”。多数刑法学者根据以上的刑法规定认为司法解释将盗窃罪累犯实行加重处罚的原则，违反了罪刑法定原则。似乎从以上的法律规定来看，盗窃罪的“累犯加重处罚”违反“刑的法定”是必然的结论，但是笔者认为这个观点不无值得商榷之处。

根据绝大多数刑法学者对刑的法定的论述，刑的法定在形式的侧面排斥的是绝对不定（期）刑。但该司法解释中规定的“盗窃罪的累犯加重处罚”并不属于绝对不定（期）刑；在刑的法定的实质侧面排斥的是不均衡的、残酷的刑罚。但是“盗窃罪的累犯加重处罚”是否是残酷的刑罚，这是值得怀疑的，很多西方国家废除了死刑，也规定了累犯加重处罚，他们并不认为累犯加重处罚

---

① 参见孟伟：《“积极罪刑法定”质疑》，载《山东理工大学学报》（社会科学版）2005年第1期。

是残酷的。[①] 即使我国刑法明文规定了累犯从重处罚，取消了1979年刑法中的累犯加重处罚的规定，但新刑法的这个规定是否合理，一直备受争议，建议累犯加重处罚的学者仍然不在少数。所以，暂时排除我国刑法总论的关于累犯从重处罚的规定，从事实的角度来看，“盗窃罪的累犯加重处罚”的司法解释既没有违反禁止绝对不定（期）刑的形式层面的要求，也没有违反禁止残酷的刑罚的实质要求。如果说“盗窃罪的累犯加重处罚”违反了刑之法定，也许唯一的可能是违反了禁止不均衡的刑罚的实质内容，即该司法解释只是规定了盗窃罪的累犯加重处罚，对其他犯罪的累犯却没有这么规定，这导致了不均衡的刑罚。所以有司法实务界的学者认为，这种规定使得对盗窃罪的规定与其他侵犯财产罪不一致，违背罪刑相适应原则。[②] 但是这种观点也是可以反驳的。禁止不均衡的刑罚，既是刑的法定的实质要求，实际上也是一个罪责刑相适应原则的问题。罪刑法定原则内含着罪责刑相适应原则。[③] 既然在盗窃罪的个罪问题上，如果累犯加重处罚并不属于残酷的刑罚，那么，这意味着累犯加重处罚的刑罚量是相当于犯罪行为的恶或者严重性。在个罪上满足了罪责刑相适应原则；再和其他犯罪的累犯相比，如果其他犯罪的累犯不能加重，而只能从重，那么这的确产生了不均

---

① 例如，意大利、德国、我国澳门地区等在刑法中规定了加重处罚，日本、韩国刑法规定了加倍本刑的处罚。不少西方国家，如意大利、奥地利、日本、瑞典、丹麦等还对常习累犯、惯习累犯或者处以不定期刑，或者加重处罚与保安处分并科，或者科处不定期的保安处分。有的国家，如土耳其，还规定累犯可以变更刑种来加重处罚，有期徒刑的可以变更为无期徒刑，无期徒刑的可以变更为死刑。参见苏彩霞：《累犯制度比较研究》，中国人民公安大学出版社2002年版，第142～144页。

② 参见丁中辉、钱峻、印华：《对盗窃罪累犯处罚之我见》，载《人民检察》1999年第3期。

③ 参见张明楷：《刑法学》（第3版），法律出版社2007年版，第54页。

衡，但该不均衡并不是对盗窃罪的累犯实行了轻罪重罚，而是对其他犯罪的累犯实行了重罪轻罚；对司法解释而言，在盗窃罪的解释上规定了“累犯加重”，对其他的犯罪没有明文规定累犯加重，并不意味着排除了对其他犯罪进行“累犯加重”的可能性。从罪责刑相适应的角度来看，对其他犯罪也完全可以适用“累犯加重”，从而纠正其他犯罪在该问题上的重罪轻罚。实际上对其他犯罪的法定情节的解释中，虽然没有规定累犯加重，但很多司法解释都有“其他情节严重”的保底解释条款。如果盗窃罪的累犯加重在事实上是罪刑相适应的，也就可以将其他犯罪的累犯视为“其他情节严重的”情况，因此，不排除司法中对这些犯罪适用“累犯加重”，或者不排除以后的司法解释对其他犯罪的累犯情节进行类似于盗窃罪累犯加重的独立的规定。况且从理论上看，我们不能认为司法解释没有作出类似的解释，司法机关就不能作出类似的适用。如果对法律的理解是合理的，那么即使司法解释没有作出解释，也应该按照合理的理解适用刑法，否则的话，就只能等司法解释作出明文的规定才能适用刑法，这显然说不通。因此，我们认为是否导致了刑罚的不均衡，不在于司法解释对此犯罪作出了该解释，对彼犯罪没有作出类似的明文解释，就认为该司法解释导致了刑罚的不均衡，关键问题还是司法解释本身是否合理。既然累犯加重并不违背罪刑法定原则的刑之法定与罪刑相适应原则，那么，暂时不考虑刑法总则关于累犯从重处罚的规定，我们认为该司法解释规定的“盗窃罪加重处罚”原则是合理的。

第二，上述的合理性分析都是在排除刑法总则“累犯从重处罚”以及“从重处罚、从轻处罚情节的，应当在法定刑的限度以内判处刑罚”的规定前提下，从罪刑法定原则以及罪责刑相适应原则的实质精神进行的抽象的正义判断，认为“盗窃罪累犯加重”的司法解释并不违背罪刑法定原则以及罪责刑相适应原则。但是，实然的刑法总则的确有“累犯从重处罚”以及“从重处罚、从轻处罚情节的，应当在法定刑的限度以内判处刑罚”的规定，而对刑法分则的理解与解释应该结合刑法总则的规定。于是产生了要么司法解释规定的“盗窃罪累犯加重”处罚原则“实质合理形式不合法”，要么总则的关于累犯从重的处罚原则的规定“形式合法实质不合理”的两难。也许很多学者认为，这是刑法总则关于累犯的处罚原则的规定“不合理”，但毕竟“法律不是嘲笑的对象”，我们不能轻易地对刑法的规定作出不合理的抽象判断，认为只能提出立法建议，等待立法修改。实际上我们应该尽量在法律文字的可能含义之内，通过刑法解释，将不合理消除。因此，关键问题就变为能否以合理的刑法解释技术，消除司法解释“实质合理形式不合法”的现象或者刑法规定“形式合法实质不合理”的现象。

四、“盗窃罪累犯加重”处罚的司法解释是合法的

我们认为要消除司法解释“合理不合法”的现象，在刑法解释的技术层面有两个思路可以选择：第一条思路，对刑法总则的“从重处罚、从轻处罚情节的，应当在法定刑的限度以内判处刑罚”的法律规定，在正义观念的指导下进行合理的解释。第二条思路，对分则罪名的法定量刑情节进行合理的解释。

我们先来分析第一条解释思路：对从重处罚的新解释。

按照刑法的总则的规定：具有从重处罚、从轻处罚情节的，应当在法定刑的限度以内判处刑罚。虽然，刑法总则没有规定加重处罚，但根据“反对解释”的原理，加重处罚自然就是在法定最高刑的限度以外判处刑罚。实际上该刑法规定是相当抽象的，存在着多种解释的可能性。

关于什么是“在法定刑的限度以内”从重、从轻处罚，涉及两个问题。第一个问题：什么是“法定刑的限度”。我国刑法学界对此没有什么争议。按照通说的理解，在犯罪只规定一个法定刑幅度时，法定刑的限度就是该犯罪的法定最低刑与法定最高刑之间的限度，从轻处罚即在该法定刑内对犯罪人处以较轻的刑种或较短的刑期，从重处罚即在该法定刑内处以犯罪人较重的刑种或较长的刑

期；但是刑法对犯罪的法定刑的规定，绝大多数都规定了多个法定刑幅度，即一罪有几个量刑幅度或范围。此时通说认为从轻或从重处罚，应当首先确定与具体的犯罪情节（犯罪事实）相对应的具体法定刑限度，再在该法定刑的量刑幅度或范围内按从轻或从重处罚的要求确定具体的刑罚。换言之，在刑法规定了多个法定刑量刑幅度或者范围时，那么，每个法定量刑幅度或者范围都是独立的“法定刑的限度”。因此，要先根据量刑情节选择具体的法定刑的限度，然后，在此限度内从轻或者从重确定刑罚。

第二个问题：在法定刑限度以内，以什么样的基准来从重或者从轻量刑。刑法学界对此争议很大，大概形成了七八种观点。比如“分格论”，即在法定刑幅度内再找出几个小格子，然后将具体案件分为轻轻、轻重、重轻、重重等若干等级，实行对号入座；“形势论”，即根据治安形势的好坏确定量刑基准点。在治安形势好或较好的时期，量刑基准点可以和法定刑下限重合，也可以中线为量刑基准点。在治安形势较差的时期，要依法从重从快。量刑基准点就可以和法定刑的上限重合或靠近上限的某一个定点；“主要因素论”、“重心论”或者“危害行为论”，即主张法定刑适用的基准点的确定应当以对社会危害性大小起主要作用的因素为依据，并以调查统计的实例来论证。此外也有学者将“主要要素论”中的主要要素限定为危害行为。① 上述观点是极少数学者提出的观点，当前，我国刑法学界对此问题存在以下两种观点：

第一种观点是“中间线说”：从重处罚意味着在法定刑的“中间线”以上判处刑罚，从轻处罚意味着在法定刑的“中间线”以下判处刑罚。例如，强奸罪的第一个法定刑幅度是3年至10年有期徒刑。那么中间线6年6个月以下为从轻，6年6个月以上为从重。②

① 参见王恩海：《论量刑基准的确定》，载《法学》2006年第11期。

② 参见高铭暄、马克昌主编：《刑法学》，北京大学出版社、高等教育出版社联合出版2005年版，第286页。本章为赵廷光教授所撰写。

第二种观点是“基准点说”，即在暂不考虑从重与从轻情节的前提下，在量刑限度内确定一个量刑的“基准点”；该基准点存在于每个量刑幅度范围内的任何一点上。[①] 从重处罚是相对于既没有从重处罚情节又没有从轻处罚情节的一般情况下所应判处的刑罚而言，即比没有上述情节时所应判处的刑罚相对重一些；从轻处罚也是相对于既没有从轻处罚也没有从重处罚情节的一般情况下所应判处的刑罚而言，即比没有上述情节时所应判处的刑罚相对轻一些。例如，某罪的法定刑为3年以上10年以下有期徒刑，暂时排除行为人所具有的从重、从轻处罚情节进行考察判断，认定某甲应当被判处9年有期徒刑，考虑到他具有从轻处罚的情节，决定宣告刑为7年有期徒刑；根据同样的方法，认定某乙应当判处4年有期徒刑，考虑到他具有从重处罚情节，决定宣告刑为5年或者6年有期徒刑。虽然甲的宣告刑重于乙的宣告刑，但事实上对甲属于从轻处罚，对乙属于从重处罚。[②] 当然也有学者认为基准点的确立是对所有的犯罪事实进行全面综合的评价而确立的，因此，从轻与从重是以整个犯罪事实的轻重为转移，不存在固定的中间线。[③] 上述基准点说在刑法学界系通说，绝大多数学者都持该观点。

但通说在实际操作时，与我国的法定刑设置模式相结合，就会出现极其不公平的现象。

以盗窃罪为例，刑法规定盗窃数额较大或者多次盗窃的，处3年以下有期徒刑、拘役或者管制，并处或者单处罚金；数额巨大或者有其他严重情节的，处3年以上10年以下有期徒刑，并处罚金；数额特别巨大或者有其他特别严重情节的，处10年以上有期徒刑

① 参见何秉松：《刑法教科书》，中国法制出版社1995年版，第462～463页。

② 参见张明楷：《刑法学》（第3版），法律出版社2007年版，第429页。

③ 参见陈兴良：《刑法哲学》，中国政法大学出版社2004年版，第659页。

或者无期徒刑，并处罚金或者没收财产……假定数额较大的起点是2000元，数额巨大的起点是2万元，数额特别巨大的起点是10万元。如果某人盗窃了2万元，那么按照通说，基准点应该是3年。如果此时有法定从重情节（比如累犯），那么就应该是在3年以上（不包括3年）10年以下（不包括10年）的法定幅度内从重。如果有法定从轻情节，即使主张从轻处罚有刑格的限制，[①] 也仍然无法处理，如果在3年以下判处有期徒刑，则违反了总则“在法定刑幅度以内的”规定。如果某人盗窃了19999元，那么基准点应该是9年11个月几十天（一般而言为30天以下）。如果此时有法定从轻情节，当然可以处理，但如果此时有法定从重情节，即使主张从重有刑格的限制，也无法处理。同理，如果一个人盗窃了2万元，基点是10年，此时从轻也无法处理。假定盗窃6万元的基点就是15年，那么即使从重有刑格的限定，也就应该上升为无期徒刑。但是很多其他的犯罪从15年上升为无期徒刑，却属于超出法定刑限定的“加重处罚”。例如，走私武器弹药罪，个人犯本罪而情节较轻的，处3年以上7年以下有期徒刑，并处罚金；情节一般

① 所谓刑格，也称之为法定刑的等级程度。关于我国刑法是否规定了“刑格”，有的学者认为，在我国刑法中，有广义刑格的划分，即有5种主刑的等级划分，也有狭义的刑格的划分，即有期徒刑幅度内也有等级划分，其依据是分则规定的不同量刑年限的间隔，如有期徒刑就有1年、2年、3年、5年、7年、10年、15年6个刑格。也有的观点将我国刑法的刑种规定与对某些具体犯罪规定的不同刑度综合归列为12个刑格，即管制、拘役、有期徒刑的6个月、1年、2年、3年、5年、7年、10年、15年以及无期徒刑、死刑。但是，认为我国有狭义的刑格规定的观点不过是把刑法分则对不同犯罪的不同刑种、不同刑度的法定刑规定看做具有普遍意义而加以移植使用，实际上并不具有普遍意义。我国刑法只有广义的刑格规定——即不同的刑种等级，而无狭义的刑格规定。当然法律上没有狭义的刑格规定，不妨碍刑法学者为了防止量刑时的畸轻畸重，从而主张狭义的刑格理论。参见杨新培：《论刑格》，载《法学研究》1994年第6期。

的，处7年以上有期徒刑，并处罚金或者没收财产；情节特别严重的，处无期徒刑或者死刑，并处没收财产。因此，如果从15年有期徒刑上升为无期徒刑，则属于加重处罚。类似的法定刑幅度的规定还有走私普通货物、物品罪、传授犯罪方法罪、贪污罪、受贿罪、阻碍执行军事职务罪等。那么，为什么同样是从15年上升为无期徒刑，有的犯罪属于从重，有的犯罪属于加重？

情况可能更糟糕的是，由于刑法并没有明文规定从重、从轻，减轻有刑格的限制。那么，在司法实践中，从重、从轻、减轻处罚很可能并不都是按照理论上主张的刑格的限制来判处，那么在这种情况下，甚至会出现更为极端的不公平，即对有的犯罪超出法定刑限度的“加重处罚”比有的犯罪在法定刑限度内的从重处罚上升的幅度小得多。比如，有的犯罪的一个法定刑幅度跨越三种刑罚，如军人叛逃罪，刑法规定犯本罪的，处5年以下有期徒刑或者拘役；情节严重的，处5年以上有期徒刑；驾驶航空器、舰船叛逃的，或者有其他特别严重情节的，处10年以上有期徒刑、无期徒刑或者死刑。假如驾驶航空器叛逃的，从10年有期徒刑的基准点从重处罚，就可以上升为死刑。“10年以上有期徒刑、无期徒刑或者死刑”的法定刑幅度的设置大概有23个，“10年以上有期徒刑、无期徒刑”的法定刑幅度设置有36个，“7年以上有期徒刑、无期徒刑”的法定刑幅度设置大概有4个。[①] 也就是说跨越两个或者两个以上的重刑刑种的法定刑设置就有60多个；同样的道理，在我国刑法中可能存在着更多的以下情况：有的犯罪从轻处罚的幅度完全可能大大超出有的犯罪的减轻处罚的幅度。因为除了上述跨越两个或者两个以上的重刑刑种的60多个法定刑设置存在这样的问题，跨越多个轻刑刑种的法定刑设置也会存在着上述问题；就是只有一个刑种（刑法中大概有300个有期徒刑的法定刑幅度设置）的法定刑幅度的设置，因为，每个犯罪的有期徒刑法定最低刑与法定最

① 参见周光权：《法定刑研究》，中国方正出版社2000年版，第175页。

高刑的规定不一致，每个犯罪的有期徒刑的幅度大小差异有别，最宽的有期徒刑幅度可以达10年，最狭窄的有期徒刑幅度只有两年半，因此，也会存在着上述问题，只不过问题的表现没有那么极端而已。①

或许有学者说，之所以产生这样的极端不公平的现象，是因为我国对个罪的法定刑幅度设置不科学、不合理。但问题是“法律不是嘲笑的对象”，我们不能等到法定刑设置科学了，再适用刑罚。在法定刑设置没有通盘修改调整之前，我们还得进行合理的解释，以消除该刑罚不均衡的现象。况且我国的法定刑设置是否真的不科学、不合理，也还值得商榷。

可见，通说将“在法定刑的限度以内”共识性地解释为：与具体的犯罪情节（犯罪事实）相对应的具体法定刑限度，而不是指整个条文的法定刑范围，表面上是为了避免重罪轻罚，轻罪重罚，但在很多情况下，实际效果却恰恰导致了从轻的比减轻的幅度大，从重的比加重的幅度大，导致了重罪轻罚，轻罪重罚，使刑罚严重不均衡。因此，我们认为司法解释将累犯作为可以上升一个法定刑幅度的情节来考虑，表面上突破了刑法通说所说的“法定刑的限度”，但实际上却符合罪刑相适应原则。对从重、从轻、减轻、“加重”处罚情节，无论是否主张刑格的限定，该命题大体上都是成立的。

---

① 实际上，持通说观点的某些学者，似乎也意识到通说观点中隐含的这个问题，力图通过某些修正的观念缓和该问题，如张明楷教授认为，我国刑法规定的法定刑的幅度比较大，也比较重；司法实践中的重刑主义倾向也相当明显。为了扭转判刑过重的局面，他建议有权机关作出如下规定：在没有特殊理由的情况下，不得判处法定刑“中间线”（大体意义）以上的刑罚。例如，法定刑为3年以上10年以下有期徒刑时，如果没有特别理由，不得判处7年以上有期徒刑；法定刑为10年以上有期徒刑、无期徒刑或者死刑时，如果没有特殊理由，不得判处死刑，如此等等。参见张明楷：《刑法学》（第3版），法律出版社2007年版，第428页。

因此，我们主张对“法定刑的限度”的理解必须进行反思：在刑罚均衡的时候，即可以在具体的犯罪情节（犯罪事实）相对应的具体法定刑限度内合理地进行从轻或从重处罚时，通说的理解是有效的；但当无法在具体的犯罪情节（犯罪事实）相对应的具体法定刑限度内合理地进行从轻、从重处罚时，我们认为，也应该允许在该法定刑限度之外“有限度的”[①]进行升格或者降格处理。只有这样处理，才能真正符合正义观念，符合罪责刑相适应原则。在法律没有明文规定“法定刑的限度”的含义的情况下，司法解释作出这样的规定也完全在法律的客观含义之内，并没有超出“法定刑的限度”这个法律用语可能的射程。因此，该司法解释不仅仅符合罪责刑相适应原则，也符合罪刑法定原则。

至于该如何根据刑种的轻重不同以及期限来确立从重处罚、从轻处罚、减轻处罚以及刑法总则没有规定的“加重处罚”的客观限度，这是一个司法技术问题，并非不可解决。例如，江苏省高级人民法院以及江苏省姜堰市人民法院实行的量刑规则就是两种可供参考的解决方案。第一种方案是江苏省高级人民法院于2004年5月通过的《量刑指导规则（试行）》。该规则将犯罪分为三大类，并明确规定了不同类犯罪的量刑基准的确定方法：（1）非数额型的一般典型犯罪，以法定刑中段为量刑基准。法定刑幅度为单一有期徒刑的，以该幅度的1/2为量刑基准，如法定刑为3年以上7年以下有期徒刑的，即以5年有期徒刑为该法定刑的量刑基准；法定

① 有限度是指从重处罚的客观限度，比如，如果其他犯罪的10年为基准点的从重处罚的客观限度是5年，那么盗窃罪从9年11个月的基点上升一个法定刑幅度量刑时，就只能在14年11个月以下判处，而不能判14年11个月以上或者无期或者死刑。当然，如果认为从重处罚没有客观的限度，那么盗窃罪累犯上升一个法定刑幅度量刑时也就没有限度。我们倾向于主张从重处罚与加重处罚都有客观的限度，否则就会导致无法从幅度上区分从重与加重处罚，或者即使能像通说那样在形式上作出区分，但实质上却导致极大的刑罚不均衡现象。

刑为不同刑种的，则以中间刑种为量刑基准；法定刑仅为两种刑种的，则以两个刑种的结合点为量刑基准。但法定刑为有期徒刑3年以下的，量刑基准为有期徒刑1年；法定刑为有期徒刑5年以下的，量刑基准为有期徒刑2年。（2）数额型犯罪，以犯罪数额比对相应的法定刑幅度确定量刑基准。（3）故意杀人（情节较轻的除外）或绝对确定法定刑的，以死刑或绝对确定的法定刑为量刑基准。第二种方案是江苏省姜堰市人民法院于2003年3月通过，2004年9月修正的《规范量刑指导意见》。该《指导意见》的分类标准与上述《量刑指导规则（试行）》相同，但确定的标准略有不同。第一是非数额型一般典型犯罪，以法定刑中段略下为量刑基准。法定刑幅度为单一有期徒刑的，以该幅度的2/5为量刑基准；法定刑仅为两个刑种的，以两个刑种的结合点为量刑基准（不同刑种的结合点，合议庭或独任庭可根据案情选择适用）；法定刑为多个刑种的，以中间刑种或中间刑种的结合点为量刑基准，但法定最高刑为有期徒刑3年的，量刑基准为有期徒刑1年；法定最高刑为有期徒刑5年的，量刑基准为有期徒刑2年；法定刑为10年以上有期徒刑的，基准刑为有期徒刑11年。第二是数额型犯罪，以犯罪数额比对相应的法定刑幅度确定量刑基准。第三是绝对确定法定刑的，以死刑或绝对确定的法定刑为量刑基准。第四是本分则有规定的，从分则规定，但有故意犯罪前科的，基准刑不得低于拘役3个月。[①] 尽管这两个方案尚有不完善的地方，但该“分类确定”量刑基点的整体思路是可取的，的确是一个好的经验。我们认为，最高人民法院完全有权力，也有能力在总结司法实践的基础上，对量刑情节的基准以及客观限度提出相对合理的解决方案。建议最高人民法院在充分调查与研究的基础上，对此作出统一的司法解释来解决该问题。

---

① 参见汤建国主编：《量刑均衡方法》，人民法院出版社2005年版，第60～92页。

第二条解释思路：对法定量刑情节进行合理的解释。

刑法规定盗窃公私财物，数额较大或者多次盗窃的，处3年以下有期徒刑、拘役或者管制，并处或者单处罚金；数额巨大或者有其他严重情节的，处3年以上10年以下有期徒刑，并处罚金；数额特别巨大或者有其他特别严重情节的，处10年以上有期徒刑或者无期徒刑，并处罚金或者没收财产……

要对盗窃罪的法定量刑情节进行新的解释，涉及对数额犯的理解问题。在刑法理论上，人们习惯于将盗窃罪、诈骗罪等财产犯罪以及其他的经济犯罪中有“数额较大”的定罪情节以及数额巨大等量刑情节规定的犯罪视为数额犯。“以一定的数额作为构成犯罪要件的，称为数额犯。例如我国刑法规定，数额是盗窃罪、诈骗罪、抢夺罪的构成要件之一。如果达不到数额较大的程度就不认为是犯罪。”① 或者说数额犯是以“数额较大”作为构成犯罪的要件内容，以“数额巨大”“数额特别巨大”作为加重处罚的要件内容的犯罪。② 对数额犯的这种解释是我国刑法理论界的通说。

这种通说的理解虽然很直观，但可能具有误导性。正是因通说认为数额犯是“以一定的数额作为构成犯罪要件”，以及数额犯是“以‘数额巨大’、‘数额特别巨大’作为加重处罚的要件内容”，造成了司法实践以“数额较大”的标准来定罪，以“数额巨大”、“数额特别巨大”的标准来量刑的司法现状。如果按照通说对数额犯的理解，那么，最高人民法院对有关的数额犯的解释就的确是有问题的，似乎司法解释是在“立法”，但事实上并非如此。我们还是以最高人民法院《关于审理盗窃案件具体应用法律若干问题的解释》的司法解释为例来分析。

首先，从定罪的角度看，该司法解释第1条第2款规定：盗窃未遂，情节严重，如以数额巨大的财物或者国家珍贵文物等为盗窃

---

① 参见陈兴良：《刑法哲学》，中国政法大学出版社2004年版，第605页。

② 参见周骏如：《论数额犯罪的立法模式》，载《法学》1997年第1期。

目标的，应当定罪处罚。第 6 条第 1 款规定：盗窃公私财物接近“数额较大”的起点，具有下列情形之一的，可以追究刑事责任：（1）以破坏性手段盗窃造成公私财产损失的；（2）盗窃残疾人、孤寡老人或者丧失劳动能力人的财物的；（3）造成严重后果或者具有其他恶劣情节的。而其第 2 款规定：盗窃公私财物虽已达到“数额较大”的起点，但情节轻微，并具有下列情形之一的，可不作为犯罪处理：（1）已满 16 周岁不满 18 周岁的未成年人作案的；（2）全部退赃、退赔的；（3）主动投案的；（4）被胁迫参加盗窃活动，没有分赃或者获赃较少的；（5）其他情节轻微、危害不大的。该司法解释意味着即使盗窃的财物没有达到数额较大的标准，但如果有其他严重情节也可以定罪，而即使达到了数额较大的标准，但如果情节轻微且具有其他一些轻微情节的，也可以不定罪。如果按照通说对数额犯的理解，那么，该司法解释的确是“篡改”了“刑法规定”的盗窃罪的“数额较大的定罪标准”。

其次，从量刑的角度来看，该司法解释第 6 条第 3 款规定：盗窃数额达到“数额较大”或者“数额巨大”的起点，并具有下列情形之一的，可以分别认定为“其他严重情节”或者“其他特别严重情节”：（1）犯罪集团的首要分子或者共同犯罪中情节严重的主犯；（2）盗窃金融机构的；（3）流窜作案危害严重的；（4）累犯；（5）导致被害人死亡、精神失常或者其他严重后果的；（6）盗窃救灾、抢险、防汛、优抚、扶贫、移民、救济、医疗款物，造成严重后果的；（7）盗窃生产资料，严重影响生产的；（8）造成其他重大损失的。如果按照通说对数额犯的定义，那么，该司法解释也“篡改”了“刑法规定”的“数额巨大、数额特别巨大的量刑标准”。

那么，到底是司法解释在篡改刑法规定的定罪与量刑的标准，在进行立法，还是通说的理解有问题？我们认为司法解释并非在立法，而是通说对数额犯的理解有误。

首先，虽然并非所有的犯罪在成立时都写明了“情节严重”，但实际上所有的分则罪名的解释都需要受到刑法总则即刑法第13条但书的规制，第13条规定“……危害社会的行为，依照法律应当受刑罚处罚的，都是犯罪。但是情节显著轻微危害不大的，不认为是犯罪。”换言之，即使没有写明情节严重的罪名，在对该行为进行解释时，也应该以“值得动用刑罚处罚的社会危害性”的观念为指导，进行实质解释。因此，对盗窃行为进行解释时，在成立犯罪的条件上，除了考虑“数额较大”的规定外，还要考虑是否是情节轻微或者情节严重。因此，数额较大并非成立盗窃罪的唯一定罪标准。

其次，法律明文规定盗窃罪的量刑情节中，数额也不是量刑的唯一标准。法律的明文规定是“数额巨大或者有其他严重情节的”，处……“数额特别巨大或者有其他特别严重情节的”，处……因此在量刑时，也应该将法律明文规定的“数额巨大”或者“其他情节严重”、“数额特别巨大”或者“其他情节特别严重”结合起来进行综合考虑，选择法定刑幅度。从这个角度来看，司法解释将盗窃数额较大的累犯作为“其他严重情节”和将盗窃数额巨大的累犯作为“其他特别严重情节”的规定，并非意味着规定了“累犯加重处罚”。这里请允许我们也从反向来看该问题，如果说该司法解释意味着“累犯加重处罚”，那么，该司法解释的其他条款也就意味着各种“加重处罚”，如“犯罪集团的首要分子或者共同犯罪中情节严重的主犯加重处罚”、“盗窃金融机构加重处罚”、“流窜作案加重处罚”、“导致被害人死亡、精神失常或者其他严重后果的加重处罚”、“盗窃特定款物、生产资料加重处罚”。如果认为“累犯加重处罚”的规定违反了罪刑法定原则、侵犯了立法权，那么，该司法解释中的所有其他情节的解释都违反了罪刑法定原则，侵犯了立法权，因为刑法总则中根本就没有规定这些情节可以“加重处罚”。笔者想反问对该司法解释质疑的学者，对于盗窃罪中明文规定的“其他严重情节”、“其他特别严重情节”，谁能够给出与该司法解释不同的某个解释，该解释有刑法总则关于“……应当（或可以）加重处罚”的明文规定的法律依据？恐怕在现有的刑法总则中，是永远找不到这样的规定的。如此说来，按照通说的观点，实际上刑法分则中多个罪名中规定的诸多“其他严重情节”、“其他特别严重情节”，很可能实际上都是无效的，无法给出任何具体的解释，只要给出具体的解释，就无法找到加重处罚的总则规定，就必然会违反罪刑法定原则。由上述可见，恐怕不是法律规定出了问题，而是学者对这些法定量刑情节的理解出了问题。

因此，我们认为，结合刑法总则（刑法第 13 条但书）与分则的规定，进行合理的系统解释，就可以得出这样的结论：该司法解释并没有规定“盗窃罪累犯加重处罚”。“盗窃罪累犯加重处罚”只是一些刑法学者在对数额犯的不准确的解释下，所得出的不准确的结论。

总之，我们认为无论从哪个角度来看，该司法解释第 6 条第 3 款的规定都是合理的，也是合法的。

第十章 渎职罪司法解释评析：以“瓮安事件”与“性贿赂”问题为切入

第一节 “瓮安群体事件”中隐含的有关渎职罪的司法解释问题

一、瓮安群体事件之根：渎职

2008年6月28日，贵州省瓮安县部分群众因对一名女学生李某的死因鉴定结果以及赔偿问题不满，聚集到县政府和县公安局，引发大规模人群聚集围堵政府部门和少数不法分子打、砸、抢、烧的群体事件，县公安局、县委和县政府大楼等多间房屋被毁，数10台车辆被焚。

对该群体事件，最开始地方政府按照习惯性思维简单地定性为“一起因简单案件，但被少数别有用心的人员煽动利用，甚至是黑恶势力人员直接插手参与的，公然向我党委、政府挑衅的群体性事件”。然而，一件简单的案件何以引发如此大规模的群体事件？对这起上万人聚集的地震般的大事件，如果只作如此简单化的解释与处理，就难以让公众满意。从常识上看，按照最初的定性，民众至少会有如下疑问：

第一，自古以来，黑恶势力向来是千方百计寻求“保护伞”，与极少数掌管公权力的政客勾结，相互利用，甚至直接渗透侵蚀到基层政权，插手政治，形成“黑色政权”，方可欺压百姓，称霸一方。[①] 但我们却从未听说有所谓的黑恶势力与民众勾结起来公然挑衅政府的事情。对此，中国黑社会“祖师爷”杜月笙就有一个形象的夜壶比喻：我们黑社会就像夜壶一样，政客用的时候就把我们拿出来，等社会安定了，就觉得这个夜壶又脏又臭，把我们踢到一边。[②] 所以，若是简单地将该事件定性为黑恶势力煽动群众向政府挑衅，恐怕难以服众。

第二，虽然黑恶势力必须具有暴力性，但作为纯粹的暴力集团的黑恶势力却不并存在。即使是早期的暴力特征比较显著的黑恶势力，其暴力也还是为了敛财，为了原始积累而使用的简单的手段。然而，瓮安群体事件中的打、砸、抢、烧行为，纵然有黑恶势力的个别成员参与其中，也很难被归结为黑恶势力的暴力行为。若是为了敛财而使用暴力行为，拿走抢走财物便是，何必损毁呢？况且政府大楼与公安局也不是什么值得取财敛财的好地方。若黑恶势力在事件中不为财，只是“别有用心”地显示黑恶势力的嚣张气焰，公然向政府挑衅，那无异于自取灭亡，恐怕黑恶势力不会傻到这个地步，做如此吃力不讨好的事情。

第三，如果存在黑恶势力，那么民众即使平时对黑恶势力畏惧万分，也不至于有如此大规模的群众被胁迫或者被煽动，与黑恶势力合流来对抗政府。正如有网友所说：“一呼一应”是爱情，“一呼十应”是亲情，“一呼百应”是仇恨，“一呼万应”甚至“不呼而万应”，则是激烈爆发的社会矛盾。[③]

---

① 参见康树华：《我国黑恶势力的罪恶行径与治理》，载《南都学刊》2007 年第 4 期。

② 参见《同根相煎：台湾间谍在大陆》，载《世界知识》2007 年第 2 期。

③ 参见徐迅雷：《瓮安事件：导火索已清楚，炸药包在哪里?》，载新华网，http://news.xinhuanet.com/politics/2008－07/07/content_8506481.htm。

一个国家有社会矛盾并不可怕，可怕的是掩盖矛盾、积累矛盾、激发矛盾。在该群体事件发生后，一贯重视民生民计的党中央领导同志高度重视，多次作出批示。尽管批示的具体内容我们不得而知，[①] 但从中央一贯强调的“为民、务实、清廉”的执政理念以及对群体事件的一贯认识来看，中央政府似乎对贵州地方政府关于该群体事件的最初处理并不满意，幸好贵州省主要领导同志在中央有关领导的批示指导下，及时逆转治乱思路，追根求源，承认瓮安“6·28”突发事件背后的深层次原因是当地政府的某些官员在矿产资源开发、移民安置、建筑拆迁等工作中，侵犯群众利益的事情屡有发生；而在处置这些矛盾纠纷和群体事件过程中，一些干部作风粗暴、工作方法简单，甚至随意动用警力，导致干群、警民关系紧张；加之有的领导干部和公安民警长期以来失职渎职导致社会治安不好，群众对此反应十分强烈；[②] 以及有极少数公职人员甚至成为黑恶势力的“保护伞”。[③] 鉴于在这次事件中，瓮安县委、县政府、县公安局和有关部门的领导干部负有不可推卸的责任，县委书记、县长、县公安局的政委和局长因此被免职。这与一开始草率地把整个事件归责于那些发动暴乱的民众相比，已转而从维护人民群众利益的角度出发，对地方政府自身的责任进行了有效的反思，将

---

① 大陆媒体虽然提及这些批示，但均无这些批示的具体内容。据香港《明报》引述消息人士说，中央高层领导在批示中要求当地政府尽快疏散示威民众，维护社会稳定，并指示贵州当地媒体主动报道事件，引导舆论，不必对外封锁消息。报道称，中央高层领导在过问事件时质问：“一件很小的刑事案件，为何会引发大规模的群体事件?”《贵州大骚乱定性为黑势力参与群体事件》，载《联合早报》2008 年 7 月 9 日，http://www.zaobao.com/special/china/cnpol/pages1/cnpol080702.shtml。

② 参见《贵州继续严肃追究“6·28”事件干部责任》，载《人民日报》2008 年 7 月 5 日。

③ 参见《瓮安被免职公安局长：警方内部与黑帮有纠结》，载人民网，http://society.people.com.cn/GB/1062/7486406.html。

事件的根本原因归结为地方政府的有关人员的渎职。

二、“反渎”才是群体性事件的斩根之剑

“民有乱，先责官”，这一符合党中央精神的治乱思路的转变使得整个事件的处理转向良性轨道，大体上得以平息。然而，地方政府的这一认识从语言层面上看或许是到位的，但从后来的对该群体事件的后续处理行为的相关报道来看，我们发现该地方政府成立专案组，还是将打击的重点指向参与该群体事件的违法犯罪分子，[①] 相比较而言，对渎职行为的打击的力度似乎不够。虽然，贵州地方政府也表态要严查瓮安“6·28”事件失职渎职干部责任，[②] 但和严厉打击“6·28”涉案人员的实际行动相比，似乎有“雷声大雨点小”的意味。固然聚众冲击国家机关的违法犯罪分子要依法处理，但引发该群体性事件的渎职官员的法律责任乃至刑事责任更应当依法追究，只有如此，才能真正让人民满意。否则的话，对该群体性事件的后续处理，很可能还是回到了地方政府老一套的思维模式中去，与中央的有关精神相去甚远。

（一）要妥善处理好群体性事件，必须以中央有关处理群体性事件的总体精神为指导，在认清当前我国群体性事件的性质的基础上妥善处理该类事件。

第一，对于群体性事件的性质，中央也有着比较科学的认识，周永康同志早在2005年就曾指出，现阶段的群体性事件基本上属

---

① 据贵州卫视报道，“6·28”专案组目前共排查出“6·28”案件涉案人员共计249名，已抓获涉案人员116人。下一步还将加大侦查、追捕力度、查清所有涉案人员的违法犯罪事实，特别是要查清黑恶势力，煽动、组织、教唆、实施“6·28”打、砸、抢、烧的违法犯罪事实。《瓮安“6·28”事件主要是“玉山帮”所为》，载新华网，http://politics.people.com.cn/GB/14562/7476366.html。

② 《贵州严查瓮安“6·28”事件失职渎职干部责任》，载人民网，http://society.people.com.cn/GB/41158/7467355.html。

于人民内部矛盾，基本上属于经济利益诉求问题，具有非对抗性，没有明显的政治目的。[①] 应当承认，只有在这个大的前提下，才有可能妥善处理好已经发生的群体性事件。既然这一时期发生的群体性事件属于人民内部矛盾，就不能条件反射似的视之为“闹事”、“作乱”，更不能动不动就采取“反恐”手段或专政手段予以严厉处置，要防止人民内部矛盾的进一步扩大。

第二，从刑法的角度来看，刑法第290条规定的“聚众冲击国家机关罪”只处罚首要分子和积极参加者，不处罚一般的参加者。具体到“6·28”事件中，我们认为，原则上对于“拉标语”等和平方式请愿的李某的亲属，以及参与其中的中学生、其他群众不宜定性为首要分子或者积极参加者。除非有充分的证据证明其中的极少数人对打、砸、抢、烧的行为起到组织、策划、指挥作用或者直接实施了打、砸、抢、烧的行为并起着主要作用。另外，从党和政府的政策角度来看，2007年，党的十七大报告中提出：“要健全民主制度……保障人民的知情权、参与权、表达权、监督权”。“保障人民的‘四权’，是民主政治进步的落脚点。”[②] 但瓮安县政府的有关人员在处理李某案件时，也许更习惯对上负责，向上级汇报工作，而忽视向公众解释。当地方政府信息公开的透明度不够时，群众也就失去了知情权，并且失去了表达权、参与权、监督权的正常渠道，以至于请愿演变为严重的群体性事件。因此，即使民众请愿方式过激，违反了治安管理处罚法，也不宜因该行为具有行政违法性而认定其具有聚众冲击国家机关罪的刑事违法性。因此，我们认为地方司法机关在处理该类事件的过程中，在查清所有的涉案人员的案件事实的基础上，对哪些人员涉嫌触犯刑法第290条规定的“聚众冲击国家机关罪”的问题上，应该注重刑法的谦抑性和社会效果。虽然尚没有明确具体的司法解释确立“首要分子”

---

① 参见《群体性事件考验中国》，载《环球》2005年第15期。

② 《人民日报》，2008年2月28日第10版。

“积极参加者”的认定标准，似乎司法机关的自由裁量权比较大，但在“首要分子”以及“积极参加者”的认定上应该慎之又慎。不能为了片面强调严厉处理该事件，而将一些轻微的违法行为上升为犯罪行为，否则将会适得其反，有可能进一步积累或者激化人民内部矛盾。

（二）有必要按照中央的有关精神，将群体性事件的处理提升到“反渎”的高度，莫让刑法中规定的渎职罪成为一把束之高阁的生锈之剑。

第一，党中央清醒地意识到地方政府一些官员的腐败和渎职才是导致群体性事件的根本原因。早在 2006 年 2 月，温家宝总理就指出：“有些地方发生的损害群众利益问题，甚至群体性事件，很多与政府部门及其工作人员不依法办事、不按政策办事有关。”① 《中共中央关于构建社会主义和谐社会若干重大问题的决定》中强调指出：“……坚决纠正损害群众利益的行为。坚持依法办事、按政策办事，发挥思想政治工作优势，积极预防和妥善处置人民内部矛盾引发的群体性事件，维护群众利益和社会稳定。”② 在刑法上，渎职行为表现为不依法行使职权、或者疏于职守不按规程规章行使职权或者徇私、徇情枉法致使公共财产或者国家和人民利益遭受重大损失的行为。③ 不依法办事，不按政策办事，损害群众利益的行为实际上就是法律上渎职行为的通俗表达。

第二，刑法应该是预防、减少乃至根除群体性事件的有力武器之一。刑法的谦抑性和补充性决定了不可滥用刑罚手段来处理社会

---

① 《围绕大局、突出重点、深入推进政府廉政建设——温家宝在国务院第四次廉政工作会议上的讲话》，载新华网，http://news.xinhuanet.com/politics/2006-02/27/content_4235206.htm。

② 《中共中央关于构建社会主义和谐社会若干重大问题的决定》，载人民网，http://cpc.people.com.cn/GB/64162/64168/64569/72347/6347991.html。

③ 参见高铭暄、马克昌：《刑法学》，北京大学出版社，高等教育出版社联合出版 2005 年版，第 711～712 页。

矛盾，并非只要有了侵犯人民利益的渎职行为就动用刑罚，只有当其他法律不足以抑制某种严重危害群众利益的渎职行为时，才有必要动用刑法。刑法是其他法律的保障法，刑法是保护群众利益的最后的也是最严厉的手段。因此，在积极预防和妥善处置人民内部矛盾引发的群体性事件中，应该优先考虑在行政上以及在其他法律制度上形成科学有效的利益协调机制、诉求表达机制、矛盾调处机制、权益保障机制，但也有必要合理地、有限地使用刑罚这一武器来规制严重的渎职行为，尤其是要纠正在司法实践中处理导致群体性事件的渎职行为时的“不用刑法”的倾向。例如，最高人民检察院2007年披露的《检察机关立案查处事故背后渎职犯罪情况报告》中的一个数据令人震惊：渎职犯罪轻刑化问题严重，在已经作出的刑事判决中，判处免予刑事处罚和宣告缓刑的比例竟高达95.6%。已经被立案的渎职犯罪案件尚是如此，那么，应该被立案查处而因为某些人为因素的干预没有被立案的渎职案的黑洞就可想而知了。

当然，这种不用刑法的司法倾向，与我国地方司法机关的实际政治地位和客观处境有重大的关系。最高人民检察院渎职侵权检察厅负责人认为，当前，社会公众特别是一些国家机关工作人员和领导干部，对渎职侵权犯罪的严重危害性，以及惩治渎职侵权犯罪的重要性和必要性的认知程度还不够高，相当多的渎职侵权犯罪案件被忽视、被容忍、被“谅解”。有的领导干部对发展经济、鼓励创新与惩治渎职侵权犯罪的关系认识模糊，片面强调保护地方利益和部门利益，对办案工作不理解、不支持、不配合，甚至法外讲情，为犯罪嫌疑人开脱责任，查办渎职侵权犯罪案件发现难、取证难、处理难、阻力大的问题依然没有得到很好的解决。① 虽然，在法律上，地方司法机关独立行使侦查、检察或者审判权，但因为一些客

① 参见王新友：《检察机关立案查处事故背后渎职犯罪情况报告——矿难揭底：庸官弄权，意在捞钱》，载《检察日报·廉政周刊》2007年5月22日。

观因素的制约，如地方司法机关重大的人事权或者部分财权并不具有完全的独立性，实际上地方司法机关在很多案件的处理上或多或少受到当地党政机关的影响，说其是指导也好，领导也好，干扰也罢，效果都一样：司法人员即使想依法办事，不想侵犯群众利益，也会面临某些地方党政领导的极大压力。据传，某地曾有这样一则故事，法院因为一起行政诉讼给一位当地政府领导发传票，被领导打电话臭骂了一顿，法院同志于是提议以后凡是涉官的案子，都改发传票为发请帖。[①] 若此传闻不可信的话，那么被免职的瓮安公安局长在接受《中国新闻周刊》采访时说的一些情况，则可以窥见一斑。他无奈地承认，作为公安部门，地方政府指派的非警务活动比较多，一遇到矿权纠纷、移民搬迁、房屋拆迁等群体事件，政府就指派大量警察出动，经常会造成民众与警察的正面冲突，在党政机关的压力之下，警察也通常只有拿无权无势的民众开刀，抓几个带头的民众定为扰乱公共秩序罪，这种“得罪”老百姓的事都得公安去做，而决定公安形象的破案率这个本职工作却在无形中大打折扣，不足50%。[②] 另外，从社会学的角度来看，越是“天高皇帝远”的一些偏远城镇，其“熟人社会”的特性就越明显，权钱利害关系、错综复杂的人际关系的味道就越重，当地公安司法人员办当地案件，无论是打黑也好，还是反贪反渎也好，都打不开情面，会受到重重的权力压力和阻碍。若没有更高级的党政权力机关的介入和支持，其办案的力度与效果就可想而知了，实际上瓮安群体性事件就是一个证明，若不是党中央高层政权的介入和高度关注，恐怕也很难回归到理性的轨道上来。

当然，这种不用刑法的司法倾向，除了与我国地方司法机关的在地方政府中的实际政治地位和客观处境的外部因素有关以外，与

① 参见《三峡都市报》2008年12月9日。

② 参见《被免职的公安局长：我所看到的瓮安江湖》，载《中国新闻周刊》2008年第25期。

地方司法机关内部对渎职罪的本质以及犯罪构成的理解上的偏差也有关系。

三、对渎职罪本质的反思以及对其犯罪构成的合理解释

从刑法的角度来看，要纠正上述的不用刑法的司法趋向，前提是正确地理解渎职罪的本质和准确地解释渎职罪有关罪名的犯罪构成。

第一，关于渎职罪本质的理解主要涉及渎职罪与受贿罪的关系问题。或许是受1979年刑法规定的影响，地方司法部门普遍认为受贿罪与渎职罪是部分的法条竞合关系。1979年刑法将受贿罪规定在分则第八章的渎职罪中，于是，理论界与司法界都认为受贿罪是一种国家工作人员利用职务上的便利而实施的一种特殊渎职行为，二者侵犯的客体都是国家机关的正常活动，当受贿人为他人谋取不正当利益并造成严重的损失时，受贿罪与渎职罪到底是法条竞合关系择一重罪处罚，还是数罪并罚，司法机关往往会选择前者，一旦出现了既有受贿行为又有渎职行为的，通常按照特别法规定的重罪——受贿罪处理。但我们认为，1997年刑法将贪污贿赂罪独立成一章，一方面是为了突出打击贪污贿赂犯罪，[①] 更重要的原因是贿赂犯罪在本质上不属于渎职罪，而是侵犯职务行为的廉洁性或不可收买性，而受贿又不正当履行职务造成严重损失的行为的社会危害程度远高于一般的受贿行为。因此，如果依然把二者视为法条竞合关系，就无法对渎职行为作出应有的刑罚评价。忽视国家机关工作人员渎职犯罪的严重性，难以对他们履行职务起到良好的监督与督促作用，难以正确处理受贿罪与渎职罪的关系；另外，最高人民法院2003年《全国法院审理经济犯罪案件工作会谈纪要》中明确规定只要有为他人谋取利益的承诺行为，无需要求有为他人谋利

① 有学者根据该理由支持司法实务界的上述观点。参见冯亚东：《受贿罪与渎职罪竞合问题》，载《法学研究》2000年第1期。

益的实施或实现行为，就具备了为他人谋取利益的要件，从该角度看，受贿罪与渎职罪也不是法条竞合关系。因此，我们认为除了刑法第399条规定的必须从一重罪处罚的例外规定以外，[①] 对其他情况都应该数罪并罚。

第二，合理的解释渎职罪中的“徇私”、“徇情”、“徇私舞弊”、“私（放）”的规定。在司法实践中，有一种普遍的观念认为刑法分则第九章的诸多罪名中将“徇私”、“徇情”、“徇私舞弊”、“私（放）”作为部分渎职罪的构成要件要素来规定，意味着在渎职行为之外还需要独立查明或者认定“徇私”、“徇情”、“徇私舞弊”、“私（放）”的行为。然而，在中国这个社会、政治、经济、文化格局处于剧烈变化，各种社会矛盾纠结在一起的发展中国家，本质上属于道德价值观或者文化范畴的“公”与“私”，“情”与“无情”的区分上并非泾渭分明，甚至于“公私不分”本身就是中国传统文化的一个重要特征。[②] 对于同一行为，站在不同的角度，会给出截然相反的答案，以至于国家机关工作人员的绝大多数严重侵犯公民、国家利益的渎职行为，会以“出于公”或者“无情”，“无舞弊”的名义就被消化掉，难以立案。

我们认为，虽然任何国家的法律都会受到本国的文化道德观念的深刻影响，但法律与道德毕竟不是同一的，鉴于在司法实践中对不同的人对公与私、殉情与无情的行为价值判断上有着截然不同的看法，我们主张对渎职罪中的“私”、“情”的解释原则上应该遵循法益侵害的法律标准而不是模糊的道德标准，即凡是渎职严重侵

---

① 为了最大限度的限制该不合理的法律拟制的适用，有学者将先犯徇私枉法等几种行为后收受财物的情况以索取财物后有徇私枉法等几种行为的情况解释为不适用该法律拟制，我们认为该限制解释具有的合理性。参见张明楷：《刑法学》（第3版），法律出版社2007年版，第907页。

② 易中天：《中国：掀起你的盖头来——中国文化现象解密》，海南出版社1995年版，第191页。

犯法益的行为，除非有证据证明国家机关工作人员因为法律素质、政策水平、技术能力不高而出现工作差错的情况以外，就应该推定行为人具备了徇私、徇情的主观要素，完整满足了渎职罪的犯罪构成，应该以渎职罪定罪。具体而言应该注意以下几点：[①]

第一，渎职罪中规定的徇私、徇情在构成要件的性质上应该被理解为依附于各种渎职行为的主观要素，而不是独立于渎职行为的客观行为要素；刑法规定各种“徇私”、“徇情”、“私（放）”等主观要素，意在排除国家机关工作人员因为法律素质、政策水平、技术能力不高而出现工作差错情况被视为犯罪；即使没有明文规定“徇私”等主观要素的其他渎职犯罪，也应当视为立法技术上的文字省略，在司法适用中也应该对这些渎职行为做出“徇私”的实质解释。例如，刑法第399条第1款规定的徇私枉法罪写明了该主观要素，而第2款、第3款规定的几种罪质相对较轻的枉法行为反而没有写明该主观要素，若不做上述解释，就会导致重罪需要该主观要素的限制而轻罪反而不需要该限制的不公平现象。

第二，除了刑法第399条第1款规定的徇私枉法罪中对枉法行为明确区分“徇私”与“徇情”的动机情况以外，其他罪名中只写明“徇私”要素的，或者立法上省略了“徇私”的，均应该对“徇私”做广义解释，即徇私包括徇情；由于在汉语中没有“徇私放在押人员”或者“徇私舞弊放在押人员”的表述习惯，因此，第400条规定的“私放在押人员罪”中的“私”字实际上也是“徇私”的简写，同样也应该以“徇私”的含义来理解。

第三，刑法第397条第2款明确将徇私舞弊作为法定刑升格条件，我们认为可以采纳最高人民法院2003年《全国法院审理经济犯罪案件工作会谈纪要》中对“徇私”含义的解释，即第2款中的“徇私”特指“徇个人私情、私利”，即“徇个人之私”，而第

---

① 以下的部分结论的其他支持理由，可参见张明楷：《渎职罪中“徇私”、“舞弊”的性质与认定》，载《人民检察》（上）2005年第12期。

1 款立法上省略了的“徇私”特指为本单位利益的动机，即“徇单位之私”；对于其他没有明文将徇私作为法定刑升格条件的，也应该做类似的解释，即从抽象的角度来看，渎职罪中徇私的含义即包括“徇个人之私”也包括“徇单位之私”。这里的“徇个人之私”和“徇单位之私”只是动机上的差别，而出于何种动机并不影响定罪，仅仅只是影响量刑的轻重。一般而言，“徇个人之私”的动机相对比较卑劣，在主观恶性要重于“徇单位之私”，在二者都是主观要素的前提下，可以适当考虑社会上对两种动机的道德否定评价程度的不同，在量刑上有所区分。

第四，在有的罪名中即规定了“徇私舞弊”又规定了具体的渎职行为的，此时“舞弊”行为和该具体的渎职行为同义，起着同位语的作用。此时，通常是立法技术上为了使得法条表述符合汉语习惯或者更为流畅。但当刑法条文的某些罪名只规定“徇私舞弊”而未规定具体的渎职行为方式时，则需要根据犯罪主体的职责内容与规则，认定其行为是否属于“舞弊”行为（渎职行为）。

第五，结合上述几点，我们认为刑法第 398 条规定的滥用职权罪、玩忽职守罪和本章其他渎职犯罪是一般法与特别法的法条竞合关系。但其他渎职罪的特别规定主要表现在滥用职权、玩忽职守的具体行为方式上的特殊以及结果要件的特殊这两个方面，而不是表现在“徇个人之私”的还是“徇单位之私”的主观要素的差别上。故凡是某行为符合了法律规定的特定行为方式以及结果要件，就应该按照法条竞合的处理原则来处理。因此，最高人民法院的“国家机关工作人员为了本单位的利益，实施滥用职权、玩忽职守行为，构成犯罪的，依照刑法第三百九十七条第一款的规定定罪处罚”① 的解释结论值得商榷；同时，我们认为《全国法院审理经济犯罪案件工作会谈纪要》第 6 条第 4 款中所隐含的“徇私舞弊型

① 参见最高人民法院 2003 年《全国法院审理经济犯罪案件工作会谈纪要》第 6 条第 4 款。

渎职犯罪”与“非徇私舞弊型渎职犯罪”的分类，或者“徇私型渎职犯罪”与“非徇私型渎职犯罪”的分类也不合理。

总之，对现行刑法分则第九章规定的各种渎职罪的系统合理的解释，消除了因为人为的解释不当而出现的诸多所谓的法律漏洞，扫清了实体法适用上的重重疑虑，排除了因为对实体法的理解不当而出现的某些程序法上的障碍。我们认为，即使不修改现行刑法，渎职罪的法律规定也足以规制司法实践中出现的大量严重的渎职行为。

古人云：“徒法不足以自行”，即使刑法之剑砺磨得再锋利，如果因为地方保护主义或者其他人为因素而长期弃置不用，那么也会锈迹斑斑，丧失其应有的规制功能。因此，虽然贵州瓮安事件已经成为历史，但我们期待其他地方权力机关和司法机关吸取经验教训，及时调整处理群体性事件的思路，合理有效的使用刑法“反渎”之剑，从根本上妥善处理在群体性事件中有关的严重侵犯法益的渎职行为。

第二节　关于“性贿赂”该用立法方式还是司法解释方式来规范的讨论

一、设立“性贿赂罪”的争议

我国现行刑法第385条和第389条明确规定：“国家工作人员利用职务上的便利，索取他人财物的，或者非法收受他人财物，为他人谋取利益的，是受贿罪”，“为谋取不正当利益，给予国家工作人员以财物的，是行贿罪。”由此看出，无论是行贿罪还是受贿罪，在客观方面都表现为收受或给予财物的行为，行贿罪与受贿罪中的所涉及的贿赂仅仅限于财物，离开了财物便不构成行贿罪或受贿罪。

但是近年来，所谓的“性贿赂”现象逐步引起法学者的广泛关注。有一些法学研究者认为，我国刑法将贿赂的内容限定为财物存在巨大的问题，在司法实践中往往遇到许多以非财物性质为内容的贿赂犯罪案件，如“性贿赂”，由于法无明文规定，使得这部分贿赂犯罪（性贿赂）成了法律的空当与死角，纵使造成极大的危害后果，也无法予以惩治打击，不利于当今我国的反腐倡廉和对贿赂犯罪的打击预防力度。为防堵法律漏洞，他们认为应尽快进行有关“性贿赂”犯罪方面的立法工作，并提出设立“性贿赂罪”罪名的立法建议。① 他们将“性贿赂”定义为：国家工作人员接受色情服务，为他人谋取不正当利益，或行为人或单位为谋取不正当利益，而给予国家工作人员以性服务的行为。②

尽管这一观点并非新观点，早在新刑法修订前夕，就有这种提法。但新刑法颁布后这一观点再次被提出，并引起了法学界和社会各个方面的广泛关注和争论。无论是法学专业期刊、还是其他社会科学期刊，以及网络、报纸、电视等大众传媒都对“性贿赂”问题进行了激烈的讨论。一些中青年法学家主张设立性贿赂犯罪，③并获得法学界不少学者的支持，一些实务部门的法律工作者也积极响应，如最高人民检察院一位领导就曾表示，“性贿赂”同样属于犯罪，而且是一种非常恶劣、危害极大的犯罪行为，未来修改法律时应考虑把“性贿赂罪”纳入刑法。④ 四川省的赵平女士也联合20位人大代表在全国人民代表大会上提出刑法增设“性贿赂罪”

① 参见金卫东：《应设立“性贿赂罪”》，载《江苏公安专科学校学报》，2000年第6期。

② 参见燕文：《关于性贿赂的话题——访南京大学法学院金卫东》，载《社会百科》2001年第6期。

③ 参见李洁：《受贿罪法条解释与评析》，载《河南省政法管理干部学院学报》2003年第5期。

④ 参见李华新：《性贿赂的法律认定量刑与道德审判的软弱》，http://www.qglt.com/bbs/ReadFile? whichfile=10913154&typeid=14。

的法律议案。① 尤其是2007年公安部对于《公安部通知消防部队实施四个严禁》第3条中的“收受贿赂”的解释中，第一次包含了“性贿赂”的解释。② 因此，一些法律人士再次力主进行“性贿赂罪”的立法。而我国老一代学者高铭暄教授和张明楷、陈兴良、周光权等一些中青年刑法学家则表示了不同意见，认为当前在我国设立“性贿赂”犯罪还不适时。

从相关的争议来看，主张“性贿赂”行为应当被设立为“性贿赂罪”的主要理由大体如下：

其一，从犯罪的一般概念来看，“性贿赂”行为具有极大的社会危害性，符合犯罪的本质特征。具体表现在以下方面：性贿赂行为具有社会危害多次性和持续性、诱发性和感染性，即性贿赂一旦既遂，往往就会形成长期的不正当的性关系，具有多次为行贿者谋取不正当利益、多次危害社会的特性，它不会因为一次性贿赂所获得的利益而终止，而是诱发多次、更大的利益谋求。这是一般财物（一次）贿赂所不具有的；在某些情况下，性贿赂可以得到财物贿赂根本得不到的利益或目的，财物贿赂无法交易成功的事情，美色诱惑却可以办成。所以，在一定程度上，“性贿赂”的社会危害性有时甚至远远超过财物贿赂；社会危害的形式呈现出复杂多样性：以色谋权、以色谋钱、以色谋利、黑社会势力以色谋“伞”。

---

① 参见陈大寨：《性贿赂性贿赂罪及其他》，载《理论与实践》2001年第6期。

② 该规定第3条所称的“收受贿赂”，是指收受对方或者第三方现金、有价证券、支付凭证、贵重物品；报销应由个人或单位支付的费用；获得明显低价购买商品、低价承租、低价或者免费装修房屋、提供住房、安排旅游和出国（境）考察等间接物质利益；获得安排子女升学，帮助本人或他人就业、调动工作、晋职晋级，提供性服务等非物质性利益；由请托人出资“合作”开办公司或者进行其他“合作”投资；以委托请托人投资证券、期货或者其他委托理财的名义获取“收益”；通过赌博的方式收受财物；使特定关系人不实际工作却获取所谓薪酬；离职后收受财物等行为。

其二，“性贿赂”行为犯罪符合贿赂罪的本质特征，受贿罪涉及非法经济利益，但受贿罪主要的不是经济犯罪，而是职务犯罪，受贿犯罪的本质就是“出卖公权，获得私利”，是一种侵犯职务廉洁性、职务的不可收买性的犯罪。“性贿赂”行为具有相当严重的社会危害性，它和其他贿赂罪一样，其实质是侵害了国家工作人员的廉洁性。所以应当将“性贿赂”行为设立为性贿赂罪。

其三，从刑事立法的角度看，性贿赂行为的发案率呈蔓延扩大趋势，并不是个别的、偶然的现象，权色交易和权钱交易一样，已经成为公权和私利交易的一种最主要的形式，所以具有现实的立法化依据。近年来，随着我国市场的进一步扩大，国内外经济交流活动日益频繁，一些资产阶级腐朽的生活方式、道德观念也接踵而来，特别是色情服务行业死灰复燃，屡禁不止。“性贿赂”犯罪也随之悄然兴起，愈演愈烈。一些不法分子都将其当做经济运行的润滑油，认为不如此就难以把事办成，以至于纷纷利用女色或不惜花巨资雇用妓女直接向相关国家工作人员进行“性贿赂”，要求或迫使国家工作人员为其谋取不正当利益。“性贿赂”案件呈逐年上升趋势。根据纪检监察机关和最高人民检察院统计资料看，“性贿赂”犯罪在贿赂犯罪中所占比重呈显著上升之势。据资料显示，中国90%以上的贪官都养情妇，“包二奶”。牵涉国家干部级别愈来愈高，由县（处）局级直至省部级干部，而且人数也越来越多。然而，我国刑法把贿赂罪受贿的对象范围限定在“财物”上，这就放纵了大量“用公权交易私利”的犯罪。这种规定是阻碍我们查处贪贿犯罪的重要原因。但现实生活当中，除了“财物”以外，还存在大量规避以“公权”换“私利”的非法交易问题。比如说，国家工作人员行使公共权力，履行职务行为的过程中要求对方为自己或为他人设定债权、免除债务、免费提供劳务、免费装修住房、免费出国、出境旅游、减免贷款利息、免费提供住房使用权、解决城市户口、调动工作、招工转干、提拔职务、安排出国留学、吃喝娱乐、消费，甚至提供性服务。这里的“性服务”也就是媒体上常说的“性贿赂”。从形式上看，在获取这些非法利益时，没有直接拿钱往自己口袋里装，形式上规避了刑法的规定。在这种心理支配下，一些“公仆”们认为，在利用职权为他人谋利过程中，取得些利益没关系，只要把握住一条线，不要把别人的钱往自己口袋里装，装就有问题，不装就没问题。这样，进行这种实质上是犯罪的行为就是没有风险的，没有罪责的，所以，越来越多的人纷纷效仿，趋之若鹜。[①] 收受、索取或者给予财物之外的利益，成为受贿与行贿者的“避风港”。

其四，从比较法的角度来看，现代绝大多数国家将“性贿赂”包含在贿赂犯罪的对象中予以规定。例如，《德国刑法典》第331条规定：“公务员或从事特别公务的人员，对于现在或将来的职务上的行为要求、期约或收受利益者，均为受贿罪”。其中“利益”包括非财产性利益，也包括性贿赂。《加拿大刑法典》第108条、第109条，《奥地利刑法典》第304条、第305条、第306条等也均将非财产利益作为贿赂犯罪的内容，可见各国对“贿赂”既指财物性利益，也包括其他利益，即除财物外一切足以供人需要或满足人们欲望的有形或无形的利益，当然也包括“性贿赂”。我国台湾地区“刑法”、香港《防止贿赂条例》及新加坡、韩国等亚洲国家也均有此种规定。

其五，从中国历史文化上来看，女色贿赂的典型案例当属春秋时晋国的“叔鱼判案”，而相关的律文最早似可溯至舜时，以后的唐、明、清对惩治以女色贿赂官员都有明确的刑法规定和司法判例。古代设“女色贿赂罪”对于现今也有重要的借鉴意义。如果只惩罚财物贿赂罪而对性贿赂置之不理，其弊端很多：一是有违法理原则，法律的目的是为了惩戒有社会危害性的行为。对犯之者不惩罚，对后来者无警戒，有失正义、公平的原则。二是疏而有漏，

① 参见梁根林：《受贿罪法网的漏洞及其补救》，http://www.weeklyforum.com/bbs/printpage.asp?BoardID=10&ID=565。

结果给某些想达到非法目的之人以可乘之机，而有些官员则是对女色贿赂来者不拒，甚而主动出击。二者犯之不禁，使性贿赂之风愈演愈烈，于国于民，蠹害日深。三是导致某些官员因贪色而贪财。因为养情妇是以经济实力作后盾的，为了博得红颜倾城一笑，原本不想违法或不敢违法者也不惜铤而走险，以身试法，古今无数事例都证明了这一点。鉴于当今“性贿赂”的严重危害，所以有必要在刑法中设立“性贿赂罪”。①

面对将“性贿赂”罪名立法化的积极倡导和强烈的呼声，刑法学界的很多著名学者却持一种冷静的态度。

例如，高铭暄教授认为：“立法制裁‘性贿赂’，非其时。”主要理由大致有几点：（1）从文化的角度来看，所谓的性贿赂作为贿赂犯罪来立法与我国传统的文化观念难以相容。高铭暄认为，尽管在欧洲一些国家的刑法中，已将“性贿赂”作为贿赂犯罪的一项内容，而且我国1997年修订《刑法》时，与会的一些专家也曾提到增加“性贿赂罪”，但考虑到这与我国的传统文化观念有太大冲突，终未通过。因为，在国人的观念中，“性贿赂”虽是权色交易，但归根结底是男女关系，而男女关系只是道德品质问题，不能上升到法律问题。一旦立法制裁，可能很多人接受不了。从中国的汉语来看：“‘贿赂’两个字，本来都是‘贝’字旁，‘贝’在古代是货币的意思。”所以高铭暄教授认为，“性贿赂”只能附属于财物贿赂，说明犯罪嫌疑人生活的腐化程度，但独立设立一个“性贿赂罪”，恐怕不合适。国家机关工作人员在生活上有腐化堕落行为的，应由道德法庭来审判，或予以行政处分和纪律处分。这个理由是反对我国的“性贿赂罪”立法化的根本理由。（2）从“性贿赂罪”立法化可能产生的后果来看，这将混淆法律与道德的界限，将刑法的触角深入到道德领域中去，有侵犯人权、隐私权之

① 参见黄会奇：《唐、明、清律法中的“女色贿赂罪”》，载《喀什师范学院学报》2003年第4期。

嫌。(3) 从刑法的精神来看，将“性贿赂”罪名化不符合刑法的谦抑精神。(4) 从操作层面上看，“性贿赂罪”立法化存在着量刑以及取证的难题，从现行的《刑法》来看，贿赂行为的罪与非罪、贿赂罪的量刑轻重，都依贿赂的财物数额大小而定。“性贿赂”的贿赂物是“性”，而性是无法量化的。[①] 如果设立了“性贿赂罪”，那么如何取证也是个难题。西北政法学院贾宇教授说，“性贿赂”的取证与一般财物贿赂比，无疑难得多。因为财物贿赂可通过查获赃物等多种途径收集证据，“性贿赂”则不然，权色交易比较隐蔽。犯罪嫌疑人的口供是唯一的证据，很难有其他形式的证据相互印证，易形成错案。[②] 马克昌、陈兴良、张明楷、周光权等教授也先后明确表示，目前不宜将“性贿赂”纳入刑法规定的犯罪体系。[③]

但是上述的刑法学界主流观点很快被主张对“性贿赂”予以立法化的学者所断然否定：(1) 所谓的设立“性贿赂罪”与我国的文化不相适应的观点非常奇特，是站不住脚的。反对将“性贿赂”立法化的人认为，设立“性贿赂罪”民众是很难接受的，“性贿赂罪”是与传统文化观念相冲突的，其实不然。“性受贿者”是国家机关的工作人员，“性贿赂”属于与职务紧密相连的犯罪种类，目的是为行贿者谋取不正当利益的行为。惩治这般不公正的事情，民众为什么会不同意呢？难道制定了性贿赂罪，民众的既得利益就会受到损失？而调查表明事实并非如此，中国社会调查所

---

① 参见林世钰：《立法制裁“性贿赂”的探讨》，http://www.law-walker.net/detail.asp?id=575。

② 参见林世：《“性贿赂”立法并不可行》，http://www.rongwp.com/sex/sex11.htm。

③ 参见《性贿赂 vs 犯罪》，http://www.cnmil.net/bbs/read.php?tid=11728。另参见马克昌：《受贿罪客观条件探讨》，载《刑法运用问题探讨》，法律出版社1992年版，第248页；中国社会科学院法学研究所编：《中日公务员贿赂犯罪研究》，中国社会科学出版社1995年版，第61页。

(SSIC) 曾特别委托北京东方枫叶咨询有限公司对全国公众进行了专项调查，调查显示，69.9%的被访者提到这种现象是“严重”的，其中17.3%的被访者认为“非常严重”。84.7%的公众认为应该增加“性贿赂罪”，6.2%的公众认为不应该增加，9.1%的公众回答不清楚。看来大多数民众还是“反传统”的，面对如此猖獗的“性贿赂”事实，对于设立“性贿赂罪”民众采取的还是支持的态度。(2)“性贿赂罪”的立法化可能侵犯国家隐私权和歧视妇女的理由也站不住脚。他们认为，这一理由忽略了特定受贿人即国家工作人员的内在身份含义，忽略了对于国家工作人员的私生活情况（尤其是掌握较大权力的国家工作人员的私生活情况）公众享有较大限度知情权的考虑。另外“性贿赂”罪名的立法化恰恰是对女性人格的尊重和保护。“性贿赂”行为的本身才是对女性人格权的真正侵犯，是对女性这一基本人权的侵犯，而不是说“性贿赂罪”立法了，女性的人格权才“开始”受到侵犯。这是极端荒谬和缺乏逻辑的推论。如果我们依旧纵容“事实存在”，而仅仅在“法理”上讨论人权观，这对现实是缺乏意义的。正相反，设立“性贿赂罪”从更深的层次上来说才是对女性人权的真正重视和保障。(3) 所谓的刑法谦抑精神的理由也站不住脚，从犯罪的实质和价值理论范畴、社会危害性角度来看，“性贿赂”行为已经超出了其现在所实际栖身的反秩序行为层级，已对整个社会秩序构成了严重的、现实的破坏，是一种“最明显、最严重的蔑视社会秩序行为”之一。“性贿赂”行为未被纳入刑法调整范围，反映出刑法的迟钝和无为。当犯罪行为产生的后果严重到危害社会的时候，显然是不适宜适用刑法谦抑性原则的。(4) 所谓司法实践的可操作性不强，即量刑难、取证难、与“感情”界定区分难也不能成为否定某一行为立法化的理由，是否给一种社会行为定罪的最根本的判断标准是看其是否具有普遍的社会危害性，而不是先考虑此种罪名的设立在司法实践中的可操作性问题。①

二、在中国主流文化中“性贿赂”并不是“贿赂”

尽管有前述那么多知名的刑法学专家学者表示“性贿赂”目前不宜立法。但是，由于这仅仅只是一种表态，或者即使提出一些论点也没有给予充分的论证，从而使得在“性贿赂”问题争议之中，呈现出一个奇怪的现象：主张“性贿赂罪”立法化的学者一方面似乎说理显得更为有力，但另一方面由于该主张又没有得到刑法学界的普遍认同，其批判、反驳因为没有对方进一步的回应，又显得好像是在同一个无声无形的东西做斗争，就像有力的拳头打在空气中一样，力量也消融在无声无息之中。笔者认为，这一奇怪现象必须从文化上予以解释，同时，从学术争鸣的角度来看，也有必要从文化的角度对主流观点中的论点给予进一步的论证。

“性贿赂”应不应当立法化的问题实际上可以直接转化为“性贿赂”是不是贿赂的问题。我们认为，对“性贿赂”是不是贿赂，之所以中国和其他国家或者地区立法上有不同的回答，的确与文化的差异相关，在某种意义上这个问题将取决于文化传统。尽管力主“性贿赂罪立法化”的学者否认这与文化相关联，或者认为虽然该问题与文化相关，但中国刑法学界的主流学派对中国文化理解和把握是错误的，是一种“自以为是”。但笔者认为，批判者的这些反驳是没有道理的。

第一，我国刑法学界的主流观点，虽然只是简单地提出“在中国文化中性贿赂不是贿赂”的论点而没有具体翔实的论证，所以不免受到表面上似乎非常有力的反驳。但即使是反驳者也意识到或者不得不承认要想在近期将“性贿赂”罪名立法化难度很大。反驳者的振振有词，就好像遇到了武侠小说中使用“化骨绵掌”

① 参见谈佳隆：《“性贿赂罪”立法的再思考》，http://www.cnedu.com.cn/news/college/law/2005/2/19/88955.shtml。

的对手，强大功力被消融在无声无息中，有种有劲也使不出的感觉。这使反驳者陷入了一个难堪的境地，似乎“有理也无法走遍天下”。那么，我们不能简单地将这一现象归结为刑法主流观点持有者的学术权威地位和影响，事实上在立法问题上，即使所有的刑法学者倡导的东西也不见得就会被立法者接受，比如1997年修订刑法时，我国一些著名的刑法学者都是倡导缩减死刑的，但这并没有得到立法上的现实认同。似乎各种法律专业上的道理是说透了，可是就是无法得到实现。借用叔本华的“哲学家的武器不是权威，而是理由”① 的话语，我们也可以说“法学家的武器不是权威，而是理由”。所以，当人们陷入了“这在道理上是说得通的，但在现实中是行不通”的时候，也许人们就应该反思自己的理由是否充分了。笔者认为，之所以刑法主流观点似乎不用怎么说理，就可以站稳脚跟，这不是“谁在说话”所决定的，不是说话者的权威地位问题，而是刑法主流观点背后恐怕确有着传统文化这一巨大的无声的力量在起作用。文化特性就像是一个人的性格，如果性格决定人的选择和命运的话，那么法律文化也决定着法律制度的选择和法律制度的生命力。文化起作用的方式往往是沉默的，潜在的。“性贿赂”问题也无法绕开文化特性、文化传统问题。

第二，关于“性贿赂”是不是贿赂的问题，或者说“贿赂”的外延是否包含非财产利益，这与不同的国家文化对有关贿赂的本质的理解上的差异有关。“人们也不容忽视，在有些问题上，完全存在着一种原则上的广泛一致，而各种观点上的差异基本上是在边缘问题上才开始的。”② 在中外刑法中，贿赂包含财物是没有问题的，关键是贿赂是否包含其他财产上的利益以及非财产上的利益这些边缘性的问题，对此可能会因为文化的差异而有显著的差异。奥

① ［德］叔本华：《伦理学的两个基本问题》，任立、孟庆时译，商务印书馆1996年版，第115页。

② ［德］科殷：《法哲学》，林荣远译，华夏出版社2002年版，第97页。

地利刑法仅将贿赂限于财物或者其他财产上的利益，而其他多数国家刑法与刑法理论均认为，能满足人的欲望或者需要的一切利益，都是贿赂。[①] 例如，奥地利刑法规定为“财产上的利益”，[②] 意大利刑法规定为“金钱或其他利益”，瑞士刑法中规定为“贿赂或者免费之利益”。[③] 德国刑法仅规定为“利益”，日本刑法规定为“贿赂”。瑞典刑法中规定为：“贿赂或者其他不当报酬。”[④] 其中，瑞士与瑞典法条中的“贿赂”指财物，但构成贿赂罪显然还可以是财物之外的其他不当报酬，或者其他利益。日本刑法中的“贿赂”在理论上和司法实践中也是广义的能满足人的欲望与需要的一切利益。

那么，为什么西方多数国家都认为贿赂除了财物、财产性利益之外，还包括其他非物质性利益，比如社会地位、就职机会、艺术表演，以及性交等，而在中国却否认非物质利益是贿赂呢？有学者认为，这是因为西方国家认为贿赂罪的主要保护法益是职务的不可收买性，但收买职务行为并不限于财物以及财产上的利益收买，还可以用其他一切能满足人的欲望与需求的一切利益收买。其中当然包含性这种非财产利益。而在我们国家，关于受贿罪客体，在比较

① 参见张明楷：《外国刑法纲要》，清华大学出版社 1999 年版，第 778 页。

② 根据徐久生翻译的《奥地利联邦刑法》（2002 年修订），在第 304 条、第 305 条、第 306 条中的“官员收受礼品”、“公营业企业雇员收受礼品”、“鉴定人收受礼品”规定中表述为“财产性利益”，而第 306 条 a 中的“在同事和有咨询顾问收受礼品”、第 307 条中的“行贿”、第 308 条中的“被禁止的干预”中却表述为“利益”，这是有目的的差别还是翻译有误，也有待考证。

③ “贿赂或者免费之利益”，这是张明楷教授在《外国刑法纲要》的表述，但徐久生、庄敬华翻译的《瑞士联邦刑法典》（2003 年修订）（中国方正出版社 2004 年版）中的表述为：“非应得的利益”。这是因为已经被修订还是翻译不同的问题，有待考证。

④ 《瑞典刑法典》，陈琴译，北京大学出版社 2005 年版，第 38 页。

长的时间内具有通说地位的观点认为是国家的正常管理活动。

但是，近来我国刑法学界基本上认为受贿罪的客体是国家工作人员职务行为的廉洁性，或者职务行为的不可收买性，这与国外刑法理论上的主流观点在形式上已经趋于一致。但是，为什么中外关于贿赂本质的理解趋于一致的前提下，对贿赂是否包含非财产利益却还是有争议呢？笔者认为，恰恰是因为文化的差异，使得在“不可收买”这一贿赂的本质的具体理解上有所不同。在此，我们以职务的不可收买性为例，试对“收买”一词进行文化上的解读。

第一，东西方文化在对“人”、“社会”的总体设计上的观念差异决定了对“收买”一词含义上的差异。

在儒家文化中，一个核心词就是“仁”，这是儒家文化对“人”的总体设计和定义。“仁者，人也”，“仁”是“人”字旁边一个“二”字，亦是说，只有在“二人”的对应关系中，才能对任何一方下定义。[①] 中国历来是“重农抑商”，自然在儒家文化中正常的连接这二人关系的显然不是“金钱、财物”，而是用“礼”、“义”、“人情”为内容的“以心换心”。“君子喻于义，小人喻于利。”[②] 孔子重义而轻利，所以很少去谈论“利”。正是因为孔子的这种态度，形成了后世儒者的传统，所以“君子不言利”。即使在近现代也有所表现，如“工农兵学商”的排位就足以反映这一观念（当然，这是计划经济时代的提法，转入市场经济以后便很少看到这种排序了）。儒家文化讲究“君子求诸己，小人求诸人”。“求诸己”不是指“自己”，而是指自己在平时通过“义”而结交的朋友、自己的熟人、自己的关系。“求诸人”是指趋炎附势，通过赤裸的“利”（金钱财物）而相互利用。“君子之交淡若水，小人之交甘若醴”，所谓“甘若醴”是指为临时求人办事的功利之目

① ［美］孙隆基：《中国文化的深层结构》，广西师范大学出版社2004年版，第13页。

② 《论语·里仁》。

的，用“蝇头小利”、“金钱财物”配合“花言巧语”的掩盖而建立起交易、功利关系。所以，儒家文化讲究的是超功利的“义”，而不是一时一事的“利”。比如，“吃喝”在中国传统文化中占有很高的地位，可以说“泛食主义”是中国文化的一大特色。[①] 从大的方面讲，这是中国自古以来最重要的政治问题、国策问题。中国古代必须解决的“民以食为天”，所以一部《天下粮仓》连续剧才可以在中国火爆。即使现在的“从温饱奔小康”，也都关系到吃。从小的方面讲，“吃”涉及“二人”关系：“滴水之恩，涌泉相报”，“一饭之恩，以命相报”。自然，求人办事，也少不了请客吃饭。“借问公章何处盖，众人遥指杏花村”，再难办的事，“只要酒杯一端，也就政策放宽。”当然在一个吃喝的文化里，用公款吃喝或者请客吃饭来走关系、求人办事也是一种腐败现象，但人们对公款吃喝、请客吃饭并没有将其与赤裸的金钱财物等同视之，对“请客吃饭”现象的否定评价远远不及金钱与权力的交易。因为对于“吃皇粮”、端“铁饭碗”的国家工作人员而言，从法律上讲你可以吃大锅饭，可以公款吃喝，也可以接受下级或者其他人的请客吃饭，这是在“泛食文化”的允许范围之内，与贿赂罪的“财物”是有区别的。[②] 但是超出了这个范围收受金钱和其他财物，就会“吃不了兜着走”，恐怕就要“吃官司”，不是贪污，就是受贿。

可见在传统文化下人与人之间的交往，如果与赤裸的金钱、财物挂上钩，就有一种耻辱低下之意义。所谓“有钱能使鬼推磨”，一方面指出了金钱的诱惑能量之大，另一方面也将收受金钱财物的

---

① 参见易中天：《中国：掀起你的盖头来——中国文化现象解密》，海南出版社 1995 年版，第 20 页。

② 尽管求人办事过程中请客吃饭，送点吃喝的东西也要花钱，从逻辑上与事实上看也属于“财物”，也难保一顿“大餐”加上兜回去的烟酒茶的花费不超过贿赂罪中的 5000 元的起点。但在“泛食文化”、礼仪之邦的中国，人们却有意无意地将这些财物不视为贿赂罪中的财物。

人否定评价为“鬼”。权力如果和金钱财物挂钩，形成一种对价，那就不仅仅是腐败，而且是极其的肮脏，理应受到法律的严厉处罚。所以，在汉语中“收买”一词明显的带有贬义，与“赃钱”、“不义之财”的概念联系在一起。中国古人甚至不称钱为钱，而称之为“阿堵物”。但是，美色却与金钱财物是两码事，所以，中国人在平民阶层热衷于做媒，这个好事不管成不成，都要感谢“媒人”。而在文人阶层或者官场，甚至是国家之交中，贡献、交换美女在中国历史上也是极其平常，乃至甚受赞誉之事。哪怕美女坏了大事，毁了前程，毁了江山，却也不似送金钱财物那样可耻，至多将责任推给这些具体的美女身上，一句“红颜祸水”了之。

西方文化则崇尚商业，比如，《圣经》上的很多故事就是鼓励人们努力赚钱。所以，即使在对抽象的社会关系上也是用商业上的思维来思考、描述。在人与神的关系上是“立约”（《旧约》、《新约》），在对人的总体设计上也是将人视为趋利避害的追求利益的个人主义的独立体。在人与国家的关系上也是一种契约关系，比如，在西方政治学上的社会契约论。所以说一切东西都可以归结为一种买卖关系或者契约、交换关系、利益关系。一切东西都可以用利去衡量。反过来，在交换关系、买卖关系中，一切东西，无论是有形的还是无形的，都可以成为交换、买卖的对象物，而不是局限于金钱财物。于是中国人把西方社会称之为“资本主义社会”、“金钱至上的社会”，这明显的带有贬义（但西方文化本身却并不以“资本主义”、“金钱至上”为耻辱）。这里要注意的是所谓“金钱至上”不是指只有金钱财物最重要，也不是指只有金钱财物才能进入买卖流通关系中，而是指一切都商业化，一切都成了买卖关系，一切都可以买卖，一切都遵循等价交换原则。故在西方文化中，“金钱至上”恰恰是和“等价交换原则”这个大体上而言的褒义词至少是中性词联系在一起的。所以，当布尔迪厄提出“文化资本”和“社会资本”的概念，将其和传统意义上的经济资本并列为资本的三大形式,[①] 很快就得到西方学术界的广泛认同。可以说在西方社会，没有什么东西不是“资本”、没有什么东西不可以转换为金钱，没有什么东西不可以等价交换、买卖（这恐怕为中国儒家文化传统难以接受，中国文化的编码中尽量把人们追求向往的友谊、爱情、婚姻、名誉、社会地位、文凭和“阿堵物”、“交换”、“买卖”、“收买”之类的词脱钩）。在这种前提下，由于西方人深刻地认识到权力具有“导致腐败，绝对的权力导致绝对的腐败”[②] 的特性，所以，国家为了保证权力的正确使用，保证职务的廉洁性，或不可收买性，于是就要在法律上禁止权力、职务和一切可以满足人的需要与欲望的东西交换、买卖，否则就要受到法律的严厉制裁。“性”自然也就顺理成章地成为“贿赂”的内容之一。

第二，笔者认为是否将“性贿赂”纳入“权力不可收买”的视野，也与中西性文化对“色”的评价差异有关。一个有趣的现象是：尽管在中国好像是“禁欲”的，西方是“性解放”的发源地，但在中国历史文化的很长时期里，对“色”的宽容度实际上远远大于西方文化。孔子早说过“食色，性也”。而“色”也因为是人的本性，在中国古代，几乎多数才子常常会出入“风月场所”以寻求“灵感”，也的确写出许多脍炙人口的诗词，如宋玉以一篇《登徒子好色赋》流芳千古。实际上，古代文人蓄妓玩乐在当时是一个非常普遍、正常的现象，这在白居易身上表现得最为突出，在

---

① 经济资本可以立即并且直接转换为金钱，它以财产权的形式被制度化；文化资本也能在某些条件下转换为经济资本，它以教育资格的形式被制度化；社会资本也在一定条件下可以转换为经济资本，它是以社会义务或者社会联系、关系组成的，并以某种高贵头衔的形式被制度化。参见［法］布尔迪厄：《文化资本与社会炼金术》，包亚明译，上海人民出版社 1997 年版，第 192 页。

② ［英］阿克顿：《自由与权力》，侯健、范亚峰译，商务印书馆 2001 年版，第 342 页。

他的诗中知姓名之妓女便有十几个。白居易晚年所撰《醉吟先生传》自我表白云："性嗜酒、耽琴、吟诗。凡酒徒、琴侣、诗友多与之游，游之外，栖心释氏。"可见，在白居易身上，信佛，论道、吟诗、交友与嫖妓毫不矛盾。李白也是如此，他的诗以饮酒、游仙、美女为题材的最多，所以后代一些严肃的文学批评家常以此为李白的缺点。例如，王安石就说："李白诗词，迅快无疏脱处，然其识污下，十句九言妇人与酒耳。"[①] 当然从社会学的角度来看，由于古代婚姻家庭制度是排斥"爱情"的，所谓"女子无才便是德"。所以"才子佳人"的爱情故事，从婚姻家庭角度而言向来是不正常、不道德的，爱情的追求和实现只能够存在于婚姻家庭之外的"风月场所"中，于是在特定的不合理的社会制度下，一方面"婚姻是爱情的坟墓"，另一方面，"（风月场所中的）爱情是婚姻的补充"。文人与妓女心心相通、惜惜相怜，于是才有白居易与歌妓相遇时的所吟的名句："同是天涯沦落人，相逢何必曾相识"(《琵琶行》)。实际上，很多文人墨客明明是花钱嫖妓，却有"两情相悦，才子佳人"之美誉，"风流"和"才子"总是一体的；将青楼女子买回家做小妾，却被冠以"救风尘"之美名而流传下来，深受戏剧爱好者欢迎的京剧保留剧目《玉堂春》讲的就是这样的故事。文人墨客嫖妓过程中挖掘出无数的进入正史的奇女子，还会传为佳话，像唐朝的薛涛，宋朝的梁红玉、李师师，明朝的李香君、柳如是、卞玉京、陈圆圆等。有一本《中国历代名妓大观》,[②] 还根据各代史书的记载，为百位名妓立了传记。在古代，妓院可以合理合法的存在，齐国的管仲开办了中国史书记载的第一个"国营"的妓院，以后妓院的所有制从全民转为集体到多种经济成分并存。新中国成立前的妓院之神就是管仲，但苏杨一带也有供奉梁

① 参见施蛰存：《唐诗百话》，华中师范大学出版社2008年版。

② 参见叶一青、杨林山、王光照：《中国历代名妓大观》，延边大学出版社1993年版。

红玉的。①

但是，当与国家朝政、职务联系在一起时，中国传统文化对官员好色却是持强烈批判和谴责态度的。正如白居易在《长恨歌》中描写唐玄宗与杨贵妃的爱情，但在诗词中却是包含一种矛盾的思想：既有对爱情结局的饱含哀怜——“在天愿作比翼鸟，在地愿为连理枝。天长地久有时尽，此恨绵绵无绝期”；又有对皇帝荒淫的讽刺批评——“汉皇重色思倾国”、“从此君王不早朝”。（按现代的法律术语，就是因好色而渎职）。他在另一首诗词《歌舞》中描写了公卿们日中乐饮、夜半歌舞的荒淫生活，结尾是“岂知阌乡狱，中有冻死囚”。

所以，在中国文化中，对于和官员挂钩的“好色”的批判和谴责，即使是权色交易或“性贿赂”，也不是从“色”是一种“贿赂”，或者“色”能够“收买职权”的角度来评价，而是从因为好色而导致的误国误民、玩忽职守、滥用职权这个结果上来评价的。

但是，西方却有“万恶淫为首”的历史渊源。《圣经》是西方文化的化身，在《圣经》里，人的堕落产生原罪、罪恶是从亚当与夏娃偷吃“禁果”，行“野合”之事开始的。《圣经》中的“摩西十戒”也是西方法律文化最重要的根源之一，其中涉及“色”的有两戒：“不可奸淫”以及“不可贪恋人的妻子、仆婢”。在贿赂罪方面，宗教也有巨大的影响。一神教义实际上是为人神立约，只有人用礼物和牺牲去和上帝交易才是无罪的，如果向其他神或者掌管世俗权力的人进贡，那就是严重的渎神罪，渎神罪在宗教法中是可以判死刑的重罪。所以，如果和有世俗权力的人立约交易，无论用的是财物还是其他非财产性利益，都是严重违反教义的“罪恶的贿赂”。而如果用性去和有权力的人交易，就同时犯了色戒和上帝与人的立约之戒。所以，从文化的角度来看，西方社会将

① 梁红玉是宋朝著名将军韩世忠的老婆，韩世忠当官以后四个夫人都是从妓院找来的，其中梁红玉排名第二。

“性贿赂”作为贿赂罪的内容是有其文化根源的。在西方文化里，“性贿赂”被定性为犯戒、犯罪，但在中国文化所谓的“性贿赂”首先是个人的男女关系问题，是道德问题，是一种生活的腐化问题，不必然被评价为犯罪或者罪恶。在西方文化中，一切能够满足人的欲望和需要的东西都可能成为权力、职务被收买的贿赂，但在中国传统文化中，权力、职务被收买却被局限在金钱财物上。所以高铭暄教授才从“贿赂”是两个“贝”中寻求贿赂的解释。总之在中国的主流文化中，权力可以被金钱财物“收买”，但权力“被收买”却很少与“色”联系在一起，至多是认为权力可以被美色“腐化”，这种文化观念也反映在中国法律史中：“性贿赂”也可能是犯罪，但不以“贿赂罪”论罪。

或许有人会批判：谁将“性贿赂”说成是个人的男女关系问题、生活腐化问题、道德问题，谁就是在为封建丑陋做辩护，是对腐朽的封建文化的复辟做铺垫。在社会主义国家，既要和封建的陋习决裂，也要和资本主义社会的腐朽生活划清界限。这样的批判之语，话说得很轻巧，美丽动听，但是，如果以理想代替现实，将理想作为制定国家政治、法律、经济制度的根基，那么将会在现实中碰得头破血流，这样的误国误民的例子在我们国家以及其他国家并不鲜见。中国的大跃进、“文化大革命”是其实例，而美国宪法史上颁布的“禁酒令”也是好的借鉴。谁都知道酗酒习性对于酗酒者本人、他的家人，甚至社会，都会带来极大的麻烦。很多具有高尚情操的法学家、社会学家都把酒看成是犯罪和贫穷的根源，甚至称之为“魔鬼的甜酒”。在美国法学家、经济学家精心地论证和鼓吹之下，1917 年美国的立法者们决心运用国家的根本大法——宪法——来帮助某些没有自制力的人改掉害人害己的坏毛病。美利坚合众国第 65 届国会以“经济、效率和道德”为由，通过宪法第十八修正案，禁止美国酿造、出售和运送致醉酒类。但是，这个修正案却因事与愿违而成为迄今为止美国历史上唯一被废除的宪法法令，甚至成了一个荒唐的笑柄，因为，本来是为了改善公众的身体健康，让公众的生活积极向上，减少浪费、堕落、家庭破裂及犯罪而颁布的禁酒令，效果却适得其反，所有人都没有合法的烈性酒可喝了。但这并不等于说一夜之间，美国人就没有对酒的需求了，而是相反，这种需求因为政府禁止酒的销售变得十分强烈，于是美国开始滋生了无处不在的私酒犯罪分子，以及为了谋取黑市暴利而想尽办法收买警察或结成帮派、杀人越货等种种现象。政府发现，犯罪率一时间急剧上升，尤其是黑社会犯罪活动猖獗，犯罪滋生，警察也随之大规模腐败，而不受合法监督的粗制滥造的私酒、假酒对饮用者的健康造成更大的危害，并且受害者还告状无门。于是1933年美国不得不废除该宪法条文。以此类推，假设我们以马克思的“没有爱情的婚姻是不道德的婚姻”作为制定婚姻法的依据，规定没有爱情就不能结婚，爱情结束的夫妻也必须离婚，恐怕这样的法律也将会是恐怖的。“文化就是人类生存和发展的方式。”① 在不同的国家文化中的确有着各种各样被评价为陋习的生活方式和生存方式，如爱好进夜总会、玩“一夜情”、自拍不雅照、用手机发“荤段子”、② 劝人过度饮酒、婚丧嫁娶大操大办、在公开场合进行性挑逗性亲昵③……但如果怀着美好的愿望，企图用严厉的刑罚来改变人的这些生存与发展方式，恐怕这种美好的愿望下会产生更大

---

① 易中天：《中国：掀起你的盖头来——中国文化现象解密》，海南出版社1995年版，第1页。

② 《最高人民法院、最高人民检察院关于办理利用互联网、移动通讯终端、声讯台制作、复制、出版、贩卖、传播淫秽电子信息刑事案件具体应用法律若干问题的解释》第3条规定：不以牟利为目的，利用移动通讯终端传播淫秽短信息等二百件以上的，以传播淫秽物品罪定罪处罚。这一条解释是否合理，还值得商榷。

③ 据《华夏时报》报道，最近印尼已经完成了一个涉及禁止公开接吻、未婚同居及通奸的刑法草案，一旦草案获通过，违例者最高刑罚是入狱10年。如果新法例通过，也将赋予警员搜查怀疑同居者寓所的权力。笔者认为，不管其出发点是什么，这也是一个类似于美国禁酒令的法律草案。

更多的不可欲的恐怖后果。

第三，有学者从中国刑法史上找到证据证明：中国历史上多数朝代都有针对“性贿赂”的刑法规定以及判例。也有人对全国公众搞实证的专项调查，并声称高达84.7%的公众认为应该增加“性贿赂罪”，只有6.2%的公众认为不应该增加。所以，这些学者认为从严格意义上讲，无论是历史还是现实都表明“性贿赂”与我国的文化传统相违背，我国刑法学界主流观点认为“性贿赂罪”立法与我国的文化传统不相符合的观点，完全是自以为是的误解，从而推论我们也应当继承、借鉴这一文化传统，有必要在刑法中设立“性贿赂罪”。[①] 这种反驳似乎有论有据，而且除了文献论据还有实证调查的数据说话，显得颇有道理。但笔者认为，并非反对“性贿赂罪”的学者对我国的刑法史和文化传统的理解有误，相反是上述赞成“性贿赂罪”的学者对我国的刑法史和文化传统的理解有偏差。

首先，儒家文化更多的是一种官方的精英文化，所以才有“礼不下庶人”之说。当然，这种原本是调整文化阶层、统治阶层内部关系的文化作为一种意识形态，在发展过程中通过各种机制也对老百姓有影响，比如平民、普罗大众要想出人头地，就得通过科举考试努力学习儒家的经典和“礼”的精神，即“学而优则仕”。实际上我国很多著名的才子、诗人、词人，大都有求官职或者担任官职的经历，无论是成功与否，得意与否，“做官”似乎总是中国文人的一个内在的追求。所以，以“礼”为核心的精英文化、官场文化在通过各种机制实际上也必然对广大庶民产生影响；从效果上看，儒家精英文化也的确成为一种对庶民进行约束的工具，“夫礼，所以整民也”。[②] 但是无论对庶民有何影响，儒家文化始终没

① 参见谈佳隆：《“性贿赂罪”立法的再思考》，http://www.cnedu.com.cn/news/college/law/2005/2/19/88955.shtml。

② 《左传·庄公二十三年》。

有改变精英文化的特性。庶民的一些朴素的文化观念并不一定和占主流地位的精英文化完全一致。正是由于这个缘故，一方面是广大庶民对“性的禁忌”，“性压抑”、守“贞操”、“死节”，另一方面却是贵族、文人阶层的淫风成行，以色为美。实际上诸如《金瓶梅》之类的“禁书”并不是禁止任何人看，也不是要像“焚书坑儒”那样让该文本从历史上失传，而是禁止庶民们看，相反在精英文化阶层尤其是宫廷内部还是在流传，至少也是“睁只眼，闭只眼”听任私藏的。可以说，中国文化的精英化和西方文化的平民化是东西文化的总体区别之一。东西方文化这种精英化和平民化的差别在性文化上也有反映，在欧洲的大街上，我们也可以看到各个历史时期留下来的各种裸体的雕塑建筑，人人习以为常。但是，在中国却无法发展出这类人体雕塑艺术，最多也就是可以私藏起来的不为公众所见的裸体小陶人之类的东西或者是只能在中国宫廷内收藏、流传的“春宫图”。所以，庶民虽然是社会的绝大多数，但是老百姓的观念却不一定就是一个国家文化的代表。老百姓的态度在文化上完全可能成为王小波所说的“沉默的大多数”，而得不到主流文化的认同，当然没有得到主流文化认同的观念也仍然是一种文化，但也只是“亚文化”而已。所以，针对“性贿赂”所做的公众调查得出的数据和结论是否恰好反映了文化传统，这还是一个问题。将某一观念、态度、倾向的持有者人数的多寡等同于文化上的主流与非主流，这是误解了文化存在的方式。

其次，无论从历史的角度还是从现实的角度，不能把在刑法上要不要规定“性贿赂罪”直接等同于要不要打击、制裁“性贿赂”本身。这是两个不同的问题。要不要打击、制裁“性贿赂”的问题是一个对“性贿赂”的文化、道德、法律评价问题，而要不要在刑法上规定“性贿赂罪”是在评价基础上怎样处理行为的法律技术问题。

从现实的角度看，在对“性贿赂”的文化、道德、法律评价问题上，无论是刑法主流派、精英文化层，还是我国的党政领导人为代表的政治层，在这个问题上一点也不含糊，都是给予高度的关注并对“性贿赂”予以严厉的否定性评价，丝毫没有对“性贿赂”的丑恶现象、腐败现象做辩护或者庇护之意。所以说，反对在我国刑法上立即设立“性贿赂罪”的观点不等于是对“性贿赂”的美化或者纵容态度。

从历史的角度来看，正像主张“性贿赂罪”立法化的学者所进行的历史考证所表明的那样，在中国历代从来不乏对所谓的“性贿赂罪”予以严厉的刑罚处罚的事例。这一历史事实是无可否认，也是无需否定的。但是笔者认为“性贿赂罪”立法化主张者对中国刑法史存在想当然的误读。实际上，在中国刑法史上并非一直存在“女色贿赂罪”或者“性贿赂罪”，如果存在也只是极少数的特例。对这一点，后文还要给予详细的论证。

所以，无论是历史事实还是现实的需要，我们都无法从中得出中国现在必须在刑法中设立“性贿赂罪”的结论。

三、“性贿赂行为”无罪论的误区

笔者认为，从实然的角度来看，当前有关“性贿赂罪”的争议，使刑法理论界和司法实务界走入一个巨大的思维误区，并且在社会公众中造成一个误导：一切“性贿赂”行为都是无罪的。

第一，从首先发起“性贿赂罪”立法化倡议的学者来说，他们认为从纵向的历史角度来看，我国刑法史上几乎历代都有“女色贿赂罪”或者“性贿赂罪”的立法和判例。从横向的比较法角度来看，西方多数国家的刑法都在“贿赂罪”中包含有“性贿赂”的行为。但是，中国现行刑法却没有规定单独“性贿赂”罪名，而且，在“贿赂罪”中也只包含“财物”贿赂，即使通过刑法解释的方法，将财产性利益也解释为财物，但“性贿赂”行为属于非财产性利益，所以无法定罪。根据罪刑法定原则的要求，“性贿赂”这种具有严重的社会危害性的行为就在现行刑法中无法定罪。所以提出应当将“性贿赂罪”予以立法化的建议。换言之，他们认为根据罪刑法定原则，“性贿赂”行为在我们国家的现行刑法中是无罪的。在现行刑法中“性贿赂行为无罪”的不合理性是他们提出应当将该行为犯罪化的前提。

第二，从刑法主流观点的反映来说，有各种表述：“立法制裁‘性贿赂’，非其时”、“目前不宜将‘性贿赂’纳入刑法规定的犯罪体系”、“从理论上来说，贿赂目的物的范围应该包括财物、物质性利益与非物质性利益。我国目前把非物质性利益纳入贿赂目的物的范围存在一定的困难，在条件成熟以后，再将贿赂目的物进一步扩大到非物质性利益。”① 作为对性贿赂罪立法化建议的反对面出现的这些具体的表述来看，在没有给出其他特别说明的前提下，“非其时”，“目前不宜”等词语大体上也容易被“推定”② 为主流观点也是以“现行刑法中性贿赂行为是无罪的”为共有前提的。

第三，从司法实务界来看，由于刑法理论对司法实务有着重要的影响，所以，在司法实务界也接受这个共识性前提。近些年，我国涉及“性贿赂”的几大职务犯罪的要案，如深圳安某（女）案件、湖北张某案件、湖南蒋某案件，虽然各种报道大肆渲染其中的“性贿赂”情节，但司法部门非常谨慎，在定罪量刑的时候都回避“性贿赂”的问题。深圳市人民检察院工作人员曾在接受采访时明确表示，安某个人生活糜烂，甚至接受男警员的“性贿赂”，但该“性贿赂”问题未纳入检方调查范围。③

那么，这种“性贿赂无罪论”的误区是怎样造成的？

从人的思维角度来看，通常人都会用两极式思维来看问题。这

① 中国社会科学院法学研究所编：《中日公务员贿赂犯罪研究》，中国社会科学出版社 1995 年版，第 61 页。

② 这是使用“推定”之词，而不是“绝对肯定”，在笔者看来，“性贿赂”不成立贿赂罪，但却存在成立其他犯罪的刑法解释的可能性。这也不排除上述学者作出同样解释的可能性。

③ 参见《深圳市检察院称女公安局长性贿赂不属侦查范围》，载《新京报》2004 年 12 月 30 日。

种思维方式认定：任何问题绝对不会有多种答案，人们只能给出两种回答。但实际上，很少有什么重要的问题可以用一个简单的“是”或者一个绝对的“不是”打发。在两种选择的背后还有更多的选择和结果有待考查。① 人都是常人，会常常在特定的论题上因为各种因素的影响而陷入两极思维所编织好的罗网和误区。如中国人去西餐厅，有经验的服务员会在客人点了主食之后问：“请问您是需要一个煎鸡蛋还是两个煎鸡蛋?”绝大多数人在这种情形下，会根据自己是否喜欢而在“一个”还是“两个”中进行选择，尽管事实上还有“不要”、“要三个”等更多的选择。

实际上主张“性贿赂”立法化的人就设置了这样的二极思维陷阱。首先，因为“性贿赂”和财物贿赂都侵犯了职务的廉洁性或者不可收买性，所以认定“许诺性行为或者接受、索取性行为”只能定性为“贿赂”行为。其次，我国的贿赂犯罪中只规定了“财物贿赂”，所以“性贿赂”还是法律空白。最后，“性贿赂”具有严重的社会危害性，甚至比财物贿赂的危害性要大。结论：立法上应当规定“性贿赂罪”。

那么问题是所谓的“性贿赂”是否真的只能定性为“贿赂”而不能定性为其他呢？笔者认为，这是值得思考的问题。

首先，从中国历史上看，历代刑法都不乏对“性贿赂”行为进行处罚的法律和判例，但所谓的“性贿赂”并不是由“贿赂罪”来调整，而是由其他罪名来调整的。在这一点上，“性贿赂罪”立法化的主张者却故意不顾历史事实，非要生造一个“女色贿赂罪”的罪名，或者“性贿赂”的概念。甚至认为早在春秋时晋国的“叔鱼判案”就是“女色贿赂罪”或者“性贿赂罪”的判例。笔者认为，这些论点有点牵强附会，很大程度上是对历史的误读。

也许古代的确有将“性贿赂”以受贿罪处理的理由，比如在

① 参见［美］布朗、基利：《走出思维的误区》，张晓辉、王全杰译，中央编译出版社1994年版，第195页。

封建社会，“奴婢”之类的贱口（和良民相对）是地主阶级的私有财产，如《唐律》规定：“奴婢贱人，律比畜产”。[1] 奴婢可以被主人按市场价自由买卖或者出借。所以，在《唐律》中将抢掠和骗卖他人奴婢的，以《贼盗律》中的侵犯财产权的强盗罪、盗窃罪论罪，其他朝代也大多是如此处理。[2] 照此推理，似乎封建社会有充分的理由将“性贿赂”以受贿罪论。但是，我们经过考证后发现历史事实却并非如此，比如在《唐律》中的两种涉及“性贿赂”的行为——“监守内（即在监临主守管辖范围内）奸”和“监临（即主管）官吏娶部民女”——并没有如我们想当然的那样被归类为《职制律》中的（受贿罪）“受财枉法罪”、“受财不枉法罪”，如对“监守内奸”的犯罪行为置于属《杂律》中以“奸”论罪。[3]《唐律》规定：“诸监临主守于所监守内奸者（谓犯良人），加奸罪一等。……妇女以凡奸论。”而唐律对“监临官吏娶部民女”的犯罪行为，则置于《户婚律》中，分别以“（不枉法）监临官吏娶部民女罪”和“枉法娶人妻妾及女罪”或者是以“枉法罪”[4] 论处。所以唐、明、清等朝代，也将所谓的“性贿赂”或者“女色贿赂”规定为犯罪，但不视为受贿罪，而是要么以“奸罪”论处，要么以职务犯罪中的“枉法罪”论处，要么置于调整婚姻家庭关系的《户婚律》中独立成罪。

对此，主张“性贿赂”罪名立法化的学者也明确地看到了这

---

① 《唐律疏议》卷六名例六。

② 参见张晋藩：《中国法制史》，群众出版社1982年版，第221页。

③ 古代的“奸罪”分“和奸罪”与“强奸罪”。“监守内奸”之“奸”指“和奸”，由于处罚上加重，实际上在处罚上和“强奸罪”平齐。

④ 唐律明确规定“枉法娶人妻妾及女罪”，但明律未规定监临官“娶为事人妻妾及女为妻妾”枉法如何处理，清律沿用明律规定，只是在顺治三年添入小注，一是使律意更明白；二是有所补充。清律对明律的补充是：规定了对监临官“娶为事人妻妾及女为妻妾”枉法的处罚，“若娶为事人妇女，而于事有所枉者，仍以枉法从重论”。

一点，但为了和自己的结论一致，所以作出如下的说明："上两条罪名行为主体均为主管官吏，实可放入《职制律》中，读律者亦当将其和《职制律》诸篇等而观之，不可拘于形式也。"尤其是清律中将"枉法娶为事人妻妾及女为妻妾"的行为以职务犯罪中的"枉法罪"论处的做法，更让"性贿赂罪名立法化"的主张者接受不了。所以，该学者就只能认为，"清律此条补充罪名和刑罚不符，有逻辑错误。'女色贿赂罪'的客观方面是'娶为事人妻妾及女为妻妾'和枉法，前者是行为，后者是结果，二者之间存在着因果关系，这就构成了'女色贿赂罪'，应该有其适用的刑罚。而枉法是另一种罪名，因枉法行为产生枉法后果，针对不同的枉法罪，当有不同的量刑标准。易言之，娶人妻妾枉法中包含两种罪名，对其惩罚也应不同，不能犯此罪而受彼罚"。[①] 按照这种历史解读，无异于在说，唐、明、清的法律都错了，第一是不该将所谓的"女色贿赂"或者"性贿赂"行为分别置于《杂律》、《户婚律》，而应该置于《职制律》，这是体例上的错误。第二是定性上的错误，不该定"奸罪"和"枉法罪"，甚至用其他的独立罪名也不好，最好是直接在《职制律》中增加一个"性贿赂罪"、"女色贿赂罪"。这恐怕是把自己的结论当做解读历史的论据，然后又用这个论据来证明自己的结论。如此逻辑，怎能令人信服。实际上，在笔者看来，不是历史错了。真实的历史是：尽管这种行为涉及腐败问题，但几乎历代朝廷都是将所谓的"性贿赂"行为和行贿受贿罪分别定罪。

另外，主张"性贿赂罪"的学者认为早在我国《唐律》的监临之官"借奴婢"以"受所监临财物论罪"论处，是我国历史最早的"性贿赂"的概念，"其中的借奴婢，可谓索取性上服务，即索取性贿赂"。在《唐律·职制篇》第53条规定："诸监临之官

① 黄会奇：《唐、明、清律法中的"女色贿赂罪"》，载《喀什师范学院学报》2003年第4期，本段中引文均出自该文。

（监护的执法人员）私役所监临（犯人）、及借奴婢、牛马……之类各计庸、赁以受所监临财物论罪。”乍一看这种观点颇有道理，但笔者认为，这还是对我国历史的误读。关键在于对“借奴婢”解释上出了问题。笔者认为，将“借奴婢”解释为索取性服务或者索取性贿赂是缺乏历史根据的。

具体而言，这是对“奴婢”这一历史角色的误读与曲解。易言之，这种观点将“奴婢”一词等同于我们通常在批判封建社会的腐朽生活时所使用的“性奴”、“性工具”等词，但若具体分析封建社会中各种“女人”的地位和功能，就会发现“奴婢”并不承担所谓的“性工具”、“性奴”的角色，而是承担类似于家庭保姆的劳动力的角色。在封建社会中，家庭之外有尼姑和妓女两种角色，尼姑是男人心中的“圣女”，而有色有才的青楼女子则是地主官僚文人阶层的“梦中情人”、“恋爱的对象”。在家庭内部，“妻子”是门当户对、明媒正娶而来的，主要负责生儿育女及从事管理妾、奴婢的家政工作。所以男人娶“妻”，在色相上不做考虑，有无夫妻感情也不重要。古代的“妻子”大体上是一个“传宗接代”的生育工具，而“妾”是补充“妻”之不足的。所以，妾首先得年轻美貌，以满足男性“秀色可餐”、“金屋藏娇”的性心理需求。这才是实质意义上的“性奴”。至于古代的“奴婢”只会干粗活，受不到“高等教育”，素质低下粗陋，想想哪个男人喜欢大手大脚，举止不雅的“大老粗”呢？当然，如果男人愿意，可以用作“收房”之用，这样奴婢就被升格为妾。于是奴婢只能是马克思说的，“会说话的牛马”之类的“劳动工具”。所以，如果非要找出作为男人的“性工具”对称，那么“妾”是最合适的。这是有历史根据的，如清朝唐甄在《潜书·存言篇》中说：“男之美者为优（古代称演员为优伶），恶者为奴，女之美者为妾，恶者为婢，遍满海内矣！穷困如是，虽年谷屡丰，而无生之乐。”这也就是说，奴婢几乎没有什么“美色”可言。可见，古籍中的“借奴婢”在语意上不大可能是索取性贿赂、性服务。

实际上，唐代法律中对上述有关“借奴婢”的规定和解释也完全可以证明这一点。例如：“诸监临之官，私役使所监临，及借奴婢、牛、马、驼、骡、驴、车船、碾石岂、邸店之类，各计庸、赁，以受所监临财物论。”“若有吉凶，借使所监临者，不得过二十人，人不得过五日。”“疏议曰：吉，谓冠婚或祭家庙。凶。谓丧葬或举哀及殡殓之类。听许借使监临部内，所使总数不得过二十人，每人不得过五日。”“即役使非供己者，非供己，谓流外官及杂任应供官事者。计庸坐赃论，罪止杖一百。”[①] 从这些规定和解释可以看出，“借奴婢”和借牛马、车船并列，是作为“劳动工具”而不是“性工具”来使用的。且是以庸（租金）来“计脏论罪”。而且之所以会“借奴婢”，主要是临时发生了有红白（吉、凶）喜事，忙不过来，或者因为公务（非供己）而临时需要雇佣劳动力。这里“奴婢”都与所谓的“性服务”无关。所以，把借奴婢解释为“索取性服务”、“索取性贿赂”是说不通的。

总之，从中国的历史来看，并非必须要对性贿赂罪名立法化或者将其包含在贿赂罪中，才可以对性贿赂行为定罪。

四、通过对渎职罪的司法解释来规范“性贿赂”

笔者认为，即使没有对“性贿赂”罪名立法化，对“性贿赂”行为在我们现行刑法中规范也是可以的。前提是如何进行合理合法的刑法解释。

第一，从学理解释的任务来看，“不要因为，越是能‘设定’刑法漏洞，就越有学术成就。因为刑法学的任务并不是设定漏洞，相反应当合理地填补漏洞。没有人认为，能将谋杀解释为无罪，是学术上的辉煌成就和罪刑法定主义的伟大胜利。”[②] 比如，法国刑

① 《唐律疏议·职制律》（第143条）

② 张明楷：《刑法分则的解释原理》，中国人民大学出版社2004年版，第97页。

法分别规定了故意杀人罪、谋杀罪、毒杀罪。我们国家只规定了故意杀人罪、投放危险物质罪，我们不能想当然地作出这样的推论：在我国现行刑法中由于没有规定谋杀罪，所以根据罪刑法定原则，谋杀行为在我国是无罪的。同理，我们不能因为西方多数国家都将财产性利益和非财产性利益作为贿赂的内容，而我们国家刑法只规定了财物类型的贿赂罪，就想当然地认为“财产性利益”、“性贿赂”等在我们国家就是法律的空白与漏洞，因此一定是无罪的。

第二，在法律解释中应当避免“将熟悉与必须相混淆”，黑格尔有一句名言即“熟知非真知”。[①]“性贿赂”、“权钱交易、权色交易”这是我们都已经熟知的日常用语。但这种熟知并不意味着在刑法上必须将“权色交易”或者“性贿赂”行为纳入到行贿罪与受贿罪中才是正当合理的。是否将某种具有严重社会危害性的行为设定为犯罪，以及设定为什么样的罪名并不完全受某一个唯一的因素影响，而是受到多种因素的影响：该行为的客观社会危害性、人们对该行为的社会危害性的认识程度、该行为侵犯的客体、刑法分则中各类罪名的关系、司法成本问题、文化认同问题等，都可能影响到该危害行为罪与非罪、此罪还是彼罪的具体设置方式。法国思想家福柯曾经在阅读到一段“中国某部百科全书”中的关于动物的分类：“动物可以划分为：（1）属皇帝所有；（2）有芳香味的；（3）驯顺的；（4）乳猪……（6）传说中……（10）数不清的……（13）刚刚打破水缸的；（14）远看像苍蝇的。”之后发出了笑声，但正是使他发笑的这个段落成为他的名著《词与物》的诞生地。“笑声动摇了我的思想所有熟悉的东西，这种思想具有我们（西方）的时代和我们的地理特征。这种笑声动摇了我们习惯于用来控制种种事物的所有秩序井然的表面……正是在这里，因不知不觉地偏离了文化基本代码为其规定的经验秩序……文化才放弃了自己即时的但不可见的力量，充分放纵自己以确认：这些也许不

---

① ［德］黑格尔：《小逻辑》，贺麟译，商务印书馆1980年版，第37页。

是唯一可能的或最好的秩序。”[1]“不考查一个国家与其他国家的区别，是不可能真正了解这个国家的，”[2] 所以，我们熟悉的多数国家将“性贿赂”以贿赂罪论处的处理方式不一定是唯一的，或者最好的。

第三，就具体的规范解释而言，应当受到刑法处罚的“性贿赂”行为在我们国家的现行刑法足以做到有法可依。首先，从历史的角度来看，清朝将“枉法娶人妻妾及女”的行为以《职制律》中的“枉法罪”论处的解释有传承和借鉴意义。我们通过转换思维，完全可以将“性贿赂”的定性问题从贪污贿赂的类罪转移到渎职罪的类罪中来。其次，从渎职罪中各具体的犯罪构成来看，完全可以包含“性贿赂”的行为方式。渎职罪中绝大多数犯罪都规定了“徇私舞弊”、“徇私、徇情”，尽管学者对“徇私舞弊”在各个犯罪中究竟是主观要件还是客观要件尚有争议，但只要司法机关查明国家机关工作人员存在滥用职权的行为，或者不客观公正地履行职责、或者故意不履行职责的行为，并且国家机关工作人员与请托人本身或者请托人提供的美色有不正常的性关系，就可以推定国家机关工作人员符合了“徇私舞弊”、“徇私、徇情”的要件。当然并不是所有的渎职罪都必须满足“徇私舞弊”、或者“徇私、徇情”的要件，但是既然不需要徇私、徇情都足以满足构成要件，那么通过构成要件之外的过剩要素——“性贿赂”这种徇私、徇情——的方式实施该行为的当然更应构成犯罪，并且“性贿赂”可能成为该罪的法定加重情节或者酌定的从重情节。比如，滥用职权罪对“徇私舞弊”滥用职权罪规定了加重处罚的刑罚。

这里有必要特别说明的是，以“权色交易”（“性贿赂”）的

① 参见［法］米歇尔·福柯：《词与物——人文科学考古学》，莫伟民译，上海三联书店2001年版，第1~8页。

② ［意］戴维·奈尔肯编：《比较刑事司法论》，张明楷等译，清华大学出版社2004年版，前言第1页。

方式实施的滥用职权罪，其实也应当成为立案的理由。根据1999年9月16日最高人民检察院发布施行的《关于人民检察院直接受理立案侦查案件立案标准的规定》（试行）的规定，涉嫌下列情形之一的，应予以立案：（1）造成死亡1人以上，或者重伤3人以上，或者轻伤10人以上的；（2）造成直接经济损失30万元以上的，或者直接经济损失不满30万元，但间接经济损失超过100万元的；（3）徇私舞弊，造成直接经济损失20万元以上的；（4）造成有关公司、企业等单位停产、严重亏损、破产的；（5）严重损害国家声誉，或者造成恶劣社会影响的；（6）海关、外汇管理部门的工作人员严重不负责任，造成巨额外汇被骗或者逃汇的；（7）其他致使公共财产、国家和人民利益遭受重大损失的情形；（8）徇私舞弊，具有上述情形之一的。

有学者提出上述司法解释第（8）种情形有问题，认为一方面“徇私舞弊”是该罪的加重情节，另一方面，又在立案标准上使用“徇私舞弊”这个标准，这是自相矛盾。所以建议删除第（8）种情形。笔者认为，该司法解释并没有多大的问题。相反第（8）种情形有利于提醒司法机关将诸如“性贿赂”等徇私舞弊方式实施的滥用职权的现象列入立案侦查和起诉的范围，有利于纠正当前司法实践部门以“性贿赂”行为是我国刑法上的空白为理由而拒绝将性贿赂列入立案侦查和起诉的范围。所以，笔者认为，该司法解释中的第（8）种情形有着重要的警示作用和特别的提醒作用，并非可有可无的重复。而且，“性贿赂”通常会造成严重损害国家声誉或者造成恶劣的社会影响。换言之，“性贿赂”这个法定加重情节同时也符合该解释中的应当立案的第（5）种情形。所以，“性贿赂”无论是按照该司法解释中的第（5）项还是第（8）项的规定，都应当予以立案。

实际上通过上述对滥用职权罪的解释，我们还可以得出这样的一般性的结论，以对我们熟知的刑法理论进行修正：通常在某个犯罪中某一情节是结果加重犯的条件，那么该情节就不会是成立犯罪的要件，但在特殊情况下，也可能出现特例，即某一情节既是成立犯罪的结果加重犯的条件，也可以是成立犯罪的要件。在特殊情况下，这并不是重复性评价，不违反禁止重复性评价的原理。“性贿赂”在滥用职权罪中就是这个特例。这是由“性贿赂”这一情节的特殊性所决定的。在腐败现象中，“性贿赂”（权色交易）和贿赂犯罪（权钱交易）都侵犯了职务的公正性和公众对职务的信赖，这一点差别不大，但是，在“权色交易”中，由于还涉及“性”这个具有人身专属性的东西。所以相比之下，要比只涉及“身外之物”的贿赂犯罪或者贪污犯罪更能引起民众的怨声载道，并且流传速度更快，范围更广。权色交易对党和国家产生的恶性影响要比涉财物类的腐败现象大得多。比如，某个职务犯罪的案件被查处之后，人们也许很快就忘记其中贪污受贿的具体数量是多少万，但如果其中涉及敏感的“性贿赂”问题，那么给人的印象却是极为深刻的。甚至报纸披露的某些具体的情节经过几年、几十年也不会被忘记。比如，湖北某官员案几乎被“与一百单八个女人的性关系”这个符号所代替，深圳某女局长案也就常被“接受男警察的性贿赂”这个符号所代替。这是从人们关注的程度来看的。如果从实质上看，“性贿赂”本身还因为将女性（“性贿赂”在现实中绝大多数是“女色”而不是“男色”）的身体作为交易工具而被视为对女性地位的歧视和人格的侮辱。虽然，在形式上“性贿赂”双方都是自愿的，但这种权色交易更容易引起人民的反感、厌恶和公愤。所以美国除了在《刑法》中，也在《反歧视法》中将色情贿赂（性服务）的行为规定为犯罪。从国家机关工作人员的角度看，如果有“性贿赂”的现象发生，那么的确说明该国家机关工作人员腐败的程度已经深入膏肓，自古“黄”、“赌”、“毒”是一家，都是上瘾之物，一旦染上这个“癖好”，恐怕九头牛也拉不回来，将会越陷越深。即使最开始还不构成犯罪，只是道德问题、个人的生活腐化问题或其他违法问题，却必然要走向罪恶的深渊，给人民、党及国家造成无法估量的有形和无形的损害。所以，笔者认为即使“性贿赂”行为还没有造成公共财产的有形损失，但也可能会给国家和人民的利益造成无形的损失。笔者主张对滥用职权罪中的“重大损失”结果要件的解释，可以通过“性贿赂”本身是否给国家和人民利益造成重大的无形损失来认定。所以，“性贿赂”这一情节也就成为滥用职权罪的选择性构成要件。同时，由于“性贿赂”属于“徇私舞弊”的内容，所以“性贿赂”也是情节加重犯的构成要件。二者的着眼点不同，并非重复性评价。

当然，即使没有将“徇私”、“徇情”作为犯罪构成的要件但却要求“情节严重”才构成犯罪的，如民事、行政枉法裁判罪，“性贿赂”也可以成为“情节严重”的内容之一，从而“性贿赂”也在事实上成为该犯罪的选择性要件。

对于“性贿赂”中提供“性服务”的一方，其刑事责任可以依据渎职罪中具体犯罪的共犯论处，但单纯的被利用者不宜被作为共犯处理。

第四，通过以上的解释，将“性贿赂”纳入到渎职罪中予以规范，足以实现刑法的正义性和刑法的谦抑性精神，一方面纠正了长期以来，在刑法理论界和司法实践部门把“性贿赂”行为视为无罪的不当做法。纠正在“性贿赂”问题上有法不依、有案不立、有罪不判的错位观念。使公众，尤其是当事人认识到“性贿赂”行为在我国刑法中也是有法可依的。这样就可以与我国刑法中的财产性贿赂犯罪的规定相互呼应，不至于留下法律的缺口和空白，以体现出在罪刑法定原则下正义理念的实现。这同样有助于具体情况具体分析，即并非凡是实施“性贿赂”行为的都要以犯罪论处，只有达到应当受到刑法处罚的社会危害程度的性贿赂行为才是犯罪，而这是对任何犯罪的认定都适用的原理。比如，性贿赂行为并没有造成公共财产或者国家与人民利益的重大损失的，不是犯罪，这是违反党纪或者违反行政法的行为，可以给予相关的制裁。这是刑法谦抑性的表现。

第五，将性贿赂行为纳入到渎职罪中进行调整，还可以合理地解决对“性贿赂”行为无法“计赃论罪”的法律技术难题，以及取证难、“性贿赂”与“感情”区分难的操作问题。这是因为在渎职罪中，“徇私、徇情”等在取证上可以采取推定的方法，即使在权色交易中发生性关系的具体时间，地点等证据不足，但只要有证据证明二者有“暧昧关系”，就可以推定其“徇私、徇情”。即使发生性关系的二者的确有“感情”和“爱情”，那也没有关系，相反“有感情”这也是另外一种“徇私、徇情”的表现形式。可以说将“性贿赂”纳入到渎职罪中，要比以贿赂罪论处或者设置性贿赂罪名的方式更节约司法成本，增加可操作性，同时让绝大多数“性贿赂”在法律上受到处罚，不至于像“性贿赂罪”那样仅仅成为一个宣告性的摆设。

第六，最高人民法院、最高人民检察院 2007 年 7 月 8 日联合发布的《关于办理受贿刑事案件适用法律若干问题的意见》明确规定，国家工作人员利用职务上的便利为请托人谋取利益，授意请托人以本意见所列形式，将有关财物给予特定关系人的，以受贿论处。特定关系人与国家工作人员通谋，共同实施前款行为的，对特定关系人以受贿罪的共犯论处。特定关系人以外的其他人与国家工作人员通谋，由国家工作人员利用职务上的便利为请托人谋取利益，收受请托人财物后双方共同占有的，以受贿罪的共犯论处。关于特定关系人的范围，该《意见》予以明确，即“是指与国家工作人员有近亲属、情妇（夫）以及其他共同利益关系的人”。司法解释第一次将“情妇”纳入受贿罪的范畴，许多学者望文生义，认为这是司法解释将“性贿赂”纳入了行贿受贿的范畴，其实这是对司法解释的误读。该司法解释说得很明确，此处的“情妇”是收受请托人财物的人，而不是用自己的“性”与国家工作人员交换的人。因此，“情妇”如果与国家工作人员通谋的，就和国家工作人员构成受贿罪的共犯。这不是一个情妇“性贿赂”的问题。只是因为情妇与国家工作人员的“性关系”使得情妇与国家工作人员在受贿中构成特定的关系人。

总之，笔者认为，从文化的、历史传承的角度，以及刑法的基本精神和理念来看，将“性贿赂”行为以渎职罪来定罪，是一个不错的选择。为了纠正理论上和实践上“性贿赂无罪论”的错误观点，笔者建议最高司法机关在有关的渎职罪中尽快地、明确地作出有关“性贿赂”行为的刑事责任的定性与量刑的司法解释。

第十一章　有关强奸罪的司法解释评析

第一节　奸淫幼女构成犯罪是否要求“明知”问题的提出

一个发生在辽宁的“疯女人”的8次“一夜情”案件让法官左右为难，不得不逐级上报请示最高人民法院。对此，最高人民法院于2003年初作出了一个《关于行为人不明知是不满十四周岁的幼女，双方自愿发生性关系是否构成强奸罪问题的批复》（以下简称《批复》），称“行为人明知是不满十四周岁的幼女而与其发生性关系，不论幼女是否自愿，均应依照刑法第二百三十六条第二款的规定，以强奸罪定罪处罚；行为人确实不知对方是不满十四周岁的幼女，双方自愿发生性关系，未造成严重后果，情节显著轻微的，不认为是犯罪。”

“疯女人”是一个出生于1989年5月2日的女孩的网名，该女长发，大眼睛，身高1.65米以上，微胖。2002年除夕之夜，她进入一家网吧，在网上她遇到了一个网名叫“百密一疏”的男孩，两个人聊了一宿。第二天晚上，她打电话给“百密一疏”，说自己不想回家，想找地方住，当晚二人便发生了性关系。后来该女又在网上遇到了“热血燃烧”，见面后也发生了性关系。2月18日晚，“疯女人”在网上遇见了17岁的浩天，她主动提出去找他。晚上10点多，浩天和两个表兄弟在鞍山市超级饭店见到了“疯女人”。几人先后和“疯女人”发生了性关系。此后，她又与两个网友先后发生了性关系。最后，她遇到了鞍山市某高校学生陈冬，在他的宿舍住了十天后被学校发现。得到举报后，公安机关毫不费力地抓获了45天内与“疯女人”发生关系的8人中的6个人，未抓获“百密一疏”和陈冬。陈冬被学校开除后不知去向，而“疯女人”根本就不知道“百密一疏”的真实姓名。直到这时，这些男人才知道，原来一直自称19岁的“疯女人”其实还不到13岁。她说伪装年龄的理由是怕他们把她当小孩看。她只是想知道“性爱是什么样的”，在与这些男孩发生关系时，她的心态是“一半愿意，一半不愿意”，有时竟是“愿意居多”，对于她主动去找的浩天，她十分坚决地对法官说：“我愿意和他发生关系，我一见到他就喜欢他。”但尽管如此，如果罪名成立，陈冬等人可能被判3年以上10年以下有期徒刑，浩天和两个表兄弟涉嫌轮奸可能被判10年以上有期徒刑、无期徒刑或者死刑。《批复》就是在这一背景下作出的。①

该《批复》一出，引起社会普遍关注，媒体竞相报道。这是庇护罪犯还是对人权更全面的保护？学者们也逐渐参与这场大讨论，表达自己的意见。在众多表达中，苏力教授以他对法学问题的敏感，很快在互联网上发了《一个不公正的司法解释》一文。② 以该文的基本观点为基础，苏力先生在《法学》上发表了近5万字的长文《司法解释、公共政策和最高法院》，对该问题进行更为详细的阐述，他认为最高人民法院的这一解释，至少改变了这一刑法条款的三点：首先是把至少是隐含的严格责任的法定强奸擅自改变为某种程度的过错责任；其次是把“自愿”和“不自愿”这一同法定年龄相联系的立法推定擅自改变为一个司法上的事实判断；最后是把立法对同幼女发生性关系会对幼女造成伤害这一立法的事实

① 参见《13岁幼女发生八次一夜情　新司法解释令法官为难》，http://www.southcn.com/law/yagz/200303110036.htm。

② 参见苏力：《一个不公正的司法解释》，http://www.sinolaws.com/china/Intolaws/LawPoint/Default.asp? ProgramID = 22&pkNo = 1032。

判断置换成为一种可以由法官在司法过程中针对具体案件斟酌决定的司法事实判断。这三者都表明这一批复毫无疑问地僭越了立法权。[①] 苏力这一文传达并代表了和刑法学界相异的另外一种声音，他从法学理论，以及实施后果等方面多角度地进行了论述，对上述司法解释以及通行的犯罪构成理论提出严厉的批判和质疑。可以说苏力先生的文章一出，就像在略起微波的湖面上投了一块巨石。至于刑法学界纷纷撰文对苏力文章的反驳[②]可以被看成是由此引起的千层浪花。当然也有刑法学者在该司法解释是坚持了主客观相统一原则还是擅自引入了严格责任的问题上与苏力的观点相反，但最后对该司法解释的批判却是一致的，认为必须对近年来这种日趋泛化的司法权侵蚀立法权，司法解释立法化（学界戏称之为“二级立法”）的危险且违宪的倾向予以高度的警惕。成为本文探讨焦点的最高人民法院批复可以说正是司法解释立法化的危险且违宪的倾向的最新发展。在没有充分的理论准备和清晰的逻辑思维的情况下，基于对严格责任的浅尝辄止的简单化认识，以一个准立法者的姿态脱离具体个案的审理而随意发号施令，既试图对立法的既有规定进行相对合理化的解释，又试图在实质上突破刑法既有规定的羁绊而进行制度创新，其结果必然是弄巧成拙。[③]

第二节　刑法学者眼中苏力的“失误”

尽管苏力先生对《批复》的评价侧重点不在于刑法学角度，

---

① 参见苏力：《司法解释、公共政策和最高法院》，载《法学》2003 年第 8 期。

② 关于刑法学界大多数学者对苏力的反驳，参见《主客观相统一原则岂能动摇——有关“奸淫幼女犯罪”司法解释专题研讨会纪要》，载《法学》2003 年第 10 期。

③ 参见梁根林：《刑法适用解释的难题——以最高人民法院对奸淫幼女的“批复”为视角》，载《吉林大学社会科学学报》2004 年第 1 期。

但刑法学界的诸多学者对苏力的反驳是集中在刑法学角度的。在刑法学者眼中，苏力一文中的偏颇见解主要表现在以下方面。

第一，苏力认为“法定强奸”中没有规定“明知”，于是他推定奸淫幼女是立法上的严格责任，因此《批复》中设置“明知”条件，是擅自将严格责任的立法事实判断置换为司法事实判断。

刑法学界对此反驳如下：

其一，《批复》关于“明知”的规定有法律依据和法理依据。刑法总则第 14 条、第 16 条规定：“明知自己的行为会发生危害社会的结果，并且希望或者放任这种结果发生，因而构成犯罪的，是故意犯罪”；“行为在客观上虽然造成了损害结果，但是不是出于故意或者过失，而是由于不能抗拒或者不能预见的原因所引起的，不是犯罪。”所以，“明知”是故意犯罪的前提，没有“明知”就没有故意犯罪可言，而强奸罪显然是故意犯罪。根据总则指导分则的法理，“法定强奸罪”也必然要求主观上有明知。苏力的推论实际上是分割了刑法总则与分则的关系，并且是对分则中其他有明文规定“明知”与没有明文规定“明知”的条文之间关系的一种误读。刑法学界认为，分则条文明确规定的“明知”并不是故意犯罪与非故意犯罪的区别，刑法总则中关于明知的规定起着总的指导作用，对分则中的所有故意犯罪都适用，因此无需在分则中的每一个故意犯罪都重复累赘的标明“明知”；而分则中一些具体犯罪的“明知”的规定大多属于注意规定，即提醒司法工作人员注意的规定。即使分则没有“明知”的规定，也应该根据总则关于故意的规定，确定必须明知的事实。① 一般而言，分则在下列两种情形下立法作出“明知”的规定：一是由于“不明知”的行为造成的危害社会的结果的案件发生概率相当大，因此，提醒司法工作者要注意“不明知”的案件不能定该故意犯罪。比如，刑法第 171 条规定：“出售、购买伪造的货币或明知是伪造的货币而运输，数额较

---

① 参见张明楷：《刑法学》，法律出版社 2003 年版，第 236 页。

大的，处……”该法条中关于“明知”的差别规定，原因在于运输时“不明知是假币”发生的概率比较大，所以提醒司法工作人要特别注意不能以本罪论处。而出售、购买假币的行为本身可推定“明知是假币”，不明知为假币的情况几乎不可能发生，即使发生了也极其稀罕，所以没有必要特别提醒。尽管如此，司法工作人员仍然要查明行为人是否明知是伪造的货币。二是为了区分此罪与彼罪的界限。例如，刑法中的破坏军婚罪，要求行为人“明知对方是现役军人的配偶”才构成此罪。如果行为人确实不知道，就不构成本罪，但有可能构成重婚罪。据此，即使刑法分则关于奸淫幼女的规定没有写明“明知是幼女”，行为人也应当明知是幼女才构成犯罪，因为，刑法第 15 条已经明确规定了“过失犯罪，法律有规定的才负刑事责任”。

苏力认为，“我国刑法典分则中明确‘明知’的条款共计有 26 个，依据明示排除默示规则和法理，凡没有规定‘明知’的应当推定是可能有过失犯罪或严格责任犯罪。”照此推理，刑法规定的 400 多个罪名，除了规定“明知”的 26 个条款，都可能是过失犯罪、严格责任犯罪。这种说法无法让刑法学者接受。

同时，刑法理论界普遍认为，刑法第 14 条、第 15 条、第 16 条规定的故意犯罪、过失犯罪以及意外事件等概念充分说明：主客观相统一也是我国刑法的基本原则（有学者也称之为罪过原则）。英美法系的严格责任在我国是不被理论界接受的。所以刑法对幼女的特殊保护，并不意味着可以离开主客观相统一的原则，脱离刑法总则的规定和指导。

其二，刑法学界有学者提出：从整个司法解释体系来看，《批复》与最高人民法院、最高人民检察院以前作出的其他三个有关的司法解释是协调一致的，具有逻辑上的连贯性，不存在苏力所说的该《批复》“是最高法院的大法官以一纸解释，就改变了先前的立法机关以其成文法典确立的，并且为长期的司法（不仅是法院而且包括检察院）实践支持的人民检察院的在指控奸淫幼女问题上的职权，给后者增加了如此巨大的费用，并且也因此事实上改变了人民法院与人民检察院在这个问题的相对位置和制度位置”。[①]

第二，苏力以世界大多数国家规定的自愿承诺年龄来推定“法定强奸”不需要“明知”。

刑法学者认为这一结论是站不住脚的。在苏力所举的一些法域中，有的国家本身就明确规定行为人需要对幼女的年龄有明知。例如，俄罗斯刑法第131条规定：“年满18岁的人与明知未满16岁的人实行性交、同性性交的，处3年以下的限制自由或4年以下的剥夺自由。”[②] 其他较多国家的刑事立法则回避奸淫幼女要构成犯罪是否必须“明知”，而将其委之于解释。所以，对那些在法条中没有包含“明知”字眼的法域，并不能因此就断定这些法域的国家在司法实践中对于此类犯罪不考虑行为人明知的因素。还得看其刑法总则的规定，以及该国家刑法理论和实践的通常做法。例如，日本刑法没有明文规定“明知”被害人是幼女为强奸罪的要件，但在刑法理论界多作“肯定说”的解释，日本的大谷实教授在解释强制猥亵罪的故意时说：“本罪的故意是对上述客观的要件有认识而实施的意思。将未满13岁的人误信为已满13岁，并基于其同意而实施猥亵行为的场合，是事实的错误，不成立故意。”在论述强奸罪的主观方面时，他说：“有关故意和认识错误的问题，也和

① 1984年4月26日最高人民法院、最高人民检察院、公安部《关于当前办理强奸案件中具体应用法律的若干问题的解答》，2001年6月4日最高人民检察院《关于构成嫖宿幼女罪主观上是否需要具备明知要件的解释》，2000年2月13日最高人民法院《关于审理强奸案件有关问题的解释》。对以上3个司法解释与奸淫幼女的主观方面的逻辑联系的论述，参见李立众：《为最高院奸淫幼女司法解释之辩护》，载赵秉志、张军主编：《中国刑法学年会论文集》（2003年卷），中国人民公安大学出版社2003年版。

② 马克昌：《最高人民法院一项司法解释刍议》，载赵秉志、张军主编：《中国刑法学年会论文集》（2003年卷），中国人民公安大学出版社2003年版，第728页。

强制猥亵的场合同样处理。"[1] 德国、法国、韩国等国家的刑法和日本的情况类似。所以有学者指出，大陆法系的绝大多数国家的刑法规定和司法实践表明，奸淫幼女必须是故意，并具有奸淫的目的，其他心理状态不能构成本罪。[2]

刘仁文博士认为，尽管苏力举了很多美国实行严格责任的判例，但是现在无论是英国、美国还是加拿大在实践中也正在由原来的绝对严格责任转向相对严格责任。他举出了这种变化的一些英国、美国的判例。在加拿大，最高法院曾于1985年作出决定：今后凡可判处被告人监禁的犯罪，都要允许"善意辩护"，那种不允许"善意辩护"的绝对严格责任，应被认为有违加拿大的《权利与自由宪章》。"现在，对严格责任适用'善意辩护'已经成为加拿大法院的一条规则，而不是例外。"尤其值得注意的是，加拿大刑法对奸淫幼女罪的规定：被告人相信被奸淫幼女已满14岁并不能成为辩护理由，除非被告人采取了一切合理步骤确定其年龄。这种立法方式在理论上被称为"严格责任的法定辩护理由"，即原则上实行严格责任，但又允许特定的辩护理由，它与"善意辩护"的区别在于：前者是法定的，后者是由法官自由裁量的。[3]

总之，在不少刑法学者看来，苏力将法定承诺年龄的规定等同

---

① ［日］大谷实：《刑法各论》，黎宏译，法律出版社2003年版，第85~86页。

② 参见欧阳涛：《当代中外性犯罪研究》，社会科学文献出版社1993年版，第148~149页。

③ 参见刘仁文：《奸淫幼女与严格责任——就"高法"司法解释与苏力先生商榷》，载《法学》2003年第10期。刘仁文博士认为，所谓相对严格责任，是指不要求起诉方证明被告人的主观过错，但被告人可以在刑事审判中以自己已尽到必要注意义务来作为一种"善意辩护"理由的刑事责任追究方式，它又叫程序的或修正的严格责任。它并没有脱离主观责任的轨道，只不过是将一般刑事诉讼中本应由起诉方证明的主观过错转移给被告方而已，属于过错推定。

于严格责任，这无疑是犯了法律的常识性错误。

另外，有刑法学者还当面提出了苏力难以回答或者有意回避的问题。在2003年3月5日北京大学法学院举办的刑事法论坛的自由交流过程中张文教授提出：毫无疑问，幼女的生命法益远远重于其身心健康（性的不可侵犯性）法益。但是对于剥夺生命的行为，刑法实行的是毫不含糊的过错责任，并非只要行为人致幼女死亡，就要负刑事责任。假如认为我国刑法对于奸淫幼女之犯罪实行严格责任，那么，对于剥夺幼女生命的行为就更应实行严格责任。由此，举重以明轻，行为人不知是幼女而与其发生性关系的，就不应当负刑事责任。据说主讲者苏力对此并没有给出正面回答。①

似乎刑法学界对苏力的批判是非常有针对性并且是异常有力的，笔者也不否认这些刑法规范之内的批判的有效性。但笔者考虑的问题是，这些论点即使苏力无法像刑法学者那样熟练的以刑法规范学的其他理由反驳，就真正说服了苏力吗？笔者总感觉要得出肯定的回答似乎过早了些。况且即使从刑法规范学角度看，上述理由也不如想象中的完美无缺，完全没有商榷的余地。在此我们不妨先“吃里爬外”，“胳膊肘向外拐”，客串一个“反角”，从刑法规范学的角度为苏力提供一些反驳的论据，或者提出一些不成熟的疑问。

比如，在奸淫幼女的构成要件上立法为什么不规定“明知”？该行为自然不涉及此罪与彼罪的界限，剩下可以选择的答案是：行为人不明知是幼女的案件发生概率很小。但是，如果从司法实践中来看，这个论据站不住脚。况且按照陈兴良教授的理解，最高人民法院的有关负责人对“明知”的解释有问题，“可能知道”也属于“不知道”，所以“明知”应当排除“可能知道”的情况，这样的

① 参见付立庆：《超越与缺憾——苏力〈一个不公正的司法解释〉总置评》，载陈兴良主编：《刑事法评论》（第13卷），中国政法大学出版社2003年版，第469页。

话，“不明知”的案件就更不是极少数了。既然概率大，又容易出错，按理说立法者应当规定明知才对，但立法者没有规定明知，以此来看，苏力的观点是有部分合理性的，至少我们认为如果按照刑法学者对分则中“明知”的立法原意的解释，奸淫幼女应当规定明知，但立法者并没有明文规定，立法者也许故意留给司法者去具体判断，于是法官既可以按照刑法通说来判案，也可以按照“严格责任”来判案，这至少在逻辑上是说得过去的。

同时，虽然刑法有“过失犯罪，法律有规定的才负刑事责任”的规定，但什么是“法律有规定”也是一个解释问题，如果说“法律有规定”是指分则中有“过失”的明文表述，这自然很好办。但是据笔者看来，似乎还没有哪个刑法学者严格坚持这样的观点。刑法分则中有许多没有过失字眼的犯罪，刑法学界普遍认为是过失犯罪，如交通肇事罪。另外还有许多没有明文规定“过失”的，如丢失枪支不报罪，主观方面是故意、过失，还是既可以是故意也可以是过失的争议很大，这样的条款在刑法中还真不少。显然奸淫幼女也存在这样解释的可能性。

诚然，中国刑法坚持主客观相统一原则，大陆法系坚持主观责任原则。但原则就没有例外吗？也许“凡有原则，必有例外”，不管这种例外是以什么样的方式出现。比如《意大利刑法典》就明确规定与未满14周岁人发生性关系时，行为人不得以不知道被害人年龄为开罪之辩护。[①] 另外，从法律依据上来看，难道《意大利刑法典》就没有故意与过失的总则规定以及关于意外事件、不可抗力的刑法规定？况且英美法系也是以罪过为基本原则的，而其他大陆法系国家也许是以罪过原则之名，通过语言的无限解释能力在某种程度上行严格责任之实，就像大陆法系也以罪刑法定原则之名，通过“扩张解释”行类推之实一样，这在司法实践中都是可

---

① 参见《意大利刑法典》，黄风译，中国政法大学出版社1998年版，第173页。

能的。

尽管有学者指出，该《批复》起因是一个涉及普通人的“疯女人”案件，而不是像苏力所说的那样，是因为某个背景不凡的案件，最高人民法院和学者们上下其手的结果。况且该《批复》是有其他司法解释和刑法通说为佐证的。但这只是证明了苏力对该司法解释出台的背景有误解并且说了一些过火的话。但如果前几个司法解释以及公认的刑法通说也有不合理之处，就像苏力所说的那样，如果真的违背了保护幼女这一相对弱势群体的基本公共政策的话，那又该怎么办？

即使苏力错误地将法定承诺年龄的规定等同于“不需要‘明知’认识的法定强奸”，这也只能说明苏力所说的“大多数国家在奸淫幼女问题上实行的是严格责任”这个判断是不真的，但这否定不了英美法系国家以及极少数大陆法系国家还在坚持实行严格责任并且有相关的判例的事实。难道这些国家的立法者、法官就是傻瓜，宁肯出力不讨好？况且即使现在没有一个国家实行严格责任，在逻辑上也不能说明我们就不能从零开始，不能在某个问题上有所创新，毕竟现存的一些法律制度在历史上也是从无到有的，而且，现在正在流行的法律制度也许在将来会死亡。

刑法学者以“故意杀人罪”为例对苏力提出的质疑其实也并非没有反驳余地。的确，幼女的生命权益要比幼女的性自由权益重要得多，生命是无价的、最重要的权益，刑法要给予最大的保护。似乎对侵犯幼女生命权的杀人罪都适用不折不扣的罪过原则，那么，侵犯幼女次要的身心健康权益的强奸罪更要适用罪过原则。但是，这个抽象的理由有几点令人质疑：其一，生命是无价的，甚至几个人的生命也不能说大于一个人的生命，但这只是学理上的抽象观念，如果纳入到实践的法律中来，就是有疑问的，如民法中的工伤赔偿，人的生命也是可以用金钱计算的。在民众心中，基于同一原因致死一人和几人，在社会危害性上还是有差异的。其二，现实中的法律对生命的保护，不管是由于法律技术的原因，还是其他原因，对生命权的保护不一定绝对地比对其他法益的保护更有力。比如，杀人案件中，如果情节不是特别恶劣，或者有其他从轻、减轻情节，即使死了人，也是可以不判死刑，甚至可以判十年以下徒刑。而对于其他次重要的法益的保护，如健康权的保护，特定条件下，也许并不比对生命权的保护轻，如用硫酸将一个年轻的对生活充满希望的姑娘毁容，属于以特别残忍的手段致人严重残疾，那么最高刑也可以判死刑。也许对具体的人而言，有时候“面子”问题甚至要比自己的生命还重要。毁容所造成的伤害和心理上的反差，以及对将来社会生活的严重不利，的确会给人一种生不如死的痛苦感觉。社会的复杂性决定了生活并不是按照法律拟定的抽象观念发生，以交通肇事罪为例，交通肇事后逃逸的，处3年以上7年以下有期徒刑；因逃逸致人死亡的，处7年以上有期徒刑。“因逃逸致人死亡”，是指行为人在交通肇事后为逃避法律追究而逃跑，致使被害人因为得不到及时救助而死亡的情形。从这个法律规定和有关司法解释的目的来看，当然是为了保护生命垂危的被害人的生命权，希望以加重法定刑来促使肇事者履行救助义务。但现实中的肇事者会怎么想呢？我们曾经就此问题问过一些出租车司机，他们说，如果真的发生了交通事故，那么他希望当场将被害人撞死，如果是10个被害人，他希望10个全死。那样无论逃逸与否都不能适用因逃逸致人死亡的法定刑。甚至被害人没有死，如果没有第三者在场的话，也许肇事者干脆再给他一“轮”然后逃跑。借用电影《天地英雄》中的一句台词：“有时候杀人是无罪的，不杀人才是有罪的。”可见故意杀死幼女并不见得就比奸淫幼女性质严重。即使在性质上严重，也并不见得处罚上就一定更重。其三，即使奸淫幼女在性质上比杀害幼女的性质要轻，也不能成为反对对奸淫幼女实行严格责任的理由，相反倒更有利于支持严格责任。实际上，英美法系实行严格责任的犯罪多数处刑比较轻微。实行严格责任的英美法系也没有将杀人罪纳入严格责任的范畴内，但这不是说英美法系认为杀人罪比奸淫幼女的性质要轻。其四，英美法系对奸淫幼女和故意杀人实行不同的责任形式，还有刑法规范外的理由。在现实中，我们还从来没有听说有类似于“性产业”的“杀人产业”。在现实的杀人案中几乎不存在这样的情景：可以杀成年人，也可以杀幼女，行为人因为幼女反抗力小，所以选择杀幼女。实际上，绝大多数杀人案都是涉及被害人与犯罪人之间的特殊利益问题和利害关系，从幼女所掌握的极其微弱的经济资源来看，不会有杀人犯专门找幼女下手。但是奸淫幼女却涉及“性产业”（色情服务）的问题，以及“性产业”之外的其他频繁的性活动问题（比如一夜情）。在这种大背景下，将有不少幼女涉入其中。而幼女年幼体弱，经济上的相对弱势地位以及对性的意义了解不深，往往很容易成为“自愿的”被害者。而且有的人甚至会有专门奸淫幼女的癖好。鉴于此，无需在故意杀人行为中设置一个严格责任的“故意杀幼女罪”。所以，用实行罪过原则的杀人罪来论证对奸淫幼女实行严格责任的不合理，是站不住脚的。

苏力先生也许不会关注或没有精力关注刑法理论和学术研究中的这些具体规范的解释问题，这不是他的特长。但是笔者替苏力提出的上述疑问是客观存在的。不过，虽然笔者暂时站在苏力的一边对刑法学界的反驳提出了质疑，但这不意味着笔者反对刑法规范解释学，也不意味着笔者就一定站在苏力的结论这一边。尽管我们自己也可以找到一些说服自己放弃这些疑问的其他反证，但是无论怎么说，或许对自己的观念和论据保持适度的反思至少是有益的，因为每一次新的论证都为反证留下了缺口，就好比“按下葫芦漂起瓢”。

也许指出苏力一文中在刑法知识上的不足或者疏漏是必要的，但是从逻辑上讲，证明对方错了也不见得等于自己主张的就是对的。所以最重要的是要充分考虑苏力实质上可以站得住脚的有力论据，因为苏力虽然从刑法的角度进行了一定的论述，但其根本的理由或者立足点还是与刑法相关但却是刑法之外的东西。那么，下文我们将视角转向刑法规范之外，探讨一下苏力给我们提供的其他独到的论述。

第三节　苏力给予我们的启发

如果说在刑法规范层面，苏力在论述中有不到位的地方，甚至有失误的地方，但总体而言，虽然他的某些具体论点笔者也不敢苟同，但其论述的思路和视野却是超越性的、启发性的。

一、苏力以英美法系的现实主义法学方法论述《批复》可能产生的结果

通观苏力的文章，尽管奸淫幼女主观上是否要求明知的问题是一个刑法学问题，但是，苏力没有遵从刑法学争论中主观说、客观说、折中说的论述套路，也许在苏力看来，无论哪种“学说”，对错都依赖于其背后更大的“假设”的对错，然而谁又有判断其对错的权力呢？也许只能是通说自己判断自己，谁是通说谁就是有理的。但苏力显然不能满足这种从一个大词到另一个大词的宏大叙述方法。他之所以没有采取从一个抽象的法律原则、体系来判断具体的《批复》是否合理的路径，就在于他认为通说尽管在刑法学家眼中是免受检验的，但是作为一个刑法学科规训之外的学者，大概不必看通说的“面子”，更多的是信奉“爱老师更爱真理”的科学精神，因此，他认为刑法通说中的犯罪构成只是一个处理没有争议或者争议不大的刑事案件的便利工具或者公式化的操作程序，并不是一个科学的理论，也不能保证在任何情况下都能准确地适用刑罚。苏力认为，“无论法学家还是其他法律人都应当不拘泥于理论，都应当把理论视为人的创造的基点。任何理论都是可以突破的——只要需要、可行并且结果好，而不应当把理论当做神明，当做我们生活世界的边界，把理论自觉不自觉地变成一个思想禁区。我们也还可以看出，仅仅是逻辑上正确的知识或理论并不能保证被正当地运用，不能保证其运用都有利于这个社会的发展。”因此，

以主客观相统一原则为基点的犯罪构成理论也是可以并且应当受到质疑的。人们不能从一个应当受到质疑的前提出发来裁剪现实，相反应当用现实来拷问理论、发展理论。在苏力看来，理论不应当是关涉人的生命、性等重大权益的刑事案件的标尺，相反，能够成为刑事案件标尺的应当是社会政策和社会的需要。因此，苏力从考究现实社会中实施奸淫幼女的都将是些什么人？以及追问该《批复》如果贯彻下去，受到不利影响的将是哪些人以及受到赦免的又是哪些人？从这些具体的生活情景入手，尽量以事实来说话，以此来拷问符合“通说”的《批复》是否公正？这是一种内化了的英美法系的思维方式，和英美法系的现实主义法学思想一脉相承。

有时候，“距离产生美”，苏力文章简练而别致的分析问题的视角和思路，以及轻车熟路的穿梭于多个学科理论之间的能力显示了苏力作为一流法学家的独到与高明。对于不熟悉英美法系思维方式的大陆学者而言，就像中国北方人吃盐吃久了，偶尔以南方人习惯的甜味来换换口味，感觉也是不错的，但如果要北方人长期吃糖，也许他就有点受不了。苏力文章的这种由距离所产生的“形式的美”是无可否认的，大体上，从已有的刑法学者对苏力文章的评价而言，似乎在整体上肯定了其“形式的美”，但否定其“实质的美”。例如，付立庆博士认为苏力所采取的多学科的研究用多了，也就不新鲜了。他通过对苏力文章的批判，倾向性地认为苏力乃是弄巧成拙，事与愿违地踩了刑法学科的雷区。他认为苏力使用的枪是好枪，但却瞄偏了靶子，只是有模有样地放了空枪。[1] 但苏

① 参见付立庆：《超越与缺憾——苏力〈一个不公正的司法解释〉总置评》，载陈兴良主编：《刑事法评论》（第13卷），中国政法大学出版社2003年版，第465~466页。

力本人似乎将刑法学者视为“洞穴”[1] 中的一群囚犯，把自己视为走出洞穴的第一个“囚徒。”可见，苏力的文章究竟有没有实质之美，不能看“谁在说”，“有多少人在说”，而要看他们究竟“说了什么”。所以，我们在此还要考察苏力一文是不是真的像刑法学者认为的那样只有“形式之美”，缺失“实质的美”。与大多数刑法学者的看法相左，笔者除了在某些具体的论点上和苏力有分歧，但总体上还是肯定苏力一文也是有实质之美的。

苏力经过对现实生活中的可能涉及“幼女之性”的具体情景的分析和研究，得出了这样的结论：这一司法解释一旦付诸实践，那么事实上就是选择性地把我们这个社会最为唾弃且最无法容忍的一种人同幼女的性关系豁免了，与世界上多数国家保护幼女的公共政策相比，该司法解释将削弱对幼女的保护，与世界文明进步潮流相背离。因此该《批复》是不公正的。苏力一文中支持该结论的还有相关的几个具体的论点，下面我们逐一地对这些论点进行评价和论述。

（一）苏力认为幼女无论在生理、心理还是在经济、社会地位上都是弱者，需要全社会以极大的责任心给予严格的保护，这是每一个有责任心的政府、社会必须实行的基本公共政策。对这一抽象

---

① 柏拉图在《理想国》中，提到过一个著名的洞穴故事：有一群囚犯在一个长长的洞穴中，他们手脚都被捆绑，身体也无法转身，只能背对着洞口。他们面前有一堵白墙，远处燃烧的火堆和光亮像皮影戏一样将实物和人们的影子透射在白墙上。在那面白墙上他们看到了自己以及身后到火堆之间事物的影子，由于他们看不到任何其他东西，这群囚犯会以为影子就是真实的东西。最后，一个人挣脱了枷锁，并且摸索出了洞口。他第一次看到了真实的事物。他返回洞穴并试图向其他人解释，那些影子其实只是虚幻的事物，并向他们指明光明的道路。但是对于那些囚犯来说，那个人似乎比他逃出去之前更加愚蠢，并向他宣称，除了墙上的影子之外，世界上没有其他东西了。甚至还会集体表决将这个制造混乱的人杀死。参见［古希腊］柏拉图：《理想国》，郭斌和、张竹明译，商务印书馆 1986 年版，第 272 ~ 278 页。

的论点，刑法学者也是赞成的。不过这里还是有一些问题尚值得讨论。

准确地说，“幼女是弱者”这一判断只能从社会总体的角度出发才是有效的，但是，具体到和幼女发生性关系的可能人群来看，幼女未必均是弱者。尽管没有实证的数据证明，但在未成年人群体的内部，和幼女发生性关系的频率，估计比外部的成年人和幼女之间的性活动要频繁。如果具体到未成年人群体内部，那么，幼女在经济和社会地位、甚至是生理上不见得就是“弱势”。在中小学里，男同学被女同学“欺负”，的确不是什么稀罕之事。这里不是在为未成年男性做辩护，而只是指出我们应当注意未成年人群体的特殊性。这在刑法上也是有意义的，未成年人之间，男性在“性游戏”或者“早恋”中与幼女发生性关系的，成年人（包括双方的父母）一般不会在法律上过于较真，无论是刑法学者的观念中，还是司法实践中，一般都不以强奸罪（以前为“奸淫幼女罪”）论处。早在1957年，最高人民法院发布了著名的《1955年以来奸淫幼女案件检查总结》，其中专门针对未成年人做出总结：“情节轻微的可以免予刑事处分；对年幼无知的男童，不应追究刑事责任，但应责令他的家长或者监护人加以管教。”“至于个别幼女虽未满14周岁，但身心发育早熟，确系自愿与人发生性行为的，法院对被告人酌情从轻或减轻处理。如果男方年龄也很轻，双方确系在恋爱中自愿发生性行为的，则不追究刑事责任。”我国刑法学者也多持相似观点。①

由此看出，其实苏力和刑法学者在该问题上也是有一定分歧的，刑法学者认为既要保护幼女，也要具体问题具体分析。但苏力认为在严格保护幼女的公共政策面前，不能留下任何法律上的缺口，也不能“具体问题具体分析”，哪怕“一刀切”可能会对幼女

---

① 参见高铭暄、马克昌：《刑法学》，中国法制出版社1999年版，第829页；张明楷：《刑法学》，法律出版社2003年版，第696页。

的性利益造成损害。我们暂且将“要不要区别对待”的问题悬挂起来，来看看其他相关的论点。

（二）苏力认为，在与幼女发生性关系的潜在人群中，“不明知是幼女而奸淫的”除了少数网友以外，更多的是一些有钱有势的陌生男性。并且大都会是在一种色情或变相的色情服务的环境下发生。

但是，苏力对“网友”约会性行为人群的某些论点是有讨论余地的。

根据中国互联网络信息中心（CNNIC）在京发布的《中国互联网络发展状况统计报告》，截至2003年6月30日，以大城市为统计范围的我国网民数量已经达到6800万，半年内增长了890万。网络作为一种公共的便利工具，它在无声无息地改变着社会，改变着人们的生活、观念，包括人类的“性”、“性观念”和“性观念的传播方式”。事实上，性一直在公共领域中发挥着重要的作用。列宁曾经严肃指出，把性和婚姻问题不当做巨大的社会问题的一部分来理解，这是无益的，是非马克思主义的处理问题的方法的结果。[①] 如果说传统社会中，性起作用的方式是通过对“性的禁忌和压抑”来表现的话，那么在现代社会，尤其是信息社会中，“性”已经逐步以公开的身份出现在公共领域，[②] 福柯曾经充满修辞性地问道：还有任何其他的社会秩序如此持久如此普遍地为性所充斥吗？的确，亲密关系的变革可能对作为一个整体的现代体制有着颠

---

① 转引自邱国梁：《刑法典中的性犯罪的犯罪学研究》，上海大学出版社2001年版，第20页。

② 例如，电视台的某些广告就明显具有“性”意味。比如“做女人‘挺’好”，“某某肾宝，他好我也好”等广告词，以及近来我们国家关于大学生有无结婚的权利、要不要对其进行性教育等问题的讨论，并且在一些公共领域发生的事情，如在高校公开出售、赠送避孕套，学校因为开除怀孕的大学生而反当被告等，这些东西在几年前也许都是不可思议的。

覆性的影响。①

而所谓“网友”约会性行为，也称之为网友“一夜情”，就是这种变化的表现之一。研究女权主义的李银河博士认为：单纯为了肉体快乐的“性目的”的一夜情，也并非道德沦丧、国将不国。按我国的法律来说，她是可以这么做的，因为法律不禁止，支配自己的身体是每个人的权利，一夜情是一项权利。除了有怀孕、性病传播、抢劫、杀人、强奸的潜在危险，一夜情是快乐的。② 而更为典型的就是“以自己身体来写作”的作家现象的出现，她们（他们）对人们传统的性爱观和道德底线无疑是一个挑战。③ 中国人民大学社会学教授周孝正对此现象给予否定性的评价，这“并非个体现象，它只是中国社会中新兴的缺少社会责任感的群体代表”。④ 而李银河女士认为，这些现象标志着“在中国这样一个传统道德根深蒂固的社会中，人们的行为模式发生了剧烈的变迁”，“中国社会已经开始向第三阶段过渡了（不仅男性享有性自由，女人也将享有）。”恩格斯也曾经批判过性道德的双重标准：“凡在妇女方面被认为是犯罪并且要引起严重法律后果和社会后果的一切，对于

---

① ［英］安东尼·吉登斯：《亲密关系的变革——现代社会中的性、爱和爱欲》，陈永国、汪民安等译，社会科学文献出版社 2001 年版，第 1 ~ 26 页。

② 参见《天亮以后说分手——李银河畅谈一夜情》，http://www.charmingland.net/yynews/detail.asp? n_id = 324。

③ 比如几年前在网上热炒的某女作家，她“每隔两周，就要换一个或更多个男人上床，然后将床上的细节写在日记里”并将和自己发生一夜情的性爱日记《遗情书》公开发表在网络上，这让涉入其中的男性当事人不寒而栗。该女作家说：“无论睡在哪里都是睡在夜里”，而且提醒女性“不要相信忠贞”；甚至宣称“我喜欢的词就是褒义词，比如放荡；我不喜欢的词就是贬义词，比如忠贞——这个词充满虚伪。”《一个 25 岁女孩观念变迁的非典型缩影》，http://news.21cn.com/social/shixiang/2003/11/13/1339796.shtml。

④ 《用身体写作，某性爱日记访问量激增》，http://news.21cn.com/dushi/dsqw/2003/11/11/1336701.shtml。

男子却被认为是一种光荣，至多也不过被当做可以欣然接受的道德上的小污点。”①

不管人们对此如何评价，但是性道德观念正在改变，从传统的“两情若是久长时，又岂在朝朝暮暮”转变为现代社会的“与其在悬崖上展览千年，不如在爱人肩头痛哭一晚”，这似乎是道德家无法挽救得了的。或许我们个人可以不接受，但也不必非得说这是“道德沦丧”，或者无视道德多元化的趋势，也许这可以称得上是一个苏力所言的“从禁忌到理性”的过程。

而网络上的“一夜情”的特点就在于一夜情通常仅一次，强调双方均基于性欲求的特点，拒绝感情与责任，通常发生在并不熟悉的人之间。所以一次性、匿名性是其特点。网友无论是正常的聊天、约会还是以一夜情为目的的聊天、约会，一般都是拒绝或者讨厌“查户口”的。② 极少有人将自己的真实情况告诉网友。对于“天亮就分手”的一夜情来说更是如此了。随着“网民”的飞速膨胀，越来越多怀着好奇心的幼女涉入其中，也就不足为怪了。尽管，国务院于2002年颁布的《互联网上网服务营业场所管理条例》明文禁止未成年人进入“网吧”，但未成年人并没有因此远离网络。③

苏力认为：“无法想象完全既无钱又无势的陌生男子，一个14周岁以下的幼女会与之一见钟情，当即自愿发生性关系。”但他这

---

① 《马克思恩格斯选集》（第4卷），人民出版社1972年版，第71页。

② 它是对网络聊天中“叫什么名字”，“做什么的”，“多大了”的统称，是网络亚文化的一种“专用语”。

③ 该条例规定，上网服务营业场所不得接纳未成年人，并应当对上网消费者的身份证等有效证件进行核对、登记，并记录有关上网信息。违反者可以处15000元的罚款或者其他行政处罚。但据调查，网吧都难舍未成年人这个大市场。其实，网吧最主要的消费者就是青少年，没有了他们，网吧就很难赚到钱。所以除了黑网吧，恐怕不少正规网吧也没有严格遵循该条例。同时，该条例无法规制学校等单位内部附设的上网服务场所以及家庭上网。

种见解是不符合“网友性约会”的实际情况的。他这个结论的基本理由是：虽然青春期女孩也会有一见钟情，但注意那是“情”，不是性欲本身。许多研究都表明，即使是成熟女性，她们的情欲也更多表现为浪漫的性幻想，而并不总是赤裸裸的肉体关系，比如有关女性和男性消费的情色读物，就表明男女之间的差别。女性相比而言更爱看一些爱情小说，至少也要带有某种情调的色情作品，而所谓的“硬核”色情作品的消费者基本上是男子。生活中人们也都常说，“女人是为了爱才性，男人是为了性才爱”。

恐怕苏力的这一认识还停留在几十年前的情况，也许苏力以及“我们”对现代青少年的情况太不了解。这也难怪有家长抱怨：以前是孩子不懂大人的事，现在是大人不懂孩子的事。据有关调查表明，现在中学生性观念令人震惊。[①] 现在的女大学生也不再忌讳谈性，所谓的大学生寝室“卧谈会”已经不是男生的专利了。再比如现在的男女生都喜欢看日本的色情卡通漫画：诸如《教科书里没教的事》、《欲望占有者》、《快感乐园》。现在不少女生都不再对“第一次”如此较真。[②] 有统计数据显示：20 世纪 80 年代初，我国城市婚前性行为的比例不到 10%；现在已经超过 50%，一些大城市高达 80% 以上。有问卷调查显示现在的青年女性对婚前性行为的宽容乃至赞同的程度甚至要大于男性。即使这些调查、统计可能有夸大的嫌疑，但总不至于是毫无根据的空穴来风。

苏力所说的那种男女性问题的差距虽然没有消失，但确实缩小了。况且即使没有缩小，那也不能得出苏力的结论，[③] 甚至会得出

① 参见《调查发现京城中学生性观念令人震惊》，http://dailynews.sina.com.cn/s/165325.html。

② 参见《大学生性状况报告：女大学生是性观念转变的关键》，http://edu.sina.com.cn/edu/2000-12-25/17512.shtml。

③ 苏力认为，在不涉及金钱或者其他利益条件，女性一般不会和陌生人自愿发生性关系。

反对他的结论。比如在“网络性约会”中也完全可以体现出这种男女对性的观念差别。实际上，网络性约会对女方而言是“一夜情”，而对男方而言，的确就是“一夜性”。男性赋予“网络性约会”的肉体与欲望的成分多于女性对其赋予的“情”与“浪漫的性幻想”的成分。“同样一个晚上，同在一张床上，这个夜晚，男人称为‘一夜性’，女人说是‘一夜情’。女人抱着期待，一种对浪漫情怀的渴求，以及对亲密伴侣的寻觅，所以即使初识不到一个小时，跟着感觉走的女人也难以抗拒而冒险尝试了。”① 尽管一夜情之后留下的可能更多的是败“性”而归，更多的是空虚，少有浪漫的回忆。但女性总是“不到黄河心不死”，甚至是屡战屡败，也要屡败屡战，始终希望、幻想能找到像《第一次亲密接触》这本畅销网络小说中所描写的那种浪漫的网络爱情。所以，女性的这种对“情”的追求，对“性的幻想”反而成为“一夜情”的动因。

由上述分析可知，苏力文中的“让幼女自愿发生性关系的男性更多是我们这个社会群体中的特定的极少数人，是那些有钱有势有社会影响的人”的结论是值得怀疑的。尽管如此，但是有一点笔者和苏力的观点一致，那就是“不明知幼女”而发生性关系的

---

①《男人的“一夜性”，女人的“一夜情”》，http://www.i70s.com/love/ons/ons11.htm。

人不在少数，而不是其他刑法学者所认为的那样，属于“稀罕之事”。①

（三）苏力认为，对奸淫幼女实行严格责任，对行为人责任不会太高，对幼女的性利益也不会有附带的损害。

笔者对此还是有一些疑问。首先，对男性而言，网络性约会的特点决定了行为人即使进行了“查户口”，也不能避免对幼女年龄的认识错误，被幼女欺骗也是常有的事情。即使按苏力所言，在发生人类最亲密关系的性行为之前，为了避免侵害到幼女，根本不需要男性行为人付出太多的“细心”费用就可以履行注意义务，但是履行了“查户口”的注意义务仍然“被骗了”，这也只是可以酌情从轻量刑的问题，而不是罪与非罪的区别。另外苏力认为，要求男性完全避开特定年龄的幼女群体并没有剥夺他的性需求满足的其他更加广泛的渠道。但问题是，在我们所讨论的特定情况下（比如幼女发育成熟，又谎报“户口”，甚至伪造身份证），如果既允许他进行这些“非法的或不道德的性行为”（比如一夜情），又要求他避开幼女，这是不可兼得的。如果行为人要绝对避开幼女，保证“安全第一”，要么不去找女的，要么去找老婆（其实“老婆”

① 比如陈兴良教授认为，发生在陌生人之间且幼女发育成熟，貌似14周岁以上的少女，而且又谎称年龄的案件，在整个奸淫幼女案件中是极少数，比例极低。因此，那种认为《批复》中的“明知”要件会放纵奸淫幼女的犯罪分子的观点，如果不是出于对司法实践的无知，就是一种危言耸听。刘仁文博士也持类似观点，他认为，《批复》确定了“明知”要件后，此时刑法保护不了的幼女情形可谓少之又少，万一出现，我们也不禁要问：女方不但没有受到伤害，甚至还满足了某种权利欲望。那么，她还是法律上的受害者吗？对于只对社会上出现较多、或者虽然不多但社会危害性极大的现象才介入的刑法，有必要介入这种既不常见、又不是危害性很大的事情吗？从刑法谦抑、刑罚经济等角度看，答案显然是否定的。参见赵秉志、张军主编：《中国刑法学年会论文集》（2003年卷），中国人民公安大学出版社2003年版，第735页、第773页。

也不是绝对安全，也有可能“老婆是幼女”，但自己一直被蒙在鼓里)。所以笔者认为，“不要明知”这个要件对男性来说，责任肯定是很高的。但是笔者的这个结论并不是反对严格责任的理由。其实，英美法系中适用严格责任的理由并不是因为严格责任对行为人的责任要求不高，相反他们明确地承认严格责任对行为人是很高的，甚至是“不公正的”，“由于要求明知而给公众带来的危害远远大于因不要求明知而给被告本人带来的不公正性”。①

其次，对幼女而言，苏力认为除有极个别的例外，生物学发现，女性一般来说性欲要比男性弱，在性上更少主动；并且男女性欲最高峰时期并不一样，男性可能在20岁左右，以后逐渐下降。所以严格责任对幼女的性利益不会造成多大的损害。

但是，我们认为，这几个论据也还是有商榷的余地。比如女权主义者就认为，我们现在看到的很多女性特征，其实不是天生的，自然而然的，而是被男人统治的文化、观念、制度塑造出来的。“在人类社会中没有什么是自然的，和其他许多产品一样，女人也是文明所精心制作的产品。在她的命运中，他人的干预起着决定性的作用，这就是说，如果这种行动采取另外一种方向，就会造成完全不同的结果。决定女人的并不是她的荷尔蒙或神秘本能，而是她的身体以及她同世界的关系，通过他人而不是她自己的行动而得以缓和的方式。把少男少女隔开的那条鸿沟，从他们很小的时候就在他们之间蓄意地展开了；后来，女人只能是她被造成的那种人，而且那种过去必然会遮盖她一辈子。”② 以现代的恋爱关系的变革来看，现代社会女性主动追男孩子的越来越多，不再被视为反常现象。这种现代青少年女性表现出来的“性主动”，与她们所接受的

① ［英］史密斯、霍根：《英国刑法》，李贵方等译，法律出版社2000年版，第116~117页。

② ［法］西蒙娜·德·波伏娃：《第二性》，陶铁柱译，中国书籍出版社1998年版，第14页、第820页。

道德价值观念相一致。现代的很多女孩子看来：“处女”已不是一种有价值的标志，反而变成了不体面的、负的价值，是缺乏性魅力的证据。[①]

可以说，所谓的“女性一般来说性欲要比男性弱”，实际上是社会文化、道德观念对女性的性欲表现方式和途径给予更为严格控制的结果。的确，人们一旦接受了某种观点，那么一切不同的东西都可以被忽略，或者被视为反常的。就像一个女孩子若像男孩子那样爬树或者说“下流话”，就会被父母责骂“不像个女孩”，但对男孩子则宽容得多。弗洛伊德指出，男女性的差异有可能是受益于在潜伏期中一直持续和从未中断的幼儿期性欲[②]发展方向之不同。由于外界对女孩子的性压抑要比男孩子多，关注的眼光要严厉而且更频繁，所以“事实上，男女之间的天性方面的差别，甚至在婴儿期便已经很明显了。以性抑制（害羞、厌恶、同情等）为例，它在女童身上就比男童身上来得早一些。女童的性欲抑制倾向更为明显，性的‘部分冲动’也多呈现被动的形式”。[③] 也就是说，外界不允许女童像男童那样将性欲通过积极的运动表现出来，她就将原本要主动发挥出来的性欲转化为被动的、“不作为”的性幻想。实际上，性欲的能量在每个人身上，无论是男性还是女性大体上是守恒的。如果没有途径发泄，性能量就因为压抑而储存起来，或者通过性幻想来进行替代性的满足，正如前面曾引用过的一句西方格言所说的那样，“上帝是公平的，当一扇门关闭之后，他同时会为你打开另外一扇窗”。笔者认为，这种因为外界的压抑，造成女性

---

① 参见［日］桥爪大三郎：《性爱论》，马黎明译，百花文艺出版社2000年版，第107页。

② 弗洛伊德认为，婴幼儿也是有性欲的，他将人的性欲敏感区分为口唇区，肛门区，生殖区，并且人的性的发展常轨是从口唇期，肛门期，生殖期逐步发展并深刻影响着个性的形成与发展。

③ ［奥］弗洛伊德：《性爱与文明》，腾守尧译，安徽文艺出版社1996年版，第45~46页。

的性的潜伏所引起的“升华”作用，[1] 无意中造就了女性与男性不同的独特能力：内在感情的细腻和丰富。甚至女性生理上的“性特征”也有文化“压抑”在起着部分的作用，并不是完全自然的。女性身体中无法完全转移到外界的性欲的一部分能量刺激了女性的生理特征，比如胸部、臀部的发育。也许在男性看来，女性身体的性特征在社会功能上完全是“多余的赘肉”，但实际上女性的这些生理特征犹如“分洪区”承载了“多余”的性能量。同时这种“多余的赘肉”，又更加不利于女性参与体育、体力活动、政治活动等，女性的“理性”、“哲学”能力也就因此而失去了和男性相抗衡的训练机会，所以造就了“男人是理性的动物，而女人是感性的动物”以及“男性主动，女性被动”的现象[2]。这也可以通过福柯对性压抑的研究得到论证，福柯认为性压抑的话语使得性转化为一种秘密，而后，这种秘密又不得不被无休止地搜寻和遮掩。[3]“这样就使得规训权力既是毫不掩饰的，又是绝对‘审慎’的。说它‘不掩饰’是因为它无所不在，无时不警醒着，因为它没有留下任何晦暗不明之处，而且它无时不监视着负有监督任务的人员。说它‘审慎’则是因为它始终基本上是在沉默中发挥作用。纪律使一种关系权力得以运作。这种关系权力是自我维系的。它用不间断的精心策划的监视游戏取代了公共事件的展示。”“规训‘造就’

---

① 舍“性目的”而就“新目的”的性动机及其力量即为升华作用，性能源已多少或全部偏离了性用途，指向其他目的。研究人类文明发展的历史学家们认为，这种升华作用曾是文化成就的无穷源泉。

② 从发育上看，女孩子在生理上一般要比男孩子早熟，但在表面上其性欲却表现得会比男孩子弱。

③ 参见［英］安东尼·吉登斯：《亲密关系的变革——现代社会中的性、爱和爱欲》，陈永国、汪民安等译，社会科学文献出版社 2001 年版，第 26 页。

个人。”[①] 这种由外界的父母、家庭、学校、社会组成的强大的无所不在的监视网络形成了一种无形的物理学。社会的规训也造就了女人，包括女人生理上的性特征和心理上的性特征。

实际上，即使在古代，所谓的男性性主动，女性性被动，也是有反例的。西方古代时期，在贵族群体之间早就存在女性的性放纵，这种性放纵在“体面的”妇女中间被公开地认可。在特定的时间地点，贵族阶层的淑女们充分地从生殖要求和恒定的日常俗务中解放出来，能够去追逐她们独立的性快感。[②] 中国也有很多这样的例子，比如女皇帝或者公主纳“面首”。[③] 而现代社会，由于不断增加的地理流动性，大众传媒以及众多其他因素，比如避孕技术的提高，成本的降低，女性摆脱了性行为中对怀孕的恐惧和生育的负累，已经暗自毁坏了社会生活中的传统要素，所以，女性性主动的空间也就扩大了。

所以笔者认为，苏力所提出的男女性特征的差别似乎有不可反驳的生物学为证据，但这个“事实”也不是自然科学意义上的纯

① 参见［法］米歇尔·福柯：《规则与惩罚》，刘北成、杨远婴译，三联书店 1999 年版，第 20 页、第 193 页。

② 参见［英］安东尼·吉登斯：《亲密关系的变革——现代社会中的性、爱和爱欲》，陈永国、汪民安等译，社会科学文献出版社 2001 年版，第 31 ~ 39 页。

③ 这样的史料不少。比如《宋书·前废帝纪》记载：南朝宋前废帝（公元 465 年在位）的妹妹山阴公主生活放荡。她曾对前废帝说，你的后宫姬妾很多，我只驸马一人，这很不公平。前废帝就只好委屈驸马爷戴“绿帽子”，替她“置面首，左右三十人”。

“自然的事实”，而是与社会紧密联系在一起的“社会事实”。[①] 这也可以得到人类学的支持，人类学家对带有母系社会特点的特罗布来思群岛的考察发现：父母不干涉孩子们的性活动，孩子们享有充分的“性自由和独立”。“对于未成年人的这种性的沉溺行为，一般的成年人乃至包括孩子的父母的态度是，要么毫不关心，要么洋洋自得——他们认为这种事情是顺乎自然的，看不出有什么值得责怪和干涉的地方。他们通常是以某种宽容的态度和有趣的心情对待这种事情，而且是轻松幽默地谈论自己孩子的风流韵事。”“无论是男孩还是女孩，都有大量的机会从其伙伴们那里获得性爱方面的指导。孩子们小小年纪就以直接尝试的方式互相将对方引入性生活的神秘之中。”[②] 我们在此看不出女性在性方面的“被动”，以及男女性欲上的大小。人类学的研究表明，种族（生理特征）并不是人们行为的决定因素，行为模式是心理、环境、文化类型等综合影响的结果。[③] 无论是动物界，还是原始社会的人类，并不都是男动女静。比如，动物就不完全依性别来分工，有的物种是雄性保护群体，可也有的物种是由雌性来做这项工作。[④] 实际上，即使是每个

① “一个社会事实，只是由于它有或能有从外部施及个人的约束力才得到人们的承认；而这种约束力的存在则是由于某种特定的惩罚的存在，或者由于社会事实对于个人打算侵犯它的一切企图进行抵制，而得到人们的承认。”迪尔凯姆认为，人体与其结构，即人体与其器官及其功能的这种密切关系，不难在社会学上确定下来。所以，生理结构并不只属于生理学范畴，也属于社会学范畴。参见［法］E. 迪尔凯姆：《社会学方法的准则》，狄玉明译，商务印书馆 1995 年版，第 31 ~ 32 页。

② ［英］马林诺夫斯基：《原始的性爱》，王启龙、邓小咏译，中国社会出版社 2000 年版，第 61 页。

③ 参见［英］雷蒙德·弗思：《人文类型》，费孝通译，华夏出版社 2002 年版，第 22 ~ 31 页。

④ 参见［美］弗朗兹·博厄斯：《人类学与现代生活》，刘莎等译，华夏出版社 1999 年版，第 147 页。

人的长相，也不全是生物遗传的自然结果。“我们的脸部分是我们思维的产物。”① 中国俗话中的“夫妻像”实际上指的也是这个意思，由于夫妻生活在一起的时间长了，所以就会越来越彼此相像。

总之，我们的结论是：在性欲的量上，男性与女性不会有多大的差异，在方式上也不必然是男性主动，女性被动。当然，如苏力所言，性欲本身，哪怕再强大，但并不必然是正当性的来源，尽管可能是来源之一。苏力认为，这是那些强调所谓“自然权利”的理论家的最大问题。但是，这个批判同样可以用来反对苏力，也许苏力正好犯了这个毛病。难道说，就因为社会文化道德一直在对女性的性进行严加关注、监视、管制、压抑的事实就证明这种做法就是自然的，也就因此获得了永久的合法性？

实际上，法律规定的法定承诺年龄，以及英美法系在强奸幼女问题上的严格责任，如果说没有侵害到幼女的性利益，这不是事实。这就好像监护人将某个精神病人锁起来，尽管不追究监护人的非法拘禁罪的刑事责任，但这不等于该精神病人的人身自由没有受到限制和剥夺。追不追究行为人的法律责任与相对人的利益是否受到损害是两个不同的问题。苏力引用的美国法官对“奸淫幼女罪”中“意思表示法定年龄”的解释也反映出这一点：这是为了“……以违背年轻女孩之意志的方式保护年轻女孩。”可见，严格责任在事实上会影响到幼女的性利益。

（四）苏力认为，虽然行为人主观上不“明知对方为幼女”，但与幼女发生性关系本身就是立法确定的“严重后果”。

苏力的这个判断大体上是正确的，不过有些问题还值得思考。比如，如何理解幼女与行为人自愿发生性关系的“严重后果”？

刑法通说认为，与普通强奸罪相比，由于幼女在法律上没有性的承诺能力，所以在“法定强奸罪”中不存在性自由权力。“法定

---

① ［美］丹尼尔·麦克尼尔：《面孔》，王积超等译，中国友谊出版公司2000年版，第22页。

强奸罪”侵犯的不是幼女的性自决权，或者性自由，而是幼女的身心健康。[①] 但是，在笔者所讨论的发育比较成熟的幼女自愿与男性发生性关系的案件中，如果从身体的伤害程度来看，也许性行为对幼女的身体几乎没有或者根本没有什么伤害。诚如福柯所言：在用拳头打一个人的脸与用阴茎插入一个人的阴道之间没有原则性区别。[②] 这还是针对采取强暴手段对妇女的性侵犯而言的，而法定强奸中，由于没有强行奸淫的暴力行为，所以还不能和有一定的物理伤害的“拳头打脸”相比。但法律对后者（法定强奸）的惩罚却远远重于前者（拳头打脸），况且如果没有造成其他结果的话，刑法根本就不管“拳头打脸”的事情。看来，对这里的“严重后果”只能从其他角度找了。

有学者将“严重后果”解释为幼女的人格和名誉，但是这也存在问题。因为，这样无法解释为什么奸淫幼女对幼女的人格和名誉造成的伤害会招致比同样是侵害人格和名誉的侮辱罪、诽谤罪严重得多的刑罚。此外，在通常情况下，认定一个人的人格、名誉是不是受到侵犯，往往依赖于“被动者”的心理感受，所以侵犯名誉、人格权的侮辱罪、诽谤罪被规定为亲告罪。但是如果“被动者”（包括幼女）认为行为人的行为没有给自己的名誉、人格造成伤害，那么是不是即使行为人的行为在一般人看来是多么出格，只要“被动者”不告，就不能追究行为人刑事责任呢？提出这一点当然不是基于胡思乱想，因为实际上，普通强奸罪在事实的角度上也多少带有“亲告”的色彩。[③] 这是由强奸罪犯罪构成的特点决定的。在普通强奸罪中，“暴力等手段”和“违背妇女意志”是两个基本的构成要素，所以即使男性以强奸的意图对妇女采取了暴力等

① 参见高铭暄、马克昌：《刑法学》，中国法制出版社 1999 年版，第 828 页。

② 转引自桑本谦：《强奸何以为罪》，载《法律科学》2003 年第 3 期。

③ 有极少数国家将强奸罪规定为亲告罪。

手段，妇女也有反抗，那也不一定就构成强奸罪。也许该妇女喜欢男性的这种“粗暴野蛮”，觉得这才是真正的男人，而妇女的“反抗”也只是她“欲擒故纵”的调情策略，她并不认为是违背了自己的意志。那么，只要妇女承认这一点，法官也不会去干涉妇女个人所喜欢的性方式而将男性的行为认定为强奸罪。但是，在“侵犯幼女的人格和名誉的”奸淫幼女中，如果幼女始终认为性行为是自愿的，男性的行为根本就不是对自己名誉、人格的侮辱，那还是不是强奸罪？恐怕没有谁会作出无罪的结论。但若认定为有罪又怎么来解释行为侵害了幼女的人格、名誉呢？至少目前还没有人说幼女没有名誉、人格的“自决权”。不然的话，我们可能也要像“法定强奸罪”一样在侮辱、诽谤罪中规定一个关于幼女的“法定侮辱、诽谤罪”了。

看样子我们还得从其他的角度继续寻找其“严重后果”。我们先来看看苏力给我们的答案。他认为，立法机关将幼女自愿发生性关系这一事实确定为“严重后果”，可能是受天主教和基督教影响。历史上的欧美国家，人工流产会受到正式法律和非正式法律的制裁，当年许多国家的立法机关在制定这一法律时，很可能主要是考虑幼女的怀孕和生育、婚姻乃至私生子的权益问题。当然，苏力本人对这个解释也还是持一定怀疑态度的。他认为，在今天这种后果大多消除了。只是因为法律所具有的保守性，所以现在在观念上仍然认为上述原因没有完全失效；而且在中国这样的世俗国家，人工流产从来就没有禁止，尽管可能会有诸如流言飞语之类的社会非正式制裁，然而，在城市社会这种压力也随着社会的陌生化、匿名性程度增加而弱化了，非婚生子女在法律层面享有的权利与婚生子女是一样的。在笔者看来，随着避孕技术的提高和成本的降低，在一夜情中幼女怀孕的几率很低，况且如果真的怀孕了，不管是司法解释者、法官、公众都会认为那自然是“严重后果”，但对其他大多数没有造成幼女怀孕的性行为，又当如何确定该“严重后果”呢？所以，我们觉得从幼女的流产、生育的角度或者从民众对过去的幼女流产、生育的恐惧心理的残余等角度，也无法完满地找到我们这里要讨论的特定情形下的“严重后果”。

苏力根据波斯纳在《性与理性》中的研究为我们提供了另外的一个说法，那就是从直觉上，绝大多数人会认为和幼女发生性关系将会对幼女的心理健康造成严重的影响，哪怕她当时是自愿的，她也会在未来的生活中一步步堕落。而且这不仅是直觉的，也有很多的心理学研究的证据表明这一点，即使这些心理学研究在方法上可能存在一些缺陷。况且还没有相反的心理学证据来反驳这种存疑的心理学证据。有这一点就足够了，至少可以说这是一种优势证据。

比较而言，苏力的这个论点大致上站得住脚。说其只能“大致上站得住脚”，是因为笔者也倾向于相信这一点，但仍然对这个论点不太自信。比如，前文提出的人类学证据表明，幼男幼女很早就接触了性，但并没有对幼女将来的社会生活造成“严重心理伤害的结果”。也许人们会反驳说，现在时代不同了，文明社会有了更多的性禁忌，性禁忌的结果是女性害怕他人知道自己的性隐私，害怕被人传播、耻笑，所以这种恐惧会影响她的一生，影响她的心理健康。不错，现代的很多“一夜情”中，尽管男性不怕被熟人知道，相反甚至自己有意在朋友、同学、熟人面前泄露秘密，以不断增长的一夜情“数字”来炫耀他的魅力和能力，但对于发生一夜情的女孩子来说，这样的情况虽然也有，比如，前述“用身体写作”的女性作家，但不会像男性那样广泛。她们还是要考虑到社会对女性性禁忌的严厉程度。可见，从这里我们得出的结论是“严重的心理后果”主要是和性禁忌的观念相关联的。但问题是如果我们的社会对性不那么禁忌了，“性解放”了，这种“严重后果”还存在吗？为什么在“性解放”的英美国家，奸淫幼女还是一种严格责任的犯罪呢？“性解放”的欧陆发达国家也不要求采取暴力等手段，就可以构成“法定强奸罪”，他们的立法者将其视为严重的犯罪的实质理由是什么？这还是一个谜。

实际上，单单从幼女本身的个体角度我们也许永远找不到让人满意的“严重后果”。也许如果从国家、社会的角度来找这个“后果”会更好。一个事实是，有良知的父母都不愿意自己的女儿在幼年就和别人发生性关系，哪怕女儿是自愿的，哪怕该“事件”对女儿个体而言没有任何的生理与心理的伤害。而绝大多数人都将成为父母，或者已经是父母。所以这是一个社会性的观念，是一种集体的感情。和幼女发生性关系就是对这种社会性观念和集体感情的伤害，必然遭到绝大多数人的憎恨和厌恶。正如迪尔凯姆所言：“一种行为触犯某种强烈的、十分鲜明的集体感情就构成了犯罪。为了在一定的社会里使被视为犯罪的行为不再发生，就得让被损害的感情毫无例外地在所有人的意识中得到恢复，并有必要的力量来遏制相反的感情。”① 所以，一个犯罪的罪质大小与社会对该行为的憎恨情感的强烈程度相关。国家规定“法定强奸罪”，也许目的不在于保护幼女个体这种习以为常的理由，而是在于保护社会的这种集体感情。

这种解释颇有点猴子“朝三暮四”② 的意味。面对着同样的事实，人们却因为感情的影响会有不同的评价，这个情感甚至决定个人的生死命运。但这也许恰恰就是人类社会不同于自然界的地方，

---

① 参见［法］E. 迪尔凯姆：《社会学方法的准则》，狄玉明译，商务印书馆1995年版，第85页。

② 《庄子·齐物论》记载：“朝三而暮四。”众狙皆怒。曰：“然则朝四而暮三。”众狙皆悦。名实未亏而喜怒为用，亦因是也。该故事的大意是有一年碰上粮食歉收，养猴人对猴子说：“现在只能早晨吃三颗橡子，晚上吃四颗橡子，怎么样?”这群猴子吵吵嚷嚷说：“太少了！早晨吃的还没晚上多?”养猴人连忙说：“那么就早晨吃四颗，晚上吃三颗，怎么样?”这群猴子都高兴起来，觉得早晨吃的比晚上多了，自己胜利了。

比如，我们熟知的“屡败屡战”[①]的典故就反映了这一点。在法律的理论和实践中也不是理性“一手遮天”，很多时候直觉、感性、情感都在“暗度陈仓”。可以说只要“不愿幼女接触性”这种集体情感没有发生大的变化，奸淫幼女就是一种严重的犯罪。

所以笔者的结论是：“法定强奸”中的“严重后果”就是对“不愿幼女和别人发生性关系的社会集体情感”的严重伤害。法定强奸罪中的客体就是“不愿幼女和别人发生性关系的社会集体情感这种观念性利益”。

（五）苏力认为《批复》中“明知”、“严重后果”这两个主观性很强的东西太模糊，留下的自由裁量空间太大，有钱有势的人在现实的案件中因为掌握优势资源（比如可以聘请更好的律师）而有更大机会免予刑罚的惩罚。甚至可以利用这个法律的缺口，“故意的不明知”来达到自己奸淫幼女的邪恶癖好。这种区别对待、具体问题具体分析的结果是导致选择性执法、破坏了社会公正。

笔者认为，苏力文章中对选择性执法的分析是独到的，陈述的也是一个不可否认的事实。但对于《批复》为什么要规定“明知与确实不知”以及“严重后果”要不要区别对待，要不要具体问题具体分析，我们则有不同的看法。从我们国家以往的司法解释（包括最高人民检察院发布的司法解释）来看，对很多刑法条文规定的犯罪都要求要区别对待、具体问题具体分析。比如，对有些犯罪，立法规定了“数额较大”、“情节严重”、“情节恶劣”，司法解释根据司法实践的经验通常会作出灵活、具体的解释。笔者认为这种具体问题具体分析的方法是值得赞同的。

第一，从某种意义上讲，苏力之所以可以得出选择性执法的结

---

① 据说曾国藩最初在和太平天国的战斗中连连惨败，他在向慈禧太后的奏折上一念之间将“屡战屡败”改为“屡败屡战”，结果不仅没有被免职、杀头，还深受慈禧太后的重用。

论，也是利用具体问题具体分析的方法的结果：首先对可能和幼女发生性关系的人群进行分类，然后一个一个地分析，然后还要将律师分为“好”与“不好”，结合上述人群的不同情况来具体分析。

第二，虽然英美法系将奸淫幼女规定为严格责任犯罪，原则上讲，只要与幼女发生性关系就要负刑事责任，但实际上他们在奸淫幼女的严格责任问题上也不是我们想象中的那样“一刀切”。他们也是具体问题具体分析。比如，在美国的司法实践中，如果一个人和幼女发生性关系之后，双方随之结婚（美国许多州没有婚龄的规定）的则可以不予追究刑事责任。[①] 有的国家则作出如果男性与幼女的年龄相差不超过3岁，可以不追究刑事责任的例外规定。有美国学者认为，尽管美国议会制定的刑法，界定犯罪时不考虑被害人与犯罪人的关系是一个原则，但是对奸淫幼女、强奸以及成年人与未成年人之间的犯罪是例外情形，要考虑被害人与犯罪人的关系。并且在司法实践中，众所周知，警察和法官往往要依被害人与犯罪人关系的本质来界定真正的或严重的犯罪。一般而言，相互熟识者之间的犯罪与陌生人之间的犯罪相比，被视为不那么严重或者不是真正的犯罪。这并不是什么创见，但它显示出，以危害程度或犯罪严重性为基础的刑罚方案是抽象的。[②] 再如英国《1956年性犯罪法》第5条规定：“男性与不满13岁幼女发生不合法之性关系为犯罪。”这是对奸淫幼女的严格责任的规定。但该法第6条规定：(1) 除本条规定之例外，男性与不满16岁之少女发生不合法的性关系为犯罪。(2) 因违反《1949年婚姻法》第2条及《1929年结婚年龄法》第1条（妻子是不满16岁的少女），从而导致婚姻无效，不能根据这种无效婚姻来判定丈夫有罪，只要他相信此女子为其妻或有相当理由相信因而与之发生性关系。(3) 如果与不

① 储槐植：《美国刑法》，北京大学出版社1996年版，第221页。

② 参见［美］博西格诺等：《法律之门》，邓子滨译，华夏出版社2002年版，第280页。

满16岁少女发生不合法之性关系，如果此男性不满24岁且过去不曾因相似罪行而受到过指控，并且他有理由相信此女子已达16岁或已超过16岁，则不认定为犯罪。①

另外，要注意的是，英美法系的法定强奸罪虽然是严格责任，但不要误以为在有刑事责任能力的男性在对幼女年龄有认识错误的条件下发生性关系，就因为“年龄错误不免罪”的严格责任，从而不能有其他无罪辩护了，实际上还得要“具体问题具体分析”。易言之，当法院认为某个行为是严格责任犯罪时，并决定针对某些特定事实的合理错误不是辩护理由时，“不意味着被告也不能利用其他辩护……其他的一般辩护——精神病、紧急行为、被迫行为和强迫行为——都应该像适用其他犯罪一样同等地适用于严格责任犯罪”。②

事实上，这种“具体问题具体分析”是每一个国家司法的属性，它体现了司法者对人性的关怀。在英美法系，是通过判例中对先例与审判的案件之间的事实进行烦琐的选择、鉴别来实现的，在我国则主要是通过司法解释的指导来实现的。可见具体问题具体分析并不必然损害“社会公正”，即使二者确实存在矛盾，那也是所有国家面临的共同问题。对此，美国学者吉琳根说：“在司法结构里，关怀变成了削弱正义的怜悯……由于考虑了衡平或者表示了原谅，因而一项判决缓和了严格的正义要求……但是，这些对于关怀的解释并未丝毫损害人们有关正义的框架的基本假设……从关怀的角度看，正义变得被理解，是将其作为按自身的条件尊重人，而不

① 参见［英］史密斯、霍根：《英国刑法》，李贵方等译，法律出版社2000年版，第517~518页。

② ［英］史密斯、霍根：《英国刑法》，李贵方等译，法律出版社2000年版，第132页。

是假设一系列的条件。”①

从某种意义上看，公正与关怀、立法与司法的关系可以类比为男性与女性的关系，比如“立法在上，司法在下”（男上女下），“立法定性、司法定量”（男人理性与女性感性），“立法第一性，司法第二性”（男人第一性，女人第二性），“立法是粗糙的，解释是细微的”（男人是粗糙的，女人是细腻的）。恰如有人这样描述男女关系：“男人给妻子的人格与行为立法，她也给他的性情与意向立法，他的统治靠法则，她的统治靠劝慰……女人的王国是柔情蜜意的王国……爱抚是她的命令，眼泪是她的威胁。”② 二者相互依赖、相互补充，相互制约。在这个意义上，我们甚至可以说在《批复》中司法解释者才是真正的女权主义者，以一种感性、细腻、具体问题具体分析的女性特征的“关怀”模式，来软化理性、粗糙、刚性的男性特征的“公正”模式。虽然，苏力一文屡次批判司法解释者只是从男性的角度来作出这个《批复》，但奇怪的是苏力一文中也提到我国的女权主义者李银河女士的观点与该司法解释有暗合之处。当然，这里并不反证对司法解释持严厉批判态度的苏力就是“男权主义者”。笔者不会这样乱贴标签，但这的确是一个有意思的现象：如果按苏力的说法，《批复》将“严重后果”这个立法判断置换为根据案情区别对待、斟酌决定的司法事实判断，这个“刑法变动”严重侵犯了女性的利益。但是，为什么“女权主义者”会“支持这种刑法变动”呢？

实际上，即使如苏力所言：“事实上各国刑法一直都是将同法定年龄以下女性发生性关系具有危害性后果作为一个立法事实予以认定的”，那也不一定能得出他后面的结论：立法性假定不是一个

---

① 转引自［美］博西格诺等：《法律之门》，邓子滨译，华夏出版社2002年版，第278页。

② ［英］安东尼·吉登斯：《亲密关系的变革——现代社会中的性、爱和爱欲》，陈永国、汪民安等译，社会科学文献出版社2001年版，第57页。

可以在审判过程中予以推翻的假定，立法已经完全事先排除了将这一问题留待法院或法官斟酌决定的可能性。无论英美法系还是大陆法系，尽管在自由裁量权上有大小的差异，但从来都不把法官看做机械适用法律的机器。即使看起来是确定无疑的立法事实，但在司法实践中总有特殊的情况要考虑，所谓“法有限而情无穷”，法官总是根据社会中的不同情况去解释着法律，改变着法律，进行事实上的“法官造法”。英美判例法中的“具体问题具体分析”有时候几乎像经院哲学中“讨论一根针尖可以站几个天使”的地步，让我们无法理喻。① 与之相比，我们国家的司法解释中的“具体问题具体分析”只能算是“小巫见大巫”而已。

二、苏力对“奸淫幼女”的现实主义的分析，生动展示了英美法系的严格责任的实质理由

从刑法的理论层面上看，苏力借用了英美法系严格责任的视角，对我国刑法规定的奸淫幼女的主观方面给予了不需要“明知”的严格责任的解读。即使在规范学意义上看有失误之处，但苏力在

① 比如，在英国拥有危险毒品是一个严格责任犯罪，在沃那案中，法院判决被告有罪的根本理由是：不明知包裹里装有毒品，但如果一个人紧紧地抓住一个包裹，这个人就算是拥有这个包裹，硬要在包裹和包裹的内容之间作出区分实属荒唐，这的确是最明显符合常识的说法。但在麦克那马拉案中，法官作出相反的判决，否决了“拥有盒子就拥有盒子里的一切东西，拥有盒子里的一切东西就拥有盒子里的毒品”的推断。法官认为，有“拥有包裹”的事实还不够，毫无疑问，“持有的行动”还是必须证明的。如果“拥有”有关内容本身构成了一项严重犯罪，法院将设法通过细致区分这一概念的含义宣布一个无辜的人并未曾拥有。这样，“拥有”往往变成一个相当复杂微妙的和人为的概念。比如，有一个篮子，朋友为制造意外惊喜而悄悄放进一份巧克力，之后有人偷偷塞进毒品，那么法官就要区分该篮子的持有者“拥有巧克力”但“不拥有毒品”。我们几乎很难理解英国法官是如何作出这种区分的。参见［英］史密斯、霍根：《英国刑法》，李贵方等译，法律出版社 2000 年版，第 126 ~ 128 页。

分析英美法系的严格责任的实质理由上除了有其通常所具有的文采之美之外，也的确有切入肌肤之力。

刑法意义上的严格责任指什么？尽管苏力没有给出严谨的定义，但是却让我们看到了这个没有清晰定义的东西的清晰性。相反，无论是反驳苏力的许多刑法学者也好，还是从一般意义上来论述英美法系中的严格责任的学者也好，尽管他们给出了严格责任的“严谨”定义，相反却让人迷惑不解：“没有人问我，我倒清楚；有人问我，我想说明，便茫然不解了”。[①] 这就像某个文学家的一部小说，也许全书没有出现一个“人性”的词，却通过生动的人物和故事体现出“人性是什么”，而某个哲学家撰写的《人性论》中到处是“人性”的字眼和定义，我们读十遍也不一定理解“人性到底是什么”。

例如，刘仁文博士在反驳苏力时认为：现在无论是英国、美国还是加拿大，在实践中也正在由原来的绝对严格责任转向相对严格责任。刘仁文博士将所谓的允许善意辩护的“相对、程序、修正的严格责任”视为严格责任。聂立泽教授也和刘仁文博士持相同的观点：“刑法中的严格责任是指对于缺乏主观罪过或主观罪过不明的特殊侵害行为追究刑事责任的刑法制度。”[②] 可以说这是中国刑法学者关于英美严格责任的一种通说。有人甚至认为英美法系中的严格责任根本不存在实体意义上的绝对严格责任，而只有“相对的、程序的、修正的严格责任”，即严格责任犯罪不是指没有犯罪过错就可以定罪，而是对犯罪过错不需要加以证明，不要求证明犯罪过错的存在，就可以认定的犯罪。认为严格责任犯罪的一个不可缺少的特征就是被告人一定存在犯罪过错。

笔者认为，这些理解值得商榷，若依这种理解，有几个问题难

---

① ［古罗马］奥古斯丁：《忏悔录》（卷2），周士良译，商务印书馆1963年版，第242页。

② 聂立泽：《严格责任刍议》，载《政治与法律》2003年第3期。

以解释。第一，首先假设这些定义正确无误，而且笔者也不怀疑他们列举的英美法系中从绝对严格责任转向相对严格责任的一些判例。但这真的就完成了对苏力的“证伪”了吗？换言之，这就证明了苏力列举的“奸淫幼女”的绝对严格责任的判例是假的了吗？答案并不肯定。第二，假设英美法系现在根本不存在所谓的绝对严格责任，只有相对的严格责任，或者假设我国刑法学者用相对严格责任的例子证明了苏力所举的“严格责任”的判例都是假的，而是苏力对英美法系的这些判例的误解，那么我们就会得出荒谬的结论：其实英美法系也是严格地、一丝不苟地遵循着我们的刑法理论所说的“主客观相统一原则”，只是他们没有使用“主客观相统一”之词罢了。那么我们大可不必以“主客观相统一原则”、“罪过原则”、“主观责任原则”等这些大词来反对英美法系的“严格责任”，来批判严格责任是一种封建刑法中的结果责任、客观归罪的残余。我们又何必“仅仅是为反对‘词句’而斗争。……只是用词句来反对这些词句。”① 我们总不能因为中文的“人”写为“人”，德文中的“人”写为“mench”，而批判英语中的“人”写为“person”是错误的吧。

笔者认为，我国学者混淆了大陆法系中的“罪过”与英美法系中的“犯罪心态”。大陆法系刑法理论中的通说认为：罪过是心理事实与法律规范的统一。比如正当防卫中，防卫者对不法侵害者的反击（如杀死不法侵害者）是“有意的”，是“故意”，但大陆法系通说认为此“有意”、“故意”不是“故意杀人罪的故意”，而只是心理学意义上的故意，只是一种“有意识”的心理事实。大陆法系中的罪过（故意与过失）无论是在法律上，还是在道义上都是受到谴责的，罪过就是一种“恶”。但是，在英美法系只要是“有意的杀人”，就满足了犯罪的两大本体要件，就可以对其提

① 转引自苏力：《制度是如何形成的》，中山大学出版社 1999 年版，第 45 页。

起刑事诉讼了。[①] 在英美法系中，“一般人或者大部分人并不必然地认为它（犯意）就一定具有贬义”。[②] “现在在普通法上，被告的行为应当是他的意志支配的结果，这在一切犯罪中都是必不可少的。的确，在一切制定法规定的犯罪中，这个要求都是必不可少的，除非该项法令表明有必要把这个要求排除在外。由于这个规则是从最初作为道德上的邪恶之表现形式的犯罪意图的概念中发展起来的，因而在现代的案件中涉及这个问题对有时用“犯罪意图”这个活词并不感到惊奇。可是必须注意，在这个意义上，犯罪意图并不涉及被告人造成的危害事实，只涉及被告人用以造成该危害的作为（或不作为），即该行为必须是有意实施的。换句话说，它表示行为人对其行为的心理态度，而不表示行为人对其行为之结果的心理态度。”[③] 所以，在英美法系，只要行为人是“有意识地”进行了某个法律、道德不允许的，或者是既不违法也不涉及道德但却是危险性高的活动，他就具有了“犯罪心态”，也就满足了犯罪的本体要件。除非被告一方的合法辩护理由成立，否则被告人就犯了

① 储槐植先生在《美国刑法》中，以大陆法系的“心理事实与规范相统一”的观念批判了英国学者关于犯罪心态的只要心理内容，不必然要求刑法规范的内容的观念，认为英国学者对犯罪心态的这种理解是“错误”的。参见储槐植：《美国刑法》，北京大学出版社2005年版，第75页。但笔者总觉得这种批判似乎是一种戴着有色眼镜对英美法系刑法的误读。

② ［英］史密斯、霍根：《英国刑法》，李贵方等译，法律出版社2000年版，第62页。

③ ［英］塞西尔·特纳：《肯尼刑法原理》，周叶谦等译，华夏出版社1989年版，第33页。

罪。[①] 虽然总则规定了许多合法辩护理由，但是在具体的犯罪中，要么司法实践中通常认为，要么法律明确地规定：总则规定的某些合法辩护理由对某些犯罪中的某些客观要件（不是所有客观要件）不成立。如果该罪中不能适用的合法辩护理由是“认识错误”，那么该罪实行的就是严格责任。所以英美法系刑法对“严格责任”有一格言，叫做“责任是严格的，但不是绝对的”。也就是说，在大陆法系的学者看来，英美法系中缺乏刑法意义上的故意与过失的严格责任就是一种绝对的责任、结果责任、客观归罪。但英美法系则认为严格责任犯罪并不是完全不要主观的要素，只不过是不要某些特定的主观要素罢了。

可以说，英美法系对犯罪意图、犯意之词的使用，经常是在两种不同的意义上的。这的确让讲究逻辑清晰性的大陆法系学者迷惑。实际上，英美法系学者也经常提到他们的这个问题：责任之不同标准的同时存在所引起的混乱。“正如我们已经看到的，英国的法律制度在法律上的变化是通过司法判决的增加逐渐实现的，它往往产生这样一种情况，那就是：（对犯罪意图）老的学说和新的学说，在同一时期的法院中，按照法官们的倾向性被使用。因而各种案例中可以发现互相冲突的原则，造成令人困惑的结果。我们不止一次地指出在同一时期司法判决以两种不同的犯罪标准为基础所引起的不确定。当这种检验标准也适用于对结果的预见时其不确定状态就加重了。”[②]

---

① 在英美法系中，由于判例法的传统以及重程序的法律思想，所以不像大陆法系形成理论化的定型的所谓“犯罪构成”，而是将在长期的判例法实践中的常态的“合法辩护理由”，诸如警察圈套、认识错误等上升为实体法的总则性规定。在刑事诉讼中，公诉方只要证明被告人基于某种“犯罪心态”实施了某个危害行为，即可推定被告人具有刑事责任，如果被告的“合法辩护理由”不成立，那么犯罪就成立。

② ［英］塞西尔·特纳：《肯尼刑法原理》，周叶谦等译，华夏出版社1989年版，第38页。

这的确容易引起混乱。我们不知道英美法系的法官该什么时候用广义的犯罪意图或狭义的犯罪意图。也许在英美法系的法官看来，什么时候有利于自己心中对案件定性的预判和直觉，什么时候好用，就选择性地用。他们不怕逻辑上的矛盾，只要符合当时的社会政策。这让大陆法系的学者看来是破坏法治的统一性、确定性的。甚至有英美法系的法官和学者也意识到这种不确定的状态是一种不幸，所以，在英美法系的本土学者中对严格责任也不乏激烈的批判者。但是笔者认为，除非废除了判例法传统，否则英美法系是不会改变这一点的，改变了就不是英美法系了。英美法系只会对绝对的严格责任的适用范围进行更为严格的限制，但不大可能完全废除严格责任，甚至也不排除随着社会发展和某些特定的社会政策的需要而扩大适用严格责任犯罪的可能性。一个明显的例子是：最近为了解决对未成年少女、幼女的性侵犯所造成的“早孕”这一社会问题，英国政府正在试图制定一部可能涉及严格责任的严苛的法律，议会准备重新修订《性犯罪法》来保护未成年儿童。尽管这部“严刑峻法”尚未出台就饱受法学家、社会学家的批判，但是英国政府面对多方质疑，仿佛显得信心十足。起草法律的官员们坚持认为，如果通过法律规定某些行为不属于犯罪，结果就是不可能全面地实现对儿童的保护。英国政府现在的政策似乎是认定：保护儿童不受性侵犯和性虐待已经比其他一切问题更为重要。[①] 不管该法案的最终命运如何，但至少显示了严格责任在英美法系并不是大陆法系学者想象中的那种苟延残喘、垂死挣扎之物。正如 1980 年在谢帕德（Sheppard）案中，蒂普洛克勋爵评论说：“在过去几十年里，国会和司法机关越来越倾向于不赞成肯定绝对罪行。所以，任何扩大严格责任的意向都会受到严格的考量。然而许多严格责任犯罪还是毫不犹豫地得到了确立。近来的事件也表明，推断法院将

① 参见《英国最新〈性犯罪法〉漏洞多多让人啼笑皆非》，http://news. tom. com/1006/2003108 -430605. html。

不再承认新的严格责任犯罪是脱离实际的。”①

为什么英美法系中的严格责任饱受批判，但英美法系国家却仍然“我行我素”，似乎要与“文明的潮流”一抗到底，大有“头撞南墙也不回头”的气势。笔者觉得这是民族思维方式的差异在起着重要的作用。德国著名法学家茨威格特和克茨就认为法系的样式要素与民族精神有一致性：“大陆人”都喜爱制定计划，进行事前的规划，从而在法律方面拟定抽象性的规范或者体系。他使先验的观念走向生活并且拥有广泛的演绎才能。而英国人却是“即席创作”的。他只是在生活要求自己作出一项直接的判断时，才开始判断。用梅特兰的话说，英国人是经验主义者，只有被体验过的经验才算数。因此理论上的先验论，从而还有抽象的规范，对他没有什么力量。也许是来自海员生活，英国人确信生活的航程毕竟完全不同于计划的预见。② 形象地说：“英国人边走边想，法国人先想好了再走，而西班牙人走完了再想。”③ 英国人有一种重实践轻理论、讲实效斥原则、尚经验贬逻辑的精神。对英国人而言，各种抽象的和普遍的原则毫无意义，对他们说起来等于马耳东风。④ 即使英国人寻求着各种原则，但又从不让这些原则主宰他，而是为相反的原则留存空间，以适应不同条件，使刑法具有解决复杂的现实问题的灵活性。理论是灰色的，而生命之树常青，英国人不要思想的完美构图，宁可要实用的东西。这种民族精神使得英国的刑法，在大陆刑法学者看来，充满了逻辑上的混乱和矛盾，是一个不好把握的东西。美国和英国的判例法的特点是：法官对社会政策的细微变

① 转引自［英］史密斯、霍根：《英国刑法》，李贵方等译，法律出版社2000年版，第116页。

② 参见［德］K. 茨威格特、H. 克茨：《比较法总论》，潘汉典等译，法律出版社2003年版，第110页。

③ ［日］大木雅夫：《比较法》，范愉译，法律出版社1999年版，第121页。

④ 参见［英］柏克：《自由与传统》，蒋庆等译，商务印书馆2001年版，第301页。

化十分敏感并很快就反应在具体的个案中。基于知识结构、政治经济文化背景、价值观念、个性甚至是种族等因素的影响，即使是同时代的法官对具体的社会政策的理解也是有差异的，所以对相类似的案件也会有不同的判决，由于相似案件之间在时间上的“零距离”，[①] 法的这种矛盾性、不确定性就体现得十分的“扎眼”。所以，美国有学者将审判比喻成“大赌场”，“是两个律师之间的较量，看谁的神经更坚强，谁的当事人更有必胜的信心”。[②] 所以英美法系的法官和律师，也许不大在乎在相类似的案件中是否引用了相同的判例、论据、理由，不大在乎案件之间在逻辑上是否一致。也正是有法的这种矛盾性、不确定性，才有律师“在螺蛳壳里做道场”的空间，才有法官迎合社会政策变化的余地，才有自由裁量的回旋之地。

那么是不是大陆法系因为概念的逻辑性就不存在这种不确定性了呢？我们认为不是，在大陆法系国家，比如德国，总是习惯于将某个先验的观念假设为起点，经过逻辑的推演，构建自己的宏大理论体系。在某个相对比较长的时期内，总是一种观点、理论体系是权威的、“神圣不可侵犯的”。按照法国思想家福柯的说法就是一种“启蒙”的方式：这种启蒙的提问方式不是“知识与知识”之间的权衡选择问题，而是“认识与无知”之间的战斗问题。[③] 如果你要证明自己的说法是真理的、进步的、理性的，那么必须对现存的占据统治地位的通说进行革命的推翻，连根拔起，所谓“成者

---

① 即使是两个判例在时间上相隔几百年，甚至上千年，由于判例法的特点决定了无论是当事人双方律师的法庭辩论还是法官作出判决，总是力图在漫长的历史中寻找支持自己的，有利于自己的“先例”，所以，在这个意义上讲，即使现实的判例相隔久远，在法庭上却是被拉近为“零距离”。

② 参见［美］博西格诺等：《法律之门》，邓子滨译，华夏出版社 2002 年版，第 394 页。

③ 参见［法］米歇尔·福柯：《必须保卫社会》，钱翰译，上海人民出版社 1999 年版，第 169 页。

为王，败者为寇”。所以，在大陆法系，大概每经过一段时期，就有一种新的法学思潮经过艰苦的“革命”压倒旧的思潮，然后统治一段时期之后，又会有旧的思潮以新的面貌来“复辟”。比如，德国刑法史上大致有封建刑法观念、启蒙主义刑法思想、古典学派（旧派）、近代学派（新派）的更替和论战，现代还有各种“新新派”、“新古典学派”① 等折中思想。其他大陆法系国家也大体上受到这种学派的更替的影响。大陆法系主要通过宏大理论的更替来体现法的不确定性、矛盾性。可以说，欧陆国家始终在“变动中的刑法思想”中摇摆。“‘变动中的刑法思想’，主要系因刑法学理从19世纪初迄今，虽体系化的架构大致已定，但其内容却不断朝向精致化及体系化发展……往往在思维的过程中，多少会产生一念之差，而使得学理见解发生分歧。观察整个发展过程所产生的思想变动，多少会令人产生一些质疑……或许某一种想法，在某一个时期，具有支配性的影响力，但随着时代的物换星移，江潮后浪推前浪，旋即又成为库藏冰封的一个思想痕迹，即使这个痕迹不会消失，但却会渐渐被人所淡忘。刑法思想亦然，这个时期的见解，很可能在不久之后，就遭到推翻。”②

比较而言，英国人尽管以混乱与混杂的经验开头，但他们确信经过若干年或若干世纪后，这一切终会以最低的、稳固的重心结束，能够建立其稳固的金字塔。而德国等以理性著称的民族，尽管一开始就试图不杂乱地做，或许将避免最坏的错误，然而将重心安在最高处，就像陀螺或者倒立的金字塔，除非有人对陀螺持续地加力旋转，或者一直用手扶着倒立的金字塔，否则它随时会倒塌。正

---

① 刑法学界很少见这种称呼，也许原因在于很难分清究竟是以什么立场为基点，容易引起争议。其实就是旧派与新派的划分，当涉及具体的人物时也不见得没有争议。

② 柯耀程：《变动中的刑法》，中国政法大学出版社2003年版，序言第2页。

如20世纪英国哲学家罗素所言：“经验性的金字塔立在它的底面上，即使从某个地方搬走一块东西，它也不会倒下来。先验性的金字塔立在它的顶点之上，只要你瞟它一眼，它就会倒下来。”① 可见，各法域的特色不在于有无法的矛盾性、不确定性，而在于处理方式上的不同。英美法系是细水长流，犹如武侠小说中的化骨绵掌，在细微中见分晓，无声无息，“随风潜入夜，润物细无声”。而大陆法系则是一曝十寒，犹如你死我活的战争，在刺刀上见分晓，战鼓擂擂，“百年一大战，十年一小战”。②

第四节　我们的结论：一个公正的司法解释

自最高人民法院公布了《批复》之后，该《批复》就像“老鼠进入了风箱——两头受气”。

苏力所代表的公共知识分子派的批判已经够“大气”了，他否定该解释的所有要素：“明知”、“自愿”、“后果、情节”。而以刑法学者为代表的“专业派”虽然对该解释的基本观点（“明知”要件）持肯定态度，但也不完全满意。第一，许多刑法学者认为“未造成严重后果，情节显著轻微”是一大败笔，这个规定就像刑法第13条中的但书一样是“狗尾续貂”之举，它实际上与“明知”要件存在逻辑上的矛盾，该“后果、情节”要件的规定，意味着“行为人确实不知对方是不满十四周岁的幼女，双方自愿发生性关系，造成严重后果，情节不显著轻微时，就应当认定为强奸

① ［英］伯兰特·罗素：《西方的智慧》，马家驹、贺霖译，世界知识出版社1992年版，第291页。

② 据闻，在德国著名的学派之争中，李斯特和其对手甚至发展到相互责骂的程度。

罪”，这带有严格责任的倾向。[①] 第二，刑法学者认为最高人民法院有关负责人对“明知”的解释也是有问题的。该《批复》的负责人将“明知”解释为“知道或应当知道。”但是有学者指出，“应当知道就是不知，不知岂能是明知?”[②]“应当知道”往往使人产生这样一种认识，即在应当知道的情况下，行为人的主观心理状态是过失。这与刑法理论认为的强奸罪只能由故意构成相矛盾。

笔者认为，《批复》并没有学者们看来的那么糟糕，相反笔者认为该司法解释是一个公正的解释，尽管该解释为我们提出了许多需要研究的问题。

首先，《批复》中强调“明知”，这的确是采用了刑法通说的观点，也就是说司法解释是以主客观相统一原则为基本的立足点。诚如前文所言，我国在一定意义上属于大陆法系[③]国家，坚持罪过原则无可厚非。这是由法系的文化背景和各民族国家的民族精神所决定的。尽管我们通常说对外国的文化要“取其精华，去其糟粕”，但事实上也许这是一个误导人的空话，事情根本不像我们想象的这样简单，文化中的精华与糟粕并不是那么容易分得清的，它们就像硬币的两面是很难简单取舍的。[④] 而且，一个国家的民族精神、文化传统是其根本，是其大脑。这是无法选择的，是无法系统

---

① 参见《司法解释符合主客观相统一原则》，载《检察日报》2006 年 4 月 23 日。有学者认为，由于“后果、情节”的规定受“明知”的大前提制约，所以还不能得出其实际上实行的是严格责任的结论。但据最高人民法院研究室负责人介绍说，“结果、情节”要素体现了“区别对待”的刑事政策。可见，认为“得不出严格责任结论”的看法站不住脚。

② 陈兴良:《简论我国的刑事司法解释制度——以最高法院有关奸淫幼女的司法解释为切入》，载赵秉志、张军主编：《中国刑法学年会论文集》(2003 年卷)，中国人民公安大学出版社 2003 年版，第 738 页。

③ 我国的法律尽管被称之为“社会主义法系”，但在实质上属于大陆法系。

④ 参见庞朴:《文化的界说》，载《解放日报》2009 年 8 月 2 日。

性地颠覆和否定的。也许我们可以借鉴其他国家处理问题的思路，但这并不一定意味着要放弃自己最基本的思维方式，放弃自己的理论体系，要不然的话，很可能只是邯郸学步，最后连走路都不会了。虽然，现在英美法系和大陆法系刑法理论呈现出了借鉴和融合的趋势，但如果谁预测说，“两大法系”将来会融合为“一大法系”的大同世界，这恐怕没有多少人会赞同。所以我们认为，英美法系的严格责任作为一整套理论体系要移植到大陆法系，包括我们国家的刑法中，恐怕不大可能。即使英美法系的严格责任理论中有我们应当接受的理念（如前所述，苏力为我们提供了这方面的精辟论证），我们也只会在自己的理论体系中寻找发展点。比如，主客观相统一原则作为中国刑法的基本原则还是要坚持的，问题是如何坚持，允不允许有所变通？这是由大陆法系追求理论完善的精神决定的，当遇到原来的原则、理论不能解决的新问题时，大陆法系是不会轻易放弃原来的原则和体系的，相反多是对该理论体系和原则进行新的阐述，赋予其新的意义，通俗地讲就是用“旧瓶装新酒”。

其次，至于《批复》中规定的“后果、情节”条件，按该最高人民法院有关负责同志的说法，是为了具体问题具体分析，为了区别对待。这在刑法学者看来这是一个狗尾续貂的解释，与强调“明知”这个主客观相统一原则相矛盾。该“后果、情节”要素虽然同时也被苏力所批判，但说实话，该要素倒是在实质上与苏力主张的“理论不是检验真理的标准”的理由是一致的：

第一，虽然主客观相统一原则是大陆法系坚持的理论底线，但并不意味着不能对主客观相统一原则作出新的解释。当世界的变化无法以个人的观念、意志去扭转时，真正需要调整的是自我的观念、看世界的视角。新的时代会赋予同样一个词语以新的含义，这是一个普遍的社会现象。实际上，从我国的立法、“两高”司法解释中，以及从更注重理论的逻辑一致性的刑法学术论著中，都可以找到很多在某个理论、原则指导下或多或少对现实中的具体问题做软化处理的情况。毕竟，刑法理论也不是自给自足的东西，其最终的落脚点还是处理社会问题，而社会的复杂性恰恰在于其发生、发展并不是按照理论的逻辑按部就班的。以犯罪构成为例，在我国，犯罪构成是犯罪成立的唯一法律标准，凡符合犯罪构成的就成立犯罪，凡不符合犯罪构成的，就不成立犯罪。这是我国刑法学的基本命题。但是无论是法官，还是学者，在涉及某些特殊性问题时，也会作出区别对待。比如在重婚案件中，一些由于特殊原因引起的重婚行为，如遭受自然灾害外出谋生而重婚的，因配偶长期下落不明，造成家庭生活困难又与他人结婚的，因强迫、包办婚姻后受虐待外逃重婚的，被拐卖后再婚的，都是受客观条件所迫，不能期待行为人不实施重婚行为，这些重婚者的主观恶性较小，所以，不宜以重婚罪论。① 再比如抢劫罪原则上无数额的限定。那么在司法实践中，是不是真的不考虑数额大小呢？比如一个人以非法占有为目的，当场强行劫取他人一毛钱或者手上的一个已经咬了一口的烧饼，而又没有造成他人伤害等结果，法官会定抢劫罪吗？这样的例子在任何一本刑法教材或者刑法著作中都俯拾即是。有学者对此以各种其他理由、理论（比如用期待可能性理论，或者实质的社会危害性的解释论）等来解释该现象，力图和刑法的基本命题相一致。无论这种解释的效果如何，是否真的消除了逻辑上的矛盾，但有一点是肯定的：尽管理论也不是实践的应声虫，但实践是理论发展最重要的源泉。

第二，区别对待反映了我们国家的传统法制、传统文化和民族精神所影响的刑事政策。一是我们国家向来强调教化，在刑罚的观念中突出“教育性”和刑法的谦抑性。比如，少男少女之间的性游戏还不至于像成年人和幼女发生性关系那样，被人评价为“不是东西”、“禽兽行径”，至多是说男孩子或者女孩子没有家教，指

---

① 参见赵秉志：《新刑法教程》，中国人民大学出版社 1997 年版，第 601 页；参见张明楷：《刑法学》，法律出版社 2003 年版，第 726 页。

向的是双方的父母。对孩子们的这种行为“理不可恕”，但“情有可原”，因此一般不作为犯罪处理，但必须“动之以情，晓之以理”。依我们看来，具体问题具体分析也不见得就是什么破坏法治的坏事，相反这符合中国人的文化传统、民族精神。实际上大陆法系与英美法系在很多法律问题上也许概念、理念、原则、方法、思维方式、论证路径不同，但总体上的处理结果却也不见得就有天壤之别。二是我们自古以来，就强调“法不责众”。在司法实践中，如果某个幼女因为外界污染已经染上了淫乱的习惯，自愿甚至主动和多名男性发生性关系，对男性也不宜定“法定强奸罪”。笔者过去在法院调研时曾经遇到过这样一个案件，一名年近14周岁的幼女在暑假期间自愿甚至主动地和数十名男性发生性关系，起初司法机关还处理了一些人，但后来实在办不下去了，只好就此为止。在讨论时，笔者和其他一些刑法学者也支持司法机关这种做法。实际上，在大多数中国人看来，像这样的案件，造成“严重结果”的是幼女，也许应当受谴责的不是男性，而是该幼女（当然根据刑法显然无法对其定罪，而且理智地讲她也是受害者而不应当受指责）。如果说几十甚至上百个男青年因为和一个幼女发生双方自愿的性关系而被定性为“奸淫幼女”，还要按强奸罪从重处罚（当时可能是判死刑），那么，在中国人心中的确接受不了。相反会认为这个幼女也“太恐怖”了，要比扔炸药包的恐怖分子厉害多了，简直是像在公众场合放了一个“无形的毒气弹”，让一批批男人前仆后继地倒下去。所以不管美国人怎么看,[①] 这的确就是中国人的思维方式和思考结果。哪怕依美国的法治观念来看，我们国家的这种做法也太荒谬了，简直就不是法律，但在此我们倒想借用一下苏力批判《批复》时所采用的“前瞻理论”来论证《批复》的合理性。的确，向现代法治国家的“规则之治”理念看齐是有利的，

① 也许像苏力说的那样，在美国，只要和幼女发生性关系，就应当是“严重后果”，这是立法事实，不容司法判断。

但适当考虑我们国家民众的观念也是有必要的。正如苏力所言：即使假定有利有害或无利无害的证据完全相等，那么从司法上看，法官的选择也应当是宁信其有，而不信其无。这可能有两个好处。首先，法官的责任更多的不是作为社会观念改革的尖兵，而是维持社会平衡的平衡轮，甚至应当略微滞后。其次，即使“过犹不及”，坚持或废除某种法律制度的社会利弊完全相等，那么根据前瞻理论成果来看，人们也更情愿保持已有的利益，而不要肯定会得到的同样的利益。

再次，《批复》中提出的“自愿”要素也没有多大问题，不会引起理解上的混乱。实际上这里的“自愿”只是一种注意性规定，要与不要都不会有多大问题。按照苏力的说法，这是有点多余的规定，这固然不错。但将其放在这儿，提醒一下法官，也并没有什么太大的问题。

最后，《批复》也确实给刑法学者们提出了如何“自圆其说”的理论问题。

“明知”是主客观相统一原则的表述，当然其中的“应当知道”还是有疑问的，多少有点像我国学者提出的“相对严格责任”的意味。所以，陈兴良教授主张将“应当知道”表述为“推定知道”，这种语言上的改变是比较确切的，不过仔细想来，这样也不能保证推定的百分之百准确，在实质上也还是会包含“事实上应当知道而不知道，但法律上推定知道”。所以词语是改了，也让人可以接受了，但这只是逻辑上或者语言上的润色，没有改变该问题与“严格责任”的相似性。诚如前文所言，无论这是“朝三暮四”、“屡战屡败、屡败屡战”也好，“以词语反对词语”也好，甚至只是中国的好讲“面子”的虚妄也好，但是纵使对外国人而言，这是虚妄的，若从中国人的角度看也可以说是有积极意义的。对中国人而言，“面子”就是一个不得不考虑的因素，有时甚至是决定性的因素，也许在外国人眼中，中国发生的许多凶杀案简直是不可思议的、非理性的，人们可以为一言不合而动刀动枪，置人于死地。也会像鲁迅笔下的吴妈，因为跪在地上的阿Q对她说了一句“我和你困觉”，她就要死要活地拼命。所以有这样的说法：“中国杀手为情面杀人，西方杀手为金钱杀人。”① 由此可见，这种力图在不改变实质的基础上通过语言的转化处理，让不同文化背景的人都可以接受的思路也是值得肯定的。

另外，除了“明知”的含义问题，该《批复》涉及的主客观相统一原则的最大问题是“后果、情节”这个要素的规定。有学者认为，这个要素在该《批复》中于某种意义上的确是对“主客观相统一”原则的一种否定，它在实质意义上和英美法系中的“严格责任”有极其相似的地方。《批复》不仅没有排斥严格责任对奸淫幼女犯罪的适用，恰恰相反，《批复》实际上首次实质性地确认了排斥年龄认识错误辩护的严格责任：即使被告人确实不知对方不满14周岁而与之自愿进行性交，如果性交已经造成严重后果、情节不属于显著轻微的，仍然应当以强奸罪论处，这就是严格责任。② 也有学者认为该司法解释有两大缺陷：一是它在奸淫幼女问题上采用了多种责任标准，如对于“明知”是不满14周岁的幼女而与其发生性关系的一律以强奸罪定罪处罚，这实行的是一种过错责任；在“确实不知”对方为不满14周岁的幼女、双方自愿发生性关系，并且未造成严重后果、情节显著轻微的情况下，不以犯罪论处，实行的是一种程序性严格责任（由被告人自己证明“确实不知”）；如果造成严重后果且情节不属显著轻微，仍以强奸罪定罪处罚，则实行的是一种实体性严格责任（排斥年龄认识错误辩护）。对于同一个罪实行多种责任标准，在逻辑结构上显得混乱，在理论上也不能自圆其说。此外，把奸淫幼女行为区分为“造成

---

① 易中天：《中国：掀起你的盖头来——中国文化现象解密》，海南出版社1995年版，第145页。

② 参见梁根林：《刑法适用解释的难题——以最高人民法院对奸淫幼女的“批复”为视角》，载《吉林大学社会科学学报》2004年第1期。

严重后果”和“未造成严重后果”等不同的情况是否科学也是值得研究的。所谓的“严重后果”是一种立法性的事实，是一种实体法上的推定，但是司法解释却将这种“后果”的外延加以大大的限缩，因此在这一点上，司法解释不能说是妥当的。[①]也有人认为，这一批复不但与我国《刑法》关于强奸罪的立法本意不符，而且违犯了《宪法》第48条、第49条关于保护妇女和儿童的规定。[②]总之，批判者认为该司法解释事实上不当地引入了严格责任。

“严格责任”这个概念在大陆法系总是和封建社会[③]中的“客观责任、结果责任”这些贬义词联系在一起。其实就笔者看来，严格责任并不是我们想象中的那么坏。假如说，保守的民族精神是英国保持严格责任的一个重要因素，但是美国这个追求民主、自由的最现代化的国家还坚持该做法，如果仅仅秉持某种意识形态的思路说严格责任是封建社会结果责任的残余，我们总觉得无法说服自己，也无法说服苏力，更无法说服两亿美国人。在我们看来，也许苏力提出的“每个国家都有严格责任”的命题从实质意义上看并不是虚妄的，问题是它以什么名义出现，以什么样的面具出现以及程度如何。也许很多东西之间区别是有的，但没有人们想象中的那么大，那样势不两立。

---

① 参见沈海平：《严格责任抑或过错责任的追问——以奸淫幼女的司法解释为视角》，载《吉林大学社会科学学报》2004年第1期。

② 参见侯菊英：《我国司法解释中存在的主要问题及完善建议》，载《中州学刊》2006年第5期。

③ “封建”一词在西方其实是一个中性词，指的是一种分封的经济制度和分权的政治制度，它至少是与“集权专制”相对立的意义，但在我们国家却赋予了强烈的政治色彩和贬义。况且即使严格责任是从封建社会的结果责任的残余，也不见得因为它和封建社会有关系，就一定不能在新的社会条件下加以利用，试问现在的哪一个概念、制度、思想是突然从天上掉下来的？它们或多或少都可以在远古的时代、远古的思想中寻求到渊源。

所以关键问题是找到恰当的方式既不放弃《批复》中的做法又可以让大陆法系的学者们普遍接受。这是《批复》给刑法学者提出的难题。笔者认为，解决这一难题的思路是从构成要件上来找突破口。其实无论是我国，还是大陆法系对主客观相统一原则的理解都不是机械的，并不认为在任何时候，任何犯罪都要求一切的主客观要件一一对应。现在无论是在立法上，还是刑法理论上都存在不完全统一的情况，即在其他主客观要件基本统一的前提下，基于一些特别的政策考虑或者是立法技术问题，往往在某些要件上会有“超过”现象。比如，主观的超过要素、客观的超过要素（客观的处罚条件）。再如，刑法中的目的犯的目的，就被称为“超过的主观要素”或“超过的内心倾向”，即目的犯中的目的，只要存在于行为人的内心即可，不要求存在与之相对应的客观事实。大陆法系国家刑法理论中的“客观处罚条件”的概念，是指在一些情况下，行为具有构成要件符合性、违法性、有责性时，并不能据此处罚行为人，还要求具备刑法所规定的一定的处罚条件，即客观处罚条件。这种客观的处罚条件，不是故意的认识内容。张明楷教授借鉴其合理内容，创设“客观的超过要素”来指称丢失枪支不报罪等犯罪构成中的“严重后果”等要件。该要件不需要行为人有认识。刑法之所以规定这种不需要认识的要件，在于控制处罚范围。①

《批复》中的情况虽然还不能以上述的两个“超过要素”概念来说明。但完全可以将其作为一种思路。第一，如果严格地要求“明知对方为幼女”，正如前文分析的那样，那么也许将有绝大部分涉及幼女的“约会性行为”案件都无法定罪，这是由网络约会的特点决定的，而且随着网民的猛增，这样的案件将越来越多。那样将不利于保护幼女这个弱势群体。第二，如果我们完全放弃主客观相统一原则，采用英美法系的严格责任体系，那样又会将一些不

① 参见张明楷：《刑法学》，法律出版社2003年版，第222页、第250页。

值得处罚的和幼女发生性行为的人卷入到刑罚中，不利于保证实质正义。[①] 所以司法解释者在坚持主客观相统一原则的基础上，采用了“反处罚条件”（这样称呼是否合适，还值得考虑）：即在具有某种严重的后果和情节时，就降低行为人主观方面的要求，也可以定罪。实际上我们对法定强奸也可以做实质上的“客观的超过要素”来理解。我们在前文曾经论证法定强奸侵犯的是“不得与幼女发生性关系”的社会集体情感。原则上只要和幼女发生性关系的，不管明知与否，都会侵犯这种集体情感，但这样处罚范围太广，所以当行为人不明知对方为幼女的情况下，只有在出现“造成严重后果，情节不显著轻微”时才进行刑事处罚。[②] 实际上这里的“后果、情节”，也不要求行为人具有认识，而是一种客观的东西。

尽管这一思路还存在疑问需要研究，但这恰恰是对刑法理论研究者提出的挑战，就像世界大多数国家刑法都规定对醉酒人的危害行为要处罚，“醉酒时犯罪，酒醒后赎罪”成为通行法则，但行为人的责任却成为问题一样。刑法学者一直在进行着各种理论上的探

---

① 其实苏力主张我国也应当实行完全意义上的严格责任时，忽视了英美法系的体系问题。笔者认为，英美法系在实体上是严格责任，但严格的程序对犯罪嫌疑人有利，有很多缺口，英美法系保障人权的体现是程序上的正义。与大陆成文法相比，英美法系律师的能力以及判例法的特点决定了律师活动的空间是非常大的，大陆法系体现在实体上的罪刑法定和主客观相统一只是侧重点不同罢了。如果综合考虑实体与程序的规制，也许从总体而言，奸淫幼女的案件在司法实践中，被告人被定罪的概率差别不会如想象中的那么大，当然，英美法系国家中程序或者证据上存在瑕疵的案件不可能正好是大陆法系所认为的缺乏罪过的案件。但从保障人权而言，两大法系不会存在有与无的问题，而只是如何处理的问题。

② 需要说明的是，确实不知对方为幼女，而自愿发生性关系的，如果不构成犯罪，还无法用其他法律制裁，包括《治安管理处罚条例》也找不到相关的法条。

索来说明“醉酒犯罪”的可罚性，力图说明处罚他并不违反“无犯意则无犯人”以及“责任与行为同时存在”的责任原则，比如各种各样的“原因自由行为论”：间接正犯类比说，广义行为说，意识决定说等。但是，各种说法都是有缺陷的，在说明了问题的同时又引起了其他的问题。[①] 记得马克思曾经说过：“除了通过提出新问题来解答和处理老问题之外，没有别的方法。”尽管张明楷教授反对草率地断定处罚“醉酒犯罪”就是严格责任，[②] 这也只是反映了前文所说的英美法系和大陆法系在对待相同问题上的不同态度和处理方式罢了。也许英美法系国家会毫不脸红、坦率地承认这就是严格责任，没有一点紧张和不妥之感，但大陆法系国家则要小心翼翼地避开“严格责任”这个“百慕大三角”。

自然，理论上是否最终能自圆其说，与《批复》是否公正不是一码事。可以这样说，有时候之所以出现理论和实践的这种鸿沟，恰恰在于司法实践中不得不考虑到的各种影响公正的因素太复杂，在平衡各种公正的影响因素时，免不了会破坏预先构建起来的理论的逻辑自洽性和一致性。在二者的两难之间，大陆法系国家虽然不至于像功利主义、实用主义的英美法系国家那样认为凡“有用的就是真理”，怎么好用就怎么用，但也不至于在每个问题上都像个哲学家一样，沉浸在概念与逻辑的天国，摔了跟头还醒不过来。

总之，基于上述考虑，我们认为，尽管存在这样那样的批评意见，但《批复》仍然是一个公正的司法解释。

---

① 参见齐文远、刘代华：《论原因上自由行为》，载《法学家》1998 年第 4 期。

② 参见张明楷：《刑法格言的展开》，法律出版社 1999 年版，第 201 页。

附录：参考文献

一、中文著作类：

1. 储槐植：《美国刑法》，北京大学出版社 2005 年版。

2. 陈兴良主编：《刑事法评论》（第 3 卷），中国政法大学出版社 1999 年版。

3. 陈兴良：《规范刑法学》，中国政法大学出版社 2003 年版。

4. 陈兴良：《刑法哲学》，中国政法大学出版社 2004 年版。

5. 陈兴良、周光权：《刑法学的现代展开》，中国人民大学出版社 2006 年版。

6. 邓子斌：《中国实质刑法观批判》，法律出版社 2009 年版。

7. 高铭暄：《刑法学》，北京大学出版社 1989 年版。

8. 高铭暄主编：《新编中国刑法学》，中国人民大学出版社 1998 年版。

9. 高铭暄、马克昌：《刑法学》，中国法制出版社 1999 年版。

10. 高铭暄、马克昌主编：《刑法学》，北京大学出版社、高等教育出版社联合出版 2005 年版。

11. 李立众编：《刑法一本通》（第 4 版），法律出版社 2007 年版。

12. 张明楷：《刑法学》，法律出版社 2003 年版。

13. 张明楷：《刑法格言的展开》，法律出版社 1999 年版。

14. 张明楷：《刑法分则的解释原理》，中国人民大学出版社 2004 年版。

15. 张明楷：《法益初论》，中国政法大学出版社 2000 年版。

16. 张明楷：《刑法学》（第3版），法律出版社2007年版。

17. 张明楷：《外国刑法纲要》，清华大学出版社1999年版。

18. 张明楷：《刑法的基本立场》，中国法制出版社2002年版。

19. 周光权：《法定刑研究》，中国方正出版社2000年版。

20. 邱国梁：《刑法典中的性犯罪的犯罪学研究》，上海大学出版社2001年版。

21. 欧阳涛：《当代中外性犯罪研究》，社会科学文献出版社1993年版。

22. 中国社会科学院法学研究所编：《中日公务员贿赂犯罪研究》，中国社会科学出版社1995年版。

23. 赵秉志：《新刑法教程》，中国人民大学出版社1997年版。

24. 张军等：《刑法纵横谈》，法律出版社2003年版。

25. 李海东：《刑法原理入门（犯罪论基础）》，法律出版社1998年版。

26. 陈志军：《刑法司法解释研究》，中国人民公安大学出版社2006年版。

27. 柯耀程：《变动中的刑法》，中国政法大学出版社2003年版。

28. 周光权：《刑法学的向度》，中国政法大学出版社2004年版。

29. 苏彩霞：《累犯制度比较研究》，中国人民公安大学出版社2002年版。

30. 何秉松：《刑法教科书》，中国法制出版社1995年版。

31. 汤建国主编：《量刑均衡方法》，人民法院出版社2005年版。

32. 韩忠谟：《刑法原理》，中国政法大学出版社2002年版。

33. 张志铭：《法律解释操作分析》，中国政法大学出版社1999年版。

34. 谢晖：《中国古典法律解释的哲学向度》，中国政法大学出版社2005年版。

35. 梁治平：《法律解释问题》，法律出版社 1998 年版。

36. 孔祥俊：《法律解释方法与判解研究》，人民法院出版社 2004 年版。

37. 董皞：《司法解释论》，中国政法大学出版社 1999 年版。

38. 苏力：《制度是如何形成的》，中山大学出版社 1999 年版。

39. 张晋藩：《中国法制史》，群众出版社 1982 年版。

40. 李步云、汪永清主编：《中国立法基本理论和制度》，中国法制出版社 1998 年版。

41. 陈伯礼：《授权立法研究》，法律出版社 2000 年版。

42. 刘莘：《行政立法研究》，法律出版社 2003 年版。

43. 梁慧星：《民法总论》，法律出版社 1996 年版。

44. 张文显主编：《法理学》，高等教育出版社 2003 年版。

45. 张文显主编：《法理学》，法律出版社 1997 年版。

46. 刘和海、李玉福：《立法学》，中国检察出版社 2001 年版。

47. 吴大英、任允正、李林：《比较立法制度》，群众出版社 1992 年版。

48. 章若龙、李积桓：《新编法理学》，华中师范大学出版社 1990 年版。

49. 张根大等：《立法学总论》，法律出版社 1991 年版。

50. 张善恭：《立法学原理》，上海社会科学院出版社 1991 年版。

51. 卢云主编：《法学基础理论》，中国政法大学出版社 1994 年版。

52. 沈宗灵主编：《法理学》，北京大学出版社 1994 年版。

53. 孙国华主编：《法理学教程》，中国人民大学出版社 1994 年版。

54. 周旺生：《立法论》，北京大学出版社 1994 年版。

55. 周旺生：《立法学教程》，法律出版社 2000 年版。

56. 孙笑侠：《法理学》，中国政法大学出版社 1996 年版。

57. 孙笑侠：《西方法谚精选——法、权力和司法》，法律出版社2005年版。

58. 李龙主编：《法理学》，武汉大学出版社1996年版。

59. 卓泽渊主编：《法理学》，法律出版社1998年版。

60. 孙敢：《立法学教程》，中国政法大学出版社2000年版。

61. 季卫东：《法治秩序的建构》，中国政法大学出版社1999年版。

62. 高道蕴、高鸿钧、贺卫方：《美国学者论中国法律传统》，中国政法大学出版社1994年版。

63. 张岱年：《中国哲学大纲》，中国社会科学出版社1982年版。

64. 曾宪义主编：《中国法制史》，北京大学出版社、高等教育出版社2000年版。

65. 张中秋：《中西法律文化比较研究》，南京大学出版社1999年版。

66. 游邵尹主编：《中国法制通史》，中国政法大学出版社1990年版。

67. 王哲：《西方政治法律学说史》，北京大学出版社1988年版。

68. 张乃根：《西方法哲学史纲》，中国政法大学出版社1993年版。

69. 宋冰：《读本：美国与德国的司法制度及司法程序》，中国政法大学出版社1998年版。

70. 李昌道：《美国宪法史稿》，法律出版社1986年版。

71. 杨仁寿：《法学方法论》，中国政法大学出版社1999年版。

72. 周叶中：《宪法学》，高等教育出版社、北京大学出版社2005年版。

73. 张千帆：《宪法学导论》，法律出版社2004年版。

74. 胡伟：《司法政治》，三联书店（香港）有限公司1994年版。

75. 《中国大百科全书》（法学卷），中国大百科全书出版社1984年版。

76. 《法学词典》，上海辞书出版社1989年版。

77. 易中天：《中国：掀起你的盖头来——中国文化现象解密》，海南出版社1995年版。

78. [美] 孙隆基：《中国文化的深层结构》，广西师范大学出版社2004年版。

79. 梁漱溟：《中国文化要义》，上海人民出版社2003年版。

80. 梁漱溟：《东西文化及其哲学》，载《梁漱溟全集》，山东人民出版社1989年版。

81. 张思慈：《认识论原理》，湖北人民出版社1986年版。

82. 鲁迅：《鲁迅杂文论文集》，同心出版社2000年版。

83. 何新：《何新集：反思、挑战、创造》，时事出版社2004年版。

84. 陈寅恪：《金明馆丛稿二编》，三联书店2001年版。

85. 赵汀阳：《一个或所有问题》，江西教育出版社1998年版。

86. 张汝伦：《意义的探究：当代西方释义学》，辽宁人民出版社1987年版。

87. 刘放桐：《现代西方哲学》（下册），人民出版社1981年版。

88. 张祥龙：《朝向事物本身》，团结出版社2003年版。

89. 《毛泽东选集》（第1卷），人民出版社1991年版。

90. 《唐律疏议》卷六名例六。

91. 《旧唐书·刑法志》。

92. 《庄子·齐物论》。

93. 《礼记·檀弓下》。

二、译著、外文著作类：

1. [法] 让-马克·夸克：《合法性与政治》，佟心平、王远飞译，中央编译出版社 2002 年版。

2. ［法］米歇尔·福柯：《知识考古学》，谢强、马月译，三联书店 1998 年版。

3. ［法］米歇尔·福柯：《词与物——人文科学考古学》，莫伟民译，上海三联书店 2001 年版。

4. ［法］米歇尔·福柯：《尼采、谱系学、历史学》，王简译，载杜小真编：《福柯集》，上海远东出版社 2003 年版。

5. ［法］米歇尔·福柯：《规训与惩罚》，刘北成、杨远婴译，三联书店 1999 年版。

6. ［法］米歇尔·福柯：《必须保卫社会》，钱瀚译，上海人民出版社 1999 年版。

7. ［法］罗兰·巴尔特：《符号帝国》，孙乃修译，商务印书馆 1996 年版。

8. ［法］孟德斯鸠：《论法的精神》，张雁深译，商务印书馆 1961 年版。

9. ［法］帕斯卡尔：《思想录》，李斯译，光明日报出版社 2006 年版。

10. ［法］布尔迪厄：《文化资本与社会炼金术》，包亚明译，上海人民出版社 1997 年版。

11. ［法］西蒙娜·德·波伏娃：《第二性》，陶铁柱译，中国书籍出版社 1998 年版。

12. ［法］E. 迪尔凯姆：《社会学方法的准则》，狄玉明译，商务印书馆 1995 年版。

13. ［法］勒内·达维德：《当代主要法律体系》，漆竹生译，上海译文出版社 1984 年版。

14. ［英］雷蒙德·弗思：《人文类型》，费孝通译，华夏出版社 2002 年版。

15. ［英］梅因：《古代法》，沈景一译，商务印书馆 1984 年版。

16. ［英］史密斯、霍根：《英国刑法》，李贵方等译，法律出版社 2000 年版。

17. ［英］汤林森：《文化帝国主义》，冯建三译，上海人民出版社 1999 年版。

18. ［英］哈特：《法律的概念》，张文显等译，中国大百科全书出版社 1996 年版。

19. ［英］哈耶克：《法律、立法与自由》，邓正来等译，中国大百科全书出版社 2000 年版。

20. ［英］丹宁：《法律的界碑》，刘庸安、张弘译，法律出版社 1999 年版。

21. ［英］维尔：《宪政与分权》，苏力译，三联书店 1997 年版。

22. ［英］培根：《新工具》，许宝骙译，商务印书馆 1984 年版。

23. ［英］丹尼斯・麦奎尔、［瑞典］斯文・温德尔：《大众传播模式论》，祝建华、武伟译，上海译文出版社 1997 年版。

24. ［英］克罗斯等著：《英国刑法导论》，赵秉志等译，中国人民大学出版社 1991 年版。

25. ［英］阿克顿：《自由与权力》，侯健、范亚峰译，商务印书馆 2001 年版。

26. ［英］伯兰特・罗素：《西方的智慧》，马家驹、贺霖译，世界知识出版社 1992 年版。

27. ［英］安东尼・吉登斯：《亲密关系的变革——现代社会中的性、爱和爱欲》，陈永国、汪民安等译，社会科学文献出版社 2001 年版。

28. ［英］马林诺夫斯基：《原始的性爱》，王启龙、邓小咏译，中国社会出版社 2000 年版。

29. ［英］塞西尔・特纳：《肯尼刑法原理》，周叶谦等译，华夏出版社 1989 年版。

30. ［英］柏克：《自由与传统》，蒋庆等译，商务印书馆 2001 年版。

31. ［德］马克思：《资本论》（第 3 卷），人民出版社 1953

年版。

32. ［德］尤尔根·哈贝马斯：《合法化危机》，刘北成、曹卫东译，上海人民出版社 2000 年版。

33. ［德］哈贝马斯：《交往与社会进化》，张博树译，重庆出版社 1989 年版。

34. ［德］尤尔根·哈贝马斯：《重建历史唯物主义》，郭官义译，社会科学文献出版社 2000 年版。

35. ［德］哈贝马斯：《在事实与规范之间——关于法律和民主法治国的商谈理论》，童世骏译，三联书店 2003 年版。

36. ［德］黑格尔：《小逻辑》，贺麟译，商务印书馆 1980 年版。

37. ［德］康德：《历史理性批判文集》，何兆武译，商务印书馆 1990 年版。

38. ［德］耶赛克：《德国刑法教科书》，徐久生译，中国法制出版社 2001 年版。

39. ［德］卡尔·拉伦茨：《法学方法论》，陈爱娥译，商务印书馆 2003 年版。

40. ［德］穆勒：《恐怖的法官——纳粹时期的司法》，王勇译，中国政法大学出版社 2000 年版。

41. ［德］拉德布鲁赫：《法律智慧警句集》，舒国滢译，中国法制出版社 2001 年版。

42. ［德］叔本华：《伦理学的两个基本问题》，任立、孟庆时译，商务印书馆 1996 年版。

43. ［德］科殷：《法哲学》，林荣远译，华夏出版社 2002 年版。

44. ［德］马克斯·韦伯：《经济与社会》，林荣远译，商务印书馆 1997 年版。

45. ［德］胡塞尔：《哲学作为严格的科学》，倪梁康译，商务印书馆 1999 年版。

46. [德] 胡塞尔:《纯粹现象学通论》, 李幼蒸译, 商务印书馆 1996 年版。

47. [德] 胡塞尔:《现象学的方法》, 倪梁康译, 上海译文出版社 1994 年版。

48. [德] 加达默尔:《真理与方法》, 洪汉鼎译, 上海译文出版社 1999 年版。

49. [德] 黑格尔:《精神现象学》, 贺麟、王玖兴译, 商务印书馆 1979 年版。

50. [德] 克劳斯·罗克辛:《德国刑法教科书》(第 1 卷), 王世洲译, 法律出版社 2005 年版。

51. [德] 魏德士:《法理学》, 吴越、丁晓春译, 法律出版社 2005 年版。

52. [德] K. 茨威格特、H. 克茨:《比较法总论》, 潘汉典、米健等译, 法律出版社 2003 年版。

53. [德] 海德格尔:《人, 诗意的安居》, 郜元宝译, 广西师范大学出版社 2000 年版。

54. 《德国刑法典》, 徐久生、庄敬华译, 中国法制出版社 2000 年版。

55. Muenchener Kommentarm StGB – Hoernle, § 184, Rn1 ff.. (Stand 2005.)

56. SK – StGB – Wolters / Horn:, § 184, Rn. 2. (Stand: Okt, 2004)

57. Leipziger Kommentar – Heinrich, Laufhuette, § 184, Rn. 1, De Gruyter Recht, Berlin, Stand: den 1 Aug. , 1994.

58. [美] 施皮格伯格:《现象学运动》, 张金言等译, 商务印书馆 1995 年版。

59. [美] 雷诺:《福柯十讲》, 韩泰伦译, 大众文艺出版社 2004 年版。

60. [美] 理查德·A. 波斯纳:《法律理论的前沿》, 武欣、凌斌译，中国政法大学出版社 2003 年版。

61. ［美］库利：《人类本性与社会秩序》，包凡一、王源译，华夏出版社 1999 年版。

62. ［美］加布里埃尔·A. 阿尔蒙德等：《比较政治学》，曹沛霖等译，上海译文出版社 1987 年版。

63. ［美］弗朗兹·博厄斯：《人类学与现代生活》，刘莎等译，华夏出版社 1999 年版。

64. ［美］罗斯科·庞德：《法律史解释》，邓正来译，中国法制出版社 2002 年版。

65. Holmes, The Path of Law, Harv. L. Rev（1897）10.

66. K. N. Llewellyn, The Bramble Bush, Oceana Publishing Inc 1960.

67. ［美］德沃金：《法律帝国》，李常青译，中国大百科全书出版社 1996 年版。

68. ［美］波斯纳：《超越法律》，苏力译，中国政法大学出版社 2001 年版。

69. ［美］本杰明·卡多佐：《法律的生长》，刘培峰、刘骁军译，贵州人民出版社 2003 年版。

70. ［美］本杰明·卡多佐：《司法过程的性质》，苏力译，商务印书馆 1998 年版。

71. ［美］伯尔曼：《法律与革命》，贺卫方等译，中国大百科全书出版社 1993 年版。

72. ［美］罗科斯·庞德：《普通法的精神》，唐前宏等译，法律出版社 2001 年版。

73. ［美］梅里曼：《大陆法系》，顾培东、禄正平译，知识出版社 1984 年版。

74. ［美］汉密尔顿、麦迪逊、杰伊：《联邦党人文集》，程逢如等译，商务印书馆 1980 年版。

75. ［美］麦迪逊：《美国制宪会议记录辩论》，尹宣译，辽宁教育出版社 2003 年版。

76. [美] 施拉姆:《传播学概论》,陈亮等译,新华出版社 1984 年版。

77. [美] E. 博登海默:《法理学——法律哲学与法律方法》,邓正来译,中国政法大学出版社 1999 年版。

78. [美] James. E. Bond:《审判的艺术》,郭国汀译,中国政法大学出版社 1994 年版。

79. [美] 本尼迪克特:《文化模式》,王炜等译,三联书店 1988 年版。

80. [美] 博西格诺等:《法律之门》,邓子滨译,华夏出版社 2002 年版。

81. [美] 波斯纳:《性与理性》,苏力译,中国政法大学出版社 2002 年版。

82. [美] 丹尼尔·麦克尼尔:《面孔》,王积超等译,中国友谊出版公司 2000 年版。

83. [美] 布朗、基利:《走出思维的误区》,张晓辉、王全杰译,中央编译出版社 1994 年版。

84. [美] 爱德华·O. 威尔逊:《人类的本性》,甘华鸣译,福建人民出版社 1988 年版。

85. [日] 中山研一:《刑法的基本思想》,姜伟、毕英达译,国际文化出版社 1988 年版。

86. [日] 大谷实:《刑法总论》,黎宏译,法律出版社 2003 年版。

87. [日] 大谷实:《刑法各论》,黎宏译,法律出版社 2003 年版。

88. [日] 桥爪大三郎:《性爱论》,马黎明译,百花文艺出版社 2000 年版。

89. [日] 西原春夫:《刑法的根基与哲学》,顾肖荣等译,法律出版社 2004 年版。

90. ［日］大木雅夫：《比较法》，范愉译，法律出版社 1999 年版。

91. ［意］戴维·奈尔肯编：《比较刑事司法论》，张明楷等译，清华大学出版社 2004 年版。

92. ［意］贝卡里亚：《论犯罪与刑罚》，黄风译，中国大百科全书出版社 1993 年版。

93. ［意］帕多瓦尼：《意大利刑法学原理》（注评版），陈忠林译评，中国政法大学出版社 2004 年版。

94. 《意大利刑法典》，黄风译，中国政法大学出版社 1998 年版。

95. ［奥］弗洛伊德：《性爱与文明》，滕守尧译，安徽文艺出版社 1996 年版。

96. ［奥］凯尔森：《法与国家的一般理论》，沈宗灵译，中国大百科全书出版社 1996 年版.

97. ［捷］米兰·昆德拉：《笑忘录》，王东亮译，上海译文出版社 2004 年版。

98. 《瑞典刑法典》，陈琴译，北京大学出版社 2005 年版。

99. ［古希腊］柏拉图：《理想国》，郭斌和、张竹明译，商务印书馆 1986 年版。

100. ［古希腊］亚里士多德：《政治学》，吴寿彭译，商务印书馆 1965 年版。

101. ［古罗马］奥古斯丁：《忏悔录》（卷 2），周士良译，商务印书馆 1963 年版。

三、文章类：

1. 艾小乐、王耀忠：《论真正的罪名法定化——罪刑法定主义之本义》，载《当代法学》2003 年第 6 期。

2. 百战：《谁来监督司法解释》，载《人大研究》2005 年第 1 期。

3. 陈兴良:《宽严相济刑事政策研究》,载《法学杂志》2006年第1期。

4. 陈兴良:《罪刑法定的司法适用》,载《华东政法学院学报》1998年创刊号。

5. 陈兴良:《简论我国的刑事司法解释制度——以最高法院有关奸淫幼女的司法解释为切入》,载赵秉志、张军主编:《中国刑法学年会论文集》(2003年卷),中国人民公安大学出版社2003年版。

6. 陈兴良、刘树德:《犯罪概念的形式化与实质化辨正》,载《法律科学》1999年第6期。

7. 陈兴良:《社会危害性理论:一个反思性检讨》,载《法学研究》2000年第1期。

8. 陈兴良:《违法性理论:一个反思性检讨》,载《中国法学》2007年第3期。

9. 陈兴良:《转型与变革:刑法学的一种知识论考察》,载《华东政法学院学报》2006年第3期。

10. 陈兴良:《面向21世纪的刑事司法理念》,载《当代法学》2005年第3期。

11. 陈兴良:《作为犯罪构成要件的罪量要素——立足于中国刑法的探讨》,载《环球法律评论》2003年秋季号。

12. 陈兴良:《司法解释功过之议》,载《法学》2003年第8期。

13. 陈忠林:《"常识、常理、常情":一种法治观与法学教育观》,载《太平洋学报》2007年第6期。

14. 陈忠林:《人大代表陈忠林做客腾讯谈许霆案》,载 http://news.qq.com/a/20080306/003712.htm。

15. 陈忠林:《刑法的解释及其界限》,载赵秉志、张军主编:《中国刑法学年会论文集》(2003年卷),中国人民公安大学出版社2003年版。

16. 陈志军：《中国刑法司法解释体制演进过程之检视与反思》，载《云南大学学报》（法学版）2006 年第 1 期。

17. 赵秉志、陈志军：《社会危害性与刑事违法性的矛盾及其解决》，载《法学研究》2003 年第 6 期。

18. 陈灼华：《"累犯"不应成为盗窃罪的犯罪情节》，载《检察实践》2001 年第 5 期。

19. 陈大寨：《性贿赂性贿赂罪及其他》，载《理论与实践》2001 年第 6 期。

20. 陈啸：《民法典与社会转型——王利明教授访谈录》，载《中国人民大学学报》2000 年第 1 期。

21. 陈明：《对司法解释立法化问题的思考》，载《淮阴工学院学报》2005 年第 6 期。

22. 陈锐：《法理学中的法律形式主义》，载《西南政法大学学报》2004 年第 6 期。

23. 陈刚：《对美国三权分立体制的再思考》，载《天中学刊》2006 年第 6 期。

24. 储槐植、梁根林：《论刑法典分则修订的价值取向》，载《中国法学》1997 年第 3 期。

25. 蔡道通：《后现代思潮与中国刑事法治建设——兼与苏力先生的对话》，载陈兴良主编：《刑事法评论》（第 7 卷），中国政法大学出版社 2000 年版。

26. 崔东梅：《从罪刑法定原则看亲属相盗问题》，载《法制与社会》2007 年第 9 期。

27. 崔楠：《完善未成年人刑事政策的法律思考》，载《山西省政法管理干部学院学报》2006 年第 3 期。

28. 柴春元、沈海平：《对犯罪本质特征的再认识——2002 年中国刑法学年会专题研究综述》，载《人民检察》2003 年第 2 期。

29. 丁中辉、钱峻、印华：《对盗窃罪累犯处罚之我见》，载《人民检察》1999 年第 3 期。

30. 杜国强:《侵犯商业秘密罪“重大损失”的理解与认定——兼析“两高”〈关于办理侵犯知识产权刑事案件具体应用法律若干问题的解释〉》，载《中国检察官》2007 年第 12 期。

31. 邓正来:《中国法学向何处去（下）——对苏力“本土资源论”的批判》，载《政法论坛》2005 年第 3 期。

32. ［英］大卫·边沁:《通往社会科学的合法性概念》，傅建奇译，载高鸿钧主编:《清华法治论衡》，清华大学出版社 2001 年版。

33. 冯亚东:《受贿罪与渎职罪竞合问题》，载《法学研究》2000 年第 1 期。

34. 付立庆:《超越与缺憾——苏力〈一个不公正的司法解释〉总置评》，载陈兴良主编:《刑事法评论》（第 13 卷），中国政法大学出版社 2003 年版。

35. 范忠信:《中国传统法律文化的哲学基础》，载《现代法学》1999 年第 2 期。

36. 胡乾辉、明新春:《盗窃犯罪累犯不宜加重处罚》，载《人民检察》2006 年第 4 期。

37. 胡平:《试论走私犯罪的立法疏漏及其完善》，载《黑龙江政法管理干部学院学报》2007 年第 3 期。

38. 封杰、征国忠:《试析我国刑法立法解释理论与实施》，载《黑龙江省政法管理干部学院学报》2002 年第 4 期。

39. 蒲伟:《论罪刑法定与刑法司法解释之应然》，载《重庆工业高等专科学校学报》2002 年第 4 期。

40. 龚培华:《刑法解释理论的基本问题》，载《法学》2007 年第 12 期。

41. 龚培华:《单位犯罪司法解释研究》，载《犯罪研究》2003 年第 4 期。

42. ［日］关哲夫:《论禁止类推解释与刑法解释的界限》，王充译，载陈兴良主编:《刑事法评论》（第 20 卷），中国政法大学出版社 2007 年版。

43. 高鸿钧：《无话可说与有话可说之间——评张伟仁先生的〈中国传统的司法和法学〉》，载《政法论坛》2006 年第 5 期。

44. 董皞：《我国司法解释体制及其改革刍见》，载《法商研究》2001 年第 5 期。

45. 黄会奇：《唐、明、清律法中的“女色贿赂罪”》，载《喀什师范学院学报》2003 年第 4 期。

46. 郝家林：《传播学的概念、视野与方法》，载《北京联合大学学报》2007 年第 4 期。

47. 侯菊英：《我国司法解释中存在的主要问题及完善建议》，载《中州学刊》2006 年第 5 期。

48. 黄永明：《第十大“行星”引发的争论》，载《青年科学》2005 年第 12 期。

49. 蒋熙辉：《刑法解释限度论》，载《法学研究》2005 年第 4 期。

50. 焦桐：《论火锅》，载《上海文学》2006 年第 4 期。

51. 金卫东：《应设立“性贿赂罪”》，载《江苏公安专科学校学报》2000 年第 6 期。

52. 姜涛：《我国刑法司法解释体制的审视与重构》，载《内蒙古社会科学》（汉文版）2005 年第 6 期。

53. ［德］G. 雅各布斯：《刑法保护什么：法益还是规范适用?》，王世洲译，载《比较法研究》2004 年第 1 期。

54. 贾济东：《论刑法立法解释与司法解释的协调》，载《国家检察官学院学报》2004 年第 4 期。

55. 姜雯：《质疑未成年人奸淫幼女的非犯罪化》，载《青少年犯罪问题》2006 年第 4 期。

56. 康树华：《我国黑恶势力的罪恶行径与治理》，载《南都学刊》2007 年第 4 期。

57. ［瑞典］K. A. 莫戴尔：《当代欧洲的法律传统和文化》，聂秀时译，载《外国法译评》1999 年第 1 期。

58. 柯岚：《法律方法中的形式主义与反形式主义》，载《法律科学》2007 年第 2 期。

59. 梁根林：《罪刑法定视域中的刑法适用解释》，载《中国法学》2004 年第 3 期。

60. 梁根林：《刑法适用解释规则论》，载《法学》2003 年第 12 期。

61. 梁根林：《刑法适用解释的难题——以最高人民法院对奸淫幼女的“批复”为视角》，载《吉林大学社会科学学报》2004 年第 1 期。

62. 刘爱龙：《法官续造法的伦理分析》，载《金陵法律评论》2007 年春季卷。

63. 刘艳红：《社会危害性理论之辨正》，载《中国法学》2002 年第 2 期。

64. 刘艳红：《走向实质解释的刑法学》，载《中国法学》2006 年第 5 期。

65. 刘艳红：《观念误区与适用障碍：新刑法施行以来司法解释总置评》，载《中外法学》2002 年第 5 期。

66. 刘艳红：《转化型抢劫罪主体条件的实质解释——以相对刑事责任年龄人的刑事责任为视角》，载《法商研究》2008 年第 1 期。

67. 刘仁文：《奸淫幼女与严格责任——就“高法”司法解释与苏力先生商榷》，载《法学》2003 年第 10 期。

68. 刘仁文：《刑法解释的时间效力》，载《检察日报》2002 年 4 月 23 日。

69. 刘宪权：《我国刑事司法解释时间效力的再思考》，载《法学》2002 年第 2 期。

70. 刘丽：《福利模式下的中西税权控制》，载《西南政法大学学报》2007 年第 4 期。

71. 刘晴辉：《试析中国法律解释体制下的司法解释制度》，载《四川大学学报》（哲学社会科学版）2001 年第 3 期。

72. 刘湘廉、黄广进：《对交通肇事罪有关司法解释的探讨》，载《西南政法大学学报》2003年第5期。

73. 刘军平：《中国古代立法解释试诠》，载《求索》2005年第12期。

74. 牛克乾：《刑法渊源、规范性刑法解释与刑事判例》，载《法律适用》2004年第5期。

75. 黎宏：《我国犯罪构成体系不必重构》，载《法学研究》2006年第1期。

76. 黎宏：《单位犯罪的若干问题新探》，载《法商研究》2003年第4期。

77. 李洁：《受贿罪法条解释与评析》，载《河南省政法管理干部学院学报》2003年第5期。

78. 李立众、柯赛龙：《为现行犯罪概念辩护》，载《法律科学》1999年第2期。

79. 李立众：《为最高院奸淫幼女司法解释之辩护》，载赵秉志、张军主编：《中国刑法学年会论文集》（2003年卷），中国人民公安大学出版社2003年版。

80. 李洪川：《论犯罪构成要件的实质解释》，载《山东审判》2007年第3期。

81. 李龙、刘诚：《论法律渊源——以法学方法和法律方法为视角》，载《法律科学》2005年第2期。

82. 林维、王明达：《论从旧兼从轻原则的适用——以晚近司法解释为中心》，载《法商研究》2001年第1期。

83. 林维：《论刑法立法解释权与立法权和司法权的纠葛》，载《当代法学》2006年第5期。

84. 吕素平、王建国：《对司法解释中几个问题的思考》，载《政法论丛》2000年第6期。

85. 吕芳：《权力合法性的概念及历史演变》，载《江淮论坛》2003年第1期。

86. 鲁篱：《证券民事赔偿若干问题探讨——兼评最高人民法院关于审理证券民事赔偿案件的规定》，载《财经科学》2004 年第 3 期。

87. 罗书平：《中国司法解释的现状与法律思考》，载《中国律师》2000 年第 7 期。

88. 刘红梅：《罪刑法定原则司法化存在的问题及对策》，载《太原城市职业技术学院学报》，2005 年第 2 期。

89. 马克昌：《受贿罪客观条件探讨》，载《刑法运用问题探讨》，法律出版社 1992 年版。

90. 马克昌：《最高人民法院一项司法解释刍议》，载赵秉志、张军主编：《中国刑法学年会论文集》（2003 年卷），中国人民公安大学出版社 2003 年版。

91. 马志忠：《单位犯罪司法解释的评析》，载《当代法学》2003 年第 2 期。

92. 米健：《一个西方学者眼中的中国法律文化——读何意志近著〈中国法律文化概要〉》，载《法学家》2001 年第 5 期。

93. 孟伟：《“积极罪刑法定”质疑》，载《山东理工大学学报》（社会科学版）2005 年第 1 期。

94. ［匈］M. 费赫：《现象学、解释学、生命哲学——海德格尔与胡塞尔、狄尔泰及雅斯贝尔斯遭遇》，朱松峰译，载《世界哲学》2005 年第 3 期。

95. 聂立泽：《严格责任刍议》，载《政治与法律》2003 年第 3 期。

96. 《女人为什么爱看色情电影》，载《花生文摘》2007 年第 8 期。

97. 彭辅顺：《有权刑法解释与人权保障》，载《山东警察学院学报》2007 年第 6 期。

98. 曲新久：《“非典”时期的典型反应》，载《政法论坛》2003 年第 3 期。

99. 齐文远、周详：《对刑法中“主客观相统一原则”的反思》，载《法学研究》2002 年第 3 期。

100. 齐文远、周详：《社会危害性与刑事违法性的关系新论》，载《中国法学》2003 年第 1 期。

101. 齐文远：《刑法学人学术品格的重塑》，载《法商研究》2003 年第 3 期。

102. 齐文远、周详：《刑法解释的基本原则》，载《中国法学》2004 年第 2 期。

103. 齐文远、刘代华：《论原因上自由行为》，载《法学家》1998 年第 4 期。

104. 阮方民：《从旧兼从轻：刑法适用的“准据法原则”——兼论罪刑法定原则蕴含的程序法意义》，载《法学研究》1999 年第 6 期。

105. 苏力：《解释的难题：对几种法律文本解释方法的追问》，载《中国社会科学》1997 年第 4 期。

106. 苏力：《法条主义、民意与难办案件》，载《中外法学》2009 年第 1 期。

107. 苏力：《司法解释、公共政策和最高法院》，载《法学》2003 年第 8 期。

108. 苏彩霞：《实质的刑法解释论之确立与展开》，载《法学研究》2007 年第 2 期。

109. 苏彩霞、刘志伟：《混合的犯罪概念之提倡——兼与陈兴良教授商榷》，载《法学》2006 年第 3 期。

110. 徐汉明、孙应征、齐文远、夏勇：《以单位名义、为单位利益实施盗窃是否构成犯罪》，载《人民检察》2006 年第 7 期。

111. 孙春雨：《关于犯罪数额的几个问题》，载《法学杂志》2006 年第 3 期。

112. 孙启亮：《货币犯罪司法适用若干疑难问题及立法建议》，载《重庆城市管理职业学院学报》2007 年第 4 期。

113. 孙笑侠：《中国传统法官的实质性思维》，载《浙江大学学报》2005 年第 4 期。

114. 桑本谦：《强奸何以为罪》，载《法律科学》2003 年第 3 期。

115. 沈海平：《严格责任抑或过错责任的追问——以奸淫幼女的司法解释为视角》，载《吉林大学社会科学学报》2004 年第 1 期。

116. 陶凯元：《中国法律解释制度现状之剖析》，载《法律科学》1999 年第 6 期。

117. 陶秀：《主体论文化话语的终结——关于福柯现代认识型概念的考察》，载《哲学研究》2007 年第 8 期。

118. 唐稷尧：《罪刑法定视野下犯罪成立要件的实质化》，载《现代法学》2004 年第 3 期。

119. ［罗］O. 特勒斯尼亚：《政治合法性与政治义务原则》，载《国外社会科学动态》1987 年第 4 期。

120. 田百龙：《司法独立与司法行政化的界限》，载《法制与社会》2008 年第 1 期。

121. 屠忠俊：《自我传播与大传播》，载《华中理工大学学报》1998 年第 3 期。

122. 王恩海：《论量刑基准的确定》，载《法学》2006 年第 11 期。

123. 柳砚涛、王秀慧：《关于司法解释界限的理性思考》，载《中共长春市委党校学报》2006 年第 2 期。

124. 王新友：《检察机关立案查处事故背后渎职犯罪情况报告——矿难揭底：庸官弄权，意在捞钱》，载《检察日报·廉政周刊》2007 年 5 月 22 日。

125. 王永杰：《从独语到对话——以行政司法化为视角》，载《国家行政学院学报》2007 年第 3 期。

126. 王瑞君：《刑法司法解释合理性评析——以罪刑法定原则为基点》，载《山东社会科学》2003 年第 5 期。

127. 王祖书：《涉税犯罪刑法司法解释浅析》，载《辽宁税务高等专科学校学报》2006 年第 4 期。

128. 吴学斌：《司法能动主义：司法实践超越法律形式主义》，载《广东行政学院学报》2006 年第 3 期。

129. 吴萍、袁明圣：《我国司法解释体制之演变与发展》，载《甘肃政法成人教育学院学报》2004 年第 4 期。

130. 文兵：《主体的非中心化与历史的非连续性——福柯〈知识考古学〉的主旨》，载《哲学研究》2002 年第 1 期。

131. 夏勇：《改善我国刑法司法解释的新路径》，载《法学》2006 年第 9 期。

132. 谢晖：《中国古典法律解释的三种样式——官方的、民间的和司法的》，载《甘肃政法学院学报》2006 年第 1 期。

133. 谢晖：《古典中国法律解释的哲学智慧》，载《法律科学》2004 年第 6 期。

134. 许玉秀：《刑法的任务——与效能论的小小对话》，载《刑事法杂志》第 47 卷第 2 期。

135. 肖乾利、季理华：《论非法制造、销售非法制造的注册商标标识罪的几个问题》，载《法学杂志》2007 年第 6 期。

136. 杨新培：《论刑格》，载《法学研究》1994 年第 6 期。

137. 杨兴培：《“许霆案”的技术分析及其法理思考》，载《法学》2008 年第 3 期。

138. 杨曙光：《法律解释主体评析》，载《烟台教育学院学报》2004 年第 1 期。

139. 杨昂：《对一个‘坐而论道’者的质疑——也反驳法治本土资源说》，载《法学评论》2000 年第 2 期。

140. 袁明圣：《司法解释“立法化”现象探微》，载《法商研究》2003 年第 2 期。

141. 游伟等：《私有企业刑法地位之研究》，载陈兴良主编：《刑事法判》（第 1 卷），法律出版社 1999 年版。

142. 余章宝：《传统历史话语的颠覆——福柯〈知识考古学〉的后现代历史观》，载《厦门大学学报》（哲学社会科学版）2001年第2期。

143. 尹彦品、张光顺：《试论我国刑法的罪刑法定原则与司法解释》，载《黑龙江省政法管理干部学院学报》2005年第6期。

144. 尹伟琴、王正斌：《论司法国家是充分展开的国家概念》，载《中州大学学报》2005年第1期。

145. 于晶蕊：《从罪刑法定原则看我国的刑法司法解释》，载《法制与社会》2007年第8期。

146. 叶良芳：《单位犯罪责任构造的反思与检讨》，载《现代法学》2008年第1期。

147. 燕文：《关于性贿赂的话题——访南京大学法学院金卫东》，载《社会百科》2001年第6期。

148. 赵秉志、陈志军：《论越权刑法解释》，载《法学家》2004年第2期。

149. 赵秉志、周国良：《刑法学研究的新进展》，载《中国法学》2007年第1期。

150. 赵秉志、田宏杰：《传承与超越：现代化视野中的中国刑法传统考察》，载《政法论坛》2001年第5期。

151. 赵海立：《政治合法性理论及其分析架构》，载《厦门大学学报》2004年第5期。

152. 张明楷：《立法解释的疑问——以刑法立法解释为中心》，载《清华法学》2007年第1期。

153. 张明楷：《学术之盛需要学派之争》，载《环球法律评论》2005年第1期。

154. 张明楷：《渎职罪中"徇私"、"舞弊"的性质与认定》，载《人民检察》（上）2005年第12期。

155. 张明楷：《刑法解释理念》，载《国家检察官学院学报》2008年第6期。